世界史

现代史编

上卷 一

● 主编 吴于廑 齐世荣

● 本卷主编 齐世荣

● 高等教育出版社·北京

内容简介

　　本书为吴于廑、齐世荣主编六卷本《世界史》的第五卷,它以广阔的视野和新的内涵展示了20世纪初至第二次世界大战结束的世界历史进程,集中体现了我国世界现代史研究和教学的成果。

　　与本书配套的为高等教育出版社已出版的四卷:《世界史·古代史编》(上、下卷)、《世界史·近代史编》(上、下卷),以及这次同时出版的第六卷《世界史·现代史编》(下卷)。本书主要适用于高等院校历史专业,同时也是专业人员和广大读者值得珍藏的读本。

图书在版编目(CIP)数据

世界史.现代史编.上卷/吴于廑,齐世荣主编.—北京:高等教育出版社,2011.2(2025.6重印)
ISBN 978-7-04-031547-9

Ⅰ.①世…　Ⅱ.①吴…②齐…　Ⅲ.①世界史:现代史-高等学校-教材　Ⅳ.①K10

中国版本图书馆 CIP 数据核字(2010)第 251344 号

策划编辑　王方宪　张　林	责任编辑　王方宪	封面设计　刘晓翔	版式设计　余　杨
责任校对　殷　然	责任印制　张益豪		

出版发行	高等教育出版社	咨询电话	400-810-0598
社　　址	北京市西城区德外大街 4 号	网　　址	http://www.hep.edu.cn
邮政编码	100120		http://www.hep.com.cn
印　　刷	青岛新华印刷有限公司	网上订购	http://www.landraco.com
开　　本	787×960　1/16		http://www.landraco.com.cn
印　　张	21.5	版　　次	2011 年 2 月第 1 版
字　　数	400 000	印　　次	2025 年 6 月第 28 次印刷
购书热线	010-58581118	定　　价	42.80 元

出版前言

本套教材含《世界史·古代史编》上下卷、《世界史·近代史编》上下卷和《世界史·现代史编》上下卷，通称《世界史》六卷本，是由原国家教委规划组织编写的"八五"国家级重点教材，由我国世界史著名学者吴于廑和齐世荣教授担任总主编，各分卷主编也由相关领域知名学者担任。该套教材自1992年陆续出版以来，受到广大用书单位一致好评，并获国家教委优秀教材一等奖。该套教材因其基础知识扎实，全面体现总主编关于世界史纵向—横向发展的全局史观，展现世界各地区从相互隔绝走向交往、逐渐融为一体的历史发展总格局，在学术上具有严谨的科学性和前瞻性，其教学理念的先进性已得到广泛认可，受到历史学界和广大高校历史教学者的肯定，至今仍是世界史方面的优秀教材。为了满足读者的需要，经与各书主编协商沟通，我们决定对现有教材已显陈旧的封面、版式和开本进行调整。这套教材是一定历史阶段的作品，作者们大都年事已高，有的已去世，不可能再作修改，故此次重印在内容上基本保持原貌，仅在某些地方做了核正。相应地，按有关规定对改版后教材的书号和出版时间予以调整。我们希望这样的调整能给用书单位和读者带来一定的便利。

高等教育出版社
2011 年 1 月

目　　录

总　　序

吴于廑

世界历史是历史学的一门重要分支学科,内容为对人类历史自原始、孤立、分散的人群发展为全世界成一密切联系整体的过程进行系统探讨和阐述。世界历史学科的主要任务是以世界全局的观点,综合考察各地区、各国、各民族的历史,运用相关学科如文化人类学、考古学的成果,研究和阐明人类历史的演变,揭示演变的规律和趋向。

在中国,约从 20 世纪 50 年代初开始,主要由于历史专业的分工,人们习惯于把中国史和世界史对举,几乎把世界历史作为外国历史的代称。实际上,世界历史绝非把中国历史排除在外的域外史,而中国历史也和所有其他国家历史一样,是人类历史发展为世界历史全过程的组成部分。

关于世界历史的分期,至今还没有完全一致的意见。早在文艺复兴时期,西方就已有了把历史分为"古代"、"中世纪"和"近代"的说法。这种主要基于欧洲历史的分期,在西方史学界长期沿用。有不少史学家又在三时期之后加上"当代"或"现代",从而形成四阶段分期法。马克思主义史学也采用四阶段分期法,其基础是历史唯物主义关于社会经济形态发展的理论,与以政治兴替或其他"重大事件"为分期标准者有本质的不同。马克思主义历史学家对世界史的分期,一般都以"古代"相当于原始社会及奴隶社会阶段,"中世纪"相当于封建社会阶段,"近代"相当于资本主义社会阶段,而"现代"则是指以俄国十月社会主义革命为开端的一个新的时期。有的学者认为"中世纪"一词只适用于西欧历史,没有世界历史上的普遍意义,所以改用"中古"一词标示"古代"和"近代"之间的阶段。这种分期法从理论上说是完全可行的。但是人类历史的发展并不平衡,世界各不同地区进入某一社会经济形态有早有迟,在某一社会经济形态中经历的时间也有长有短。特别是自历史进入文明时期以后,很少看到绝对纯粹属于这一阶段或那一阶段的社会经济形态,也很少看到绝对整齐的、单一发展的由低级社会经济形态逐层向高级社会经济形态的过渡。因此在世界史的分期断限问题上,目前仍然存在着分歧。

古今历史学家对世界历史的不同认识

远在古代,历史学家就已经把记述历史的范围扩大到他们当时已知的世界。

由于世界历史在当时还远没有像后代那样形成一门专门的学科，即使是视野扩及全部已知世界的历史学家，一般也不会对所写历史标名为世界历史，也不会完全意识到是在写作当时已知世界的历史。但是，他们毕竟把已知的地理范围视为一个世界，并且把发生在这个范围内的历史记录了下来。在这个意义上，他们为这个已知地理范围所写的历史，就是他们各自所处时代的世界历史。古希腊历史学家希罗多德所著《历史》9卷，主题在于记述希波战争中希腊人的胜利，但其涉及的范围，包括地中海地区、多瑙河外、两河流域、波斯，以及在此以北的草原地带，这大体上就是希腊人当时所知道的世界。因此可以说，希罗多德的《历史》，就是当时希腊人已知世界的历史。比希罗多德晚出的中国古代历史学家司马迁所著《史记》，全书的主体是汉天子统治之下的中国。但其所记史事的地理范围，却扩及公元前2世纪中国人所知道的世界。司马迁沿用中国古代的习惯说法，笼统地称这个已知的世界为"天下"。这个"天下"东起朝鲜，西迄大夏、安息，几乎是亚欧大陆的一半。对于为这样一个广阔的地理范围记载史事的史书，把它视为一部当时中国人已知世界的历史，看来并不为过。罗马时代的希腊人波利比奥斯著有《历史》40卷，现存前5卷及一些残篇，记述的中心是正在扩张中的罗马。但中心之外，所记范围还包括公元前212—前146年期间地中海的周边世界。波利比奥斯在《历史》的第1卷第3节中说，他以第140届奥林匹克大会（公元前220—前216）为全书叙述的起点，在此以前，"世界上的行动是分散的"，而在此以后，"意大利、阿非利加同希腊、亚细亚的局势联结了起来"，由此"历史就成为一个有机的整体"。波里比奥斯对当时罗马周围世界由分散而联系为一的历史认识，十分可贵。

随着生产和交往的发展，人们所能知道的世界的范围日益扩大。但是历史学家笔下的世界，却受到这样或那样的局限。4世纪基督教神学家圣·奥古斯丁关于历史的终极是"上帝之国"在人间实现的思想，支配着中古时代的西欧史学。基督教史学的世界，等于基督教传播所及的世界。这个世界以欧洲为主体，外于此者，按基督教教理，除了圣地巴勒斯坦，都是应受天谴的异教土壤，理应排斥在沐受神恩的这个世界之外。因此，中古欧洲的所谓世界历史，实际上是起自上帝创世，以希伯来为序幕，以欧洲为主体的基督教世界的历史。12世纪德意志历史学家弗赖辛的主教奥托（约1114—1158）所作《年代记》是这一类历史著作的代表。以此为代表的世界史观，在欧洲一直延续到17、18世纪。法国人J.B.博叙埃（1627—1704）所著《世界历史通义》以及A.A.卡尔梅特（1672—1757）所著《教俗世界史》均属此类。

中古时代与基督教世界并立的是伊斯兰世界。伊斯兰历史学家在编纂他们当时已知的世界历史时，和同一时代基督教历史学家一样，往往也受宗教意识的支配。塔巴里（838—923）所著《历代先知与帝王年代记》，伊本·赫勒敦

（1332—1405）所著《阿拉伯人、波斯人及柏柏尔人史》，都以当时最渊博的"世界史"著作见称，其内容则是以信奉伊斯兰教的阿拉伯诸国为主体。伊斯兰历史学家心目中的世界，实际是伊斯兰教传播所及的世界。其周围地区，不过是这个世界的化外而已。

中国自司马迁之后，从班固的《汉书》开始，所修的正史都属中国的断代史。但是历代史家大都继承了司马迁的传统，在撰写本国史的同时，还记叙了其他国家和民族的历史。他们著述的范围固然详于本国，薄于"蛮夷"，但毕竟包括了同时代已知的世界。而且，与中古西方基督教史学不同，中国史学著作所记述的是以人为主体的活动，人在一定社会环境里的个体和群体的活动，可以称作以人为本的历史。它们所记叙的世界或"天下"，是个体或群体的人从事活动的世界或"天下"。这种把当时已知世界历史视为人的活动过程而非神意展现过程的思想，是中国古代史学的优良传统。

在15、16世纪人类对世界的认识空前扩展之前，历史学家们所写的已知世界的历史，无论是古代的还是中古时代的，无论是东方的还是西方的，都存在着局限，首先是地理知识上的局限。当时历史学家所知道的世界，远非16世纪以后人们所知道的世界：或者是地中海周围，或者是亚洲东部和中部，或者是亚欧大陆及其附近的北非等等，总之，不出世界的某一局部。因此，他们没有也不可能写作包括全部世界在内的世界历史。其次是民族或宗教意识上的局限。历史学家把属于本民族的或属于同一宗教地区的历史作为历史的主体或中心，忽视或蔑视即使已有所知的异族或异教地区的历史。于是或以罗马为中心，或以汉帝国为中心，或以基督教世界为中心，或以伊斯兰教世界为中心，以及如是等等。就中古西欧史学和阿拉伯史学而言，所受宗教意识的局限尤为明显。

具有近代意义的世界历史著述开始于西欧文艺复兴时期和稍后的启蒙运动时期。这是与资本主义生产方式在西欧的发生和迅速发展以及由此出现的在经济、政治和思想文化上一系列历史性的重大转折相联系的。15、16世纪以后海上交通的空前发展，东西方之间和各大陆之间闭塞状态的打破，大大丰富了人们的地理知识，使人们对世界的认识大为开阔。对中世纪教会和神学思想的批判以及近代自然科学的发展，又逐步把人们从宗教思想束缚中解放出来。这些都为西方近代资产阶级历史学家克服前人的某些局限，把世界历史著述推向一个新的阶段创造了条件。

文艺复兴时期威尼斯人文主义历史学家A.萨贝利科（1436—1506）著《恩奈阿德》，记述了古代到16世纪的世界历史。这是具有近代意义的世界史著述的开端，特点是一反欧洲中世纪史学的神本思想，开始把世界历史理解为一个世俗的、以人为本的演变过程。到了18世纪，法国启蒙思想家伏尔泰著《风教通义》（或译《论各民族的风俗与精神》），不仅进一步突破基督教神学对史学的束缚,而且突破自古以来传统史学以局部世界为全部世界的局限,试图勾画一幅新的、完整的世界历史图景。从纵的方面说,伏尔泰废洪水创世之说,从他当时认为最远古的中国讲起。从横的方面说,他跨出欧洲的狭隘范围,把欧、亚、非、美几个大洲的国家和民族都写入历史。他嘲讽西方的传统史学,说"历史号为世界史",而实际是"在我们西方造作的"。在这些方面,伏尔泰确实为后来世界史的编著开辟了道路。继此之后,德意志受启蒙运动理性主义思潮影响的格丁根学派历史学家,也致力于世界历史的著述,如 J. C. 加特勒尔(1727—1799)的《世界历史要览》以及 A. L. von 施勒策尔(1735—1809)的《世界历史概略》等等。19世纪中叶,德国兴起了由 L. von 朗克首倡的客观主义批判史学。朗克晚年编著、身后由其弟子据遗稿补足的《世界历史》7 卷,是一部以拉丁、日耳曼六大民族为主体的世界史。这部世界史反映了西方殖民大国在近代世界日益上升的支配地位,由此形成西方史学中的"西欧中心论",借朗克批判史学的权威而广泛扩散影响。把各国历史汇编为世界史的作法,开始于 18 世纪中叶。1736—1765 年,英国 J. 坎普贝尔等人辑集了一部《自远古迄今的世界历史》,全书多达 38 卷。德国格丁根学派曾译出 30 卷,终因其体例驳杂而中止全译。此后,新的大型汇编相继出现。其中最著名的有英国的"剑桥三史",即《剑桥古代史》、《剑桥中古史》和《剑桥近代史》以及法国的《人类文明进化史》等。参与这类新型汇编的历史学家,既有近代发现和搜集的大量文物、文献和历史遗迹为依据,又重视和运用近代实证科学的方法。由他们的著作辑集起来的大型汇编,在学术界有很大影响。但也存在着缺陷:第一,在总的倾向上,仍然以欧洲尤其是西欧为世界历史的中心,把欧洲以外的地区视同陪衬;第二,没有把世界历史作为一个由分散发展为整体的过程,分区分国的编列体系在专题专章的记述中依然可见;第三,忽视物质生产是历史发展的基础,因而也就难以从最根本方面探索和阐明历史发展为世界历史的规律和趋向。

中国学者直到鸦片战争前后才把视野扩大到整个世界。鸦片战争前夕,林则徐在广州禁烟时主持译刊《四洲志》,内容包括五大洲 30 多个国家的地理和历史。后来魏源在《四洲志》稿本的基础上,广泛搜集有关的史志和中外著述,写成《海国图志》50 卷,于 1842 年出版,1847 年增为 60 卷,1852 年又扩充到 100卷。这部书比较系统地介绍了世界许多国家的历史、地理、政治、经济以及船械制造等,是当时东方国家中最为详备的列国志式的世界历史与地理巨著。与魏源同时代的徐继畲所著《瀛环志略》,对各国的史地沿革,社会演变,也作了比较详细的论述。不过,两书的作者都没有摆脱中国传统的史学观念。魏源以为"万里一朝,莫如中华";徐继畲认为"坤舆大地,以中国为主",而万方对中国则"仰之如辰极"。这一传统史观到 19 世纪后期资产阶级改良派和革命派历史学家的笔下开始发生变化。这两派历史学家都从外国历史寻求变法或革命的借鉴,因之所写外国历史多偏重于各国之治乱兴衰,目的是说明变法和革命乃国家强弱存亡之关键。但他们还没有能够用变革的思想编写综合性的世界历史,据以编写某些外国历史的蓝本又多半是出于西方学者的著述。在西方近代史学的影响下,他们对中国中心论的传统史观提出异议,力斥"中华外夷"乃千年之谬论。

20 世纪初期,"欧洲中心论"在西方史学中的统治地位开始动摇。对资本主义前景暗淡的忧虑促使一些西方史学家对前一个世纪的历史信念提出疑问,因而开始以新的眼光对待欧洲历史以外的历史和西方文明以外的文明。另一方面,随着西方史学向专门化的发展,对各国、各地区、各时代、各历史事件和人物的日益深入缜密的研究,也必然要提出在此基础上对人类历史进行综合考察的问题。形态学派历史学家适应这一发展,从历史的综合比较研究中得出他们不同于朗克的世界历史的观点。O. 施本格勒(1880—1936)和 A. J. 汤因比(1889—1975)把世界历史看作是多种文明的生长和衰灭的历史,而非单一文明发生和扩散的历史,这在一定意义上是对"欧洲中心论"的突破。20 世纪 40 年代,G. 巴勒克拉夫在他的文集《变动世界中的历史》里提出西方史学必须放弃"西欧中心论",并须重新定向。他后来主编的《泰晤士世界历史地图集》和集中由许多历史学家执笔的文字说明,也都体现出同一倾向。与此同时,对分国编列式的世界史体系,也有学者提出不同看法。L. S. 斯塔夫里阿诺斯近年出版的《全球历史》,就试图打破分国、分地区的编列方法,更多地注重不同时代世界各地区的共同形势以及各文明之间的相互关系。但是,近代西方史学的缺陷并没有因此得到根本克服。唯心史观,基于民族偏见或文化偏见而形成的关于东方历史即将消逝或必然长期停滞的宿命观点,仍然阻碍着世界历史这一学科的发展。

苏联科学院于 20 世纪 50—60 年代出版了多卷本《世界通史》,这部通史具有和西方同类编著相区别的明显特色。它以社会经济形态作为划分历史阶段的标准,重视人民群众在历史上的作用,重视被压迫、被侵略民族的历史,并且力求在物质生产发展的基础上探讨历史发展的规律。苏联学者的这一著作,深化了人们对世界历史的认识,为世界历史这一学科的发展迈出了重要的一步。但是这部巨著也存在着缺点:它没有完全从"欧洲中心论"的陈旧观念中摆脱出来,仍然以欧洲历史的分期决定世界历史的分期。在这个分期的框架之下,它多少是按社会经济形态依次发展的模式分述各民族、各国家和各地区的历史,以此突出客观历史规律的统一。关于历史如何发展为世界历史的问题,在全书中不占主导地位,因而没有得到作为一个学科主题应当得到的全面和高度的重视。

在中国,辛亥革命之后的三四十年间,世界历史研究的进展很慢。40 年代初周谷城开始把世界历史作为一个整体进行教学和研究,于 1949 年出版了《世界通史》三册。这部书首先在中国打破用国别史编列为世界史的旧框架,反对以欧洲为中心,从全局来考察世界历史。周谷城认为写世界历史应该诸区并立,重视各个地区的相互交往、相互渗透、相互竞争,但又不排斥某一时期以某一区域为重点。对于中国世界史学科的发展,这些观点不仅足资参考,而且因其蕴蓄甚广,也富于启发意义。

中华人民共和国成立后,中国的世界史研究有了很大的进步,40年来出版了许多国别史、地区史、断代史、人物传记及各种专著。中国社会科学院世界历史研究所编辑出版的《世界历史》、《史学理论研究》等刊物,成为中国世界史学者发表研究成果、开展学术讨论的重要园地。1962年周一良、吴于廑主编的《世界通史》出版,这是中华人民共和国成立以来第一部综合性的世界历史著作,这部书从马克思主义的基本原理出发,以时间的延续为经,以地区的分布为纬,比较系统地叙述了整个世界从人类的起源到第一次世界大战结束的历史,体现了中国学者当时对世界史的认识和研究水平。近些年来,还陆续出过几部世界史,各有改进。如何运用正确的理论和方法对世界历史的发展进行全局的而非割裂的、唯物主义的而非唯心主义的考察,是中国当代历史学家面临的方在开端的任务。

世界历史的纵向发展和横向发展

近代资本主义的大工业和世界市场,消除了以往历史形成的各民族、各国的孤立闭塞状态,日益在经济上把世界连成一个整体,从而"首次开创了世界历史"。① 马克思、恩格斯在他们的著作中对世界历史所作的论述,最早地、也是最为鲜明地突破西方资产阶级史学的唯心史观和民族偏见,因而"在整个世界史观上实现了变革"。② 根据马克思、恩格斯的世界史观,世界历史不是各民族、各国家、各地区或者按形态学派的说法各文明历史的堆积,而是其自身有规律地发展的结果。

人类历史发展为世界历史,经历了一个漫长的过程。这个过程包括两个方面:纵向发展方面和横向发展方面。这里说的纵向发展,是指人类物质生产史上不同生产方式的演变和由此引起的不同社会形态的更迭。马克思主义者根据人类社会内部生产力与生产关系基本矛盾的不同性质,把人类历史发展的诸阶段区分为原始公社制、奴隶制、封建制、资本主义制和共产主义制五种生产方式和与之相应的五种社会形态。它们构成一个由低级到高级发展的纵向序列。这个

---

① 《马克思恩格斯选集》第1卷,人民出版社1995年版,第114页。
② 《马克思恩格斯选集》第3卷,人民出版社1995年版,第334页。

纵向序列并非一个机械的程式,不是所有民族、国家或地区的历史都一无例外地按着这个序列向前发展。有的没有经历某一阶段;有的长期停顿于某一阶段;即使属于同一阶段,其发展形式又往往互有差异。但是不同民族、国家或地区在历史上的多样性,和世界历史的统一性并非互不相容的矛盾。总的说来,人类历史由低级社会形态向高级社会形态的更迭发展,由原始的无阶级社会到直接生产者遭受不同形式奴役和剥削的阶级社会,又由阶级社会到未来共产主义没有奴役和剥削的无阶级社会,尽管形式各异,先后不一,这个纵向发展的总的过程,却仍然具有普遍的、规律性的意义。基于这一理解,马克思主义史学在阐明人类历史的纵向发展方面已经作出了不少可贵的成绩。

所谓世界历史的横向发展,是指历史由各地区间的相互闭塞到逐步开放,由彼此分散到逐步联系密切,终于发展成为整体的世界历史这一客观过程而言的。马克思、恩格斯在《德意志意识形态》中指出:"各个相互影响的活动范围在这个发展进程中愈来愈扩大,各民族的原始闭关自守状态则由于日益完善的生产方式、交往以及因此自发地发展起来的各民族之间的分工而消灭得愈来愈彻底,历史也就在愈来愈大的程度上成为全世界的历史"。① 在史前时代,处于原始状态的人类以氏族部落或村落为单位,分散地生活在地球的各个点上。尽管考古学家以实物证明,这些分散的点并不是完全彼此孤立和隔绝的,曾经有过某些偶然性的接触,但是,由于当时物质生产水平极端低下,各个点都还不可能有多大程度的分工,不可能有多大程度的彼此交换和交往,也不可能有多大范围的开拓活动。因此,点与点之间基本上是相互闭塞的,其横向联系几乎没有,即有也极其有限。在进入农耕和畜牧之后,随着物质生产力的发展,私有财产的形成,一些地区先后出现阶级社会。这就突破了原始氏族部落的极端狭小的孤立状态,开始结成有一定领域范围的国家。在国家与国家之间,地区与地区之间,也开始出现较多的交往,包括和平的和暴力的交往。但是,在阶级社会的前资本主义诸阶段,即使在经济发展比较先进的农耕地区,基本上都还是自给自足的经济。社会分工和交换虽有所发展,但毕竟有限,手工业和商业都还处于附属的、补充的地位。只要生产没有超出自然经济的范围,各民族、各国、各地区间相对闭塞的状态就依然存在。到了15、16世纪,资本主义在西欧萌芽滋长。随着"地理大发现",西方国家的海外殖民扩张,以及世界市场的形成,过去长期存在的各国、各地区、各民族间的闭关自守状态才在越来越大的程度上被打破,整个世界在经济、政治、文化等各方面也才逐步形成为密切联系的、互相依存又互相矛盾的一体。马克思曾经指出:"世界历史不是过去一直存在的;作为世界史的历史是结

---

① 《马克思恩格斯选集》第 1 卷,人民出版社 1995 年版,第 88 页。

果"。① 这个历史结果是经历了 15、16 世纪以来一系列重大转折之后才出现的。前资本主义时代"不是……一直存在"的世界历史,直到这时才真正开始了它的存在。

推动历史从原始人类分散生活的各个点到最后联结为世界一体的这一横向发展过程的决定力量,同样是物质生产的不断发展。在物质生产不断发展的基础上,人们对新地区的开拓,与相邻地区的交换和交往,必然不断扩大。这种扩大必然导致彼此之间闭塞状态的突破,彼此闭塞状态逐步突破的过程,也就是历史逐步发展成为世界历史的过程。尽管各地区在不同发展阶段打破闭塞状态的程度和先后并不一致,历史的横向发展过程仍然具有理论上的普遍规律性的意义。

在历史发展为世界历史的漫长过程中,纵向发展和横向发展并不是平行的、各自独立的。它们互为条件,最初是缓慢地、后来是越来越急速地促成历史由分散的发展到以世界为一整体的发展。纵向发展制约着横向发展。纵向发展所达到的阶段和水平,规定着横向发展的规模和广度。处于较低社会发展阶段的人类,不可能形成复杂的社会分工,不会有程度较深的生产社会化和专业化。与此相应,人们就不可能在较广阔的范围内进行经济上的以及其他方面的交往。不达到较高的物质生产水平,没有程度较深和方面较广的生产社会化和专业化,历史就只能是各个地区相互闭塞的历史,而非联系密切的、结为一体的世界历史。这是历史在前资本主义时期诸社会发展阶段中的基本状态,尽管诸阶段的闭塞程度因物质生产发展水平不同而存在着差别。只有当生产方式日益完善、社会形态走向较高阶段即资本主义时期,物质生产的发展才使愈来愈互相依存的社会分工、地区分工和民族分工成为必要,人们对社会的依赖也就愈来愈超越过去对自然的依赖。由此造成的密切而频繁的交换和交往,也就愈来愈超越地区、国家和民族的界限。一旦物质生产发展到这样的水平,历史也就"在愈来愈大的程度上成为全世界的历史"。从这个意义上说,历史从野蛮到文明、从低级社会阶段向高级社会阶段的纵向发展,制约着它从部落到国家、从分散的各地区到联结为一体的世界的横向发展。

横向发展一方面受纵向发展的制约,一方面又对纵向发展具有反作用。横向发展与一定阶段的纵向发展相适应,就往往能促进和深化纵向发展。希腊人的早期城市公社发展到一定水平,便开始向周围地区移民,广泛建立移民点。这些移民点和许多由之分出的城市公社之间,存在着各种联系,特别是扩大奴隶来源方面的联系,而这类联系又促进了希腊城市公社向更高水平的发展。公元 3 世纪及稍后,中国北部的鲜卑、拓跋诸族,欧洲的日耳曼诸族,当他们有了铁器,

---

① 《马克思恩格斯选集》第 2 卷,人民出版社 1995 年版,第 28 页。

知道农耕,开始进入阶级社会,从而具有一定向外扩张条件的时候,或者和平迁徙,或者暴力侵犯,向与他们邻近的先进农耕地区扩展。这在他们的历史上,是适应纵向发展的横向发展。这个横向发展不仅在一定程度上打开民族之间的闭塞局面,而且加速了他们向先进的封建社会形态过渡。这就是说,横向发展促进了历史的纵向发展。在历史向资本主义过渡的时代,横向发展对纵向发展的反作用表现得尤其明显。这个时代西方国家的海上商业扩张和殖民活动,导致世界各地区间前所未有的密切交往。而这种世界性的密切交往,又转过来促进资本的原始积累,促进资本势力对封建农业体系的侵蚀瓦解直至后来资本主义大工业的出现。如果一个地区缺少与其他地区的横向联系,其纵向发展必然迟滞。美洲的玛雅文明,虽曾达到较高的水平,而且创造了文字,但在横渡大西洋的欧洲人到达美洲以前,和外界处于完全隔绝的状态。玛雅文明之所以长期停滞,缺少与纵向发展相适应的横向发展,无疑是一个重要原因。

由上可见,历史的纵向发展和横向发展是历史发展为世界历史过程中的两个基本方面。它们共同的基础和最终的推动力量是物质生产的进步。马克思、恩格斯说:"历史向世界历史的转变,不是'自我意识'、宇宙精神或者某个形而上学怪影的某种抽象行为,而是纯粹物质的、可以通过经验确定的事实,每一个过着实际生活的、需要吃、喝、穿的个人都可以证明这一事实"。① 这是马克思主义关于世界历史发展理论的唯物主义基础。物质生活资料生产的发展,是决定历史纵向和横向发展的最根本的因素,它把历史的这两个方面结合在一个统一的世界历史发展过程之中。

世界历史全局概览

人类的历史,从早期人类的出现,直到当前的世界,是历史纵向和横向发展由极端缓慢到加速前进的结果。

大约距今300万—350万年前,地球上出现了人类。人类历史的史前时期,是人类社会发展的第一个阶段,即原始社会阶段。原始社会的绝大部分时间属于旧石器时代,人类在这一时期中经历了能人、直立人、早期智人和晚期智人等阶段,最后完成了从原始人向现代人的转化。旧石器时代原始公社内的劳动产品绝少剩余,因而没有剥削,没有阶级,也绝少交换,不同原始公社之间极端闭塞。然而随着地理气候的变化和寻找新的食物采集基地的需要,早期人类不得不分支向新地区移徙。从已知的考古发现来看,处于能人阶段的人类主要只是活动在东非和南非。到了直立人阶段,人类分布的范围除了非洲中部偏南之外,

---

① 《马克思恩格斯全集》第3卷,人民出版社1960年版,第52页。

已经扩大到亚欧大陆的广大地区。到了智人特别是晚期智人阶段,人类移徙的范围进一步扩大,一部分由西伯利亚极东跨过当时可能存在的陆桥进入美洲,一部分由印度支那、印度尼西亚进入大洋洲。人类的这种移动是非常缓慢的,大约经历了300多万年之久,但毕竟是对原始孤立状态的一种松动。在移动的过程中,人类把自己的原始生产技术和社会组织等从一个地方带到了另一个地方,这是历史向世界历史发展的最初起步。

距今1万年左右,人类进入新石器时代。从采集植物果实和猎取动物的实践中学会了栽培植物和驯化动物,发明了原始农耕和畜牧,从而由食物的采集者转变成为食物的生产者。这是人类物质生产史上第一次历史性的飞跃。从此,气候和土壤适宜种植谷物的地区逐渐以农耕为主,干旱而牧草间生的地区则以畜牧为主。农耕的发生,使人类有可能逐步转入相对定居的生活,形成村落。从公元前8000—前7000年起,在西亚、东亚和东南亚、中美、南美以及非洲内陆,先后形成几个各有特色的农业中心。农耕所特具的优越性以及由此而来的农耕地区人口的增长,使各农业中心必然不断向周围扩散。美索不达米亚最早培育的小麦和大麦,在3 000多年中先后沿东西两大方向扩散到欧洲和亚洲偏南直到印度的广大地区。中国和东南亚培育的水稻,中美、南美培育的玉米,也逐步向各自的周围地带扩散。于是,就亚欧大陆而言,中国由黄河至长江,印度由印度河至恒河,西亚、中亚由安那托利亚至波斯、阿富汗,欧洲由地中海沿岸至波罗的海之南,由不列颠至乌克兰,乃至与亚欧大陆毗连的地中海南岸,都先后不一地成为农耕和半农耕地带。由此构成一个绵亘于亚欧大陆东西两端之间的、偏南的长弧形的农耕世界。在这个农耕世界之北,是宜于游牧和半游牧的地区。随着游牧和半游牧的不断扩展,东起西伯利亚,经中国的东北、蒙古、中亚、咸海、里海之北、高加索、南俄罗斯,直到欧洲中部,也形成自东而西横亘于亚欧大陆偏北的游牧世界,与偏南的农耕世界并列。在其他各洲,也先后出现农耕地带与游牧地带的区分。

人类自从进入新石器时代并从事农耕和畜牧以来,剩余产品日益增多,私有财产随之出现。至新石器时代之末、金属器时代之初,氏族公社原始共产制趋于解体。在农耕地带,生产增长率和人口增长率都较高。食物丰饶以后,有更多的可能分出劳动力从事农耕以外的活动,如手工制造、金属开采和冶炼、河渠开凿、土木建筑、社会管理、宗教祭祀等等。因而农耕地区的阶级分化较快,也较早地出现了公共权力,诞生了文明。约在公元前第4千纪后期,西亚两河流域首先突破原始公社各自孤立的状态,在较大范围内形成并加强村落与村落之间的横向联系,出现了居民密集的聚落,由此兴起了很多以城为中心的小国。稍后,尼罗河流域、印度河流域、黄河流域、爱琴海地区等,都先后诞生了文明,出现与两河流域类似的、并立的小国。历史从此步入阶级社会,同时开始在更大范围内的横向发展。在游牧地带,由于生产增长率较低,社会分化相对缓慢,因此原始部落牢固存在,长期停留在淳朴而落后的状态。由此而后的亚欧大陆,南方农耕,北方游牧,南方富庶而发展较快,北方贫穷而发展迟滞,这是直到近代资本主义大工业出现以前长时期中的基本形势。

亚欧大陆各农耕中心进入阶级社会之后,在世界历史上划分奴隶制阶段和封建制阶段,是一个复杂的问题。从许多专门研究可以看出,古代世界物质财富直接生产者被奴役、被剥削的方式,生产资料的占有制,包括残存的原始公社共有制,不同地区存在着明显的差别。完全丧失自由的奴隶、半自由的处于依附地位的劳动者以及自由劳动者在各自社会经济中所占的比重,各地也不一致。这种情况不仅在通常以公元 5 世纪为下限的古代世界是这样,5 世纪之后,在中古时代封建制下的直接生产者被奴役、被剥削的方式,以及依附农民与自由农民在经济中的各自比重,也是这样。因此,前资本主义的两个阶级社会,即奴隶制社会与封建制社会,都很难以某一地区历史实例作为典型,也很难以某一实例所达到的发展阶段作为世界历史上划分两个社会形态的标准。而且,古代社会生产关系中处于依附地位的劳动者,与中古时代的封建依附农民,往往不易分清界限。两种依附劳动者在各自所属时代的存在,并非一个是偶然的,一个是普遍的,而是各自在其所属时代都占有相当的比重。诚然,这种比重也因地而异。不仅依附劳动者是这样,将分别存在于古代世界和中古时代的自由劳动者作相互对照,其情况也是这样。这就使在世界历史上区分奴隶制社会和封建制社会成为十分复杂的问题。像通常那样,采取统一的、超越地区差别的划分界限,把早于此限的纳入奴隶制,晚于此限的纳入封建制,看来无助于问题的解决。因为,非常明显,除了少数如西方古典奴隶制的一些中心而外,这个划限的方式很难说明前于此限的依附劳动者和自由劳动者怎样一越此限,就成为后于此限的依附农民和自由农民。他们为什么一个时期打上了奴隶制的烙印,另一个时期又涂上了封建制的色彩?在目前,这仍然是马克思主义史学必须深入探讨的重要课题。

但是,这个问题之暂难解决,并不能构成一种难以逾越的障碍,使对人类进入阶级社会后的前资本主义的历史进行概略性的横向考察成为不可能,或者说,成为学术上一种无所依据的徒劳。

在整个前资本主义时期,即 15、16 世纪以前,进入文明的、阶级对立社会的亚欧大陆农耕世界,一般都是以农为本,农业是奴隶制社会的基础,也是封建制社会的基础。马克思在《〈政治经济学批判〉导言》中说:"在从事定居耕作(这种定居已是一大进步),而且这种耕作像在古代社会和封建社会中那样处于支配地位的民族那里,连工业、工业的组织以及与工业相应的所有制形式都多少带有土地所有制的性质。① 这也无异说,不论是奴隶社会,还是封建社会,都是以农为本。既然两者在经济上都是以农为本,那么,虽然世界上各民族、各地区奴隶制社会形态和封建制社会形态还不能一一清楚地划分,也无妨就其具有共性的历史发展问题作通贯前资本主义时期的考察。

前资本主义时期阶级社会农本经济的根本特点,是在最大限度上实行自给自足,为谋生而非为牟利,为消费而非为交换,因而必然具有闭塞性。手工业和商业同在当时整个社会经济中占绝对优势的农业相比,是末,不是本。它们当时所达到的发展水平,终究不能改变农耕世界以农为本的这一根本状态。前资本主义时期各民族、各国、各地区之间的互相闭塞,是附随这一根本状态而必然存在的现象。在与农耕地带并列的游牧地带,除了在大移徙、大冲击浪潮中形成多部族的广泛联合而外,各部落、部族之间,也是基本上处于闭塞状态,生活很少越出狭小牧地的范围。因此,在孕育人类最初文明社会的亚欧大陆及其毗连的北非,包括农耕和游牧两大地带,在资本主义出现以前,闭塞状态是普遍存在的。不打破普遍存在的闭塞状态,历史也就不能发展为世界历史。

闭塞状态的打破,有待于不同地区、不同民族之间交往的增多。交往是随着经济和政治的发展而日渐增多的,社会经济发展的水平是交往增多的决定性因素。由于农耕经济比游牧经济先进,所以各民族、各国、各地区之间的交往,首先而且主要地是在亚欧大陆偏南的农耕地带逐步频繁起来的。古代文明中心小国林立的状态演变为大国统一和大国之间彼此对峙的局面之后,特别是西亚、北非和东部地中海地区,不论是在中心范围以内或中心与周边地带之间,闭塞的状态都因交往频繁而打开了孔道。经常的交往一般都是通过和平的途径。生产技术、各地特有物产、艺术品以及文字、科学知识、思想、宗教信念等等,都在日益扩大的范围内通过商人、使节、游历者、学问家、求道和布道者而直接、间接地交流,并逐渐地向中心凝聚。人们的活动空间和视野都因此而渐渐开阔了起来。分散在周边的许多孤立的点,也渐渐与文明中心发生微弱的、却又有发展前景的联系。但是和平交往并非交往的唯一方式。一个民族或国家的势力强大之后,往往因开拓土地、移植人口、掠夺资源、控制商路而与邻近国家、部族发生冲突,以暴力的方式进行交往,这在大国并立的形势下尤其如此。暴力交往不可能成为经常采取的方式。它是间歇的,具有破坏性的,但又具有和平方式所不具有的冲击力量。一次猛烈的冲击过后,随之而来的,往往是对闭塞状态的重大突破。马其顿王亚历山大东侵以后,从爱琴海地区到印度河流域,经济文化发生了范围空前广阔的交往。13 世纪蒙古军横越亚欧大陆,随着帝国的建立,东西陆上交通为之大开。历史上这两次破坏力甚大的暴力交往,都起了重大突破闭塞的作用。

---

① 《马克思恩格斯选集》第 2 卷,人民出版社 1995 年版,第 25 页。

亚欧大陆的古典文明世界,从黄河流域到地中海沿岸,是以最长距离分隔着的东西两极。在这两极之间,自古就断续发生了分段而又相连接的交往。陆上,逐渐形成了丝绸之路,由中国西部进入中亚,然后经大夏、波斯同波斯帝国遗留下来的驿道和通向黑海的道路相连,辗转通往罗马。在大夏境内,南通印度的道路也与之相接。丝绸之路的形成,从历史的发展看,其意义的重要不在于丝绸的转运,而在于有了这条通达的道路之后,人类物质文明和精神文明的创造可以随着时代的演进而络绎往返。佛教和佛教艺术、波斯工艺图案、伊斯兰教和阿拉伯的星历医药,先后经由此道或假道它的一段传入中国。中国的造纸和印刷两项对后世文化发展影响极大的工艺,可能还有凿井法以及其他技术,也循此道传入中亚和西亚,后来造纸术和印刷术又转传欧洲。海上,据记载应是罗马皇帝马可·奥勒留的使者,于中国东汉桓帝延熹九年(公元 166 年),自日南徼外来献珍物。从历史的发展来看,这一事件最引人注意的,不在于东西方的皇帝之间有了最早的通聘,也不在于来者究竟是商人还是使臣,而是在于自红海、阿拉伯海、经孟加拉湾以迄中国的南海,在这时已经形成了联结东西方的海上通道。此后阿拉伯商人之活跃于唐宋时期的中国东南沿海,明代郑和西航遍历自东南亚迄东非 30 余国,都使人不得不追忆这条海道的最初开辟。中国在亚欧大陆几个文明中心之中,所处的方位是比较僻远的,能够较早地和其他中心发生陆上和海上的交往联系,说明古代各地区之间的闭塞只具有相对的意义。印度孔雀王朝与叙利亚塞琉西王国以及远至希腊、埃及之间,也是较早地就有了经济和文化交往,同样说明闭塞是相对的这一历史事实。逐步打开这种相对的闭塞,是从古就已开始的历史发展的趋势。

　　但是,不能对历史上这种横向发展估计过高。不论是陆上或海上,当时交换的物产较多是贵重珍品,数量不大,来往也不多,海上交往则更加有限。15 世纪末以前,海上交往大都局限于近海,或者附岸航行,或者逐岛跨渡,离陆地都不远。腓尼基人和希腊人在犹如一个大湖的地中海的活动是这样,中国人、印度人、稍后阿拉伯人在东南亚和南洋诸岛的经商、移民和传教布道也无不是这样。中国和日本之间,因为海面较阔,往来受到很大的限制。北魏之际及以前,日本人来中国必须经朝鲜遵陆而行。7 世纪末至 8 世纪,当遣唐使全盛时期,才由日本横渡东中国海,到达长江口。但是因风漂失以至舟覆人亡的事故时有发生,因之往来仍然有限。在航海和造船技术有较大的改进以前,除了印度洋上因季候风的发现可作季节性的跨海航行而外,海上交往只能限于近海。就长距离而言,海路只能处于陆路的补充地位。这种补充不经常、不稳定,因之不可能充分发挥海运载量大、行程远的优势。渡越大海的航行,在前资本主义时期,不能说完全没有。北欧的诺曼人、维金人,曾经到达冰岛,漂过北大西洋到达格陵兰和文兰。但这是偶有的例外,对历史上的横向发展没有多大的实质意义。这样,依靠骆驼、马、人力的陆上交往,在古代和中古的亚欧大陆农耕世界,仍然是沟通各地区的主要通道。距离越远,行程的连续性越难保持,打开经济上互相闭塞的作用也就越有限度。离开亚欧大陆及与之毗连的部分非洲,远洋以外的世界就更一无所知。陆海交通的发展水平也限制着暴力的交往。任何古代的强大国家,不论是奴隶制帝国如罗马,或封建大帝国如唐代中国和阿拉伯帝国,其所进行的对外扩张,都不得不受农本经济发展水平所能提供的对军事的支持能力的限制,包括交通技术上的限制。而且,即使在这些强大国家统治所及的范围之内,占支配地位的也仍然是闭塞性的农本经济。农本经济不发生根本性的变化,这种闭塞状态就不会仅仅由于发生了和平或暴力交往而被彻底打破。

值得注意的是,在前资本主义闭塞状态中的亚欧大陆,随着陆上和海上的有限交往,各种思想意识和宗教信念却四向传播,分别在相当广泛的地区内移植、生根,留下长期的不可磨灭的影响。起源于西南亚一隅之地的基督教,逐步向西方广泛传播,在一个长时期内在全欧洲成为支配社会生活的精神力量。中国儒家思想也传遍东亚,在朝鲜、日本、越南的地位,直到近代以前,几乎和在中国不相上下。印度的佛教在缅甸、斯里兰卡以及东南亚其他国家被普遍接受,传入中国后形成中国化的佛教,又由中国传到了日本。伊斯兰教因阿拉伯人的扩张而传遍中亚、西亚和北非,后来又进入南亚与东南欧,形成与欧洲基督教世界并峙的伊斯兰世界。狭隘的、地方性的、相互闭塞的农本经济,在亚欧大陆各个主要地区,却支撑着越出国家和民族界限的三大宗教信仰和一个起着近似宗教作用的伦理思想体系。这是农耕世界不同地区间在横向联系中积累起来的一项极有历史意义的后果。

在游牧世界和农耕世界之间,也进行着和平的、有时是暴力的交往。游牧世界需要农耕世界的粮食、布帛和金属工具,农耕世界需要游牧世界的马匹和皮革。双方都要通过和平互市来满足各自的需要。但也存在着矛盾:游牧世界的各族,其中包括趋向农耕的部族,有时要进入富庶的农耕世界;农耕世界的统治者有时也要开边拓土,略取游牧世界的土地。从公元前第2千纪中叶起,迄公元13世纪,游牧世界各部族先后对农耕世界掀起了三次历时长久的移徙和冲击浪潮。最初的一次断续绵延到公元前第1千纪,进入农耕世界的主要是来自偏西北方的印欧种人,东至印度河,西至爱琴海,中部至两河流域和小亚细亚。也有闪米特人,进入两河流域和埃及,他们带来马驾的双轮战车,稍后南下的还使用了骑兵。第二次浪潮始于公元2、3世纪,直到7世纪。最早发动的主要是匈奴人、突厥人,后来还有进入黄河流域的鲜卑和拓跋诸部,进入波斯和印度的嚈哒,在匈奴压力下冲入罗马帝国的日耳曼各族以及稍后的斯拉夫各族。游牧的阿拉伯人则于公元7世纪冲入西亚和中亚,以后扩张到北非和西南欧洲。最后一次浪潮起于13世纪。主要入侵者是蒙古人及与之联合的突厥人,冲击的范围最广,遍及亚欧大陆,但延续的时间却最短,到 14 世纪仅余尾声。自此而后,历经 3 000 多年的游牧世界与农耕世界的矛盾大体定局。游牧世界各族在入侵时期的军事优势,一当他们进入农耕地带,就在各自农耕化或进一步农耕化的过程中逐渐消失。农耕世界一次又一次地把入侵的游牧、半游牧、趋向农耕的各部族吸收到自己的经济文化体系中来。三次移徙、冲击浪潮的结果,是游牧世界的缩小,农耕世界的扩大。亚欧大陆农耕世界以农为本的相对闭塞的经济,在与游牧世界的长期矛盾运动中,显示了它的优越性和韧性。彻底打破植根于农本经济的各民族、各国、各地区间的闭塞状态,还有待于新的历史力量,有待于跨入一个新的阶段的历史纵向和横向发展。

当亚欧大陆农耕世界即将进入一个新的历史转折时期的前夕,撒哈拉以南的非洲内陆,美洲的中部和南部,都已兴起了文明和国家,其基础也在于农业。撒哈拉以南的非洲国家和北非伊斯兰诸国进行穿越撒哈拉大沙漠的贸易,用黄金、象牙换取手工业品,在交往中接受了伊斯兰教。它们在经济和文化上都已发展到相当高的水平。美洲中部和南部的阿兹特克人和印加人国家则处于完全和外界隔绝的状态。他们的远祖是从亚洲移去的,但他们和亚欧大陆的文明却没有联系。古代中国人远渡墨西哥之说,目前不能论定,即使属实,也对 15 世纪以前美洲的闭塞状态无所裨补。中国在商朝已经有车有马。美洲印第安人在和西班牙殖民者最初接触的时候,还无车无马,连在同一大陆上的两大中心之间的交往都有困难,更不用说同美洲以外的文明发生横向联系了。孤立、闭塞,必然造成文明的停滞。

从 15、16 世纪开始,历史进入一个新的转折时期。亚欧大陆农耕世界的相对闭塞,撒哈拉以南非洲与亚欧大陆之间在更大程度上的闭塞,美洲、大洋洲与世界其他地区的完全隔绝——这些现象都逐步发生全面改观。15、16 世纪是历史发展为世界历史的重大转折时期。转折之所以发生,是因为在亚欧大陆农耕世界的内部,首先在西欧,社会经济发生了前所未有的根本变化。人类历史的前资本主义时期因这个变化而归于结束,资本主义开始以其新的生产力和生产关系出现在历史的地平线上。

资本主义在西欧的萌芽和发展,不断侵蚀以农为本的自然经济。资本主义通过市场交换以实现利润的经济和闭塞的农本经济两不相容。资本主义一经产生,就必定不断扩大市场交换的范围,伸入并占有原来封闭的农本经济的阵地,无止境地向可能达到的各个角落扩展。它突破地理的自然界限和国家疆域,最大限度地为销售其商品而开拓市场。由中古后期积累起来并得到改进的航海和造船技术,适应西欧新兴资产阶级的需要,为他们的海外扩张提供了必要手段。哥伦布打开大西洋的航线之后,西方资产阶级走遍全球,凡海水所及之处,几乎无处没有他们的踪迹。于是,世界不再是亚欧大陆加上地中海南岸的世界。南北美洲、撒哈拉以南非洲的东西两岸,稍后还有大洋洲,都加入以亚欧大陆为主体的文明世界。世界的范围空前扩大了。与此同时,由于各民族、各地区之间在经济上的联系越来越密切,闭关自守状态越来越彻底地被打破,世界也变得更为紧缩了,由分散的世界渐渐成为一个初见其全貌的整体世界。历史发展到这个时期,才开始成为世界的历史。这是从原始人类为寻求食物分支向地球各地移动直到资本主义开辟世界市场这一经历悠远行程的历史发展的结果。历史的横向发展,到这时达到空前未有的广度。

约自16世纪起,资本主义萌发较早的西欧国家一反农本的传统,采取重商主义政策,借以促进海外贸易和殖民活动,鼓励资本原始积累,扶植为适应国外市场的工业生产。由农本而重商,是资本主义发展初期西欧国家在经济上的重大转变。在同一时期,亚欧大陆东部几个发展水平即使不超过但也绝不低于西欧的国家,包括中国和日本,却故步自封,限制甚至放弃海上活动,以闭关自守为得策,维护传统的农本经济。在西欧,尤其是在英国,资产阶级推翻封建统治取得政权以后,重商政策有力地促进了资本主义的发展。到18世纪中叶,英国首先发生以大机器生产和广泛采用蒸汽动力为标志的工业革命。这是人类物质生产史上继农耕和畜牧的发生亦即人类由食物采集者转变为食物生产者之后的又一次意义深远的飞跃。

英国发生工业革命之后,法国以及西欧其他国家跟踪而起,工业产量和对外贸易大幅度增长。从此,原来亚欧大陆农耕世界东西两端发展水平大体相当的局面,最后失去了平衡。西方经过重商主义阶段实现了工业革命,摆脱了传统的农本经济,从而对固守农本的其他国家取得了决定性优势。这个优势是新涌现的工业世界对农耕世界的优势。西方资本主义国家挟此优势向世界各个地区实行了猛烈的血与火的扩张,任何闭关的壁垒都在这个优势的冲击下失去抵制的能力,到处门户洞开,成为资本主义的国际市场、原料和劳动力供应地、投资牟利的乐园。美洲、非洲、西亚、南亚、西南太平洋诸岛、大洋洲,先后沦为殖民地,虽则美洲由白人及其后裔居留的部分殖民地稍后取得了独立。其他地区,包括很多欧洲国家,都不得不在西欧工业巨大优势的影响和压力之下,先后不一地作出反应。反应是曲折的,但其主要内容总不出两点:第一,推倒或改造建立在农本经济基础上的封建统治;第二,实现工业化。

反应的总的结果是新兴工业世界范围的扩大。中欧、南欧、北欧、东欧、包括沙皇统治下的俄国,最先步西欧的后尘,或者在资产阶级取得政权之下,或者适应资产阶级的要求,实现资本主义工业化。农业也脱离封建主义农本经济的旧轨,在经营方式上,在操作技术上,开始了与资本主义工业化相适应的发展。由此而东,亚洲的几个主要国家奥斯曼帝国、萨非王朝的伊朗、莫卧儿王朝的印度、清朝统治下的中国、幕府统治下的日本,也各个作出不同的、后果不一的反应。

日本的反应取得很显著的效果。封建的幕府被迫还政天皇。通晓西方经济和政治制度的改革家与日益壮大起来的商人、企业家相结合,实行资产阶级革命性质的维新,迅速把日本引向资本主义工业化的道路。中国建立在农本经济上的专制统治已经有了 2 000 多年的历史,农民反封建反殖民侵略的斗争遭到它的镇压。在日本维新 30 年后,中国一部分力量微弱的开明派也推动维新,但是"百日"而已,转瞬失败。19 世纪,奥斯曼帝国也先后进行了改革,发生过政变,但其短促命运与中国清末的维新相去无几。萨非王朝的伊朗和莫卧儿王朝的印度也在 19 世纪发生过反封建、反殖民统治的人民起义和各种改良运动,但同样以失败结局。这些国家的革命和民族独立,到 20 世纪还要经历一番曲折的过程。在西方殖民主义者的控制或直接支配之下,这些东方国家的民族工业虽多少有所发展,但在日益扩大的、以西方为中心的工业世界中仍处于一种依附的、无自主权的地位。亚欧大陆农耕世界自莱茵河以东迄日本列岛,各国对西欧新兴工业世界的冲击所作的不同反应,经历了新旧制度、新旧社会阶级、新旧思想意识的批判和斗争,是近 200 年世界历史横向发展的一大主题。

两个多世纪以来,资本主义工业世界经历了自由资本主义、垄断资本主义以至国家垄断资本主义诸阶段。它以工业革命和现代科技的巨大动力,实现了人类历史空前未有的纵向和横向发展,不论是发展速度或规模,前资本主义的任何时代都无与伦比。但在不断扩大和发展的同时,它面临着难以解救的矛盾。首先是资本主义制度的内在矛盾,即生产社会化和生产资料私人占有的矛盾。这个矛盾不断表现为无产阶级对资产阶级的斗争,斗争有张有弛,矛盾却从未消失。不仅如此,与资本主义势力国际化的形势相应,这个斗争又发展为国际化斗争,形成有完整政治纲领的、联合全世界无产者的国际共产主义运动。其次是殖民地附属国与殖民主义宗主国之间的矛盾。这个矛盾遍及亚、非、拉美诸大洲,发展为殖民地民族解放运动与国际共产主义运动的广泛结合,形成对资本主义工业世界国际秩序的巨大威胁。同时,存在于各大殖民主义国家之间的矛盾,还曾引起多次的殖民争霸战争,在不到半个世纪的时间里,爆发为两次世界大战,更番削弱了各殖民大国的统治势力。以殖民主义大国为核心的资本主义工业世界,其历史支配地位并不巩固。

第一次世界大战期间俄国十月革命的胜利和第二次世界大战后许多中欧、东欧、亚洲国家人民民主革命、特别是中国革命的胜利,开创了世界历史的新局面。由此开始,历史上就出现一个与资本主义工业世界相对立的、以实现生产资料公有、消灭阶级剥削为特征的、方在新生阶段的社会主义工业世界。这对于在近两个多世纪以来一直居于支配地位的资本主义工业世界,是一个无可回避的历史性冲击。是资本主义工业世界的继续存在和发展,还是社会主义工业世界的成长壮大以至最后代之而起,成为当代世界全局性矛盾的焦点。人类已有的历史智慧还不能断言,这个全局性的矛盾将怎样解决,要经历多少代人才能解决。不过,随着近若干年来形势的推移,有一点可以说已初见端倪:两个世界正在由对抗转向对话,并存和互相竞争的局面,亦即从经济、政治、文化诸方面不断较量彼此实力、影响力高低胜负的局面,已在逐步形成。人所共知,以现有的条件,并存的任何一方都不可能以军事手段一举而消灭对方。所以可以预期,这个并存和互相竞争的局面虽然会有这样、那样的变化,但是作为一个历史过程来观察,这个多变的局面将不会短暂。并存与竞争是相联系的,并存的任何一方为求得和保持超越对方的优势,必将采取各种改善自己所处地位的措施:资本主义工业世界各国将实行缓和自身矛盾的改革,社会主义工业世界各国也将实行完善自身体制的改革。在并存和竞争的长过程中,任何一方实施的变革都将不可避免地受到别一方的制约和影响。因之可以设想,两个世界并存、竞争的局面,同时也是两个世界在相互制约、相互影响下不断发生变革的局面。

社会主义工业世界各国建国的历史还很短,取得革命胜利和建立社会主义制度最早的至今也不到四分之三世纪。它们原有的经济基础都比较薄弱,现代工业化水平不论在深度或广度上都还难以和有较长工业化历史的资本主义发达国家相比。生产力发展水平的高低,决定着社会主义工业世界对资本主义工业世界冲击力的强弱。迄今为止,新生的社会主义工业世界所能加于资本主义工业世界的冲击,还不足以比拟当年新生资本主义工业世界所曾加于传统农耕世界的冲击力。社会主义工业世界还远没有像当年资本主义工业世界那样,在向对立一方的冲击中取得压倒的优势。不仅如此,近几年在欧洲方面,还一再遭受严重的挫折。但是,从历史的长期趋势说,目前存在的两个世界力量的差距,不会到此就成定局。随着两个世界并存和竞争局面的持续存在,在不断变革中的双方力量的对比,必将不断发生改变现存状况的变化。如果历史学家可以稍稍越出既成的历史,略一展望资本主义工业世界和社会主义工业世界的未来,那么,对于两个世界在长期并存、竞争局面下各自面临的问题、形势所要求的变革倾向、以及由变革导致的可能前景,都不妨作一概然的、趋向性的估计。

从长期而论,资本主义工业世界必须面对的根本问题,仍然是生产社会化与生产资料私有制之间的矛盾,亦即劳动者与资本家之间的矛盾。自前一世纪以来,资本主义国家即已为缓和这一矛盾采取了改革措施,如运用立法手段实行劳动者权利和生活福利保障的社会化、资本的部分所得的社会化、文化和教育设施的社会化等等。可以说,资本主义世界各国的这类改革,已经比较明显地具有社会化的倾向。未来两个世界长期并存和竞争的局面,对于资本主义国家的这类改革,无疑将会给予新的推动。改革社会化的倾向不仅将持续下去,而且还会出现这样的可能,即一旦社会主义工业世界在改革中取得了显著的进展,资本主义国家内部的社会多数对抑制资本强化了要求,这类变革就可能迫于竞争的形势,不得不越出已有的范围,进一步向所有制领域延伸。近些年来某些资本主义国家在大企业国有化方面屡进屡退,不只是当政者在政策上摇摆不定的反映,也是变革生产资料所有制在资本主义国家已非禁区的反映。资本主义制度是历史上较有弹性的制度,它能包容和承受一些开明的或出于社会下层要求的社会化变革。一旦这类变革深入到资本所有制的领域,由此引起资本所有制发生多层次的变化,以至突破资本主义制度所能包容和承受的限度,那就势将在所有制这个规定社会阶级结构的根本问题上向资本主义制度的临界线外跨越。由此而来的可能前景,将是实现资本主义制度对其自身否定的历史蜕变。一个国家发生这样的蜕变,很可能,跟着就会在情况类似的其他国家产生连锁反应。实现这一历史蜕变的方式,将取决于各国社会化变革的历史积累和阶级关系,以及未来世界的历史环境。应当看到,资本主义国家社会化变革的历史积累,以及由此可能导致的资本主义制度自身的蜕变,是估计未来世界的一个很重要的方面。

　　社会主义工业世界面临的问题和资本主义工业世界有本质上的区别。它并非出于社会主义制度自身所固有的不可解救的矛盾,亦非社会主义理想不合社会多数的利益,而是历史遗留下来的非短期所能克服的困难:一是工业化起步晚、水平低;一是历史传统负荷重,经济和政治体制不健全、不完善,人为失误以及纠正失误机制的缺陷,不能适应现代工业化的要求。当前,社会主义国家进行的改革,总的倾向是消除历史遗留的困难,有选择地吸取资本主义工业世界的科学技术、管理方法和市场机制等经验,以此加快现代工业化的进度。在未来两个世界长期并存的局面下,这一改革倾向势将持续。不如此,不足以强化与资本主义工业世界竞争、较量的能力。这一改革越持续深入,越是在改变束缚经济活力和劳动创造力的僵化体制方面,在以公有制为主体、多种所有制经济共同发展方面,①在扩大政治民主、确定公私权益界限和健全法制方面,以及在更新全社会思想意识和文化素质方面,都一一取得成效,社会主义工业世界吸取人类历史经验并且创造性地用于自身发展的能力就越强,在工业化水平上赶上以至超过资本主义工业世界的可能性也就越大。由此而来的可能前景,将是社会主义制度的逐步成熟和完善,不仅在生产资料公有制方面,而且在生产力发展水平方面,都将显示出优越于资本主义制度。一旦社会主义工业世界出现了一个或几个领先的国家,在工业化的主要方面赶上并超过资本主义工业世界的发达国家,两个世界的力量对比就必将随之发生根本变化,整个世界的形势也将大为改观。曾经徘徊于两个工业世界之间的、基本上还滞留在传统农耕世界的国家,将会更多地倾向社会主义,经由不同途径走上社会主义工业化的道路。社会主义国家坚持无产阶级政党领导和坚持社会主义道路的经济政治制度在不断改革中趋向成

---

　　①　1994 年第一版此句为"在以公有制经济为主、其他成分经济为辅方面"。

熟和完善，以及由此引起的对世界历史的深远影响，是估计未来世界的一个更为重要的方面。

当代两个世界的问题，比以上所概述的远为复杂。在两个世界并存和相互竞争的局面下，两种社会制度的矛盾和斗争不会自然消失。资本主义世界的敌视社会主义势力，在反对其内部变革的同时，仍然会以政治、经济和文化的手段，以公开或隐蔽的方式，向社会主义国家渗透，甚至伺机颠覆，借以实现其"和平演变"的战略意图。面临这种形势的社会主义国家，为巩固自身的存在，发展改革的成果，必将采取相应的反渗透、反颠覆、反"和平演变"的措施，对国际和国内敌对势力实行遏制和反击。两个世界各有许多历史不同、现状互异的国家，在历史新旧嬗递之际，各国变革的轻重缓急、进退成败，将呈现出纷繁多变、风波迭起的局面。但就历史发展的趋势和前文估计所及而言，两个世界间的这一局面，经过一段适应和稳定，历经战乱的人类理性，会逐步作出历史的选择：竞争和交流会日居主导，较量与敌对会趋向缓和。在长期的、不能预见其断限的演变之后，有较多可能会引向资本主义制度实现其自身的蜕变，社会主义制度实现其自身的完善。这两大历史性变化一旦成为现实，整个世界就会出现一个全新的趋势：资本主义工业世界将由此趋向收缩；社会主义工业世界将由此趋向扩大。世界历史的纵向和横向发展，也将由此进入一个更高层次的新的时代。

当前的人类社会，正在面临能源日渐枯竭、环境严重污染和破坏等巨大难题的困扰。世界历史新时代的来临，必将使科学技术的发展纳入为全人类而不是为私有资本服务的正轨。对困扰人类社会的难题也将有可能在全世界的通力协作之下，排除因私有资本维护其既得利益造成的障碍，求得合理而有效的解决途径。当前多数贫国与少数富国之间加速扩大的差距，也将随着各种公开的、隐蔽的殖民剥削方式的废除和社会主义工业化的广泛发展而逐步缩小以至消灭。世界历史的合理未来——合理地生产、合理地分配、合理地应用科学技术、合理地满足人类群体和个体不断提高的物质生活和精神生活的需要，不在于资本主义工业世界的补苴延续，而在于社会主义工业世界的更新继起，在这个更新继起之中，也包括资本主义制度自身的蜕变。历史是很少直线发展的。资本主义工业世界的削弱、收缩、以至蜕变，社会主义工业世界的成长、扩大以至最后遍及整个世界，必然要经历悠长的、曲折艰难的道路。但是，悠长、曲折、艰难都改变不了人类历史发展的总趋向。黄河九曲，终将流归沧海。

世界历史这门学科正在发展之中。既然历史在不断的纵向和横向发展中已经在越来越大的程度上成为世界历史，那么，研究世界历史就必须以世界为一全局，考察它怎样由相互闭塞发展为密切联系，由分散演变为整体的全部历程，这个全部历程就是世界历史。把分国、分区的历史集成汇编，或者只进行分国、分区的研究，而忽视综合的全局研究，都将不能适应世界历史这门学科发展的需要。世界从 15、16 世纪起就已跨进了一个崭新的阶段,以世界历史为研究对象的这门学科,也要相应地跨入一个新的阶段。

*　　　*　　　*　　　*

注:本书"总序"系据吴于廑为《中国大百科全书·外国历史》卷撰写的"世界历史"一文稍作修改而成。文中第一部分关于 19 世纪后期和中华人民共和国成立前后中国学者在外国历史及世界史方面的编著和研究工作的论述,由杭州大学毛昭晰教授撰写。

本次重印根据新版《马克思恩格斯选集》核改了少量引文,并对个别提法作了修改。

前　言

　　《现代史编》上下两卷是六卷本《世界史》的最后两卷。世界现代史大体上相当于20世纪的历史。完整意义的世界史，在20世纪终于形成。世界史不是过去一直存在的。近代资本主义大工业创造了世界市场，从而"首次开创了世界历史，因为它使每个文明国家以及这些国家中的每一个人的需要的满足都依赖于整个世界，因为它消灭了以往自然形成的各国的孤立状态"。① 世界历史虽然从近代已经开始，但到了20世纪世界才在经济、政治、文化各个方面联系成为一个息息相关的整体。因此，在一定意义上可以说世界史就是现代史。反过来看，现代史又只有用世界一体化的眼光才能认清它的实质和各种问题，因此在这个意义上又可以说现代史就是世界史。

　　本书以20世纪初作为世界现代史的开端。20世纪初，资本主义发展到帝国主义阶段。两大帝国主义军事集团为重新瓜分殖民地、势力范围和争夺世界霸权而展开激烈的斗争，最后导致了第一次世界大战的爆发。在大战的过程中，俄国无产阶级进行社会主义革命，建立了人类历史上第一个社会主义国家。由于帝国主义力量在战争中的削弱，由于十月社会主义革命的影响，战后出现了殖民地半殖民地民族解放运动的空前高涨。大战也使国际格局发生了重大变化。19世纪欧洲资本主义列强支配世界的局面告终。美、日两个新兴的帝国主义国家崛起于北美和东亚。社会主义国家苏联在地跨欧、亚两大洲的俄罗斯帝国废墟上巍然屹立。这一系列的重大事件和历史剧变都发生在本世纪初期，故把20世纪初作为世界现代史的上限，是比较合适的。世界现代史的进程尚在演变之中，它的下限暂时定在本世纪之末。

　　20世纪是人类历史上变化最大、最快的世纪，人类在这一百年中所取得的成就要比以往任何一个世纪都大，甚至可以说超过以往各个世纪的总和。在大约一个世纪的时期里，以1945年为分界线，1945年以后的半个世纪变化尤大，尤快，成就尤为突出。

　　第一阶段是从20世纪初到1945年第二次世界大战结束。就全球范围看，这是世界经济发展缓慢（个别国家如苏联除外）、充满暴力（革命的和反革命的）的阶段。世界工业的年平均增长率，1900—1913年为4.2%，1913—1929年降为2.7%，1929—1938年再降为2.0%；世界贸易的年平均增长率，1910—1913年为3.7%，1913—1929年降为0.7%，1929—1938年则竟为-1.15%。1929—

---

① 《马克思恩格斯选集》第1卷，人民出版社1972年版，第67页。

1933 年爆发了世界经济危机,其波及范围之广,破坏程度之大,前所未有,后亦无继。在政治方面,革命与战争是这一阶段的主要内容。1917 年爆发的俄国十月社会主义革命是一次震撼世界、影响极其深远的大革命,它的历史意义在于证明了以私有制为基础的资本主义社会经济制度存在着严重的内部危机,因而是可以打破的;在于证明了以公有制为基础的,以充分发展生产力、消灭剥削、消除两极分化、达到共同富裕为根本目的的社会主义社会经济制度是可以而且必然会建立起来的。继十月革命之后,国际无产阶级和殖民地半殖民地的人民多次向资本主义世界发动冲击,其中有些是帝国主义国家内部无产阶级夺取政权的斗争或政治罢工与经济罢工;有些是殖民地半殖民地人民争取民族独立的解放战争,它们有大有小,有强有弱,但总合起来沉重地打击了垄断资产阶级的统治,并为下一阶段的斗争打下了基础。在一些帝国主义国家中,统治阶级鉴于资产阶级议会民主这种旧的统治形式已不适用,便建立了法西斯专政,对内残酷镇压劳动人民,对外发动侵略战争。国际垄断资产阶级为重新瓜分殖民地、势力范围和争夺世界霸权,引发了两次世界大战,它们给人类造成了空前未有的大破坏。

第二阶段是从第二次世界大战结束到本世纪末。从全球范围看,这是世界经济发展迅速、相对和平的阶段。1953—1973 年 20 年间,世界工业总产量相当于 1800 年以来一个半世纪的工业产量的总和。造成这一阶段经济迅速发展的原因很多,其中最重要的一条是科学技术的飞速进步。科学技术日益渗透于经济发展和社会生活各个领域,成为推动现代生产力发展的最活跃的因素。在资本主义的心脏地区美国、西欧和日本,经济增长很快。现代资本主义由于形成了一定的自我调节机制,还有较强的生命力,没有再出现 1929—1933 年那样严重的经济危机,虽然较小规模的危机也曾多次发生。社会主义国家在战后一度也发展很快,但后来出现了不同程度的停滞,近年来一些国家(特别是中国)探索改革的道路,又迅速发展起来。第三世界发展中国家、特别是新兴工业国家的经济增长速度最快,1970—1977 年南亚、东亚、拉丁美洲地区的工业增长率最高,如韩国高达 17%,多米尼加高达 14%。包括亿万人口在内的一大批新兴独立国家从农业社会走向工业社会,毫无疑问是人类生产力的一次大解放,具有深远的历史意义。

由于经济的繁荣发展,资本主义国家的统治比前一阶段稳固,没有受到大的革命冲击。侵略战争虽然仍有,但日益减少,而且发动侵略的大国在被侵略国的抵抗和世界人民的压力下,被迫撤兵,接受政治解决,这在侵略战争的历史上是罕见的。自 1945 年到现在已经半个世纪尚未爆发新的世界大战,而第一次世界大战与第二次世界大战之间仅仅相隔了 20 年。

1991 年 12 月,苏联停止存在。苏联的解体和资本主义世界经济 20 年的繁荣,使资本主义的辩护士断言资本主义制度已经战胜了社会主义制度。但这是一种完全错误的估计。今天苏联的解体并不能说明苏联在历史上毫无成就。恰恰相反，苏联在它存在的69年中（从1922年苏联成立算起为69年，从十月革命算起则为74年），在社会主义革命和社会主义建设两方面都有了不起的建树，而打败法西斯德国也是它对全人类做出的一大贡献。苏联的解体只能说明在社会经济落后的国家里建设社会主义，特别困难，必须找到正确的道路并不断进行改革，才能最后成功。列宁敏锐地注意到俄国经济文化的落后性，强调指出："与各先进国家相比，俄国人开始伟大的无产阶级革命是比较容易的，但是把它继续到获得最终胜利，即完全组织起社会主义社会，就比较困难了。"[①]在特殊的历史条件下，苏联采取了高度集中的、优先发展重工业的社会主义经济体制，并在这种体制下取得了重大成就，但这种体制后来被神圣化了，当作惟一正确的、不可更易的社会主义建设模式，以致日益僵化，弊端百出，待发觉准备改革之际，为时已晚，再加上举措失当，苏联终于解体。

苏联的解体，更不等于整个社会主义制度的失败。列宁说："如果从实质上来观察问题，难道历史上有一种新生产方式是不经过许许多多的失败、错误和反复而一下子就确立起来的吗？"[②]今天，中华人民共和国正在采取一系列社会主义制度自我完善的重大措施，在建设有中国特色社会主义的道路上已经取得并正在取得举世瞩目的成就，这充分说明社会主义这种新生制度是富有生命力的。

世界资本主义体系是否就强大无比呢？绝非如此。如果从历史的长过程来看，今天的资本主义世界不仅远远不如19世纪强大，那时是欧洲资本主义列强支配世界的时期，在某种意义上甚至也不如20世纪前半期那样强大，因为那时只有一个社会主义国家，而殖民体系只是受到严重冲击，尚未瓦解。今天，社会主义已经越出一国范围，更重要的是中国已经冲破苏联模式，走上了改革的道路，这场改革的伟大历史意义和世界影响在今后的岁月里将看得越来越清楚。战后，在世界范围内消灭了持续数百年之久的殖民主义体系，这极大地削弱了帝国主义的力量。法国不得不撤出越南，英国不得不撤出苏伊士运河，说明了老牌帝国主义的衰弱。即使像美国这样的新兴超级大国也不可能任意摆布第三世界的国家。美国侵略朝鲜、越南的失败，就是最有力的证明。第三世界越发展，帝国主义的力量就越削弱，美国企图奴役全世界的"新秩序"就越建立不起来。所以，从资本主义世界范围来看，资产阶级的统治力量是比以前强大了，资本主义秩序是比以前稳固了，但从全世界范围来看，从国际上各种力量的对比来看，帝国主义所能控制的范围和控制的力量都比以前缩小和减弱了。

---

① 《列宁全集》人民出版社1987年10月第2版，第36卷，第293—294页（本书后面所引《列宁全集》均出自中文第2版）。

② 《列宁全集》第37卷，第17页。

总之,20 世纪是一个伟大的世纪,人类在 100 年间取得了一系列重大成就,最主要的是三项:社会主义制度的建立、殖民体系的瓦解、科学技术的飞速进步和经济的巨大增长。但 20 世纪也是一个战乱频仍的世纪,并且遗留下若干如果处理不好就将给人类带来无穷灾难甚至毁灭人类自身的大难题,诸如热核战争、"人口爆炸"、环境污染、自然资源破坏和浪费、生态失去平衡,等等。在 55 亿人口中,许多发展中国家的人民仍然生活在贫困线下。

　　当前,世界经济继续发展,国际格局走向多极。和平与发展是当代世界的两大潮流,也将是下一个世纪人类所要解决的最大课题。经济优先已成为各国有识之士的共识。美、苏两个超级大国竞相扩充军备,使德、日两个战败国家迅速赶上并在某些方面超过的教训,给各国执政者敲响了警钟。人们越来越认识到:科学技术和经济实力的强弱,在综合国力中起着决定性的作用,而现代国际间的竞争归根到底是综合国力的竞争。帝国主义已经从老殖民主义转向新殖民主义,即放弃武力兼并的办法而采取直接、间接地进行经济渗透和经济控制的办法。国际格局的多极化,各种力量互相制约,终归也有利于世界和平的维持。

　　发展经济是世界各国人民的共同愿望。在全球经济一体化的当代,国际合作是绝对必需的。当然,在合作的同时国际经济竞争也日趋激烈。在社会主义与资本主义两大体系之间,将有一个互相依存、互相影响、互相竞争的漫长时期。主要的社会主义国家如果在将来能够使自己的劳动生产率超过资本主义发达国家,那时社会主义制度的优越性将会吸引全世界的人民,使他们扬弃资本主义而选择社会主义。

　　今天,科学技术的进步已经达到了可以大大造福于人类但也可以毁灭人类的地步。如果下几代的子孙能够把科学技术进步的成果全部致力于和平与发展,如果下几代的各国执政者能够吸取 20 世纪的教训而变得更加聪明和富有理智,那么 21 世纪将是一个持久和平与共同繁荣的世纪。研究世界通史,研究世界现代史,可以增进人类的智慧,使他们懂得如何掌握自己的命运,走向美好的未来。

齐世荣

1994 年 10 月 20 日

第一章　20世纪初的世界

19世纪是欧洲支配世界的世纪,经济上如此,政治上也如此。20世纪初,欧洲仍保存世界优势地位,但不久就受到了严重的挑战。在东亚,兴起了日本;在美洲,兴起了美国。它们迅速取得了世界大国的地位,改变了欧洲称霸世界的局面。而美国之成为世界第一经济大国,影响尤为巨大。

在俄国爆发的1905年革命,为1917年的十月社会主义革命准备了条件,从此人类有了一种崭新的社会主义制度,这种制度经历了种种曲折的发展道路,至今仍在中国和一些国家进行着伟大的试验。

继俄国1905年革命之后,民主革命席卷了整个亚洲。列宁认为,"亚洲的觉醒和欧洲先进无产阶级夺取政权的斗争的开展,标志着20世纪初所揭开的全世界历史的一个新的阶段。"①

1914—1918年,两大帝国主义集团为重新瓜分世界、争夺势力范围和霸权而进行了首次世界规模的战争。这场战争是欧洲由盛转衰的分水岭。这场战争也为俄国进行社会主义革命创造了条件,因为俄国是帝国主义链条中薄弱的环节,革命容易在这里爆发,还因为在两大帝国主义集团厮杀得不可开交的时候,它们是顾不上立即动手扼杀俄国革命的。

总之,从20世纪初,人类进入了它的现代史时期。

第一节　欧洲的世界优势地位

欧洲列强瓜分世界　资本主义进入垄断阶段以后,开始了夺取殖民地的高潮,到19世纪和20世纪之交,世界已瓜分完毕。1884—1900年,是欧洲主要国家加紧扩张的时期。在此时期,英国夺得了370万平方英里②的领土连同5700万人口;法国夺得了360万平方英里的领土连同3650万人口;德国夺得了100万平方英里的领土连同1470万人口;比利时夺得了90万平方英里的领土连同3000万人口;葡萄牙夺得了80万平方英里的领土连同900万人口。

英、俄、法、德四大国,它们在1876年的殖民地领土面积为4040万平方公里,人口27380万;到1914年,殖民地领土面积增为6440万平方公里,人口增为49450万。

---

① 《列宁选集》第2卷,人民出版社1972年版,第448页。
② 1平方英里＝2.59平方公里。

整个非洲大陆,除利比里亚和埃塞俄比亚外,都已变成欧洲列强的殖民地。法国占领非洲领土面积最大,达到 1 097 万多平方公里,约占非洲总面积的 36%,相当于法国本土面积的 20 倍。英国次之,占有 866 万多平方公里,约占非洲面积的 29%,为英国国土的 36 倍。德国约占 234 万多平方公里,约占非洲面积的 7.7%,是德国本土面积的 6.6 倍。比利时占有 234 万多平方公里,约为非洲面积的 7.7%,是比利时国土的 77 倍。意大利占有面积 233 万多平方公里,约为非洲面积的 7.7%,为意大利本土面积的 7.8 倍。葡萄牙和西班牙在非洲也拥有殖民地。

在面积达 1 681 万平方英里的亚洲地区,至少有 944 万平方英里的土地由欧洲列强统治。中国、土耳其、波斯、阿富汗、尼泊尔等国,虽然名义上是独立的,实际上是半殖民地。此外,世界上还有大片地区,如拉丁美洲、澳大利亚等,都已欧化。欧洲人向这些地区移民,不同程度地代替了土著民族。

总之,到 1914 年第一次世界大战爆发前,欧洲已称霸全球,是世界政治的中心。日本直到 1905 年战胜沙俄后,才跻身世界强国之列,在此以前仍被欧洲看作东方的一个落后国家。1892 年,欧洲诸大国把它们驻华盛顿外交代表的级别从公使升至大使,终于承认美国是一等国家,但直到 1919 年凡尔赛会议举行时,美国才在世界性的国际会议上占有重要地位。

欧洲的经济优势　20 世纪初,欧洲是世界的银行家。英、法、德是向国外投资的三个主要国家,其次是瑞士、荷兰、比利时等小国。英国的资本输出在 1913 年达到 35 亿英镑,相当于其国民收入的 8.5%,输出的大部分给予帝国内部,美国和拉丁美洲。法国的国外投资主要是在欧洲,首先是在俄国(1914 年约合 113 亿法郎),并且多半是借贷资本,而不是对工业的投资。1906—1910 年,法国对外贷款达于顶峰,相当于国民收入的 4.5%。1914 年,对外投资总额约 600 亿法郎。德国的国外投资在 1911 年约 200 亿马克,1914 年增至 300 亿马克,分布于欧洲的奥匈帝国、俄国和土耳其等国以及海外的加拿大、美国和拉丁美洲。1914 年,瑞士的长期对外投资不少于 15 亿美元,荷兰约 10 亿美元,比利时约 5 亿美元。20 世纪初,伦敦仍然是世界金融中心。"伦敦城"的金融机构拥有世界范围的联系,英镑起着共同的贸易货币的作用。

欧洲不仅是世界的银行家,而且是世界的工业工场。1870 年,欧洲的工业产量占世界工业总产量的 64.7%,而美国仅占 23.3%。到 1913 年时,虽然美国的比重已达到 35.8%,但该年欧洲工业的产量仍占世界总产量的 47.7%。欧洲的煤产量,1880 年为 23 800 万吨,1913 年迅速增长到 56 300 万吨。欧洲的钢产量,1880 年仅有 950 万吨,1913 年增长到 4 200 万吨。英、德、法三国是欧洲最主要的工业国家,它们生产的煤占全欧的 93%,钢占全欧的 78%。在国际贸易方面,欧洲也占有优势。1913 年,英、法、德三国的制成品占世界出口的 60%。

欧洲的军事优势　在军事上,俄、法、德、英是世界上的头等军事大国。1900年,俄国的陆海军人数为 116 万,法国为 71 万,德国为 52 万,英国为 62 万。到1914 年,俄、法、德、英的陆海军人数分别为 135 万、91 万、89 万和 53 万。而新兴的日本和美国,它们在 1900 年的陆海军人数分别为 23.4 万和 9.6 万人,1914年增至 30.6 万人和 16.4 万人。欧洲列强凭借其强大的军事力量不仅瓜分了世界,占有了广大的殖民地,而且在许多国家划分了势力范围,操纵着它们的内政。沙俄将军德拉哥米洛夫傲慢地说:"远东的事务是在欧洲决定的。"

第二节　美国和日本作为世界大国的兴起

一、成为世界头号工业大国的美国

　　美国工业跃居世界首位　南北战争后,美国扫除了资本主义发展的障碍,工农业进入迅猛发展的新时期。1894 年,美国工业生产跃居世界首位。1900 年美国工业产值约占世界工业产值的 30%。1859 年,美国制造业产值约为 18.8 亿美元,到 1900 年则达 130 亿美元,居世界第一位。它的煤、钢产量是英国和德国的总和。在此期间,美国的农业也获得大幅度增长。1870 年总产值为 24.5 亿美元,1900 年上升为 47.17 亿美元。农业劳动生产率则增长了 4—5 倍。美国生产的小麦占世界产量的 1/4。进入 20 世纪以后,美国继续保持着这种发展的强劲势头。从 20 世纪初到第一次世界大战期间,美国工业又增长了 1 倍以上。钢产量在 1900 年突破 1 000 万吨大关,到 1913 年则达 3 100 多万吨,占世界总产量的 41%。这一年,美国工业生产占整个世界工业生产的 38%,比英(占 14%)、德(占 16%)、法(占 6%)、日(占 1%)四国工业生产量的总和还多。

　　随着经济的长足发展,生产的集中和垄断的程度也越来越高,银行资本与工业资本逐渐融为一体。到 20 世纪初,美国已发展成为由极少数垄断资本家统治的托拉斯国家。结果造成严重的贫富鸿沟。1900 年,仅占人口 2% 的最富裕的美国人拥有 60% 的国民财富。

　　美西战争　19 世纪末,美国垄断资本强烈需求海外市场,对外贸易的增长表明了这一点。从 19 世纪 60 年代到 20 世纪初,美国出口数量增加了 7 倍。由于美国国内市场较大,出口贸易在国民生产总值中所占份额一般不超过 10%。然而,美国经济的主要部门都在不同程度上依赖于海外市场。19 世纪末 20 世纪初,石油有 1/2 出口,钢铁的 15%,铜的 50%,农业工具的 16% 均依赖出口。至于农业方面,棉花收成的半数和小麦生产总收入的 1/3 均供出口。此外,食品、纺织品、燃料、建筑材料和各种消费品生产均超过了国内的购买力。1893 年美国的经济危机,更使这一形势变得异常严峻,造成 450 万人失业和群众的严重

3

不满。面对着国内经济状况和社会的不稳定,美国政界和企业界一致相信,惟有扩大出口才能保持国内的繁荣稳定。1897 年初,全国最有影响的工商界喉舌《商业日报》称,美国工业产品已大大超过国内消费的需要,许多产品为国内市场所需的 4 倍,"这就注定美国要争夺世界工业霸权"。

当美国踏上海外扩张,争夺殖民地舞台之际,世界领土已基本上被欧洲列强瓜分完毕。美国垄断资本便向着力量已经衰落的老朽殖民帝国西班牙开刀,并把侵略矛头指向西班牙在拉丁美洲和亚洲最后两块较大的殖民地——古巴和菲律宾。

早在内战后,美国已在美洲、特别是在古巴实行经济扩张。至 1898 年,美国公民在古巴的投资达 5 000 万美元以上。虽然古巴是西班牙的殖民地,但美国已在经济上控制了古巴。

古巴人民因不堪西班牙的残暴统治,从 1868 年起,进行了长达 10 年的民族革命战争。1895 年,独立战争再起。西班牙竭尽全力以极残暴的手段镇压了古巴革命,美国在古巴的投资和商业利益也受到损害。1898 年,西班牙驻美大使迪皮伊·德洛梅的私人信件于 2 月 9 日为《纽约杂志》所披露,德洛梅在给朋友的信件中称美国麦金莱总统是"一个自命不凡的政客",并透露西班牙决心在古巴顽抗下去。信件的公布使美国的舆论哗然。美国借口"保护侨民"而炫耀武力,派战列舰"缅因"号前往哈瓦那。2 月 15 日,该舰发生爆炸,266 名官兵丧命。美国方面断言是因"触水雷"而爆炸沉没。4 月 25 日,美国对西班牙宣战。

美西战争实际进行了仅 3 个多月。1898 年 5 月和 7 月,美国海军先后在菲律宾和古巴歼灭了西班牙舰队。12 月,美国和西班牙在巴黎签订了和约,规定:西班牙放弃对古巴的主权,西班牙撤军后,古巴由美军占领;将菲律宾、波多黎各、关岛让与美国,美国付给西班牙 2 000 万美元作为获得新领土的代价。巴黎和约是对古巴和菲律宾主权的粗暴践踏,是一个重新分割世界的条约。

美西战争是美国由自由资本主义转变为垄断资本主义后所进行的一次重新瓜分世界的帝国主义战争。美国通过美西战争,将帝国扩大到亚洲。1898 年 7 月,美国吞并了夏威夷。1899 年占领威克岛,与德国瓜分萨摩亚群岛,得到了具有重要军事价值的东萨摩亚的土地伊拉岛及位于该岛的帕果一帕果港。夏威夷、萨摩亚、菲律宾等就像一级级踏脚石一样,把美国引向远东和太平洋扩张的新时代。

美西战争后,美国政府进一步策划如何在古巴推行新殖民主义,在给予古巴形式上独立的外衣下,事实上把古巴变成美国的殖民地。它炮制了一个规定美古关系原则的文件——"普拉特修正案",规定古巴不得同外国缔结任何损害古巴"独立"的条约;限制古巴举借外债;美国有干涉古巴事务的权利;美国在古巴有取得和保持海军基地的权利。1903 年,美国与古巴签订永久条约,美国向古巴租借关塔那摩港作为永久性的海军基地。由此,古巴沦为美国"统而不并"的殖民地。

美西战争给老朽的西班牙以致命的打击。西班牙丧失了它最后残存的殖民地,从此退出了争夺世界殖民地的舞台,而美国却由此而大大膨胀了扩张的野心。正如《华盛顿邮报》1898 年的一篇社论所说的:"无论如何,我们为一种新的感觉所激励。……就像尝到在屠场上的鲜血的味道,人们尝到了帝国的味道。"

门户开放政策的提出 美西战争后,美国立即加入了列强瓜分中国的活动。19 世纪末,俄、德、英、法、日在中国各有自己的势力范围。美国驻华公使田贝担心地写道:如果容忍列强瓜分中国的势头蔓延下去,"我们就会失去……世界上最大的市场"。但是,当时在中国参加角逐的主要列强的军事力量都远比美国强大。美国无力用军事手段从中国获得势力范围,却可凭借其强大的经济力量,以竞争方式来实现其扩张利益。

1899 年 9 月 6 日,美国国务卿约翰·海向英、德、俄、日、意、法诸国发出照会,承认列强在华势力范围,并要求其他列强"不得以任何方式进行干涉";列强应承认它国在本国势力范围内享有同等的关税特权和通商、航运等利益。1900 年 7 月 3 日,约翰·海向各国发出第二个门户开放照会,声明美国政府的政策是"保全中国领土及行政的完整……世界各国可以获得同等和公正的条件,在清帝国从事贸易",等等。门户开放政策是美国海外扩张的产物,其目的在于在列强激烈竞争的条件下,为迟到者美国向中国扩展其政治、经济势力打开方便之门,根本不是为了保持中国领土和行政的完整。

门户开放政策的发表标志着美国对华政策的新阶段,即由长期以来跟在英国炮舰后面"分取杯羹"的传统政策,转变为奉行独立的帝国主义大国政策。美国成为列强在亚太地区竞技场上角逐的主角之一。

大棒政策和金元外交 进入 20 世纪,美国垄断资本势力迅速膨胀。进一步向海外扩张,尤其是经济扩张,便成为美国外交政策的基调。美国进行侵略扩张的手段,或使用暴力,挥舞大棒,或以"金元外交"为诱饵,进行经济渗透。西奥多·罗斯福提出了有名的"大棒政策"——"说话温和,但带根大棒,就定能成功"。其第一个露骨表现便是从哥伦比亚手里夺取运河区。

美西战争后,美国急于在巴拿马地峡开凿运河。因为开凿运河后可沟通两洋,大大减少美国商船和军舰的航行时间,使美国两岸海军连成一片,无异于使海军力量增加一倍。1903 年 1 月,美国采取威胁利诱等方式迫使哥伦比亚签订巴拿马运河条约。据此,美国从哥伦比亚手里获得 6 英里宽的运河地带,租期 99 年,美国答应付给哥伦比亚 1 000 万美元以及 25 万美元的年金。但哥伦比亚议会拒绝批准这一条约。美国便一手策划了隶属哥伦比亚的巴拿马发动"革命",宣布独立。美国立即同巴拿马签订条约,控制了巴拿马运河区。1914 年 8

月，巴拿马运河竣工。美国长期以来追求的将加勒比海变成"美国湖"的计划实现了。巴拿马运河的修建意味着美国在加勒比海霸权的崛起。

事实上，罗斯福的大棒政策被运用于整个拉丁美洲。为了适应扩张的需要，罗斯福于1909年对门罗主义作了新的解释，即"罗斯福推论"，进一步把不准干涉美洲延伸为美国管理美洲。他警告拉丁美洲人民说，"在西半球，美国坚持门罗主义，因此在发生作恶多端或软弱无能的严重情况时，对美国而言，尽管勉强，也不得不发挥一个国际警察的作用。"

罗斯福还积极插手欧洲事务。1906年1月，美国派代表参加在西班牙的阿尔赫西拉斯召开的关于摩洛哥问题的国际会议，调解德国与法、英之间的矛盾，从而自建国以来第一次违背不介入欧洲事务的美国传统外交政策。

1909年接替罗斯福担任总统的威廉·霍华德·塔夫脱提出了主要应用于拉丁美洲的金元外交。1912年12月，塔夫脱在最后一次国情咨文中总结他四年期间的外交政策时称，"现政府的外交一直是以金元代替枪弹为其特征的。"其实，这不过是大棒政策的变种，目的在于利用经济手段对拉丁美洲国家进行控制，进一步杜绝欧洲国家对拉丁美洲事务的干涉。但美国并没有忘记随时携带大棒，而是金元、大棒交替使用。

1909年秋，尼加拉瓜爆发了反对塞拉雅专制统治的革命。在美国的大力支持下，起义者取得胜利，塞拉雅被迫辞职。阿多尔福·迪亚斯成为总统。新政府成立后，塔夫脱以拒绝承认相威胁，迫使它接受美国银行家的巨额贷款，以尼加拉瓜关税作抵押，并允许美国在尼加拉瓜建立银行和修筑铁路。另一方面，为了镇压尼加拉瓜人民的反抗，美国自1912年到1933年（除短时间外）一直在尼加拉瓜驻军。尼加拉瓜事实上成为美国的第二个古巴。金元外交还在洪都拉斯、哥斯达黎加，危地马拉和海地等国家频繁推行。塔夫脱的金元外交甚至延伸至遥远的非洲。1912年美国政府支持其银行同英法合伙向利比里亚提供贷款。美国由此而控制了利比里亚海关并进而粗暴干涉利比里亚内政。

塔夫脱总统还把金元外交作为实现对华门户开放的手段。日俄战争后，日美关系恶化，日本控制中国东北的经济，美国势力难以渗入。塔夫脱上台后表示，"我特别急于想做的事，就是促进美国资本对中国的投资。"1911年4月，美国和英、法、德组成的四国银行团与中国签订了币制贷款协定。5月，签订了湖广贷款协定。在币制贷款协定签字的当天，美国代表得意地说："币制借款完成了，金元外交终于被证明是正确的。"

综观19世纪末至第一次世界大战爆发前的美国经济和外交，不难看出，美国已经成为世界大国，并在门户开放、大棒政策、金元外交等一套海外扩张原则和策略的指导下，力求控制加勒比海、中南美洲，向太平洋地区扩张，并且第一次介入欧洲事务。这些都为第一次世界大战期间威尔逊总统提出"十四点"和国际联盟计划,以实现"世界领导地位"的图谋,准备了条件。

二、登上世界强国地位的日本

日俄战争 甲午战争后的十年,是日俄矛盾日益尖锐、发展为战争的十年。

沙俄迫使日本退还辽东半岛,日本统治阶级认为是"千古未有之大辱"。在"卧薪尝胆"的口号下,日本统治者制定了十年扩军计划,这个计划到 1903 年就提前完成了。结果陆军拥有 13 个师团,另增加骑兵、炮兵各两个旅团,平时兵力达 20 万人。海军共拥有 76 艘军舰(总计 258 000 吨)和 76 艘鱼雷艇。日本下决心对俄一战而称霸东洋。

沙俄方面也在不断增强它在远东的陆海军兵力。到 1903 年,远东部队增加到二三十万人。沙俄海军有太平洋舰队、波罗的海舰队等,军舰总计 80 余万吨。沙俄海军的远东舰队与日本海军相比,大体上为 7∶10。如果波罗的海舰队开到远东,则沙俄海军与日本海军的比例将为 18∶10。

日、俄为了争夺朝鲜和中国东北,矛盾日益尖锐,无法调和。1895 年 7 月,朝鲜闵妃集团在俄国驻朝公使的支持下,把亲日派逐出政府。10 月,日本驻朝公使指使日军冲入王宫,杀死闵妃,重建亲日政权。1896 年 2 月,朝鲜国王再次组成亲俄内阁。1898 年,俄国强租了中国的旅顺大连。为了巩固这一既得权益,在朝鲜问题上暂时对日缓和。1898 年 4 月,俄日两国在东京签订协定:俄国承认日本在朝鲜有优越的经济利益,但在政治、军事方面仍然坚持双方权益对等。

三国干涉还辽后,俄国势力在中国东北迅速扩张。1896 年 6 月,俄国诱迫清政府签订《中俄密约》,规定俄国军舰可驶入中国港口,在中国境内筑路运兵,等等。9 月,中俄签订《东省铁路公司合同》,俄国可在黑龙江、吉林两省修筑铁路直达海参崴。随后又于 1898 年 3 月,强租旅顺大连;1898 年 7 月复迫使中国签订修筑自哈尔滨至大连的中东路支线的《东省铁路公司续订合同》。中国东北全境沦为俄国的势力范围。对于俄国的扩张,日本极为恼怒,只因战备尚未完成,暂时予以容忍,而把侵华重点放在中国南部,企图攫取福建等地。

1900 年,八国联军出兵中国,俄国以"保护"侨民和中东铁路为借口一举占领东北三省。俄国占领中国东北时曾经宣布:"仅为保护铁路,事毕即撤",但后来却拒不撤兵。这引起了日本和英国的强烈不满。1902 年 1 月,日英两国缔结了针对俄国的《日英同盟条约》。有了英国的撑腰,日本更敢于发动对俄战争了。

1904 年 2 月 8 日,日本不宣而战,海军偷袭旅顺俄国舰队,同时在仁川登陆。10 日,日俄两国正式宣战。4 月下旬,日军渡过鸭绿江。5 月,另一支在辽东半岛登陆的日军占领金州,围困旅顺口。8 月下旬,在辽阳会战中,俄军战败,

9月4日日军攻占辽阳。8月9日,日军开始总攻旅顺,1905年1月1日,旅顺俄军投降。日军参加攻城的兵力累计13万人,伤亡59 000余人。俄军死伤23 000人。3月,日俄军队在奉天(今沈阳)附近决战,日军再次获胜。

在海战方面,1904年8月10日,日俄双方舰队在旅顺东南海面交战,俄方大败。1905年5月27日,俄国从欧洲增派的第二太平洋舰队(波罗的海舰队)驶抵对马海峡,与设伏已久、以逸待劳的日本海军展开决战,28日俄国舰队被全部歼灭。

旅顺口失陷和波罗的海舰队被歼灭以后,俄军败局已定。加以国内革命爆发,更难继续作战。日本方面也已精疲力竭。从奉天会战起,日本的作战力量就开始枯竭,预备役、后备役的兵员已征召殆尽,再无动员的余地。大本营参谋总长山县有朋说:"敌在其本国尚有强大兵力,与此相反,我已用尽一切兵力。"在财政方面,日本实际支出战费达17亿日元以上,超过战前1903年岁入总额的六倍半。在整个战争期间,日本四次募集外债,总计8.56亿日元,相当全部战费开支的一半左右。如果战争继续下去,连一年也维持不了。1905年8月9日,在美国的调停下,日、俄在美国的朴茨茅斯开始谈判。9月5日,签订《朴茨茅斯和约》,主要条款有:(1)俄国承认日本在朝鲜的独占利益;(2)俄国将辽东半岛(包括旅顺、大连)的租借权、南满铁路及有关特权均无偿转让给日本;(3)以北纬50度为界,将库页岛南部及其附近岛屿让给日本;(4)俄国自中国东北撤兵,除辽东半岛外,东北的一切地方均交还中国。

日俄战争是日本和俄国为争夺在朝鲜和中国东北的统治权所进行的帝国主义战争。日俄战争不仅对日、俄两国,而且对世界历史都具有相当大的影响。俄国战败,加速了1905年革命的到来,而1905年革命又为具有世界影响的十月社会主义革命准备了条件。日本战胜了欧洲陆军强国俄国,从此跻身于世界列强,更加增强了称霸东洋的野心。亚洲的新兴小国日本,打败了欧洲的庞然大物俄国,黄种人打败了白种人,这在当时确实起到了鼓舞亚洲民族主义的作用。孙中山曾经写道:"从日本战胜俄国之日起,亚洲全部民族便想打破欧洲,便发生独立的运动。"越南独立运动的先驱者潘佩珠也写道:"旅顺和辽东的炮声,乘着大海的波涛,迅速传到我们的耳畔。……日俄战争确实在我们的头脑里开辟了一个新的世界"。总之,俄国1905年革命和日本战胜俄国,给了整个亚洲以闪电一般的影响。但是,日本不久便加紧了吞并朝鲜的活动,加紧对中国东北的侵略扩张,这引起了亚洲民族主义者的警惕,促使各国的民族运动加强了反对帝国主义斗争的性质,提高了斗争的水平。

吞并朝鲜　日俄战争开始后刚刚两周,日本便于1904年2月23日强迫韩国签订了《日韩议定书》,取得了"相机征用军事上视为必要之地点"的权利。8月22日,又缔结了《日韩协约》,韩国外交和财政的"一切要务"都置于日本的指挥之下。

日俄战争结束后，1905年11月17日，日本以武力威逼韩国签署了第二次《日韩协约》，规定由日本掌握韩国的外交权；在韩国设置统监府等。伊藤博文为第一任统监。1907年7月24日，伊藤博文强迫韩国签订第三次《日韩协约》，规定韩国一切法令、内政重大措施及高等官员之任免均须经日本统监批准；解散韩国军队，各部次官、警保局长及法院、监狱之重要官员均须由日本人担任。韩国彻底地沦为日本的保护国。

朝鲜人民不甘忍受日本的统治，反日运动不断高涨，1908年是义兵进行游击活动最盛的时期。而对这种形势，日本外相小村寿太郎向首相桂太郎提出了吞并韩国的方案，1909年7月日本内阁会议予以通过。1910年8月22日，寺内正毅统监与韩国首相李完用在极端秘密中签署了《日韩合并条约》，规定"韩国皇帝，将有关韩国的一切统治权完全而且永久地让给日本天皇。……韩国完全并入日本帝国。"日本吞并韩国后，于10月1日成立朝鲜总督府，总督由陆海军大、中将担任，直属于天皇，拥有陆海军统率权，并有制定"总督府令"的立法权。从此，日本帝国主义在朝鲜实行赤裸裸的殖民统治。第一任朝鲜总督是寺内正毅。

产业革命的完成和垄断资本主义的形成　日本的产业革命，大体上从19世纪80年代开始，到1910年前后完成，大约用了30年的时间。甲午战争前后，日本实现了以轻工业为中心的蒸汽动力产业革命，或称"第一次产业革命"；日俄战后至第一次世界大战期间，完成了以重工业为中心的电力产业革命，或称"第二次产业革命"。

经过甲午战争后，日本的纺织、缫丝、制糖和造纸等轻工业部门有了很大的发展，纺织部门尤为突出。1889年日本纺织业拥有21.5万个纱锭，1899年增为118.9万个纱锭，机器纺纱占绝对优势。手工操作一向占压倒地位的缫丝业，机械化程度也有很大的提高。

日俄战争为日本资产阶级提供了巨额利润和大片殖民地，战后迅速出现了企业投资热潮。1905年下半年到1907年，新建扩建企业投资额达到67 477万日元，相当于过去十年投资总额的两倍。工业的主流仍然是轻工业，但重工业也得到了急剧发展。制铁业以扩充八幡制铁所为中心，并新建了日本制钢所（1907年）、神户制钢所（1911年）等民营企业。1914年与1904年相比，生铁产量从6.8万吨增至30.2万吨；钢材产量从6万吨增至28.3万吨。煤产量1906年为1 298万吨，1914年增至2 229万吨。日俄战后，日本还突出发展电力工业，特别是发展水电。1905年，日本发电能力只有74 000多千瓦，其中水电约占25%。1914年发电能力增至71万多千瓦，其中水电约占58%。十年之间，发电能力增长9倍，其中水电增长近20倍，速度之快令世人注目。机械工业，特别是母机制造工业的状况,是判断产业革命进展的基本标志。1886 年,日本全国仅有 10 个机械制造厂,工人 615 名。1905 年,政府制定"母机制造事业法"予以奖励,开始兴建一批独立的民间机械厂。到 1914 年,全国已有机械厂 1 401 个,职工 87 625 人,原动力约 8.9 万马力①。

日本的产业革命和资本主义工业化是在明治维新后靠国家资本大力扶植、自上而下地实现的,因此几乎没有经过自由资本主义发展阶段,很快就过渡到垄断资本主义阶段。甲午战争后,在产业革命和日本资本主义工业化加速实现的过程中,大约从 1900 年起,急剧地实行资本集中。到日俄战争前夕,在金融及主要工业部门形成了少数寡头垄断资本集团,即三井、三菱、住友和安田四大财阀,此外还出现了一批二流财阀。大财阀不断实行资本集中,支配着产业和金融业。以轻工业中的纺织业为例,1899 年纺织公司有 78 家,1904 年减为 43 家,日俄战争后的 1912 年更减为 32 家。但资本和纱锭却大大增加,1899 年纺织公司资本为 3 300 万日元,拥有 117 万个纱锭,1904 年资本增为 3 470 万日元,纱锭增至 130 万个,1912 年更增为资本 6 600 万日元,纱锭 221 万个。再以重工业中的机械制造业为例,由于这个部门的建立需要巨额资本,所以它的发展始终是在三井、三菱、住友等大财阀的垄断之下。

资本的积聚和集中,又是由财阀的银行来推进的。财阀开办的银行在金融界占统治地位。1901 年末,全日本银行大约有 5 亿日元存款,其中一大半或 2/3 集中于十几家大银行。在日俄战争前后兴办企业的热潮中,出现了一大批中小企业,经过 1907—1909 年的经济危机,大多数破产了。大资本企业乘机在各部门实行合并、吸收,如在棉纺织业方面,1913 年钟纺、大阪等 7 家公司占参加棉纺业联合会的 44 家公司的缴纳资本的 57.5% 和设备的 58.7%。以往,银行主要是经办商业金融业务,这时对工农业、企业的放款大大增加,金融资本加强了对产业资本的支配,这对财政金融垄断资本的形成和向帝国主义转变起了重大作用。

第三节　列宁主义的诞生和俄国
1905 年革命

俄国是帝国主义一切矛盾的焦点　20 世纪初,俄国大体同西方资本主义国家同时进入帝国主义时期。但是,俄国帝国主义是在资产阶级民主革命没有完成的情况下产生的。它具有明显的军事封建性。俄国资本主义工业是在沙皇政权的庇护和支持下发展起来的。它需要国家的订货特别是军事订货来攫取高额

---

①　1 马力合 0.735 千瓦。

利润。它依靠警察的棍棒和政府的监狱来维持企业的内部秩序。它还要借助沙皇军队来维持对少数民族的掠夺和开拓国外的殖民地。俄国的最新资本主义同君主专制制度,同地主土地所有制和农民份地占有制共存,它被资本主义前的关系的层层密网缠绕着。

俄国作为军事封建帝国主义国家,在世界资本主义体系中不属于领先部分,但占据着特殊重要地位。它是帝国主义各种矛盾的焦点。在俄国,不仅有垄断资本的无情剥削,而且有专制制度和封建地主的残酷压迫。沙俄是个侵略成性的国家。它向中国、波斯(伊朗)、土耳其和巴尔干国家输出资本,掠夺资源,镇压当地民族解放运动。为了扩大殖民势力范围,同日、德等国的矛盾日趋尖锐,积极筹划战争。另一方面,俄国对外国资本有某种依赖性,备受西方帝国主义的剥削和制约。俄国内部存在着各种各样的矛盾:无产阶级同沙皇专制制度和垄断资本的矛盾,农民大众同贵族地主和资产阶级富农的矛盾,国内少数民族同沙皇政府的矛盾,俄国人民同西方帝国主义的矛盾,沙俄帝国主义同东方殖民地半殖民地国家的矛盾,沙俄帝国主义同西方帝国主义的矛盾。所有这些矛盾错综复杂地交织在一起,各种矛盾中的丑恶因素也相互勾结,狼狈为奸。结果,俄国虽不是劳资矛盾表现得最充分的国家,却是世界上各种矛盾最集中最尖锐的地方。它也是各种压迫——封建专制的、资本主义的、殖民地的、军事的——表现得最野蛮最残酷的地方。广大工农群众不断掀起革命斗争,冲击这个欧亚反动势力堡垒。在这种情况下,俄国无产阶级面临的革命任务比任何其他国家无产阶级的革命任务更为重大。俄国无产阶级迫切希望有自己的革命政党和革命理论。正因为如此,俄国便成为布尔什维克党和列宁主义的故乡。

俄国布尔什维克党的成立和列宁主义的诞生 俄国的第一个马克思主义团体——劳动解放社是普列汉诺夫(1856—1918)于1883年在日内瓦创建的。他把《共产党宣言》等经典著作翻译成俄文,介绍给民众。还发表了许多文章,批判民粹派关于资本主义在俄国不会发展的错误言论,捍卫了无产阶级的革命学说。普列汉诺夫的著述教育和培养了俄国第一批马克思主义者。

劳动解放社建立后,在彼得堡、莫斯科等地也成立了马克思主义团体和小组。它们从事革命理论的学习和宣传活动,但很少同工人运动发生联系。19世纪末,罢工斗争日渐兴起,要求把马克思主义同工人运动结合起来。完成这项任务的是列宁。

列宁原名弗拉基米尔·伊里奇·乌里扬诺夫。1870年4月22日生于伏尔加河畔的辛比尔斯克。父亲是省国民教育总监。1887年,列宁进入喀山大学法律系学习。因参加学生小组的反政府活动,于年底遭逮捕。1891年,列宁以校外生资格通过彼得堡大学法律系的国家考试,获得大学毕业文凭。1893年,列宁移居彼得堡,参加首都的秘密马克思主义小组的活动。1895年秋,列宁把彼得堡的 20 多个马克思主义小组统一为工人阶级解放斗争协会,并通过斗争协会领导首都工人进行罢工斗争。12 月,列宁遭逮捕,被流放到西伯利亚。

1898 年 3 月,彼得堡、莫斯科、基辅等地的斗争协会代表在明斯克召开了俄国社会民主工党第一次代表大会。列宁因被流放没能出席这次大会。会议宣告俄国社会民主工党成立。但是,大会没有制定出党纲党章,也没有建立统一的中央领导机构。大会之后,地方的马克思主义小组仍各自分散活动。统一集中的无产阶级政党实际没有建立起来。

1900 年,列宁离开流放地后不久,就侨居到国外。年底,他创办了《火星报》。通过这份报纸的秘密发行工作,培养了党的骨干,促进了地方小组间的联系,为建党作了重要准备。

列宁还发表了众多的文章,宣传马克思主义,批判各种错误思潮。1894 年他写了《什么是"人民之友"以及他们如何攻击社会民主主义者?》一书,批判民粹派否认俄国资本主义发展,否认无产阶级领导地位的错误观点。同年,又写了《民粹主义的经济内容及在司徒卢威先生的书中受到的批评》,揭露合法马克思主义者美化资本主义的自由派本质。1902 年,列宁出版了《怎么办?》一本,批判经济派只要经济斗争,不要政治斗争的谬论。列宁指出,经济派的基本错误是崇拜工人运动的自发性,而自发的工人运动只能产生工联主义,无力推翻资本主义制度。只有把科学社会主义思想灌输到工人运动中去,只有成立无产阶级政党,才能把革命引向胜利。列宁的这些著述为在俄国建立新型工人政党奠定了思想基础。

1903 年 7 月 30 日,俄国社会民主工党第二次代表大会在布鲁塞尔召开,不久移到伦敦继续举行。代表大会通过了党纲,在国际共运史上第一次把争取建立无产阶级专政列为党的基本任务。大会讨论党章时出现尖锐的分歧。列宁主张建立一个集中统一、组织严密的党,要求每个党员必须承认党纲,在物质上帮助党并参加党的一个组织。马尔托夫反对把参加党的一个组织当作党员的条件。经过激烈的争论,大会通过了马尔托夫的主张。最后在选举中央委员会时,拥护列宁的人占了多数,称布尔什维克(多数派的俄文译音),反对者占少数,称孟什维克(少数派的俄文译音)。

1903 年俄国社会民主工党第二次代表大会宣告了布尔什维克党的建立。这是一个新型的、与西欧的社会民主党根本不同的马克思主义政党。它标志着列宁主义的诞生。

1905—1907 年革命 1900—1903 年,俄国爆发了经济危机。国内矛盾空前尖锐,工农斗争此伏彼起。沙皇政府为了转移人民的斗争视线,乞灵于一场胜利的对外战争。但是,结果适得其反。1904 年开始的日俄战争破坏了国家的经济,加深了人民的苦难,暴露了专制制度的腐朽,从而加速了革命的到来。

1905 年初,彼得堡最大的普梯洛夫工厂的工人举行罢工,抗议厂方无理开除工人。罢工很快发展成为全城总罢工。1 月 22 日(俄历 1 月 9 日)星期日,14 万工人举着圣幡、圣像和沙皇的肖像,前往冬宫向沙皇逞递请愿书。结果遭到沙皇军警的野蛮枪杀,1 000 多人被打死,几千人受伤。这一天从此被称为"流血的星期日"。

彼得堡街头的鲜血擦亮了千百万人的眼睛。当天晚上,彼得堡工人筑起街垒,同军警展开英勇搏斗。各地工人也掀起抗议罢工浪潮。1 月份,全国罢工人数多达 44 万,超过了过去十年的罢工总人数。

无产阶级是这次革命的领导力量。布尔什维克党于 1905 年 4 月在伦敦召开第三次代表大会,主张无产阶级应积极领导当前的资产阶级民主革命,用武装起义推翻沙皇统治,实现工农民主专政,然后不失时机地把它转变为社会主义革命。孟什维克党则在日内瓦召开自己的代表会议,认为革命应当由资产阶级领导,反对武装起义,主张用和平方式改善国家制度。孟什维克的机会主义路线分裂了工人队伍,给革命带来了极大的危害。

1905 年五一节,全俄有近 200 个城市爆发工人罢工。5 月末,纺织工业中心伊万诺沃-沃兹涅先斯克的 7 万名工人举行罢工,并选出自己的代表,建立了俄国最早的工人代表苏维埃。6 月中,沙皇的重要支柱——军队发生动摇,黑海舰队"波将金号"装甲舰爆发起义。在革命蓬勃开展的情况下,沙皇尼古拉二世慌忙于 8 月 19 日发布诏书,召集咨询性质的国家杜马(议会)。9 月,又与日本签订和约。企图用反革命两手扑灭革命。

10 月,全国主要铁路线的职工宣布总罢工,随即扩展到各大城市,形成全俄政治总罢工,有 100 多万人参加。总罢工使工厂停工、学校停课、商店停业、车船停驶、邮电不通、许多政府机构陷于瘫痪。在总罢工过程中,各地纷纷建立苏维埃,领导革命斗争。

十月总罢工迫使沙皇作出重大让步。10 月 30 日(俄历 10 月 17 日),尼古拉二世签署宣言,答应召集立法杜马和给人民以言论、出版、集会的自由。资产阶级欢天喜地接受了这个宣言,说"开始了民主宪制",并组成了十月十七日同盟(十月党)和立宪民主党。

布尔什维克党认为宣言只是斗争的第一个胜利,必须进一步开展革命。11 月,列宁从瑞士回国,直接领导起义的准备工作。12 月 20 日,15 万莫斯科工人举行总罢工。23 日,罢工发展成为武装起义。政府调来炮队进行镇压。由于敌我力量对比悬殊,莫斯科苏维埃被迫决定从 1 月 1 日起停止战斗。莫斯科起义的同时,格鲁吉亚、乌克兰、拉脱维亚、西伯利亚等地先后爆发起义。由于各自分散进行,各地起义都被镇压下去。

12 月武装起义是 1905 年革命的顶点。这以后,革命转入退却时期。1905

年,有 280 多万人参加罢工,1906 年降为 110 万,1907 年只有 70 万。农民运动在 1906 年上半年达到高潮,席卷了欧俄一半左右县份。不久,就走向低落。面对工农且战且退的情况,沙皇政府不得不继续玩弄两面手法。一面加强对革命者的迫害,一面主持召开国家杜马。布尔什维克抵制了 1906 年的第一届杜马。后来看到革命已转入低潮,就参加了 1907 年 1 月召开的第二届国家杜马。6 月15 日,沙皇政府以"策划叛国政变"的罪名逮捕了杜马中的社会民主党代表。第二天,即 1907 年 6 月 16 日(俄历 6 月 3 日),又进一步宣布解散第二届杜马。这在历史上称为"六三政变",它标志着俄国第一次人民革命的结束。

俄国 1905 年革命失败的主要原因,首先是无产阶级和农民没能结成巩固的联盟。农民发动较晚,没能同工人的斗争紧密配合。其次是无产阶级的行动不够协调一致。孟什维克的机会主义路线分裂了无产阶级队伍。第三是国内外资产阶级对沙皇政府的支持。

1905—1907 年的革命沉重打击了沙皇专制制度,锻炼和教育了劳动大众和布尔什维克党,为十月革命的胜利作了良好准备。

俄国革命是帝国主义时代第一次人民革命,它不仅推动了欧洲工人运动的发展,而且促进了亚洲的革命运动。俄国 1905 年革命揭开了帝国主义时代革命风暴的序幕。

第四节　亚洲的觉醒

一、伊朗的立宪革命

伊朗的民族觉醒　亚洲觉醒是民族忧患意识和民主改革意识的觉醒,是世界意识的形成。它在伊朗则表现为立宪革命。

20 世纪初,以伊斯兰教为精神纽带的伊朗,随着帝国主义重新瓜分世界浪潮的冲击,已经深深陷入半殖民地的处境。腐败的卡扎尔王朝的统治者,把电报线敷设权、货币发行权和南部伊朗石油开采权卖给了英国,把里海渔业租让权、保险与运输业租让权卖给了俄国。比利时掌管了伊朗的海关事务。

改革之风曾几度吹过伊朗。19 世纪末,改革思想家马尔科姆汗(1833—1908)为宫廷起草《改革书》,但不为封建势力所容而被贬欧洲。1890 年他在伦敦办波斯文《法言报》,在法治和君主立宪制的宣传方面,影响了伊朗知识界。哲马鲁丁·阿富汗尼(1839—1897)因劝告国王改革而被放逐至奥斯曼帝国。但是立宪改革大势所趋,民主主义者继续要求制定宪法,召开国会,进行改革和反对外来侵略。伊斯兰教徒中的爱国者,也鼓动穆斯林民众同国王的卖国行为作斗争。这两股反抗潮流冲击着伊朗专制政府。

第一届国会和宪法的颁布　1903—1905年,伊朗粮食歉收,外贸锐减。有出国旅游癖好而囊空如洗的国王穆扎法尔丁,1900年向俄国借款240万英镑,1902年再向俄国借款100万英镑,1903年向英国借款30万英镑,而1905年又试图再次向俄国借款。国王借外债出国旅游的行动,激起各阶层的不满。

1905年12月,德黑兰地方官毒打商人和阿訇的偶发事件,成为伊朗革命的导火线。群众运动采取了到清真寺避难("别斯特")的传统反抗形式,塔巴塔里和比哈比哈尼两位著名的阿訇成为他们的领导人。抗议活动持续了8个月,先后有几万人参加。1906年夏季的抗议群众,提出了立宪要求。

迫于压力,国王下诏召开立宪议会。10月,第一届议会开幕。12月,颁布宪法。宪法给国王的权力是指定30名参议员;议会是"全体人民的代表",有权决定法律、预算、借款、租税问题;政府对议会负责;人民有受教育、出版、集会和结社自由;在法律面前人人平等;公民生命、财产不受侵犯;宗教法院和世俗法院并存;伊斯兰教什叶派被宣布为国教;内阁大臣必须由穆斯林担任;5名高级僧侣组成的法律草案审查委员会负责用伊斯兰教精神审查议会通过的法案。

政变和第二届国会　在1906年以后的制宪过程中,伊朗民主政治空气十分活跃。首都和各省会纷纷成立了由僧侣、商人和工商业者组成的自治委员会,监督政府和执行司法机能。自由思想刊物由革命前的6种猛增至100多种。普通人民可以列席议会。小资产阶级革命组织"穆扎希德",建立了一支由农民、工人和城市贫民组成的武装力量——"费达伊"。

1907年8月的俄英划分伊朗势力范围的协定,鼓舞了反革命势力,新国王穆罕默德·阿里拒绝批准宪法的组成部分——《基本法补充条款》。人民群众的回应是许多城市示威抗议和罢工。8月31日,一位革命者刺杀首相阿塔别克·阿扎姆后,在国会大厦外自杀。10万群众集会悼念这位英雄的行动,迫使国王派他的儿子到国会宣布愿意遵守宪法。

但初步胜利把隐藏在底层的分歧公开化。要求革命止步的保守派和要求继续改革的民主派的对立,为反动派的卷土重来提供了机会。1907年12月和1908年6月,国王利用人民对税收不满和依靠俄国军官训练的哥萨克旅,发动了两次反革命政变。第二次政变得逞。国王宣布废止宪法,解散国会,颁布军管法令,大批革命者被杀被捕。

首都的革命中心丧失了,在各省会却出现了许多革命中心。最有力量的中心在大不里士、腊什特(吉朗)和伊斯法罕。大不里士的领导者为萨达尔汗和巴盖尔汗,这里的革命者坚守省城,为全国护宪部队赢得了时间。1909年7月,叶夫列穆和谢别赫达尔领导的吉朗护宪军和撒姆撒姆·萨尔塔纳、萨尔达尔·阿萨特兄弟领导的伊斯法罕护宪军一起,解放德黑兰,国王逃入俄国使馆。7月16日,非常会议另立艾哈迈德为新国王,并组成新内阁。

1909 年 11 月开幕的第二届国会,是民主派和保守派激烈冲突的议会。在首相人选及武装问题上存在着尖锐的矛盾。支持王党的叛乱屡有发生。1911年 5 月,面临经济崩溃的新国会,邀请美国人摩根·舒斯特整顿财政,结果触怒封建势力及英俄当局。12 月 24 日,内阁被迫关闭议会,流放议员,并接受英俄奴役伊朗的要求。卡扎尔王朝重新统治伊朗,革命宣布失败。

俄英是绞杀伊朗革命的元凶。1907 年英俄协定后,两国对伊朗采取一致行动。1909 年国王政变期间,俄军占领大不里士和腊什特等地,而英军则在波斯湾沿岸登陆。1911 年,俄军占领伊朗北部,英军则从南部进犯。俄英两国又联合向伊朗政府提出最后通牒,压迫伊朗就范。革命失败后,俄英成为伊朗的太上皇。

1905—1911 年伊朗革命是反帝反封建的资产阶级民族民主革命。它打击了封建主义和帝国主义势力,并在俄国和中国引起巨大反响,成为亚洲觉醒时期东方民族民主革命潮流的先声。

二、印度的自主自产运动

寇松的孟加拉分治法令　印度总督寇松统治期间(1899—1905),驻军和警察扩大了。寇松根据他的"舆论是叛乱之母,大学是动乱之源"的观点,严格检查民族报刊,强化对学校的控制,剥夺和践踏起码的民主权利。

为了巩固英国对印度的统治,他承袭了传统的"分而治之"的殖民统治原则。1905 年,他公布了把孟加拉省划分为两个行政管理区的法令。

孟加拉是印度重要的政治经济文化中心之一,在这里生活的孟加拉人已经形成为一个统一的民族,具有较强的民族意识。孟加拉是印度民族民主运动的一个重要策源地,这里的民族资产阶级和无产阶级力量都比较强。

导致孟加拉民族内部不和的是阶级和宗教因素。在东孟加拉,上层统治阶级多信奉印度教,而占人口大多数的被奴役的农民则信奉伊斯兰教。西孟加拉的情况则完全相反。寇松把孟加拉分为东西两个行政实体,正是利用复杂的阶级和民族矛盾,煽动印度教徒和伊斯兰教徒之间的矛盾,破坏和分裂孟加拉民族的团结。用他的话说,就是用分治的办法把"极端派和蛊惑者的政治计划打成两半"。

提拉克与自主自产运动　巴尔·甘加达尔·提拉克(1856—1920)是印度国大党激进派领袖、民族主义报刊《马拉特人》和《狮报》的创办者。在孟加拉分治事件之前,他就进行了 10 年的印度自主宣传。当孟加拉和全印度人民反对孟加拉分治运动展开时,他在 1906 年国大党年会上提出了自主、自产、抵制英货和民族教育等四大纲领,并获得通过。自主是政治目标,即建立美国或法国式的民主共和国。自产是经济独立要求,抵制是新的斗争手段,民族教育为精神文明建设,重在启迪民族意识的复苏。这四大纲领成为民族斗争的旗帜。

但是在国大党内,温和派领袖把自主仅理解为有限的自治,而提拉克为代表的激进派则认为自主意味着完全独立。激进派是自主自产运动中的主要领导力量,他们在孟加拉、孟买和旁遮普等地进行了广泛的宣传和组织工作,许多人到工厂、农村去发动产业工人和农民参加运动,形成了1906—1907年全国性的自主自产运动高潮。

国大党的分裂和孟买大罢工　激进派把自产作为争取自主的途径,在他们组织下,印度各地成立了国货协会,开设了国货商店。抵制英货的运动遍及全国。在旁遮普,激进派在农村中组织了多次群众大会。城市的青年学生反帝积极性特别高涨,他们举行示威和罢课,以抗议寇松分裂孟加拉省。

1907年5月,印度人民举行了1857年民族大起义50周年的纪念活动。这是自主自产运动新阶段的标志。旁遮普农民展开不纳税运动。由于民族主义领导者被捕,引起了浦那、加尔各答等地的抗议集会和游行。

孟加拉是运动的中心地区。1907年3月,比哈尔农民起义,杀死英国种植园主。5月,孟加拉农村商业停顿,正常生活中断,农民处于骚动状态。9月,加尔各答警察局传讯激进派领袖贝平·钱德拉·帕尔时,抗议群众同警察发生了严重冲突。接任寇松的总督明托给伦敦的报告中说:"整个孟加拉都像一座火药库。"

1907年12月,在印度西部小城苏拉特举行的国大党年会上,两派发生公开冲突。后来争论发展到斗殴,警察帮助温和派将激进派驱逐出会场。年会决定终止自主自产运动。

印度无产阶级在自主自产运动中多次罢工,如1906年7月孟加拉铁路工人的罢工、8月和12月加尔各答黄麻厂、棉织厂工人的罢工。在1906年7月的罢工中,成立了东印度铁路工人工会,该工会于1907年再次领导罢工。1908年6月,英国殖民当局逮捕了提拉克,7月判他6年苦役。孟买10万余名工人宣布政治总罢工,组织示威游行,修筑街垒,抗击殖民军警的镇压。这次政治总罢工一共坚持了6天。它表明印度无产阶级作为一支新兴的阶级力量已经成长起来,能进行自觉的群众性的政治斗争了。

三、青年土耳其革命

暴政时期　奥斯曼帝国素丹阿不杜勒·哈米德二世的统治年代,被称为暴政时期(1876—1909)。其特征为:强化君权与神权相结合的极权专制;扩大地主土地所有制;加深对非土耳其人的民族压迫;特创了一套专事政治迫害的特务制度。他拥有一支年耗资120万英镑的4万多人组成的特务网。他们把被告密的人装进麻袋而扔进博斯普鲁斯海峡中。

暴政时期的特点之一是钳制舆论,实行愚民政策。历史学和文学在学校课程中不再见到,连"民主"、"自由"等词也从字典中删去。素丹晚年疑心严重,禁止出版有关精神病著作,甚至化学课本中的水的分子式(H_2O),也被疑为"哈米德二世"(Hamid II)完蛋的缩写而被追查。

哈米德二世虽然反对自由和宪政,但并不完全反对改革和西化。他认为,经过审慎地选择,某种程度的改革和西化可以成为加强奥斯曼帝国和他个人地位的工具。他兴办了许多学校,希望学生毕业后能效忠于他们的恩主。虽然戒律重重,但学生从学习法语、德语中接受了西方的进步思潮。铁路交通线的增加,密切了土耳其与西方的交往。在帝国债台高筑的情况下,英、法、意、德、奥等国组成的"奥斯曼国债管理处",控制了国家经济命脉。内忧外患的社会危机和民族危机,使得在学校和国外的爱国知识分子,举起抗争的旗帜。

青年土耳其党 1894年各秘密组织联合成立了"奥斯曼统一与进步协会"。该协会通称为"青年土耳其党"。它的纲领是:反对素丹专制制度;维护奥斯曼帝国领土完整;恢复1876年宪法;建立君主立宪制。

青年土耳其党几经迫害与分裂,于1906年决定在军队中发展组织,并把总部由巴黎迁到帝国各种矛盾焦点的马其顿的萨洛尼卡。青年土耳其党在1907年第二次代表大会上取得了显著的成果,马其顿、阿尔巴尼亚、亚美尼亚、阿拉伯等地的民族主义组织接受了该党纲领;同时准备武装起义夺取政权。

武装起义的方针决定了青年土耳其在军队中发展组织。1908年,驻马其顿的第二、第三陆军兵团的部分军官加入革命组织,而被称为哈米德二世第二卫队的阿尔巴尼亚军团也同情青年土耳其党。该党同保加利亚、希腊游击队也建立了联系。7月3日,马其顿地区雷士那城的土耳其军官、青年土耳其党人尼亚齐首揭义旗。7月23日占领萨洛尼卡。在起义军强大攻势下,哈米德二世被迫在当日夜晚发出诏书,宣布立即恢复宪法,并在短期内举行全国大选。

革命取得初步胜利后,在长期暴政压抑下的土耳其像解冻了的冰河,迎来了政治生活中的早春季节。曾经势不两立的派别、民族、互相握手言欢,阿訇和牧师并肩而行,各种社团应运而生。诗人特费克·费克雷在1900年曾悲叹"迷雾笼罩的黑暗",此时却在歌颂"灿烂的早晨"。

粉碎封建复辟势力 12月17日,新议会开幕。青年土耳其党人在230个议席中占150席。该党领袖阿赫梅特·里扎当选为议长。

1909年4月13日,效忠于哈米德二世的阿尔巴尼亚军团、特务队、被裁的机关冗员等反革命势力在首都举行政变,新政府成员纷纷出走。哈米德二世宣布废除宪法、解散议会、改换内阁。青年土耳其党人在萨洛尼卡、莫纳斯特尔建立行动军,在司令马赫穆德·谢夫凯特和参谋长凯末尔率领下,于4月27日平息叛乱。随后,议会举行两院联席会议,通过了废黜"血腥素丹"哈米德二世的决议。另立其弟穆罕默德五世(1909—1918年在位)为素丹。在希尔米内阁中,青年土耳其党人掌握实权,如塔拉特为内务大臣,谢夫凯特为国防大臣。

从 1909 年至 1911 年,青年土耳其党人一直掌握着大权。1911 年底、1913 年初,由于实行专制、违反宪法而被反对派两次倒阁。1913 年 6 月,总理大臣马赫穆德·谢夫凯特被暗杀以后,土耳其建立了以陆军大臣思维尔、内务大臣塔拉特和海军大臣杰马尔"三雄"组成的军事独裁政府。该政府的专制横暴程度不亚于哈米德二世。

该政府于 1913 年颁布《奖励工业法》、《实施地籍法》和允许个人向银行抵押土地。在民族问题上积极推行泛奥斯曼主义、泛伊斯兰主义和泛突厥主义,但实质上土耳其民族主义才是青年土耳其党人的政策。这种政策激起了阿拉伯人的反抗。

四、中国的辛亥革命

义和团运动失败后的中国社会 1900 年义和团运动悲壮而愚昧的失败,标志着在宗教形式下神秘旧式抗争的结束。签订于 1901 年的《辛丑条约》,表明了 20 世纪的中国是以空前严重的民族危机为开端的。

民族危机是社会危机的最尖锐表现形式。为了自救,顽固的慈禧太后也不得不高唱"取外国之长,乃可补中国之短",进行了 1901—1905 年的"新政改革"。此举虽姗姗来迟,且零敲碎打,但客观上却加强了新型知识阶层的力量。1909 年全国各类学校达 59 177 多所,留学日本者有 5 000 多人。辛亥革命前具有世界意识的新型知识分子群体已达 20 万人左右。这个群体爱国心强,思想早熟,组织能力强。1901—1905 年,他们组织了光复会、华兴会。1905 年,中国同盟会在日本成立,其纲领是以建立民族民主国家为核心的"驱逐鞑虏,恢复中华,建立民国,平均地权"。11 月,孙中山在《民报》发刊词上把它理论化为"民族"、"民权"、"民生"的三民主义。

在传统中国社会,政治中心对社会的变革具有决定意义。因此中国人选择了以革命手段改变政治中心的途径来推进现代化。1907—1910 年清朝政府预备立宪丑剧败露后,进步的知识界对这个腐败政府完全失去信心。如同孙中山所说:"由满洲人来将社会加以改革,那是绝对不可能的,因为改革意味着给他们的损害。"

辛亥革命的胜利和失败 辛亥革命前夕,有三股革命力量在中国大地上汇流。第一,是以农民为主体的群众自发斗争,1909 年为 130 余次,1910 年增加到 290 余次,其中以 1909 年长沙抢米风潮、1910 年山东莱阳的抗捐斗争和 1906—1908 年陕西的"交农抗捐"声势最大。第二,是同盟会有组织的武装起义,它以 1910 年 2 月和 1911 年 4 月的广州起义最为突出。尤其是后者表现了革命党人的高度自我牺牲精神,"黄花岗 72 烈士"的英雄气概,震动全国。第三,是山西、陕西、奉天、山东、安徽等先后爆发了收回矿权、路权运动。从 1907—1911 年,经过各地人民斗争,已从帝国主义手中收回矿权、路权十多处。在收回利权运动中,湘、鄂、川、粤保路运动声势最大,成为武昌起义的导火线。

武汉号称"九省通衢",是当时仅次于上海的全国第二大城市。"文学社"和"共进会"两个革命团体在新军中拥有众多会员。这两个革命团体合并后,于1911年9月24日在武昌成立起义领导机关。10月10日,起义者占领武昌,12和13日,先后占领汉口和汉阳。22日,湖南和陕西响应起义。到11月底,内地18省基本光复。清朝政府只能控制河南、直隶和东北三省。

12月,孙中山被选为临时大总统,具有资产阶级共和国性质的南京临时政府成立。该政府通过了一系列有利于民主政治和发展资本主义的政策和法令。但它只存在了三个月。1912年2月12日,溥仪宣告退位。3月10日,兵权在握并受到帝国主义支持的袁世凯在北京就任临时大总统。3月11日,孙中山在南京颁布了《中华民国临时约法》,用法律形式把资产阶级民主共和制肯定下来。13日,袁世凯提名经参议院通过,成立了以唐绍仪为总理的新内阁。4月1日,孙中山正式解除大总统职务。5日,临时参议院、内阁北迁,命黄兴为南京留守。至此,大地主大买办阶级掌握了政权,中国近代史进入北洋政府的反动统治时期。

辛亥革命——世界性的革命　辛亥革命推翻了两千多年的封建专制制度,摧毁了封建皇帝这个神圣不可侵犯的偶像,是中国人思想上的一次大解放。由于封建专制制度又是帝国主义间接统治中国最合适的政治组织形式,因此它的结束,意味着沉重地打击了帝国主义。

辛亥革命是以孙中山为代表的先进人物,借世界潮流推动了中国走向世界的社会进步运动。在世界市场经济扩展的自由资本主义时期,工业资本用工业革命推出的廉价商品重炮,轰动了中国社会,当时中国的反应是在宗教形式下的反殖民主义或反封建的起义,而上层则有"富国强兵"为目的的浅层次现代化改革运动。但是,到了垄断资本主义时期,金融资本集团重新瓜分世界并输出资本。中国对这一世界大变动的反应则是资产阶级民族民主革命。清王朝王冠落地后,中国共和政体仍在传统文化气氛中按帝制的轨迹运行。这个现象说明中国现代化改革在民族心理、意识形态和价值观念等文化层面,比政治经济层面的改革更为艰难。

辛亥革命是亚洲觉醒的发展顶点。它同整个亚洲革命运动有密切联系。中国同盟会机关刊物《民报》发表过伊朗、土耳其革命的评论文章,从中吸取经验。《民报》还大量转载印度自主自产运动中的许多报刊的文章,它的主编章太炎还同印度革命者钵逻罕和保什有交往。该报还提出了"亚洲和亲"的联合命题。辛亥革命直接影响到1912年越南独立党的成立和印度尼西亚民主运动的发展。亚洲觉醒标志着亚洲国家向现代化迈出了第一步,标志着20世纪东方民族民主革命时代的到来,"标志着20世纪初所揭开的全世界历史的一个新阶段。"①

---

① 《列宁选集》第2卷,人民出版社1972年版,第448页。

第二章　第一次世界大战

第一节　大战的起源

1914 年 6 月 28 日奥地利皇储弗兰茨·斐迪南大公的遇刺,成为第一次世界大战爆发的导火线。一个大国的皇储的地位固然显要,但怎么会由于一个人的死亡就引发了人类历史上第一场世界性的大战呢? 这说明大战的发生不是偶然的,它具有深刻的经济、政治根源和长远的历史渊源。

一、资本主义经济政治发展的不平衡

19 世纪 70 年代以后,由于资本主义经济政治发展的不平衡,各国实力发生了重大变化。1870 年,英、美、德、法四国工业生产在资本主义世界所占的比重分别为 31.8%、23%、13.2%、10%;1913 年,四国所占的比重发生了很大的变化,分别为 14%、38%、16%、6%,美国由原来的第二位升至第一位,德国由原来的第三位升至第二位,英国则由原来的第一位降至第三位。从 1891—1900 年,英、美、德、法四国工业生产的年平均增长速度分别为 1.6%、3.5%、4.8%、2.6%;1901—1914 年,分别为 1.4%、4.8%、1.8%、3.3%,美、德、法的年平均增长速度都比英国要快。后起的资本主义国家美国和德国,已经赶上并超过了老牌的资本主义国家英国。在对外贸易方面,1870 年英、美、德、法四国在资本主义世界所占的比重分别为 22%、8%、13%、10%;1913 年分别为 15%、11%、13%、8%,英国虽仍保持第一位,但已被德国紧紧赶上。英、德两国在海外市场的竞争十分激烈,英国虽然能在其殖民地保持优势,但在拉丁美洲、中东和远东却输给了德国商人。

20 世纪初,世界已被瓜分完毕。英国占有的殖民地最多,面积是俄国的 2 倍、法国的 3 倍,德国的 11 倍。德国经济迅速增长,它要求按照新的实力对比重新瓜分世界。19 世纪末德国外交政策发生了重大变化:抛弃了"大陆政策",开始推行"世界政策"。威廉二世宣布:德国在"古老欧洲的狭窄边界以外有很多任务要完成"。极力鼓吹对外扩张的外交大臣伯恩哈特·冯·皮洛夫在 1897 年 12 月的一次演说中声称:"德国过去曾有那样的时期,把土地让给一个邻国,把海上让给另一个邻国,而自己只剩下纯粹在理论上主宰着天空,可是这种时期已经一去不复返了。……我们也要为自己要求在日光下的地盘。"海军大臣阿尔弗雷德·冯·梯尔比茨坚持认为,德国的工业化和海外征服"就像自然法则那

样不可抗拒。"

直到第一次世界大战爆发前,英国在世界贸易中仍占首位,伦敦仍是世界金融的中心,但英国作为"世界工场"的地位已经丧失。对于德国经济的强烈竞争和要求重新瓜分殖民地的咄咄逼人的姿态,英国深感恐惧,并不能容忍。英德矛盾遂成为帝国主义国家之间的主要矛盾。

二、两大帝国主义军事集团的形成

帝国主义列强在激烈的竞争中,都在寻找同盟者,以壮大自己的力量并压倒对方,于是在欧洲便逐步形成了对立的两大帝国主义军事集团:"三国同盟"和"三国协约"。

三国同盟 德法矛盾很深,德国最怕法国的复起,尤其要防备法国收复1871年失去的阿尔萨斯和洛林。奥匈帝国则与俄罗斯帝国因争夺巴尔干半岛而不断发生冲突。于是在1879年10月7日,德奥便缔结了秘密的军事同盟条约。条约规定:缔约国一方受到俄国的攻击时,另一方以本国的"全部军事力量"予以援助;缔约国一方受到另一大国进攻,只要俄国未参加侵略国一方,缔约国双方互守善意的中立。此后不久,德国又利用法意之间为争夺突尼斯而出现的矛盾,把意大利拉入同盟。1882年5月20日,意大利同德奥签订了三国同盟条约。条约规定:如果法国进行侵略,德意将互相援助,如果三个盟国中任何一方受到两个或两个以上的强国的攻击时,其他两国保证给以援助。三国同盟的主角是德国,奥匈是依附德国的伙伴,意大利则是暂时的和动摇的同盟者。

三国协约 三国同盟的矛头针对着法、俄,促使它们迅速接近。三国协约来源于1891—1894年法俄签订的一系列协定,它们规定:两国中如有一方遭受德国的单独攻击或德国与意大利或奥匈帝国的联合攻击时,将互相提供军事援助。1894年,法俄同盟正式形成。

英国一直奉行"光辉孤立"的政策,但由于英德矛盾日益尖锐,特别是德国的加紧扩充海军使英国深感威胁,于是在1904年4月8日同法国缔结了协约,调整了两国在殖民地问题上的矛盾。法国承认埃及为英国的殖民地,英国则同意法国夺取摩洛哥。1907年8月31日,英国与俄国也订立协约,规定在波斯划分势力范围,北部属俄国势力范围,南部属英国势力范围,中部为中立地带;承认英国在阿富汗的利益;同意维持中国西藏现状,英俄互相承认对方在西藏的既得利益。法俄同盟再加上英法协约与英俄协约,便构成了三国协约。两大对立的帝国主义军事集团终于形成。

三、军备竞赛

帝国主义列强在建立军事同盟的同时,加紧了扩军备战的活动。各国的军备开支都十分庞大。1913年,德国军备开支已达21亿马克,按人口平均每人负担31.27马克。法国总支出为13亿马克,人均负担为33.5马克;俄国总支出为20亿马克,人均负担为11.5马克;英国总支出为15亿马克,人均负担为32.9马克;奥地利总支出为7.2亿马克,人均负担为14马克。

双方都大力扩建陆军。战争开始时,德国陆军野战部队的人数为230万,奥匈帝国为140万,共计370万。法国180万,俄国340万,包括英国、塞尔维亚、门的内哥罗和比利时在内的协约国总兵力为580万。英德两国的海军造舰竞赛尤为激烈。1883年至1908年,德国海军军费从4 600万法郎上升为43 600万法郎,增加了9倍之多。而英国则从27 000万法郎上升为81 100万法郎,也增加了3倍多。1905年初,英国有44艘战列舰,法国有12艘,德国有16艘,英国的海上霸权是毫无疑问的。但德国在1898、1900年接连两次通过扩充海军的法案,使英国深感不安。英国决定建造吨位比战列舰更大、装有最重型大炮的新型战斗舰,1906年第一艘这种新型的军舰"无畏号"下水。英国原以为德国的财力负担不了这种大型战舰的建造。但是,德国不甘示弱,就在这一年通过了第三个海军法案,决定开始建造德国的无畏舰。到1908年,英德无畏舰的比例是4∶3,英国只略占优势。1914年大战爆发时,英国有大小军舰688艘,德国有391艘,虽然还未赶上英国,但已一跃成为世界第二海军强国(德国商船队也次于英国居世界第二位)。德国的疯狂扩充海军,威胁到英国的海上霸权,而海上霸权又是英国维持殖民帝国和海外贸易的有力屏障,因而是英国绝对不能容忍的。

四、巴尔干问题

两大军事集团已经形成,军备竞赛又异常激烈,这种剑拔弩张的形势出现以后,一个具体的争端便有可能导致一场大战。巴尔干是欧洲的火药桶,第一次世界大战便从这里点燃了。

第一次世界大战前,巴尔干问题成了各种势力斗争的焦点,它主要是由于巴尔干民族主义的发展和列强的干涉造成的。20世纪初,巴尔干地区的民族主义处于空前高涨阶段,但受到了奥斯曼、奥匈和俄罗斯三个王朝帝国的干涉。在东欧地区居住着捷克人、斯洛伐克人、波兰人和罗马尼亚人,巴尔干地区主要居住着南方斯拉夫人。从15世纪起这两个地区曾先后被并入庞大的奥斯曼帝国或依附其统治,正是在反对土耳其的斗争中民族主义开始兴起。在17、18世纪,哈布斯堡王朝的历代皇帝带头反对土耳其的统治,同时却占领了捷克、斯洛伐克、匈牙利、罗马尼亚的一部分,并参与瓜分波兰。1867年成立的奥匈二元帝国是一个由多民族组成的帝国,在其疆域内除上述各族外,还有南方斯拉夫人的斯洛文尼亚人和一部分克罗地亚人。民族问题是奥匈帝国最尖锐的问题,奥匈统治者极其害怕和仇视民族主义的发展,害怕境内其他民族起来造反,更害怕境内外的异己民族联合一致。在巴尔干，奥匈开始取代了奥斯曼帝国的地位，但又害怕成为另一个"欧洲病夫"。从19世纪初开始，沙皇俄国对巴尔干地区的兴趣越来越大，这时带头反对土耳其的已不是奥匈而是俄国。俄国企图利用这里的民族主义扩大自己的势力和影响。

当巴尔干问题日益变得尖锐突出时，欧洲其他几个大国也纷纷介入，最初是德国和英国，随后是意大利和法国，最初是以第三者身份间接介入的，最后变成了直接参加者。

波斯尼亚危机 1908年爆发了波斯尼亚危机。进入20世纪后，已经获得独立的塞尔维亚各方面都有所发展，成了民族主义进一步发展的象征，同时所谓"大塞尔维亚主义"也开始传播，许多人期待发动一场塞尔维亚血统各民族的统一运动。"大塞尔维亚主义"得到了俄国的"泛斯拉夫主义"的鼓励和支持，也在其他奥匈帝国所控制的塞尔维亚血统的各民族中引起强烈反响。奥匈统治者对此极为恐惧与仇视，决心正式吞并波斯尼亚和黑塞哥维纳。为了换取俄国对合并的支持，奥匈外交大臣向俄国外交大臣表示同意黑海海峡向俄国军舰开放。但正当俄国外交大臣在欧洲各国进行游说寻求支持时，奥匈政府于1908年10月7日单方面宣布正式吞并波斯尼亚和黑塞哥维纳，并声明这样做已完全得到俄国政府的同意。这使俄国在外交上陷于极端狼狈的境地。

吞并的消息在塞尔维亚引起极大愤怒，塞尔维亚政府认为战争不可避免，便进行战争动员，并向俄国求援。但奥匈帝国在德国支持下态度蛮横强硬，向塞尔维亚提出最后通牒，要求塞尔维亚无条件承认"吞并"，解除动员。同时，向俄国提出要求，要俄国政府发表同意修改《柏林条约》关于波、黑两地的声明。俄国政府迟迟未作答复。德国出面进行了有力的干涉。俄国由于财政拮据，军队尚未作好战争准备，也未得到法、英的有力支持，只好在德国压力下屈服。塞尔维亚政府在俄国劝告下也随之屈服。

第一次巴尔干战争 波斯尼亚危机后，1912年爆发了第一次巴尔干战争。1912年3至8月，保加利亚、塞尔维亚、希腊、门的内哥罗结成反对土耳其的巴尔干同盟，10月发动了反土耳其的战争。土耳其很快战败，它在巴尔干的领土几乎丧失殆尽，被迫求和，并请求列强调停。1912年12月6日在伦敦同时召开了巴尔干同盟与土耳其的和谈会议和英、法、德、俄、奥匈和意大利六国大使会议。在大使会议上，协约国支持巴尔干同盟，同盟国支持土耳其。1913年5月，土耳其与巴尔干同盟签订和约，同盟四国取得了大片领土，土耳其几乎丧失了全部欧洲的领土，仅保存了伊斯坦布尔及海峡北面的狭小地区。由于第一次巴尔干战争的结果，巴尔干半岛各民族终于摆脱了土耳其的统治。

第二次巴尔干战争 1913年6月巴尔干各国之间因争夺领土而爆发了第二次巴尔干战争。巴尔干同盟各国在分配战果时发生了分歧。保加利亚得到了马其顿的大部分。塞尔维亚因未获得亚得里亚海的出海口,要求从保加利亚所占领的马其顿领土中分得一部分作为补偿。希腊支持塞尔维亚,两国于1913年6月缔结了反保同盟,接着罗马尼亚也参加了这个同盟。在奥匈的支持下,保加利亚在1913年6月29日向塞、希两国发起进攻,挑起了第二次巴尔干战争。土耳其也乘机参加了反保战争。保加利亚很快战败。奥匈帝国曾准备进攻塞尔维亚,来援助保加利亚。但德国鉴于发动一场世界大战的军事准备尚未完成,拒绝支持奥匈的军事行动。保加利亚孤立无援,只得求和。1913年8月,交战国双方在罗马尼亚首都布加勒斯特签订了和约,保加利亚被迫同意马其顿由塞尔维亚、希腊瓜分。保加利亚只保留了马其顿的一小部分。南多布罗加则划给罗马尼亚。9月29日签订了保土和约,亚德里亚堡划归土耳其。

第二次巴尔干战争造成了更严重的后果。原来反土耳其的联盟已不存在,巴尔干诸国事实上分成了两个集团:一方是塞尔维亚、希腊和罗马尼亚,站在这个集团后面的是俄国;另一方是保加利亚和土耳其,站在这个集团后面的是奥匈,奥匈后面是德国。巴尔干战争的结果,塞尔维亚的领土几乎增加了1倍,人口由300万增加到将近450万,塞尔维亚的势力和威信大增,波斯尼亚和黑塞哥维纳两地的人民要求摆脱奥匈的统治而与塞尔维亚合并,这就使奥匈对塞尔维亚更加恐惧和敌视,决心吞并塞尔维亚。奥塞的冲突势必引起奥俄的冲突,并最终引起同盟国与协约国的冲突。两次巴尔干战争虽然是局部性战争,但集中反映了帝国主义两大军事集团的对立。布加勒斯特和约签订后一年,第一次世界大战爆发了。

第二节　大战的爆发和战争的性质

一、战争的爆发

1914年6月28日,在波斯尼亚首府萨拉热窝①,奥国皇位继承人弗兰茨·斐迪南夫妇在检阅军事演习后被出生于波斯尼亚的塞尔维亚青年普林西普枪杀。萨拉热窝谋杀事件成了第一次世界大战的导火线。

瓜分塞尔维亚,甚至全部吞并塞尔维亚,粉碎"大塞尔维亚主义"是奥匈帝国的既定国策,奥匈帝国决心利用这一事件把战争强加给塞尔维亚。奥匈得到了德国的支持。威廉二世7月5日即向奥匈大使说:"对塞尔维亚的军事行动不应再延迟了。"德国决心一战,它认为俄国这时尚未做好战争准备,再过几年后,俄国利用它巨大的人力和丰富的自然资源将变得异常强大,到那时作战对德国

---

① 波斯尼亚于1908年被奥匈帝国吞并,居民大都是塞尔维亚人。

就十分不利了。

7月23日下午6时，奥匈政府向塞尔维亚发出最后通牒：立即审判参与萨拉热窝阴谋的活动者，并由奥匈派出官员一同会审；取缔一切反奥宣传活动和组织，开除赞助反奥的学校教师，清洗反奥的官员，这些官员的名单由奥国提供；允许奥匈派遣人员协助塞尔维亚政府镇压反奥运动，塞尔维亚政府须在政府公报中发布宣言和对军队的文告，表示反对有碍奥匈领土完整的一切宣传与行动，违者无论任何官民或团体，一律重惩。最后限令48小时，即在25日下午6时前给予满意的答复。

奥匈政府的最后通牒把谋杀事件的责任加在塞尔维亚政府身上，是没有根据的。最后通牒更是任何一个主权国家都难于接受的。塞尔维亚政府采取了克制的态度，25日下午6时前塞首相亲赴奥使馆面交复照。除了某些保留外，塞政府几乎接受了奥匈的全部要求，只有奥匈官员一同会审谋杀案一项被拒绝。但奥匈拒绝和平解决和所有调停，于7月28日向塞尔维亚宣战。

奥匈对塞尔维亚宣战对俄国产生了重大影响。俄国一向对巴尔干怀有扩张野心，自居为斯拉夫人东正教小国的保护者，它不能容忍奥匈帝国对塞尔维亚的压迫，于7月30日开始总动员。俄国转过头来又希望得到法国的支持。法国担心有朝一日会单独同德国作战，并企图重新获得阿尔萨斯—洛林，决定支持俄国。奥匈向塞尔维亚宣战的当天，法国大使遵照其政府的指示向俄国外交大臣声明："在必要的时候，法国完全准备履行它作为一个盟邦的义务。"与俄国宣布总动员的同一天，法国也开始了军事准备，但法国政府不愿承担首先发起进攻的责任，反而命令边防军向后撤10公里避免发生冲突，使德国无所借口。

德国决心一战。7月31日，它向俄法两国同时发出最后通牒。给俄国的最后通牒要求俄国停止动员，限12小时内答复。遭俄国拒绝后，德国立即于8月1日中午向俄国宣战。给法国的最后通牒要求法国作出在德俄战争中保持中立的承诺，法国的答复是："法国将根据本国利益采取行动。"8月1日下午4时3刻，法国宣布实行总动员，5时整德国也实行总动员。德国人不具有对法国发动战争的充足理由，尚需捏造法国入侵德国领土的谣言，所以迟至8月3日下午6时1刻才向法国宣战。

英、德之间的谈判时间略长一些，也比法、俄参战晚一二天。萨拉热窝事件后，德国希望英国保持中立，法、俄则力促英国进行干预。但直到7月底，英内阁对是否参战意见仍不一致。早在7月6日和9日，英国外交大臣格雷即向德国大使表示要"尽一切可能来防止大国间的战争"，保证与俄、法没有任何同盟义务关系。7月26日，格雷还提议在伦敦举行英、法、德、意四国会议，讨论维护和平的办法。英国的这番举动，使德国误认为英国会在战争中保持中立。但奥匈向塞尔维亚宣战后，英政府态度发生了变化。格雷于29日邀见德国大使，说只要冲突仅限于俄奥之间,英国可以站在一旁。但如果德与法国也要牵涉进去,情势就会立刻改变,英国政府在一定条件下会迫不得已采取紧急决定。英国态度的变化使柏林大为震惊。8月2日,格雷向法国提出保证,英国将根据1912年英法海军协定保护法国北部海岸。同日下午7时,德国向比利时提出最后通牒,要求准许德国过境假道攻法。比利时予以拒绝,并向英国求援。8月4日,德军入侵比利时的消息传来,格雷于下午向德发出最后通牒,要求德国保证尊重比利时的中立,限于当夜11时答复。绝对不允许任何国家控制低地国家,一向是英国政策的一个基本原则。更何况,德国与英国争霸已久,英国迫切希望遏制德国扩充海军和重新分割殖民地的野心。在遭到德国拒绝后,英政府立即声明,从8月4日夜11时起,对德国进入战争状态。由于英国宣战,不列颠帝国所属各自治领(南非联邦、澳大利亚、新西兰等)也都加入了战争。

至1914年底宣布参战的国家除奥匈、德国、俄国、法国、英国、塞尔维亚、门的内哥罗、比利时外,还有土耳其和日本。德国势力早已渗入土耳其,8月2日德土订立密约,10月29日土耳其军舰炮击俄国黑海港口,俄国于11月2日,英、法于同月5日向土耳其宣战。日本趁机在东亚扩张势力,甚至妄图吞并中国,借口"英日同盟"于8月23日也对德宣战,11月初即占领了中国的青岛和胶州湾。

二、战争的性质

大战爆发后,交战各国的政府及拥护战争的政党纷纷发表声明,鼓吹本国所进行的战争是"保卫祖国"的正义战争,而谴责敌方战争的"侵略"性质。英国首相阿斯奎斯冠冕堂皇地说,英国是为了两个目的而进行战斗的,其一是"履行一项庄严的国际义务",其二是维护"不能听任强国不顾国际信义蹂躏弱小国家"的原则。法国总理和参众两院主席则号召法国人民为"拯救文明、自由、法国和欧洲"而战。俄国沙皇尼古拉二世在战争宣言中虚伪地说他"做了一切努力来促进和平谈判",只是由于德国突然向俄国宣战,才不得已卷入战争。立宪民主党人米留可夫在杜马配合沙皇的宣言,声称:"我们必须集中一切力量保护我们的国家免受外国仇敌的侵略……为欧洲和斯拉夫民族不受日耳曼人统治而斗争。"狂热鼓吹世界政策的德皇威廉二世竟说:"我们并未受征服欲的驱使",德国所进行的是一场"防御战争"。首相贝特曼-霍尔维格公然为德国破坏比利时的中立进行辩护,而这种辩护又得到了93名德国著名知识分子的呼应。他们在宣言中强词夺理地说:"如果我们没有在比利时先下手,那就等于自杀。"但是,这种沙文主义的宣传虽曾奏效一时,却不可能长久维持。

战争的真正性质,从双方来说,都是帝国主义战争。德国的目的是实现世界霸权,它企图建立一个从北海、波罗的海到亚得里亚海,从柏林到巴格达的"大德志帝国",这个大帝国的核心部分是一个"中欧帝国",即把德国的国土在西部扩展到比利时和法国的部分领土,在东部扩展到波兰全境。德国还要摧垮英国的海上垄断权,夺取英、法的殖民地。奥匈帝国的目的是奴役巴尔干,使塞尔维亚沦为附属国,巩固民族矛盾异常尖锐、摇摇欲坠的帝国。英国的目的是保住世界霸主的地位,打败最大的竞争对手德国,瓜分德国的殖民地和德国舰队,并在近东肢解奥斯曼帝国,夺取美索不达米亚和巴勒斯坦等地区。法国的目的是收复阿尔萨斯和洛林两省,进而夺取德国的萨尔区,用德国的煤补充洛林的铁,总之要打垮德国,树立法国在欧洲大陆的霸主地位。俄国的目的是摧毁德、奥在土耳其和巴尔干的势力,确立自己在这一地区的统治,建立一个从易北河到中国,从亚得里亚海到北冰洋的"大斯拉夫帝国"。日本的参战,是为了夺取德国在太平洋上的属地和攫取德国在山东的权益,进一步侵略中国。意大利则要瓜分北非沿岸的突尼斯、的黎波里和昔兰尼加,占领的里雅斯特和阿尔巴尼亚等地区,在地中海建立霸权。

战争期间,帝国主义列强签订了一系列秘密协定,它们充分证明了第一次世界大战的侵略的、掠夺的帝国主义战争性质。1915年3月,英、法、俄签订了瓜分土耳其领土的第一个秘密协定,英、法把君士坦丁堡、两海峡和马尔马拉诸岛屿划归俄国,但君士坦丁堡应开辟为自由港,并保证商船在海峡的通行自由。1915年4月的伦敦密约,以牺牲奥地利和土耳其的领土,换取了意大利的参战。1916年4月签订的《赛克斯—皮科协定》,把美索不达米亚和巴勒斯坦划入英国的势力范围,叙利亚和南部小亚细亚划入法国的势力范围;亚美尼亚和库尔德斯坦划入俄国的势力范围。同年5月,英法还签订了瓜分土耳其所属阿拉伯地区领土的协定。1916年8月,协约国与罗马尼亚签订了《布加勒斯特条约》,允许罗马尼亚占领匈牙利的领土作为参战的条件。1917年2月和3月的法俄密约,规定法国除阿尔萨斯、洛林外,还要把边界扩展到包括萨尔煤矿区在内的"昔日洛林公国的疆界";俄国则获得完全自由地确定其西部边界的全权。此外,英日之间在1917年2月也签有密约,日本同意赤道以南的德属太平洋岛屿在战后归属英国,英国则同意赤道以北的德属岛屿归属日本,并承认日本有权继承德国战前在山东享有的特权。

第三节 大战的进程

一、战争的第一阶段:1914年

德国速决战的破产 第一次世界大战主要在欧洲大陆进行,欧洲战场有四条战线。西线:英、法、比军队与德军对抗;东线:俄国军队与奥匈、德国军队作战;巴尔干战线:主要是塞尔维亚、门的内哥罗以及后来的罗马尼亚、希腊的军队与奥匈、保加利亚的军队作战;意大利战线:意大利军队在英、法军队支持下对抗奥匈军队。此外还有近东战线(主要是英国军队与土耳其军队作战)和高加索战线(俄国对土耳其)。其中西线和东线是主要战线,西线具有决定性作用。

德军按所谓"施里芬计划"首先在西线发起进攻。"施里芬计划"是德国陆军元帅施里芬(1833—1913)在其担任总参谋长期间所制定的德国东西两线作战的战争计划。其要点是:德国在不可避免的两线作战中,集中优势兵力在西线,只用少数兵力监视和牵制俄国军队。西线分左右两翼,左翼少数兵力仅仅守住德国洛林一带防线,强大的右翼越过比利时和卢森堡,冲入法国北部,然后南下绕过巴黎西方和南方,压逼法军主力到巴黎以东一带加以歼灭,对法军取得决定性胜利后全力转入东线打败俄国。"施里芬计划"是个速决战计划,计划6个星期内取得西线胜利,3—4个月的时间结束整个战争。"施里芬计划"低估了俄军和法军的动员与作战能力,也未估计到比利时军队的顽强抵抗和英国远征军能很快参战,因而注定要失败。后任总参谋长小毛奇对这个计划作了修改,在一定程度上加强了西线左翼和东线对付俄国的兵力,这样便削弱了西线,特别是西线右翼的兵力。

8月4日德军侵入比利时,但立即遭到比利时军民的顽强抵抗,5日受阻于列日炮台,到20日才前进到法比边界。德军进攻计划开始受挫并付出了4万余人伤亡的代价。从8月20日起,近百万德军分5路挺进法国北部,法军与23日新到的英国远征军向后败退。9月3日德军占领兰斯,前锋距巴黎仅15英里。

马恩河战役 9月5日爆发了马恩河战役。德军在进攻中,右翼第一、二集团军之间出现50公里宽的暴露地段,8日英法联军及时楔入德军战线,严重威胁德军整个右翼。9—11日各路德军相继撤退,联军开始反攻,但也于15日受阻于埃纳河一带,遂设防固守。

马恩河战役是第一次世界大战中的第一次大规模战略决战,双方参战人数达150多万,前后持续8天,以德军第一次撤退和失败,联军取得胜利告终,联军向前推进60公里。马恩河之战是大战的第一个转折点,德军在6周内打败法国的计划宣告破产。

马恩河之战后,双方开始向沿海地带机动,但无任何战略意义,只是把战线延长到海边。双方统帅部分别于11月15日和17日下令转入防御,建立筑垒阵地,从此西线机动战完全结束,转入阵地战,西线变成了400多英里长连续堑壕系统,在这条战线上曾发生多次重大战役,但战线进退不大,整个战线成僵持状态。

坦能堡战役 东线包括东普鲁士战线和加里西亚战线。8月17日,俄军首先攻入东普鲁士。8月底到9月中,德第8集团军司令兴登堡(1847—1934)及参谋长鲁登道夫(1865—1937),利用两路俄军没有密切配合作战的弱点,先在坦能堡战役中歼灭了俄国第2集团军,然后又进攻俄国第一集团军,迫使他们败退。9月13日,俄国退出东普鲁士。但俄军西南方面军则在加里西亚战役中(8月18日—9月26日),重创奥匈军队,迫使他们退守喀尔巴阡山脉一线。

在巴尔干战线上,奥匈军队虽曾于12月2日占领贝尔格莱德,但塞尔维亚军队顽强抵抗,到12月15日又收复了贝尔格莱德。

德国的速决战破产了,因为它过高地估计了自己的力量,又过低地估计了敌方的力量。经过1914年的战斗,从总的形势和力量对比看,中欧集团在战略上已处于不利地位。

二、战争的第二阶段:1915—1916年

德军在东线的胜利 1915年,德军把主攻方向转向东线,企图首先打败俄国,迫使其媾和,以摆脱两线作战的困境。在果尔利策战役中(5月2日—6月22日),德国和奥匈军队以优势兵力突破俄国防线,俄国西南方面军全线溃败,俄军后撤130公里。在1915年中俄军节节败退,退回本国领土,死伤约110万人。

保加利亚的参战 保加利亚位于巴尔干半岛中部并拥有一支强大军队。因德国满足了保加利亚占领塞尔维亚土地的要求,保加利亚于9月参加中欧同盟国方面作战。9月末保加利亚、奥匈和德国的65万军队大举进攻塞尔维亚,20万塞尔维亚军队虽奋勇血战,终因力量悬殊,很快被击溃,最后零散地退到亚得里亚海滨。1916年初塞尔维亚王室、官吏、残余军队和部分难民,由英、法运送到希腊的科孚岛,在这里成立流亡政府,改编军队。

意大利的参战 意大利虽是三国同盟中的一员,却于1914年8月3日宣布中立。意大利以中立和参战为手段,向双方讨价还价,最后协约国方面满足了它的欲望。1915年5月意大利向奥匈宣战。6月29日至12月10日,意军在伊崇佐河发动了4次进攻,损失兵力28万,只把战线向前推进了10至12英里,无任何重大成就。

纵观1915年战局,中欧集团取得东线巴尔干战线的重大胜利,占领了塞尔维亚、门的内哥罗,但并未能从根本上改变战略上的不利地位,未能迫使俄国退出战争,仍不得不同时在两条战线上作战。

交战双方都把1916年看成是决战的一年,所以在西线和东线爆发了三次著名的大型战役。

凡尔登战役和索姆河战役 1916年2月21日,德国用50个师的强大兵力(约占德军西线总兵力的1/2)以空前猛烈炮火,向凡尔登一带发动进攻,于23日、24日、25日先后攻下法军的第一、第二阵地。但凡尔登地域是一个难以攻克

的防御体系,法军又及时大量增加援军进行了顽强有效的抵抗,防线很快稳定,从8月起即开始局部反攻,至12月18日法军收复了自战役开始以来所失去的全部阵地,停止进攻,战役结束,战线在原地重新稳定下来。

历时10个月之久的凡尔登战役是第一次世界大战中时间最长的一次战役,双方伤亡共70多万人,因而凡尔登战场被称为"绞肉机"、"屠场"和"地狱"。

为了减轻凡尔登方面的压力,突破德军防线,英法联军发起了强大的索姆河攻势战役(6月24日至11月中)。索姆河战役双方先后投入兵力超过150个师,是大战中规模最大的一次战役,也是最大的一次消耗战,英军损失42万,法军20万,德军50万,联军只夺回了240平方公里的土地,没有达到突破敌军防线的目标,但牵制了德军在凡尔登的攻势。

勃鲁西洛夫的攻势　在东线,为了支援凡尔登战役和意大利战线,俄国西南方面军在勃鲁西洛夫的指挥下发起了夏季攻势(6月4日至9月初),把400多公里的战线大大向前推进,重新占领了加里西亚的大部分。勃鲁西洛夫的进攻是第一次世界大战中俄军赢得的最大胜利。奥匈军队损失约60万人,其中被俘者约40万,俄军也付出了约100万人的巨大代价。俄军的胜利把奥匈帝国推到了灭亡的边缘,但也埋下了俄国覆灭的种子。

在俄军胜利的刺激下,在协约国许诺分给领土的引诱下,罗马尼亚于1916年8月参加协约国方面作战,但连战皆败,同盟国军队于12月占领了布加勒斯特和瓦拉几亚。瓦拉几亚丰富的谷物和油田有利于德国把战争继续下去。

整个1916年战局再次有利于协约国方面,特别是德军在凡尔登进攻的失败,标志战略主动权已开始转移到协约国一方,从此中欧同盟集团在西线转入战略防御。

日德兰海战　战争爆发后,英国海军一方面以其优势力量对德国进行海上封锁,另一方面则企图在有利条件下与德国公海舰队进行决战,一举歼灭德国海军主力。面对英国的海军优势,德国的方针是:尽量保存舰队力量,避免重大损失,同时要不断制造机会削弱英国舰队的力量。其办法是引诱敌人部分兵力出海,以自己优势兵力将其歼灭或给予严重打击,但要避免与优势的敌人交战。因此,直到日德兰海战之前,两支主力舰队并未相遇,也没有爆发决战。

1914年至1915年初,在北海和大洋上爆发了几次较大的海战,但都不具有决定意义。1916年5月31日至6月1日发生了第一次世界大战中最大的一次海战——日德兰海战(又称斯卡格拉克海战)。英国出动了约150艘军舰,德国出动了约100艘军舰。战斗结果,英国损失14艘,德国损失11艘,英国损失的吨位数几乎是德国的2倍。英国的损失虽然大于德国,但仍掌握着制海权。英国大舰队继续控制北海水面,德国公海舰队仍被封锁在港内。此后,双方的活动更加小心,北海水域内的战斗基本停止,双方开始把注意力集中转向潜艇战和反潜艇战。

三、战争的第三阶段:1917 年

战争的僵持　1917 年德军在各条战线上基本采取守势,并进一步加强和完善在西线的防御阵地,而把希望主要寄托于无限制潜艇战。协约国方面曾在西线发起几次进攻,都未产生重大影响。但英军在 11 月 20 日至 12 月 5 日的康布雷进攻战役中曾大规模使用坦克(1916 年索姆河战役中第一次使用少量坦克),取得了重大战术效果,这在军事技术史上具有重要意义。在东线,俄国爆发二月革命后,资产阶级临时政府曾发动进攻,但 9 月以后德国反击,占领里加,进而威胁彼得格勒。意大利战线上,意军再遭惨败。

总之,1917 年的战争仍处于僵持状态,尚未出现重大转机。但美国参战无疑是件大事。

无限制潜艇战和美国的参战　1914 年 11 月英国宣布北海为作战地区以后,德国于 1915 年 2 月 4 日相应地宣布英国周围水域为作战地区,并开始把潜水艇用于贸易战。1915 年 5 月 7 日,英国邮轮"卢西塔尼亚"号被德国潜艇击沉,在将近 1 200 名遇难者中有 128 名美国公民。美国提出强烈的抗议,德国决定让步,向美国道歉,并赔偿死难者损失。1916 年的凡尔登大战使德国感到正在输掉这场战争,日德兰海战又使德国失去了在海上决战的信心,于是潜艇战再次恢复。德国的海军高级将领一直主张实行无限制潜艇战,他们根据潜艇的战绩,根据夸大了的潜艇记录推算,宣称如果实行无限制的潜艇战,在 6 个月内便可使英国屈膝投降。德国一些经济学家也作出错误估计,认为每月击沉 60 万吨商船,连续 5 个月就会把中立国的船队从英国赶走,英国就会闹粮荒。德国陆海军领导人对美国参战在军事上能够发挥的作用也作了过低的评价。1917 年 1 月 9 日德皇威廉二世在御前会议上做出了最终的决定,命令自 2 月 1 日起全力开始无限制潜艇战。

无限制潜艇战开始后,给英国和其他协约国的海上运输造成严重损失。从 1917 年 2 月到 5 月的 4 个月中,协约国及中立国方面的商船吨位损失达到了 260 万吨左右,而德国只损失 16 艘潜艇。如果与上年较低月份相比,其损失更显得惊人。以英国为例,1916 年 10 月,英国只损失了 1.4 万多吨。1917 年 4 月英国损失了 51 万多吨,二者竟相差 35 倍。无限制潜艇战给英国造成严重威胁,当时的英国第一海务大臣杰利科甚至承认,如果到 10 月份仍不能制止这种巨大破坏,英国海上生命线将会中断。

英国和协约国方面采取各种措施进行反潜斗争,但并未产生明显效果。实践很快证明最有效的反潜措施是护航制。1917 年 4 月 30 日英国海军部决定在所有交通线上实行护航制,并成立指挥护航的运输船队的专门机构。1917 年 8

月大西洋上实行全部护航,10月地中海实行全部护航。

1917 年 1 月 31 日,德国通知美国政府即将开始无限制的潜艇战,美国遂即于 2 月 3 日宣布与德国断绝外交关系。3 月 1 日,美国总统威尔逊公布了一份德国外交大臣发给德驻墨西哥公使的密电,这份密电被英国截获并破译后,转交美国。电令的内容是引诱墨西哥参战,如果美国由于潜艇战而对德作战,墨西哥就与德国结成反美联盟,作为参战的报酬,德国答应帮助墨西哥夺回新墨西哥等三州。密电公布后,美国舆论大哗,引起战争狂热。4 月 6 日,美国正式对德宣战。美国参战有着更深刻的原因。自 19 世纪末开始,美英矛盾逐渐缓和,而美德矛盾则日益增长。德国是美国在拉美扩张的主要对手。迄 1914 年,美国在拉美的投资为 17 亿美元,德国为 9 亿美元,直追美国。第一次世界大战爆发后,由于英国对德国实行严密的海上封锁,美国同协约国的贸易从 1914 年的 82 400 万美元增加到 1916 年的 321 400 万美元,而与同盟国的贸易则从 1914 年的 16 900 万美元猛跌到 1916 年的 116 万美元,几近于无。美国同协约国在经济利益上已经紧密地联结在一起了。

在反对德国的无限制潜艇战中,美国海军起到了特殊的重大作用。美国参战后,立即显示出其巨大的战争潜力和战略灵活性。为了适应反潜斗争的需要,暂时停止了战列舰的建造计划,开始大量建造驱逐舰,到大战结束前,先后派出 85 艘驱逐舰参加反潜作战,造出了 400 艘猎潜艇。美国海军的重大贡献是它的护航编队把美国部队和大量物资源源不断地安全运到法国。

由于护航制和其他反潜措施,由于美国参战,德国的无限制潜艇战走向失败。协约国和中立国方面的商船损失逐渐减少。1917 年 4 月份损失吨位高达 86 万吨,1918 年最后 6 个月平均每月损失减至 14 万吨,10 月份仅为 9 万吨。德国新增的潜艇赶不上需要。1917 年初,德国共有 138 艘潜艇,这一年共损失 72 艘,新建 103 艘,虽然增加了 31 艘,仍离所需数甚远。德国无限制潜艇战的失败,加快了战争的结束。

四、战争的结束

战争给交战各国带来了空前的灾难和破坏。仅在 1915 年至 1917 年的 3 年中,德军伤亡和失踪的数目就达 300 万以上,法军损失 270 万,英军损失 170 万。战争所造成的破坏更难以估计。前线的战士和后方的居民在心理上受到了极大的震动,战争开始时的那种盲目热情和短期战争的幻觉消失了,人们开始普遍怀疑战争的神圣性,从 1916 年起各交战国出现了不同形式和不同程度的政治危机。

到 1917 年各交战国都已精疲力竭,经济极端困难,工人罢工,农民夺地,民族起义连续不断,特别在中欧集团各国和落后专制的俄国形势更为严峻。1917

年俄国爆发了"二月革命"和"十月革命",十月革命的第二天,1917年11月8日俄国即向所有交战国提出休战建议,并宣布俄国退出战争。列宁提出的变帝国主义战争为国内战争的口号和俄国革命在各国产生了强烈反响,各国普遍爆发了大规模的工人罢工,德国已处于革命前夕,奥匈帝国即将土崩瓦解。

面对严峻的经济和政治形势,各国统治者决心加速结束战争。

1918年初德军统帅部认为俄国退出战争形势于自己有利,决定在美军到达欧洲大陆之前在西线发起进攻,取得决定性胜利。为此集中了190多个师的兵力,从3月到7月连续发起四次攻势,到7月中,共损失了约70万人,德军的进攻力量枯竭了。

从7月中旬起西线方面的优势都在协约国方面。美国参战大大增加了协约国方面的力量,自1917年6月起美军陆续开到法国,到12月底已达18万,1918年3月已超过30万,从4月底开始每月到达30万,8月底已达到100万。协约国方面还进一步协调了军事行动,1917年11月7日建立最高军事委员会,1918年3月20日任命法国元帅福煦(1851—1929)为最高统帅。从此协约国军队在福煦统一协调和指挥下向德军发起连续进攻。

7月18日至8月4日协约国军发起第一次大规模反攻,向前推进40公里,占领了苏瓦松,进攻到马恩河一线。8月8日至13日再次在亚眠一带发起进攻,第一天联军使用了450辆坦克,席卷德军前沿各师,德军大批投降,后来鲁登道夫称8月8日是"德军最黑暗的日子"。德军战斗力和士气急剧下降。至13日联军进攻时,已在75公里宽的正面推进了10—18公里,消除了德军对亚眠一带的威胁。随后联军不停地进攻,至9月底已突破德军最牢固的防线,总计德军被俘已达25万,德军败局已定。

正在西线德军节节败退之际,东线同盟各国已纷纷投降。保加利亚于9月29日投降,次日签订停战条款,退出战争。土耳其于10月30日投降。奥匈帝国已土崩瓦解,各非德意志民族纷纷起义,宣布独立。奥地利于11月3日被迫签订停战协定,无条件投降。

协约国军队继续向前推进,至11月11日签订停战协定时,德军已被赶出比利时西部,法国只有极少数领土仍在德国人手里,协约国军队准备立即向洛林发起进攻。

军事失利加速了德意志帝国的政治危机和崩溃,10月3日组成了以马克斯·巴登亲王为首的新内阁,从10月3日起德国政府多次提出停战谈判。11月4日协约国方面向德国提出共35条的休战条款。11日晨5时,德国的两名代表终于在巴黎东北方贡比涅森林的火车厢里签订停战协定。1918年11月11日上午11时,西线停火生效,第一次世界大战结束。

第四节　大战的结果和影响

一、大战造成的损失和破坏

第一次世界大战从 1914 年 8 月 4 日全面爆发到 1918 年 11 月 11 日结束,前后持续了 4 年零 3 个多月,参战的有 30 个国家,①约 15 亿人,占当时世界人口总数的 67% 。战争中双方动员了约 7 351 万人走上前线,其中协约国方面达 4 835 万,同盟国方面为 2 516 万。主要交战国中被动员入伍者在有劳动能力的男性公民中所占比例高达 50% ,在某些国家,例如法国,甚至超过半数。在整个战争中,在长达几千公里的战线上,大规模会战不下几十次,每次会战几乎都是一场大屠杀。交战各国不仅动用了全部新型武器,而且动员了所有的政治、经济和宣传舆论力量。

战争所带来最直接、最明显的后果是人力、物力的巨大损失和破坏。直接死于战争的军人即达 900 万,另有 2 000 多万受伤,350 万成为终身残废,饿死、疫死者大约 1 000 万。直接经济损失约 1 805 亿美元,间接经济损失约 1 516 亿美元。大量的房屋、铁路、桥梁、工厂、农田遭到破坏。协约国和中立国的商船损失总计高达 1 285 万吨,其中被潜艇击沉的达 1 115 万吨。生产遭到沉重打击,纯粹从经济角度估计,欧洲的工业发展倒退了 8 年。

二、帝国主义列强力量的消长

第一次世界大战的重大后果之一是欧洲的衰落和美国、日本的兴起。

罗曼诺夫王朝统治的俄罗斯帝国、霍亨索伦王朝统治的德意志帝国、哈布斯堡王朝统治的奥匈帝国灭亡了。欧洲的三个反动堡垒被摧毁,代之而兴的是人类第一个社会主义国家苏联和德意志共和国、奥地利共和国、波兰共和国、捷克斯洛伐克共和国、匈牙利共和国等一系列资产阶级共和国。

英、法虽然是战胜国,但在战争中被严重削弱了。从表面上看,英帝国的疆域更加扩大,但各自治领的离心力日益加强,英帝国终于改组为英联邦;印度等殖民地争取民族独立的斗争如火如荼,再也无法把它们平息下去。英国作为世界第一经济大国的地位早在 1913 年已经让位给美国,战后英美之间经济实力的差距则拉开得越来越大,英国海上霸主的地位也一去不复返了。

---

① 参加协约国方面的有 26 个国家,参加中欧同盟国方面的有 4 个国家。大战结束后在凡尔赛和约上签字的还有新成立的波兰、捷克斯洛伐克和南斯拉夫,所以参战国可以再加上 3 个共 33 个,也可以除去南斯拉夫共为 32 个。

战后,法国一度是欧洲大陆上最强的国家。但它想长远压制德国的企图遭到了英国和美国的反对与破坏。1924年法国占领鲁尔失败后,便最终丧失了处理德国问题的主动权。当30年代纳粹德国崛起后,法国统治阶级只想苟安求和,保住既得的利益。而一般的百姓对第一次世界大战中的巨大伤亡和破坏记忆犹新,人心厌战。朝野上下弥漫着和平主义和畏战情绪,以致在1940年5月德军进攻时,不仅没有再出现凡尔登的奇迹,而且在短短的40多天内就战败投降了。

总之,欧洲已经走向没落,而在第一次世界大战前夕已经兴起的美国和日本却利用战争之机大大发展了自己的力量。美国除未遭受战争破坏外,其战争费用也比其他国家低。英国的战争费用占国民财富的32%,法国占30%,德国占22%,美国只占9%。战争中,美国接受了各国的大批订货单,从1914年6月到1917年6月,美国共输出了69亿美元的商品,美国的贸易顺差由1914年的4.3亿美元激增到1917年的35.6亿美元。出口的猛烈扩大带动生产的急骤发展。从1915年起,美国进入了一个为时5年的新的"战争繁荣"周期。以制造业为例,1913年至1920年的7年间,欧洲制造业生产量下降了23%,美国却增长了22%。至1920年,美国的发电量相当于欧洲的总和,钢产量占全世界产量一半以上,石油产量占世界产量的2/3。参战前的1916年,美国国民生产总值为1 313亿美元,1918年上升到1 518亿美元。农业总收入从1914年的78亿美元,激增至1915年的100亿美元的空前未有的水平,再猛增至1919年的177亿美元(以上均按1958年的美元价格计算)。

战后美国已成为世界上最大的债权国和最大的资本输出国。美国的国外投资从1913年的大约20亿美元增加到1930年150亿美元,其中30%投放在欧洲。到1919年协约国欠美国债务100亿美元,其中英国向美国借了大约40亿,法国向美国借了30亿,全世界共有20多个国家欠了美国的债务。美国的黄金储备大为增加,从1913年的7亿美元增加到1921年的25亿,到1930年再增加到45亿,世界黄金储备量的40%已在美国手里。英国的黄金储备量从1913年的2亿美元到1921年只增加到8亿。国际金融中心开始从伦敦转向纽约,美元在世界货币中的地位上升,英镑地位开始下降。

第一次世界大战也使日本获得了异乎寻常的畸形发展。它利用"大战的天赐良机",几乎独占了中国东北的市场①,趁英、荷、法忙于战争,加紧向其殖民地进行经济渗透。俄、英等协约国的大量军需订货也大大刺激了日本经济。由于德国实施潜艇战,协约国船只遭到打击,日本海运业首先发展起来。海运业又带动了其他行业,工农业生产空前活跃起来,兴办企业投资越来越狂热化,公司利

---

① 一战前日本已侵占朝鲜和中国台湾。

润成倍激增。大战期间,对外贸易增加 4 倍,银行资产增加 2 倍,各项生产平均增长 1 倍。1914 年至 1919 年工业总产量实增 1.8 倍,其中尤以造船和海运最为突出。短短几年内,日本由农业国变成工业国(不过其工业化水平和技术水平仍不高),由外贸长期入超变成出超,由债务国变成债权国。1914 年至 1919 年日本国际收支顺差额累计为 30 多亿日元,除抵偿日本战前所欠外债 17 亿日元外,还购买英、法、俄国战时公债和贷给外国 27.7 亿日元。

三、战争引起的一系列革命

第一次世界大战最重要的政治后果之一是无产阶级社会主义革命在俄国的胜利以及在俄国革命影响下一系列无产阶级革命和资产阶级民主革命的爆发,这是两大帝国主义集团在发动战争时所绝对没有料到的。

战争开始时,双方都抱有速胜希望,但到 1916 年底战争已形成僵持局面。这时,协约国的前后方军队已达 2 500 万人,同盟国也达到 1 500 万人左右。每一次大战役都是一场大屠杀。由于大批农民被征入伍,以致许多土地荒芜,农畜产品普遍减产,物价则不断上涨。1916—1917 年间的严寒冬季给交战各国的劳动人民带来深重的灾难,许多人冻饿而死。① 人们越来越怀疑究竟为什么要打这场战争。随着交战国经济危机的加深,人民的反战运动日益高涨。法国的罢工人数在 1916 年为 41 000 人,1917 年猛增至 29 万人;罢工工人提出了"打倒战争"的响亮口号。德国 1917 年 4 月的罢工最为激烈,参加人数达 30 万,工人们强烈要求实现不兼并别国领土的和平。前线士兵的反战情绪高昂。1917 年 5、6 两月的法国兵变最有代表性。大约有 3 至 4 万士兵拒绝执行作战的命令,他们说再也不愿为每日的 5 个苏(相当于 1/4 法郎)去送命。

在交战各国中,反动、腐朽的沙皇俄国危机最深,因此在这里首先爆发了革命。列宁说:"沙皇制度的极端老朽和腐败(加上极其痛苦的战争的打击和负担)造成了一种反对自己的莫大的破坏力量。"②俄国的落后经济本来就支持不了一场旷日持久的战争,更何况国民经济在战争中还遭到了严重的破坏。1914—1917 年间,有 1 500 万人应征入伍,但仅制造了 330 万支步枪。无枪的士兵在暴风雨般的霰弹片中耐心等待着拾起倒下的同伴的步枪。由于农民大批入伍,农业劳动力大大减少,耕畜从 1914 年的 1 800 万头减至 1917 年的 1 300 万头。粮食收获量减少 1/4。指挥无能,再加上严重缺乏武器弹药,俄军到 1917 年 1 月底已损失 600 万人(包括死、伤、失踪、被俘)。战争临近结束时,损失人数增至 800 万左右。工人、农民和士兵忍饥挨饿,流血牺牲,他们忍无可忍,只得

---

① 1914—1918 年,德国有 75 万多人饿死。

② 《列宁选集》第 4 卷,人民出版社 1972 年版,第 186 页。

起来斗争。二月革命后,临时政府执迷不悟,继续帝国主义战争,这就决定了它必然走向灭亡。在布尔什维克党和列宁的领导下,十月社会主义革命终于取得成功。

在俄国革命的影响下,又爆发了震撼欧洲的德国十一月资产阶级民主革命、匈牙利无产阶级社会主义革命以及英、法、美等国无产阶级支持苏俄的政治罢工。

四、民族解放运动的新高潮

俄国 1905 年革命以后,土耳其、波斯、中国相继发生了革命,印度也出现了革命运动。第一次世界大战进一步促进了殖民地半殖民地民族解放运动的发展。战争期间,帝国主义宗主国忙于互相厮杀,暂时放松了对殖民地半殖民地的控制,它们的民族工业得以乘隙发展,民族资产阶级和无产阶级的队伍也随之壮大起来,成为反对帝国主义的重要的政治力量和社会力量。帝国主义国家还从殖民地大量征兵,这就促使殖民地的人民熟悉了军事技术装备和革新的机械,他们返转过来又利用学到的本领去反对殖民统治者。列宁说:"帝国主义战争也唤醒了东方,把东方各族人民卷入了国际政治生活。"①中国的"五四"运动、印度的"非暴力不合作运动"、土耳其的"凯末尔革命"等等,说明:"在当代革命中,东方各民族为了不再仅仅充当别国发财的对象而参与决定世界命运的时期到来了。"②

五、国际关系新格局的出现

19 世纪的国际格局是欧洲列强统治世界。第一次世界大战结束后,从表面上看来,帝国主义列强仍然统治着世界,战胜国设计并建立的凡尔赛—华盛顿体系似乎将维持很长一段时间。但是,战后兴起了两股巨大的政治力量,是帝国主义所无法摆布的。第一是社会主义国家苏联以及各国的无产阶级革命运动,第二是殖民地半殖民地国家的蓬勃开展的民族解放运动。这两股力量结合在一起,使得 19 世纪和 20 世纪初期帝国主义列强统治世界的政治格局再也无法维持下去了。而凡尔赛—华盛顿体系本身也包含着无法克服的矛盾。战败的德国不堪忍受屈辱的、苛刻的和约,一定要复仇。战胜的意大利和日本觉得分赃太少,伺机重新瓜分世界。1931 年日本发动"九·一八"事变,首先在远东打破了华盛顿体系,继之意大利在 1935 年进行了侵略埃塞俄比亚的战争,又在非洲和地中海区域打破了凡尔赛体系。1935 年德国宣布实行普遍义务兵役制,1936 年德军进驻莱茵非军事区,则是对凡尔赛条约的公然撕毁。第一次世界大战的两

---

① ② 《列宁全集》第 37 卷,人民出版社 1972 年版,第 322 页。

个战胜国和一个战败国终于结合在一起,缔结了同盟,发动了第二次世界大战。由于第一次世界大战后已经出现了上述两股新兴的、巨大的进步政治力量,所以第二次世界大战不再像第一次世界大战那样是帝国主义战争,而是世界人民的反法西斯战争,并且从一开始就具有这种性质。

第一次世界大战后,人类的进步过程加速了,但这当然是帝国主义战争发动者所预料不到的。

第三章　俄国十月社会主义革命及其
影响下的欧洲革命风暴

第一节　俄国十月武装起义的胜利

二月革命及两个政权并存局面的出现　19 世纪末 20 世纪初,世界进入帝国主义时代。1914 年爆发的第一次世界大战,使资本主义国家陷入严重危机之中,从而为无产阶级掌握政权打开了大门。

沙皇俄国是一个军事封建帝国主义国家。它参加了世界大战,企图以此来巩固自己的统治,结果适得其反。它强征 1 500 多万壮丁入伍,几乎占全国男劳力的一半。前线作战接连失利,丧失了波兰、立陶宛的大片土地,伤亡数百万人。后方农田荒芜,企业倒闭,经济濒于崩溃。国家债务从 1913 年的 88 亿卢布增到 1917 年的 500 亿卢布。战争还造成政府统治危机。在战争的头两年就换了四个内阁首相。杜马和参议院的资产阶级地主党团在“信任内阁”口号下形成一支政府反对派。所有这些引起了劳动大众的强烈不满。一场反对沙皇专制统治的革命风暴日渐酝酿成熟。

1917 年初,彼得格勒、莫斯科等地工人不堪忍受战争带来的苦难,不断举行抗议集会和罢工。3 月 8 日,首都普梯洛夫工厂工人从郊区走进城市中心,举行示威游行。途中,其他工厂的工人以及许多排队等待购买面包的妇女也加入示威行列。在一些队伍中出现了红旗和“打倒战争”、“打倒专制制度”的标语牌。政府慌忙派军警去镇压,驱散了这里的示威群众,别处又出现游行队伍。这一天,参加抗议示威的人数超过 12 万。3 月 8 日(俄历 2 月 23 日)①这一天成为二月革命的开始。

3 月 10 日,彼得格勒爆发了全城政治总罢工,参加人数超过 30 万。布尔什维克党散发传单,号召工人进行决定性战斗。第二天,游行队伍遭到军警开枪射击,近 200 人被打死打伤。工人奋起抵抗。3 月 12 日,起义工人得到 6 万名士兵的支持,他们攻占兵工厂,缴获 4 万多支步枪。还捣毁警察所,攻进监狱,释放政治犯。3 月 13 日(俄历 2 月 28 日),又有 6 万多名士兵转到工人一边。他们并肩战斗,占领了彼得保罗要塞和冬宫。俄罗斯帝国的双头鹰国徽被摘了下来。

---

①　俄历自 1900 年 3 月起比公历晚 13 天。

革命的红旗代替沙俄的白蓝红三色旗在首都上空飘扬。二月革命在彼得格勒取得胜利并迅速扩及全国。正在前线的沙皇尼古拉二世被迫于3月15日宣布退位。统治俄国300余年的罗曼诺夫王朝覆灭了。

当武装起义取得决定性胜利的时候，彼得格勒苏维埃代表大会于3月12日晚上在塔夫利达宫正式开幕。出席大会的代表最初约有50人，后来增加到200人左右。大会选举产生了执行委员会，主席是孟什维克齐赫泽（1864—1926），副主席是克伦斯基①和孟什维克斯柯别列夫。在执委会中，孟什维克和社会革命党人占据了多数，布尔什维克党最初只有两名委员。彼得格勒苏维埃成立后，俄国大多数城市也相继建立了苏维埃。1917年3月，全国共有555个苏维埃。在全俄苏维埃成立之前，彼得格勒苏维埃起着全国领导中心的作用。

苏维埃从一产生就以革命权力机关的身份发布命令，管理国家事务。它建立了军事委员会，负责维护革命成果；建立了粮食委员会，负责首都的粮食供应。3月14日，苏维埃发布第一号命令，规定所有部队都选举产生士兵委员会，领导本单位的政治活动，监督管辖本单位的武器。苏维埃的活动表明，它已是新生政权萌芽。

但是，孟什维克和社会革命党领袖认为，俄国无产阶级没有能力管理国家。他们以苏维埃代表名义同资产阶级分子谈判，让他们出面组织政权。3月15日，临时政府宣告成立。原全俄地方自治机关联合会主席李沃夫公爵（1861—1925）任政府总理兼内务部长。立宪民主党（二月革命后改名为人民自由党）领袖米留可夫任外交部长，十月党（二月革命后改名为民族民主共和党）人古契柯夫任陆海军部长。社会革命党人克伦斯基任司法部长。

这样，俄国在二月革命后出现了历史上罕见的两个政权并存的局面。一个是资产阶级临时政府，它是主要政权，掌握着各级权力机构。另一个是工兵代表苏维埃。它得到武装工农的支持，拥有实权，但它自愿把政权让给资产阶级，甘居次要地位，成为辅助性政权。这种两个政权并存的局面是不能长久保持下去的，其中必有一个要化为乌有。

列宁的《四月提纲》和群众斗争的兴起　在两个政权并存的复杂情况下，布尔什维克党急需确定自己的斗争方针。全党都期待列宁的到来。1917年4月16日夜晚，列宁从国外回到彼得格勒。成千上万的工人、士兵汇集在首都的芬兰车站，热烈欢迎自己领袖的归来。列宁登上装甲车，发表了激动人心的演说，最后高呼："世界无产阶级革命万岁！"

第二天，列宁在党的会议上作了报告。4月20日，《真理报》发表了列宁的

---

① 克伦斯基（1881—1970），律师，1912—1917年任杜马代表，劳动团分子。二月革命后加入社会革命党，历任临时政府的部长、总理。十月革命后流亡国外。

报告提纲,题为《论无产阶级在这次革命中的任务》,这就是著名的《四月提纲》。

列宁指出,革命的根本问题是政权问题。现在政权已由沙皇贵族阶级转到资产阶级手里,因此,资产阶级民主革命已基本完成。"俄国当前形势的特点是从革命的第一阶段向革命的第二阶段过渡",布尔什维克党的任务是"使政权转到无产阶级和贫苦农民手中"。① 新建的国家应是苏维埃共和国,而不是议会制共和国。要做到这点,必须推翻资产阶级临时政府。列宁认为,不能采取一般的暴力方式推翻。因为这样做会同支持临时政府的苏维埃发生对立,会脱离群众。列宁提出的口号是:"不给临时政府以任何支持"和"全部政权归苏维埃"。只要苏维埃把全部政权收回到自己手中,就可以和平地剥夺临时政府的权力。然后再在苏维埃内部开展斗争,把小资产阶级政党排除出苏维埃,建立无产阶级专政。列宁认为,革命所以能够和平发展,因为武器掌握在人民手中,没有外力压制人民。

列宁指出,革命向前发展的主要阻碍在当时是革命护国主义。很多人认为,为了保卫俄国革命必须护国,必须继续战争。而资产阶级也正是利用这一点来转移群众斗争视线,同时以进行战争为名组织反动武装力量,伺机镇压人民。列宁要求全党耐心地向群众解释,说明当前的战争仍是帝国主义性质的,只有政权转归苏维埃才能以民主的和平结束战争。

列宁的讲话遭到孟什维克的强烈反对。布尔什维克党内也有很多人不理解。他们认为当前的任务应是巩固工农革命民主专政,而不是争取建立无产阶级专政。4 月 21 日,党的彼得格勒委员会以 13 票对 2 票否决了列宁的提纲。经过列宁的宣传解释,情况很快发生了变化。5 月 7—12 日,布尔什维克党召开第七次(四月)全俄代表会议。出席会议的正式代表有 133 人,代表着 8 万名党员。大会经过热烈讨论,通过了列宁提出的革命路线和政策。

在《四月提纲》精神的指引下,布尔什维克党抓住人民最关心的问题,反复向工农大众说明:临时政府为了保护资本家、地主的利益,不会给人民带来和平、土地、面包;应该抛弃这个政府,把政权全部转归苏维埃。

5 月 1 日,俄国人民第一次公开庆祝国际劳动节。但就在这一天,外交部长米留可夫向协约国发出照会,声称俄国政府"决意完全遵守我们对盟国承担的义务",将世界大战进行到彻底胜利。5 月 3 日,该照会公布于众。士兵和工人看到后大为愤怒,原来政府继续战争不是它所宣传的"为了保护革命",而是要履行沙皇政府承担下来的"义务",实现它的侵略目标。当天下午和第二天,10万群众自发走上彼得格勒街头,高呼"打倒米留可夫!""打倒古契柯夫!""公布密约!""全部政权归苏维埃!"等口号。首都的示威游行得到莫斯科、哈尔科夫

---

① 《列宁全集》第 29 卷,人民出版社 1985 年版,第 114 页。

等城市的响应。各地的抗议示威表明,群众对临时政府的信任发生动摇,临时政府的统治陷于危机。由于这一事件发生在俄历4月,历史上称它为"四月危机"。

临时政府迫于群众的压力,先后解除了古契柯夫和米留可夫的职务。同时要求小资产阶级政党领袖参加内阁。5月18日,第一届联合政府成立。李沃夫继续担任总理。克伦斯基改任陆海军部长。孟什维克领袖策烈铁里和斯柯别列夫担任邮电部和劳动部长,社会革命党领袖切尔诺夫担任农业部长。

6月16日,全俄工兵代表苏维埃第一次代表大会在彼得格勒召开。在800多名有表决权的代表中,布尔什维克代表只有105名。大会讨论的主要问题是对待临时政府的态度。孟什维克策烈铁里说,俄国没有一个政党愿意夺取政权,为国家的今后命运负责。列宁即席反驳道:"有的!任何一个政党都不会放弃这样做,我们的党也一样,它随时都准备夺取全部政权"。但是,大会被孟什维克和社会革命党所控制,通过了支持临时政府的决议。大会选举了全俄苏维埃中央执行委员会,由256人组成,其中布尔什维克35名。主席是孟什维克齐赫泽。

在苏维埃代表大会召开期间,彼得格勒50万群众于7月1日(俄历6月18日)走上街头。在示威群众队伍的上空,飘扬着数千面红旗和横幅标语:"全部政权归苏维埃!""打倒十个资本家部长!"临时政府的统治再次陷于危机。

两个政权并存局面的结束和党的武装起义方针的确定 临时政府企图用前线的战斗来转移人民的斗争视线。7月1日,下令俄军在西方战线和西南战线发起进攻。但是,这次冒险失败了,十几天的进攻就损失了6万多人。消息传到首都后,工人、士兵群情激昂,要求武装起义推翻临时政府。布尔什维克党考虑到夺取政权的时机尚未成熟,决定引导群众进行和平示威。7月17日,50万士兵工人高举"全部政权归苏维埃"的标语牌游行示威。政府从前线调回军队,向示威群众开枪射击,打死56人,打伤600多人。接着,资产阶级展开了全面进攻,强行解散工人武装,捣毁党的刊物《真理报》,诬蔑列宁、季诺维也夫(1883—1936)等人是"德国间谍"并下令通缉,还逮捕了加米涅夫(1883—1936)、托洛茨基(1879—1940)等革命领导人。

资产阶级公开使用暴力对付人民的七月事件,表明革命的和平发展已不可能。两个政权并存的局面也不复存在,政权完全落到了临时政府手中。

七月事件后,布尔什维克党有秩序地转入地下。为了防备临时政府的搜捕,列宁和季诺维也夫秘密转移到彼得格勒郊外的拉兹里夫。8月下旬,列宁迁到芬兰居住。在外地隐匿期间,列宁写了《国家与革命》一书,阐明用暴力打碎旧的国家机器、建立无产阶级专政的必要性。同时,列宁一直同彼得格勒保持着密切联系,指导着党的工作。

8月8—16日，布尔什维克党在彼得格勒召开第六次代表大会。出席大会的代表共171人，代表着162个地方组织和24万党员。会上，斯维尔德洛夫（1885—1919）作了组织工作总结报告，斯大林作了政治工作总结报告。大会讨论了七月事件后的形势，制定了武装起义的方针。由于苏维埃已被小资产阶级政党所败坏，无法通过苏维埃夺取政权，因此大会决定暂时收回"全部政权归苏维埃"的口号，用"政权转归无产阶级和贫苦农民"的口号代替。代表大会选出了由列宁、布哈林（1888—1938）、捷尔任斯基（1873—1926）、季诺维也夫、加米涅夫、李可夫（1881—1938）、斯维尔德洛夫、斯大林、托洛茨基等21人组成的中央委员会。

科尔尼洛夫叛乱的被粉碎和革命形势的形成 七月事件后，李沃夫宣布辞职。8月6日，第二届联合政府成立。克伦斯基任总理兼陆海军部长。

新政府成立后，资产阶级积极活动，公开叫嚣建立反革命军事专政。米留可夫在人民自由党中央会议上呼吁进行一次"外科手术"，以便永远消除布尔什维主义危险。克伦斯基政府则宣称要"实现国家政权同国内各派组织力量的团结一致"。8月25—28日，政府在莫斯科召开了国务会议。军队的将军，资产阶级政党领袖，前国家杜马议员，社会革命党人和孟什维克都出席了会议。布尔什维克拒绝参加，认为莫斯科国务会议是为反革命阴谋制造舆论的大会，并在会议开幕的当天组织莫斯科40万工人举行抗议罢工。

在国务会议上，俄军最高总司令科尔尼洛夫（1870—1918）公然要求给军官以全权来恢复军队的纪律，企图通过整肃部队建立军事专政。会后，科尔尼洛夫回到设在莫吉廖夫的大本营，加紧反革命叛乱的准备。9月3日，俄国军队放弃里加，德军威逼彼得格勒。9月7日，科尔尼洛夫以"拯救祖国"为名，命令克雷莫夫率领第三骑兵军团和高加索山民师向彼得格勒推进，企图武力镇压首都的革命力量，建立军事独裁政权。首都的几万名工人和波罗的海舰队的水兵奋起抗击叛乱。他们在布尔什维克党的领导下，迅速组织起来，在彼得格勒城周围构筑工事，决心武装保卫首都。与此同时，布尔什维克党和苏维埃派出大批宣传员向受骗的哥萨克和士兵说明，科尔尼洛夫在利用他们反对革命。哥萨克和士兵了解事情真相后，拒绝向彼得格勒进军，并掉转枪口逮捕了军官。克雷莫夫看到败局已定，于9月12日开枪自杀。不久，科尔尼洛夫也成了阶下囚。

科尔尼洛夫叛乱被粉碎后，国内阶级力量对比形势发生巨大变化。临时政府的支柱——军队陷于瓦解。广大士兵不再相信政府和军官的谎言，相继转向布尔什维克一边。9月，列宁提出接受平分土地的纲领，并号召农民立即行动起来夺取地主的土地，受到广大农民的欢迎。布尔什维克党的威信空前提高。彼得格勒和莫斯科苏维埃先后通过决议，谴责妥协政策，支持革命方针。10月8日，刚出狱的托洛茨基当选为彼得格勒苏维埃主席。这时，党又重新提出"全部政权归苏维埃"的口号,并赋予它新的含义,即通过武装起义把政权交给无产阶级政党领导的苏维埃掌握。

1917 年秋,俄国经济濒于全面崩溃。工业产量比上一年下降了 2/3。财政混乱,债台高筑。债务总数达到 490 亿卢布,国家每年应付的债务利息几乎等同于战前的国家预算。最为严重的问题是饥荒。首都居民的面包分配量从每天 1 磅半减为 1/4 磅,有时连这点面包也没有。列宁指出,全国已处于"大难临头"的困境。

劳动人民对临时政府的统治再也无法忍受下去。莫斯科、乌拉尔、顿巴斯等地工人掀起强大的罢工浪潮。90% 以上的欧俄县份都爆发了农民反地主的斗争。靠近彼得格勒和莫斯科的北方战线、西方战线、波罗的海舰队以及后方的卫戍部队共约 600 万人,于 10 月份先后表示站在布尔什维克领导的苏维埃一边。俄国境内的各少数民族也掀起了争取民族解放的斗争。

资产阶级已经不能照原样统治下去了。临时政府于 10 月 8 日再次改组。克伦斯基仍然担任政府总理。但孟什维克和社会革命党的知名领袖都退出了第三届联合政府。为了欺骗群众,阻止革命的发展,临时政府匆忙制定条例,召开预备国会。布尔什维克党揭破这一骗局,宣布抵制这个会议。

列宁分析这些情况后,于 9 月向党中央写了《布尔什维克必须夺取政权》与《马克思主义和起义》两封信,明确提出革命形势已经成熟,党必须通过武装起义夺取政权。

彼得格勒武装起义的胜利　为了便于领导革命,列宁于 10 月 20 日秘密回到彼得格勒。23 日,党中央举行了具有历史意义的会议,讨论武装起义问题。列宁出席了会议,并做了报告。会议经过讨论,以 10 票对 2 票(季诺维也夫和加米涅夫)通过列宁起草的决议,指出"武装起义是不可避免的,并且业已完全成熟。中央委员会建议各级党组织以此为指针,并从这一观点出发讨论和解决一切实际问题。"①

季诺维也夫和加米涅夫坚持自己的观点,并公然在孟什维克左翼的《新生活报》上发表声明,反对武装起义。列宁对这种泄漏党的机密行为非常气愤,写信给党中央,要求把他们开除出党。党中央向季诺维也夫和加米涅夫提出警告,禁止他们再公开发表反对中央路线的声明。

为了顺利开展武装起义的准备工作,10 月 25 日,在彼得格勒苏维埃中成立了军事革命委员会。这一机构名义上是为了监督彼得格勒军区的活动和首都城防工作,实际是准备武装起义的公开指挥部。它的主席最初是左派社会革命党人拉兹米尔,后来是布尔什维克波德沃伊斯基。苏维埃主席托洛茨基在其中起

---

① 《列宁全集》第 32 卷,人民出版社 1985 年版,第 385 页。

了重要领导作用。

11 月 2 日,军事革命委员会向卫戍部队派出近 60 名政治委员。4 日,彼得格勒卫戍部队各团代表会议决定,凡向卫戍部队发出的命令必须有政治委员的签字,否则一律无效。这就使驻扎在首都的 15 万士兵完全处在苏维埃指挥之下。4 日,彼得格勒 2 万多名工人赤卫队员建立中央司令部,直接受苏维埃军事革命委员会领导。中央司令部主席是布尔什维克尤列涅夫。11 月 5 日,拥有 8 万多名水兵的波罗的海舰队发表声明说:"准备在彼得格勒苏维埃的第一声召唤下,就手执武器支援革命"。所有的革命力量都有条不紊地进入战斗准备状态。

临时政府企图阻止起义的爆发。11 月 6 日清晨,派遣士官生和警察封闭了布尔什维克党机关报《工人之路报》的印刷厂。军事革命委员会根据党中央的决定,派革命士兵夺回了印刷厂。中午,《工人之路报》出版,号召人民起来实现全部政权归苏维埃。

为了保证起义的顺利进行,11 月 6 日上午托洛茨基、斯维尔德洛夫、加米涅夫等 11 名中央委员举行会议,决定各中央委员不得离开起义指挥中心——斯莫尔尼宫,并在彼得–保罗要塞建立后备司令部。会议还委派斯维尔德洛夫等人负责起义的某方面工作。

反动阵营也在准备搏斗。6 日上午,克伦斯基到玛丽亚宫向预备国会发表演说,要求预备国会支持政府采取坚决行动对付布尔什维克暴动。克伦斯基不等预备国会对他的要求作出决定便匆忙回到冬宫。他打电话给前线司令部,要求紧急抽调可靠部队集结首都。彼得格勒军区司令波尔科夫尼科夫要求各团驱逐军事革命委员会派去的政治委员,并命令士官生和哥萨克队伍开赴冬宫,保卫临时政府。

面对兴起的革命,小资产阶级阵营陷于恐慌和分化状态。孟什维克和社会革命党反对布尔什维克掌权,也害怕国内战争。11 月 6 日,孟什维克领袖唐恩在预备国会慌忙提出议案,要临时政府向交战国发出立即开始和谈的建议,宣布没收地主土地并把它交给土地委员会管理,尽快召开立宪会议并确定具体日期。但临时政府拒绝接受这三项建议。孟什维克和社会革命党陷于束手无策的软弱地位。社会革命党中的左派则站到布尔什维克一边参加起义。

起义开始后,军事革命委员会中的一些成员认为以第二次苏维埃代表大会的名义夺权更为有利,主张把最终推翻临时政府放在大会开幕之后。托洛茨基提出,政权问题应由苏维埃代表大会决定。列宁对起义的拖延十分忧虑。6 日晚,他从匿居地写信给党中央,要求立即发起进攻。半夜,列宁来到斯莫尔尼宫直接指挥武装起义。

起义的步伐明显加快。午夜两点,起义者占领了车站和中央发电站,7 日清晨,夺取了国家银行和电话总局。克伦斯基见形势不妙,乘坐美国使馆的汽车逃出彼得格勒。

7日上午,整个首都几乎全部落在起义者手中。10点,彼得格勒苏维埃军事革命委员会发布了列宁起草的《告俄国公民书》,宣告"临时政府已被推翻。国家政权已转到彼得格勒工兵代表苏维埃的机关,即领导彼得格勒无产阶级和卫戍部队的军事革命委员会手中"。

7日下午1点,玛丽亚宫被起义者占领,预备国会被驱散。临时政府成员龟缩在冬宫之中,妄图负隅顽抗。为了消灭敌人的这个最后巢穴,军事革命委员会成立了战地指挥部,由波德沃伊斯基、布勃诺夫、安东诺夫-奥弗申柯等人负责。下午6时,大约2万革命士兵、水兵和赤卫队员包围了只有3 000人守卫的冬宫。为了避免流血,战地指挥部向临时政府提出最后通牒,命令它在20分钟内投降,但遭到拒绝。

11月7日晚9点40分,彼得—保罗要塞的大炮开始向冬宫开火,停泊在涅瓦河畔的"阿芙乐尔"号巡洋舰也响起了大炮的轰鸣。接着,革命士兵、水兵和赤卫队员从四面八方向冬宫发起冲锋。在波德沃伊斯基等人率领下,起义者很快就突破冬宫的外围防线,冲进了大门。他们涌上楼梯,扫荡着士官生,搜索着冬宫的1 050个大小房间。深夜1点50分,部长们隐匿的房间大门被打开。安东诺夫-奥弗申柯拿着手枪站在部长面前说:"以彼得格勒苏维埃军事革命委员会的名义宣布临时政府被推翻了",并下令逮捕了他们。

彼得格勒武装起义取得辉煌胜利。由于11月7日这一天是俄历10月25日,所以人们称这次革命为十月革命。

全俄苏维埃第二次代表大会和苏维埃政权在全国的胜利 当起义者攻打冬宫之际,全俄工兵代表苏维埃第二次代表大会于11月7日晚在彼得格勒的斯莫尔尼宫正式开幕。出席大会的代表共625名,其中布尔什维克390名,左派社会革命党人179名。

代表大会开幕后,孟什维克和社会革命党人恶意攻击彼得格勒的武装起义,遭到驳斥后,他们发表声明退出大会。他们原以为,这样做会带走大部分代表,可以宣布这次大会没有代表性、不合法。但是,他们的希望落空了。退出大会的只有51名代表。

8日清晨,攻下冬宫的消息传来后,大会通过了列宁起草的《告工人、士兵和农民书》,宣告"各地全部政权一律转归工兵农代表苏维埃"。

8日晚,列宁向大会作了关于和平问题的报告,指出和平问题是现时最紧急、最迫切的问题。根据列宁的报告,大会一致通过了和平法令,谴责帝国主义战争罪行,建议各交战国立即开始和谈,实现不割地(即不侵占别国领土,不强迫合并别的民族)、不赔款的和约。法令呼吁英法德三国工人,以多方面的行动帮助把和平事业以及使被剥削劳动群众摆脱一切奴役的事业进行到底。

和平法令通过后，列宁又就土地问题作了报告。大会经过热烈讨论，通过了土地法令。法令规定，立刻无偿地没收地主土地，永远废除土地私有权，一切土地都是全民的财产。法令满足了农民的平分土地要求，宣布土地按劳动定额或消费定额分给劳动者使用。

大会批准了苏维埃政府的组成。在酝酿时，布尔什维克曾邀请左派社会革命党领袖参加政府，但遭到拒绝。新政府遂由清一色的布尔什维克组成。人民委员会主席是列宁，内务人民委员是李可夫，外交人民委员是托洛茨基，民族事务人民委员是斯大林。

代表大会最后选举了自己的领导机构——全俄中央执行委员会。101名成员中，布尔什维克62名，左派社会革命党人29名。全俄苏维埃中央执行委员会主席是加米涅夫。

彼得格勒起义的胜利是俄国十月革命胜利的开端。彼得格勒起义的消息传到莫斯科后，莫斯科苏维埃于7日傍晚成立军事革命委员会，领导工人士兵发动起义。莫斯科军区司令搜罗到一批武装力量，对起义者进行反扑，重新占领了克里姆林宫。起义一度受挫。这时，莫斯科近郊的贫苦农民以及彼得格勒的赤卫队和水兵都赶来支援起义。11月11日，莫斯科布尔什维克党组织率领起义大军发起全面进攻。经过几天激战，于11月16日清晨攻进克里姆林宫，取得了革命的胜利。与此同时，革命烈火遍地燃起。广大人民特别是士兵和农民热烈拥护决心立即结束战争和实行平分土地的苏维埃。在他们的支持下，全国各地到1918年春相继建立了苏维埃政权。列宁把这个阶段的胜利称作是苏维埃政权的"胜利进军"。

十月革命的胜利具有伟大的历史意义。它冲破了世界帝国主义阵线，在世界1/6的土地上创建了第一个无产阶级专政国家。它不仅激励着各国无产阶级的斗争，而且鼓舞着被压迫人民、被压迫民族的民族解放斗争。十月革命的胜利是马克思主义基本原理同俄国革命实践相结合的产物。它推动了马列主义在世界的传播，并向各国人民展示了一条崭新的寻求解放的道路。

第二节　俄国苏维埃政权的巩固

苏维埃政权初期的政治经济措施　新生的无产阶级政权遭到孟什维克和社会革命党的强烈反对。它们把持的全俄铁路总工会执委会于11月11日通过决议，要求成立所有社会主义政党都参加的政府，企图用小资产阶级政党控制的新政府代替布尔什维克党领导的人民委员会。布尔什维克党中央坚决反对这一阴谋，但同意在苏维埃领导机构中增加他们的代表。双方进行了谈判，没有取得成果。布尔什维克党中央于 15 日决定退出谈判。加米涅夫等人不同意这一决定,声明退出中央委员会,辞去行政职务。11 月 21 日,党中央推荐斯维尔德洛夫代替加米涅夫担任全俄苏维埃中央执行委员会主席的职务。

布尔什维克党在维护新政权的斗争中特别注意加强同左派社会革命党人的合作。1917 年 12 月 9 日,全俄农民苏维埃举行第二次代表大会。出席大会的有 790 名代表,其中布尔什维克 91 名,左派社会革命党人 350 名,社会革命党人 305 名。在布尔什维克和左派社会革命党的共同努力下,大会战胜了社会革命党的反对,决定同工兵苏维埃合并。22 日,布尔什维克党又同左派社会革命党达成联合组阁的协议。7 名左派社会革命党人进入人民委员会,担任农业、邮电、司法等部门的人民委员。两党的合作取得积极成果。它削弱了社会革命党的影响,促进了无产阶级政权同广大劳动农民的联系和团结。

1918 年初,布尔什维克党为捍卫苏维埃政权,再次同社会革命党展开生死搏斗。1 月 18 日,立宪会议开幕。出席会议的代表共有 715 名,其中布尔什维克 175 名,左派社会革命党 40 名,社会革命党 370 名,孟什维克 15 名,人民自由党 17 名。小资产阶级政党控制了立宪会议。他们拒不讨论全俄苏维埃中央执行委员会提出的《被剥削劳动人民权利宣言》,企图假手立宪会议否定苏维埃政府。全俄苏维埃中央执行委员会不能容忍这种无视苏维埃的行为,于 19 日通过法令解散立宪会议。1918 年 1 月 23 日,全俄苏维埃第三次代表大会开幕。大会通过了苏俄第一个宪法性文献——《被剥削劳动人民权利宣言》,进一步巩固了十月革命的成果。

布尔什维克党在回击社会革命党和孟什维克进攻的同时,开展了打碎旧的国家机器,创建新的政权机关的工作。苏维埃首先废除了临时政府的各个部门,进而取缔了地方上的自治局、市杜马等机关。它创建了人民法院和工人民警,以代替旧法院和旧警察。1917 年 12 月 20 日,成立了全俄肃清反革命和怠工非常委员会,简称“契卡”。① 第一任主席是捷尔任斯基。它在党中央直接领导下揭露和摧毁了大量反革命阴谋案件,但也不时发生滥用职权之事。军队是国家机器的重要组成部分。十月革命后,政府宣布废除常备军,建立全民武装。但很快发现赤卫队无力承担保卫国家的任务,乃于 1918 年初宣布组建红军。为了彻底铲除封建残余,苏维埃政府颁布一系列法令,废除等级制度,取消爵位,实行国家与教会分离,学校与教会分离,宣布男女平等,国内各族人民的权利一律平等。

在经济方面,苏维埃政权于 1917 年 11 月 21 日颁布《工人监督条例》,对一切企业实行工人监督。不久,将银行、铁路、大工业收归国有,实行对外贸易垄断,并宣布废除沙皇和临时政府所借的 160 亿金卢布外债。为了统一管理和调

---

① “契卡”是“非常委员会”开头两个俄文字母的译音。

节国民经济,1917 年 12 月 15 日在人民委员会下设立最高国民经济委员会,主席是奥新斯基。1918 年 3 月,李可夫接替他担任主席。

在农村,农民根据土地法令,没收了地主、皇室和寺院的全部土地。在分配土地过程中,贫苦农民同富农展开了激烈斗争。富农凭借其经济实力,要求多分土地。他们还囤积粮食,哄抬粮价,企图用饥荒来扼杀革命。苏维埃于 1918 年 5 月 9 日宣布实行粮食专卖,规定全体农民必须把剩余的粮食按规定的价格卖给国家,违者将被逮捕判刑。6 月 11 日,决定在各村乡建立贫农委员会,开展农村社会主义革命。同时,组织征粮队下乡征粮。经过这场斗争,农民得到数千万公顷的地主富农土地和大量农具牲畜。贫农委员会的活动严重打击了富农的力量,但也在一定程度上损害了中农的利益,特别是损害有余粮的农民利益,引起农村局势的动荡。因此,全俄苏维埃第六次代表大会于 1918 年 11 月 9 日决定改造农村苏维埃,将贫农委员会并入地方苏维埃。

布列斯特和约的签订　三年帝国主义世界大战使俄国人民陷于饥寒交迫的困境。他们痛恨战争,迫切要求和平。苏维埃政权充分理解和支持人民的这一心愿。在彼得格勒起义胜利的第二天就通过了和平法令,向一切交战国建议立即开始和平谈判。协约国拒绝了这一建议。而德奥集团希望减轻东西两线作战的压力,同意进行和谈。

1917 年 12 月 15 日,苏俄同德奥集团签署停战协定。22 日,和平谈判在布列斯特—里托夫斯克(今布列斯特)正式举行。苏俄建议缔结不割地不赔款的民主和约。而德国代表团长、外交部长屈尔曼却提出了掠夺性条件,要求占有被德军占领的大片俄国西部领土。

列宁考虑到旧军队已经瓦解,新军队刚开始建立,无力抗击德军的进攻,因此主张忍辱签订和约。以布哈林为首的"左派共产主义者"认为签订和约会加强敌人,葬送国际起义的机会。他们主张以革命战争推动世界革命。托洛茨基提出第三种意见。他认为苏俄没有军队,进行革命战争是不可能的;而在屈辱的和约上签字也是不可能的。他提出不战不和的策略,认为这样做可以保持道义方面的纯洁性,同时也不会威胁苏俄的安全,因为德国慑于本国工人革命是不敢进攻苏俄的。

1918 年 2 月 9 日,德方宣称他们的条件是绝对必须接受的。第二天,苏俄代表团长托洛茨基发表声明,拒绝在割地条约上签字,同时宣布结束对德奥的战争,并准备复员俄国的军队。德国遂中止谈判,并于 2 月 18 日向苏俄发动进攻。几天之内,德军占领了大片土地,逼近首都彼得格勒。2 月 21 日,列宁宣布"社会主义祖国在危急中!"号召工农大众加入红军保卫苏维埃。

2 月 23 日,党中央开会。列宁提出立即签订和约,否则他将退出政府和党中央。"左派共产主义者"反对列宁的意见。托洛茨基认为全党团结一致是可以组织防卫的;但如果列宁辞职,党将发生分裂,也就无法领导这场战争。因此,他表示将在表决中弃权。经过激烈争论,最后以 7 票赞成,4 票反对,4 票弃权通过列宁的建议。1918 年 3 月 3 日,苏俄同德奥集团签订了布列斯特和约。

3 月 6 日,布尔什维克党召开第七次代表大会。经过辩论,大会批准了列宁的路线。会后,政府把首都从彼得格勒迁至莫斯科。3 月 14 日,在新首都召开了全俄苏维埃第四次代表大会,正式批准了和约。左派社会革命党坚决反对签订和约,宣布退出苏维埃政府。

布列斯特和约使苏俄失去大片土地。它把波兰、立陶宛、白俄罗斯和拉脱维亚的部分地区划归德国;规定红军应撤离芬兰,乌克兰和爱沙尼亚。另外,把卡尔斯、巴统和阿尔达甘地区割给土耳其。但布列斯特和约使苏俄退出了帝国主义战争,赢得了巩固政权的时间。

国内战争的开始和战时共产主义政策的实施 布列斯特和约签订后,协约国打起防止德国入侵和保护侨民利益的旗号,对苏俄进行武装干涉,妄图把刚刚诞生的苏维埃共和国扼杀在摇篮之中。

1918 年 3 月,英军在俄国北方港口摩尔曼斯克登陆,揭开了帝国主义武装干涉苏俄的序幕。4 月,日军在海参崴登陆;8 月,英、美军队也相继侵入海参崴。武装干涉者还从南方侵入苏俄。8 月,英军进入巴库。德国军队则利用布列斯特和约践踏着乌克兰、白俄罗斯和波罗的海沿岸的广大地区。由于这时世界大战还在进行,外国干涉军的人数不多,作用有限。

1918 年春,爆发了捷克军团叛乱。这个军团是在革命前组建的,包括了近 5 万名在俄国的捷克战俘。苏俄退出世界大战后,允许他们经过西伯利亚到法国去,但必须交出武器。协约国极力挑动捷克士兵武装叛乱,说只有用武力打到出海口才能离开俄国。5 月底,当装载着捷克军团的 60 列军车停在奔萨、车里雅宾斯克、海参崴时,捷克人发起叛乱。战火在伏尔加河流域、乌拉尔和西伯利亚广大地区弥漫。

捷克军团叛乱是在苏维埃处于困难时刻爆发的。年初,苏维埃解散了立宪会议和签订了布列斯特和约,许多人对此不理解,困惑甚至反对。粮食专卖的实施和贫农委员会的建立使许多农民对苏维埃的信任发生动摇。左派社会革命党由盟友转到敌人一边,武装反对布尔什维克党。社会革命党和孟什维克趁机带头反对苏维埃政权,在各地建立起形形色色的政府。在托木斯克成立了"西伯利亚临时政府",在萨马拉建立了"立宪会议成员委员会",在第比利斯成立了"格鲁吉亚民族委员会"。在北方的阿尔汉格尔斯克,在中亚的阿什哈巴德也出现了社会革命党人领导的政府。1918 年 9 月,社会革命党和孟什维克邀集各地反苏维埃集团的代表在乌法开会,成立以社会革命党人阿夫克森齐也夫为主席的五人执政内阁。他们自称执政内阁为全俄临时政府,企图协调统一全国的反布尔什维克政权活动。

社会革命党和孟什维克打出"立宪会议"和"买卖自由"的旗号,煽动中小农民和工商业者同他们一起叛乱。无产阶级政权陷于危急之中。它所控制的地区只占全国面积的1/4,主要是莫斯科周围的地方。它失去了粮食和煤炭的主要产地。由于原料缺乏,铁路瘫痪,40%的工厂停了工。劳动大众生活困苦,长期忍受着饥饿的折磨。莫斯科和彼得格勒的工人每人每天只能领到一两面包,有时连这一点食品也得不到。

暗藏的敌人不断制造颠覆破坏事件。1918年7月6日,左派社会革命党人布柳姆金进入德国驻俄使馆,刺死德国大使米尔巴赫。当天,左派社会革命党在莫斯科发动叛乱,组织1 800名武装分子攻占中央电报局,并宣称恢复对德作战。苏维埃政府迅速平息了这场叛乱。接着又粉碎了雅罗斯拉夫里等地的暴乱。1918年8月30日,列宁到莫斯科米歇尔逊工厂讲演。当他准备离开工厂的时候,遭到社会革命党人开枪行刺,身中两颗带毒子弹,伤势十分严重。

面对国内外反动势力的猖獗,苏维埃政府宣布实行"红色恐怖",无情镇压一切反叛活动。1918年9月2日,全俄苏维埃中央执行委员会宣布苏维埃共和国为统一的军营,要求在"一切为了前线,一切为了战胜敌人"的口号下,把各项工作都转入战时轨道。全体公民,不分职业和年龄,都必须无条件履行苏维埃政府所赋予的保卫祖国的任务。

为了把所有的人力物力都集中起来用于战争,苏维埃政权陆续采取了一系列非常措施。政府颁布了余粮收集制①法令,要求农民按国家规定的数量交售粮食和其他农产品。政府组织工人征粮队下乡,以确保征粮任务的完成。在城市,除大工业外,中等工业也收归国有,对小工业则实行监督。国家通过最高国民经济委员会及其下属的各总管理局对工业的管理、产品的生产和分配实行严格的集中领导。排斥自由贸易,实行粮食和日用工业品的配给制。对全国成年人实行劳动义务制。所有这些应急措施,后来统称为"战时共产主义"政策。这一政策是在战争和经济被破坏的条件下被迫采取的。它对捍卫苏维埃政权,保卫国内战争胜利起了积极作用。但是,"战时共产主义"政策中的许多措施超出了战时需要的限度,而且在1920年底国内战争基本结束的情况下,非常措施不仅没有收缩,反而进一步加强。这说明制定这一政策的指导思想中也有重大失误,即"决定直接过渡到共产主义的生产和分配"。②

苏维埃政权十分重视工农武装的建设。1918年初才组建的红军到10月就达到80多万人。9月,成立了军事革命委员会,负责具体领导各条战线的战斗。

---

① 从原文和内容看都应译为"粮食征集制"。但"余粮收集制"的译法沿用已久,今不再改动。
② 《列宁全集》第42卷,人民出版社1987年版,第182页。

委员会主席是托洛茨基。总司令是参加红军的旧军官瓦采齐斯。11月30日,成立了以列宁为主席的工农国防委员会,统一领导全国的防务工作。

1918年夏,捷克军团和萨马拉政府的军队占领了辛比尔斯克和喀山以后,继续向莫斯科推进。党中央分析这一形势后,确认东方战线是具有决定意义的战线,并动员1/5的党员奔赴前线。在短短的两个月里,东线成立了5个军。10月初,东线司令加米涅夫①率领红军解放了喀山和萨马拉,把敌人赶到乌拉尔地区。乌法的五人执政内阁见形势不妙,逃往西伯利亚。在南方,斯大林领导红军于8月和10月两次打退克拉斯诺夫对察里津(1925年改名为斯大林格勒,1961年后称伏尔加格勒)的进攻。

1918年11月,德国战败,第一次世界大战结束。苏俄政府于11月11日宣布废除布列斯特和约,命令红军收复德军占领的土地。

粉碎白卫军叛乱和外国武装干涉的胜利 德国投降后,协约国利用世界大战结束之机向苏俄增派了大量干涉军,很快就在俄国南部集结了13万军队,并同俄国的白卫军一起向北推进。但是,干涉军在布尔什维克的宣传影响下发生分化,很多士兵拒绝作战。1919年4月,停泊在塞瓦斯托波尔的法国舰队水兵举行起义,反对武装干涉苏俄。协约国看到自己军队内部不稳,被迫撤走大部分干涉军。

1919年11月,前沙皇海军上将高尔察克在鄂木斯克发动军事政变,解散执政内阁,逮捕社会革命党领导人阿夫克森齐也夫。此后,小资产阶级政党的影响急剧下降。广大农民日益离开社会革命党,转而在苏维埃领导下,同地主资产阶级复辟势力展开生死搏斗。

高尔察克自称是"俄国的最高执政者"。他得到协约国的大力支持,用外国枪炮装备了自己的25万军队。1919年3月4日,他指挥白卫军从乌拉尔山一带向西进攻。红军在敌人优势兵力压迫下,被迫后撤100多公里,退到伏尔加河流域。这时,高加索的邓尼金和波罗的海沿岸的尤登尼奇也配合高尔察克发起进攻。在这紧急时刻,列宁和布尔什维克党发出"一切为了东线!"的号召。大批党团员和工人加入红军,后方工人决心以加倍的劳动支援前线。1919年4月12日星期六下班后,莫斯科—喀山铁路机车编组站车库的党支部发起组织星期六义务劳动。大家放弃休息,不要报酬,自觉为支援前线而忘我劳动。列宁高度评价这一运动,称它为"伟大的创举"。

1919年春,红军兵力增加到150万。4月,东线南路军在伏龙芝(1885—1925)指挥下发起反攻,解放了乌法。7月,加米涅夫改任红军总司令后,伏龙芝负责指挥东线。红军乘胜追击,越过乌拉尔山区,解放了西伯利亚大部地区。

---

① 谢·谢·加米涅夫是参加红军的旧军官,不是担任党中央政治局委员的列·波·加米涅夫。

1919年底,高尔察克全军溃败。高尔察克被活捉,1920年2月7日在伊尔库茨克被枪毙。

高尔察克溃败后,英国陆军大臣丘吉尔在1919年8月夸口说,要组织14国进攻苏俄。但是,这一计划未能实现。协约国仍把颠覆苏维埃的希望寄托在白卫军上。英、美、法给邓尼金运去几百门大炮和几十万支步枪,派去几百名军事顾问。

1919年夏,邓尼金的15万军队发起总进攻。他依仗优良的武器和剽悍的骑兵占领了乌克兰的大部分地区。10月13日,又攻占了奥廖尔,逼近图拉,直接威胁莫斯科的安全。俄国资本家宣布,将给第一个冲进莫斯科的团队以百万卢布巨奖。苏维埃政权处境万分危急。列宁发出"大家去同邓尼金作斗争!"的号召。几万名党团员奔赴前线。南方战线司令员叶戈罗夫和军事委员斯大林指挥红军于10月中旬转入反攻,解放了奥廖尔、哈尔科夫、基辅。1920年初,进而攻占察里津、罗斯托夫。邓尼金主力被击溃。邓尼金逃亡国外,其残部由弗兰格尔率领逃到克里木半岛。

当高尔察克和邓尼金发动进攻的时候,盘踞在波罗的海沿岸的尤登尼奇于1919年5月发动进攻,占领杨堡,威胁到彼得格勒的安全。党中央从其他战线调来军队,加强防务。8月底,把尤登尼奇赶到爱沙尼亚边境。但是,当邓尼金进攻莫斯科时,尤登尼奇重新发起进攻,在英国坦克的掩护下,10月中旬攻抵彼得格勒城下。10月21日,红军开始反攻。11月,被击溃的尤登尼奇部队退到爱沙尼亚境内,当即被爱沙尼亚当局解除了武装。1920年2—3月间,红军解放了北方重镇——阿尔汉格尔斯克和摩尔曼斯克。

1920年4月,波兰军队入侵苏俄。5月初占领了基辅和乌克兰、白俄罗斯的大片土地。6月,西南战线红军在叶戈罗夫和斯大林指挥下发起反击。7月,图哈切夫斯基指挥西方战线的红军反攻,解放了白俄罗斯领土,进而越过国界,月底逼近华沙。由于红军进展过速,先头部队远离后方,两条战线配合得也不够好,以致当波兰军队在8月反攻时,红军不得不后撤。10月,苏波签署停战协定。1921年3月18日,两国签订里加和约。在南方战线,伏龙芝指挥红军突破弗兰格尔防线,于1920年11月打下刻赤,解放整个克里木半岛。

1920年底,国内战争基本结束,但是,远东地区仍被日本干涉军和白卫军占领。苏俄为了避免同日本发生直接武装冲突,决定在贝加尔湖以东地区建一缓冲国家。1920年4月,远东共和国正式宣告成立。它不是工农苏维埃国家,而是劳动人民的民主共和国。它接受俄共中央远东局的领导。远东共和国成立后,把红军和游击队改组为人民革命军。1922年2月,布留赫尔①率军攻克伯

---

① 20年代他在中国时,称加仑将军。

力,肃清滨海省的白军。10月25日,人民革命军开进海参崴,把最后一支外国干涉军赶出国境。1922年11月,远东共和国并入俄罗斯联邦共和国。

红军在国内战争中粉碎了国内外敌人的进攻,胜利保卫了新生的苏维埃共和国。

第三节 德国十一月革命

革命形势的形成 德意志帝国是一个容克资产阶级的帝国主义国家。它的资本主义工业十分发达,产量在本世纪初占世界第二位。无产阶级人数达到2 000万,占全国人口半数以上。但是,德国的资产阶级比较软弱。国家的政治生活基本控制在容克贵族手里。德国皇帝威廉二世有权召集和解散国会、批准和否决国会通过的法案、任命和罢免帝国宰相、统帅武装力量、对外宣战媾和等等。最重要的国家官职、军官大多由贵族担任。容克贵族和垄断资产阶级勾结在一起,对广大人民实行残酷的统治。

第一次世界大战使德国内部的矛盾迅速激化。容克地主和垄断资本家在战争中大发横财。克虏伯公司1913—1914年获利7 500万马克,1916—1917年增至17 500万马克。劳动人民承担了战争重担。将近200万人在战场上丧生,100万人死于饥饿和瘟疫,还有400多万人受伤。大战使德国经济濒于崩溃。战争末期,德国的工业产量和农业收成只及战前的1/2。居民的口粮供应减少了一半。

俄国十月革命的胜利极大地鼓舞了德国无产阶级的斗争。1917年,德国的罢工人数达到146万,比上一年增加了2倍多。1918年1月底,柏林50万工人举行罢工,要求按照苏俄的建议缔结不割地不赔款的和约。罢工迅速扩展到汉堡、基尔、莱比锡、慕尼黑等城市。全国参加斗争的人数超过100万。一月罢工显示了德国无产阶级的力量,成为十一月革命的前奏。

但是,德国无产阶级这时还没有自己的革命政党。社会民主党在第一次世界大战期间,由于对待战争和暴力革命问题的态度不同而分裂为三派。右派掌握了社会民主党的领导权。党的主席是艾伯特(1870—1925),国会党团领导人是谢德曼(1865—1939)。右派反对暴力革命和无产阶级专政,大战爆发后公开支持本国政府进行帝国主义战争,堕落成为社会沙文主义者。社会民主党右翼领导的叛卖政策日益为广大党员所识破,党员人数急剧下降,从1914年的108万减少为1917年的24万。以哈阿兹(1863—1919)和考茨基(1854—1938)为首的中派,反对世界大战,主张和平,但并不准备用革命手段结束战争,更反对建立无产阶级专政。1917年4月,他们退出社会民主党,另建独立社会民主党,有10万成员。左派是斯巴达克团,它创建于1916年1月,领导人是卡尔·李卜克内西(1871—1919)和罗莎·卢森堡(1871—1919)。斯巴达克团的力量十分薄弱,成员不足200人。它没有形成为一个独立政党,最初是社会民主党的左翼,1917年成为独立社会民主党的成员。

1918年秋,德军在前线不断溃败,国内政局动荡。德皇威廉二世慌忙于9月30日下诏改革。10月3日,具有自由主义色彩的巴登亲王马克斯担任首相,组成了包括中央党、进步党和社会民主党的国会制政府。社会民主党人谢德曼任不管部长,鲍尔任劳工部长。随后,新政府向美国表示愿意结束战争。但是,统治集团的这种让步已经无法阻止革命的爆发了。

十一月革命的爆发和艾伯特政府的建立　在政府向协约国求和的时候,坚持战争政策的海军司令部于1918年10月下令远洋舰队出海与英国海军决战,如果不能取胜就"光荣地沉没"。这种让8万水兵送死的冒险行径引起水兵的极大愤慨。威廉港水兵拒绝起锚出海,军舰上出现了反战传单。海军司令部下令逮捕闹事的水兵,并把第三分舰队从威廉港调往基尔港。11月1日夜,到达基尔港的水兵举行集会,讨论如何阻止舰队再次出海,并要求释放被捕的同伴。11月3日下午,5 000多名水兵在练兵场集合,要求结束战争,要求和平、自由和面包。会后,水兵举行游行,基尔港的工人也参加了示威行列。当游行队伍到达卡尔大街时遭到政府军警开枪镇压,死伤30余人。示威者也开枪回击,打响了反对帝国政权的第一枪。

11月4日,起义的水兵和工人解除了反动军官的武装,占领了火车站等重要据点。奉命前来镇压的士兵也转到了起义者一边。到4日晚,整个基尔已经掌握在新成立的苏维埃手中。

基尔起义震动了统治当局。马克斯、谢德曼等人签署呼吁书,要求水兵不要开始内战。同时,派遣国会议员、社会民主党人诺斯克去基尔恢复秩序。诺斯克后来承认,他去基尔是想利用他同海军的关系平息事件。但是,他"遇到的已不是罢工者,而是3万名叛乱者"。诺斯克见阻止起义已不可能,就转而答应水兵提出的一部分要求,许诺改善供应,从而取得水兵信任,被选为基尔水兵苏维埃主席。

基尔起义成为德国革命的开始。起义浪潮从北向南迅速扩展。汉堡、莱比锡、慕尼黑等城市相继取得革命胜利。各个邦的君主诸侯都被赶下宝座。到11月8日,大城市中只剩下柏林仍在反动政府手中。

斯巴达克团多次要求立即开始柏林起义,但遭到拒绝。在革命形势蓬勃发展的情况下,独立社会民主党中央理事会于11月8日决定第二天举行武装起义。9日早晨,起义的号召书散发到各个工厂。几十万工人打着红旗涌向柏林市中心。李卜克内西率领人们夺取皇宫。威廉·皮克(1876—1960)带人攻打市政大楼。独立社会民主党人埃喜荷恩带人占领警察局。起义者几乎没有遇到什么抵抗,到中午就控制了整个柏林。

右翼社会民主党领袖极力把革命斗争引向和平转让政权的轨道。艾伯特先是主张威廉二世让位于皇太子,实行君主立宪制。11月7日,他看到革命已无法阻止,才向马克斯首相发出最后通牒,要求德皇退位,太子放弃继承权,建立新政府。威廉二世拒绝退位。9日当柏林起义开始后,在斯巴大本营的威廉二世召见军队将领,询问能否从前线调回军队镇压起义。得到的回答是无能为力。德皇走投无路,于9日宣布退位,逃往荷兰。霍亨索伦王朝的反动统治彻底垮台。

德皇退位后一小时,马克斯把首相职务交给了艾伯特。谢德曼听到斯巴达克派正在酝酿成立社会主义共和国的消息后,没有同别人商量,就在9日下午2时宣布“德意志共和国万岁”,力图把革命限制在资产阶级民主的范围之内。下午4时,李卜克内西宣布德国为自由的社会主义共和国,号召建立工人和士兵政府。

艾伯特接任首相职务后,邀请独立社会民主党共议组织政府之事,还特别邀请李卜克内西参加政府。斯巴达克团领导人要求全部政权归苏维埃,遭到否定后,拒绝进入政府。社会民主党和独立社会民主党达成协议,各出3名代表,组成联合政府——人民全权代表委员会,艾伯特和哈阿兹并列为主席。

11月10日,柏林工兵苏维埃代表大会在柏林召开。出席大会的代表约有3 000人,成分十分复杂。李卜克内西在会上发表演说,指出“只有把革命转变为社会主义革命,才能取得胜利”。但是,这一观点未被大会接受。大会批准了艾伯特政府。新选出的柏林苏维埃执行委员会由7名社会民主党人,7名独立社会民主党人和14名士兵代表组成。

德国共产党的成立和柏林一月起义 艾伯特政府成立后,实行了一些民主改革。它宣布取消戒严状态,保证言论集会结社的自由,大赦政治犯,恢复劳动保护法令,实行八小时工作制等。但政府没有触动旧的国家机器,也没有消除容克贵族、军阀势力和垄断资本家的经济政治特权。原有的容克资产阶级政党经过改头换面又重新活动起来。保守党改称为民族人民党,民族自由党改称为人民党,进步自由党与民族自由党左翼组成民主党,中央党仍保留原有名称。

艾伯特政府十分敌视苏维埃制度。它一方面大肆宣扬民主、国民议会,说“不是全部政权归苏维埃,而是全部政权归于人民”,宣称要经过全民选举召开国民会议来决定国家的前途。另一方面,它纵容反动军官组织“志愿部队”,作为镇压革命的力量。它还同德军参谋部秘密谈判,计划调集10个师到柏林,来消灭首都工兵苏维埃。只是由于缺少可靠的部队,这个阴谋才未能得逞。

协约国对艾伯特政府的上台深表同情。当德国战败,被迫在1918年11月11日签订贡比涅停战协定时,协约国竟然允许德军手执武器回国,期待他们去镇压革命。

1918 年 12 月 16—21 日,全德苏维埃第一次代表大会在柏林召开。到会的 485 名代表中,社会民主党有 288 名,独立社会民主党占 87 名,其中斯巴达克派只有 10 名。李卜克内西和卢森堡都没有当选为代表。大会召开的第一天,斯巴达克派组织 25 万工人举行游行示威,要求全部政权归苏维埃,建立社会主义共和国。但是,代表大会在社会民主党的操纵下,拒绝了斯巴达克派的要求,决定于 1919 年 1 月举行国民会议选举。在国民会议作出决定之前,全部立法和行政权力由艾伯特政府掌管。

代表大会闭幕后,艾伯特政府下令把具有革命倾向的人民海军师调离柏林。水兵拒绝服从命令,政府便停发军饷。12 月 23—24 日,政府军队袭击水兵,酿成流血事件。柏林工人闻讯支持水兵,埃喜荷恩掌管的警察部队也站到了水兵一边。政府被迫让步,同意海军师继续留在柏林,但不得参加任何反政府活动。

政府的行为引起人民的不满。斯巴达克派要求独立社会民主党召开代表大会,并断绝同社会民主党的同盟关系。独立社会民主党领导人迫于形势于 12 月 27 日决定把自己的代表撤出政府,但拒绝召开党代表大会。斯巴达克派未能实现通过代表大会贯彻自己革命政策的希望。于是,决定脱离独立社会民主党,建立独立政党。

斯巴达克团早在 11 月 9 日就创办了自己的机关刊物《红旗报》,独立地宣传自己的观点。11 月 11 日,又改组成斯巴达克联盟,制定了联盟纲领,并选举了自己的中央委员会。这一切为建立独立政党奠定了基础。1918 年 12 月 30 日—1919 年 1 月 1 日,德国共产党成立大会在柏林举行。出席大会的有来自全国 46 个地方组织的 83 名代表。威廉·皮克主持了这次大会。李卜克内西作了《关于独立社会民主党的危机和建立德国共产党的必要性》的报告。卢森堡作了关于党章和政治形势的报告。大会通过的党纲指出,必须"用无产阶级的革命暴力反对资产阶级的反革命暴力","革命的任务就是无产阶级专政"。大会确定由斯巴达克联盟中央委员会行使德共中央委员会职权。

共产党的建立引起社会民主党领导人的不安。他们蓄意挑起事端,以扑灭革命的力量。1919 年 1 月 4 日,艾伯特政府宣布解除在群众中颇有威望的独立社会民主党人埃喜荷恩的柏林警察总监的职务。这一挑衅决定引起了群众的极大愤慨。1 月 5 日,柏林工人举行示威游行。当晚,共产党人和独立社会民主党人组成革命委员会,号召工人起来推翻艾伯特政府。1 月 6 日,柏林 50 万工人走上街头,占领了火车站、警察局、电报局等据点。艾伯特等人困于总理府。

但是,推翻艾伯特政府的形势并不成熟。士兵处于动摇状态,就连人民海军师也宣布保持中立。城市小资产阶级对刚刚开始的"民主时代"心满意足。农村基本没有卷入战斗。德国共产党才成立不久,还没有能力领导这场斗争。独立社会民主党拥有较大影响，但它的领导人不去积极领导武装起义，反而同政府进行谈判，使政府得到喘息时间。政府任命诺斯克为柏林总司令，搜集武装力量，准备进行反扑。1月8日，政府中断谈判，宣称"总清算的时刻到来了"。11日，军队向起义工人发起进攻，用机枪、大炮屠杀革命战士，100多名起义者被杀害，无数群众受伤。德共总部和《红旗报》社被占。李卜克内西和卢森堡于1月15日被逮捕杀害。一月起义被血腥镇压下去。

第四节　东欧民族国家的建立和匈牙利苏维埃共和国的兴亡

奥匈帝国的解体和东欧民族国家的诞生　奥匈帝国是奥地利哈布斯堡王朝统治下的多民族国家。它的领土包括今天的奥地利、匈牙利、捷克、斯洛伐克、克罗地亚、斯洛文尼亚、波斯尼亚—黑塞哥维那以及波兰、罗马尼亚的一部分。境内的少数民族占帝国人口的78%。奥匈帝国是一个二元制国家。奥地利和匈牙利分设有自己的议会和政府，管理自己的事务。但是，匈牙利在帝国中居于次要地位。它不仅要尊奉奥地利的皇帝为自己的国王，接受他派遣的总督，而且要把外交、财政和国防大权交给帝国政府统一管理。帝国内部的其他少数民族则处于无权地位。

第一次世界大战爆发后，奥匈帝国同德国结成盟国共同反对俄英法。大战暴露了奥匈帝国的腐朽反动，使内部矛盾空前尖锐起来。在俄国十月革命的影响推动下，各族人民纷纷起来斗争。1918年1月，维也纳、布达佩斯、布拉格等城市的广大工人举行政治大罢工，要求立即同苏俄签订民主和约。2月1日，卡托罗水兵起义，有40艘战舰和6万多名水兵参加。起义者建立了水兵苏维埃。6月18日，奥地利再次爆发总罢工。20日，布达佩斯五金工人响应奥地利工人，也举行了罢工，并建立了工人代表苏维埃。

1918年秋，奥匈帝国的军事失败已成定局，军队迅速瓦解，士兵纷纷逃跑，到10月共有25万士兵逃亡。10月16日，查理皇帝宣布把匈牙利以外的帝国改组为联邦国家，各少数民族拥有完全的自治权。但此举已为时过晚，奥匈帝国的崩溃瓦解已是大势所趋。

反对哈布斯堡王朝的革命首先在捷克斯洛伐克爆发。这是奥匈帝国中经济最发达的地区。它的工业产值占全帝国的3/4。资产阶级在政治生活中有很大的势力。查理大学哲学教授托马斯·马萨里克（1850—1937）早在1900年就组建了人民党，把争取民族独立定为斗争的首要目标。1905年人民党改名为进步党。第一次世界大战爆发后，马萨里克流亡国外，在巴黎建立捷克斯洛伐克民族委员会,领导侨民进行反对奥匈帝国的斗争。在俄、法、意等国组织捷克斯洛伐克兵团,支持协约国的反德奥战争。1918年10月,在华盛顿发表《独立宣言》,宣布成立捷克斯洛伐克临时政府。

1918年10月14日,捷克工人举行总罢工,抗议帝国政府关于把捷克的存煤和存粮运往奥地利的决定。罢工过程中,各地群众纷纷集会,要求脱离奥匈帝国。10月28日,布拉格的民族委员会宣布建立独立的捷克斯洛伐克国家,最高政权由民族委员会接管。两天后,斯洛伐克民族会议宣布加入统一的捷克斯洛伐克国家。接着,民族委员会吸收了其他政党代表参加,并宣布自己为临时国民议会。1918年11月14日,正式宣告捷克斯洛伐克共和国成立。马萨里克当选为共和国总统。爱德华·贝奈斯(1884—1948)出任外交部长。

匈牙利民族独立运动于1918年秋掀起高潮。10月25日,匈牙利独立党、激进党和社会民主党联合组建国民会议。独立党领袖卡罗利·米哈伊伯爵(1875—1955)在其中起着主要作用。国民会议成立后发表宣言,提出要保证各少数民族的自决权利,但没有提及召开立宪会议建立共和政体的问题。

匈牙利人民对国民会议宣言不满。10月29日,首都布达佩斯工人举行大罢工,提出立即停止战争、宣布独立和建立人民共和国等口号。第二天,10万工人上街游行。在革命士兵支持下,罢工游行变成武装起义。10月30日夜至31日晨,起义者占领了首都的全部重要战略据点,推翻了哈布斯堡王朝的统治。

起义过程中,首都工人建立了工人苏维埃。但是,它尚弱小,没能掌握政权。卡罗利出面,组织了独立党、激进党和社会民主党联合政府。社会民主党领袖加拉米担任贸易部长,另一名社会民主党人孔菲担任不管部部长。新政府成立后,第一项工作就是恢复秩序,要求工人回工厂,士兵回营房。11月1日,国民会议宣布革命已经结束,命令工人交出武器。

1918年11月13日,卡罗利政府同协约国签订停战协定。根据协定,协约国不仅对匈牙利南部的一些土地实行军事占领,而且把匈牙利的铁路、邮政、新闻报道置于自己的管制之下。

1918年11月16日,匈牙利正式宣布为共和国。卡罗利当选为总统。旧议会被解散,议会的职权在立宪会议选举之前由国民会议代行。

南斯拉夫境内的各族人民对奥匈帝国的统治强烈不满,不断掀起反抗斗争。第一次世界大战爆发后,流亡伦敦的南斯拉夫政治家于1915年成立南斯拉夫委员会。1917年7月,塞尔维亚政府和南斯拉夫委员会发表了《科孚岛宣言》,宣布塞尔维亚和南斯拉夫其他地区将在塞尔维亚王朝统治下组成统一的国家。1918年秋,奥匈战败。军队中的南斯拉夫族士兵纷纷从前线逃回家乡,仅克罗地亚地区在9—10月间就有近5万名武装逃兵。他们自称"绿军",手持武器同帝国官兵对抗。10月底,驻扎在里耶卡和普拉两地的军队举行起义,成立了革命委员会。在伏伊伏丁那和斯洛文尼亚的一些地区还成立了几个面积不大的苏维埃共和国。在群众运动蓬勃兴起的情况下,斯洛文尼亚、克罗地亚和塞尔维亚代表于 10 月在萨格勒布召开国民议会,宣布脱离奥匈帝国。11 月,黑山和伏伊伏丁那同塞尔维亚联合。1918 年 12 月 1 日,国王亚历山大一世在贝尔格莱德宣告成立塞尔维亚—克罗地亚—斯洛文尼亚王国。1929 年改名为南斯拉夫王国。

1918 年 11 月,罗马尼亚军队开进奥匈帝国的特兰西瓦尼亚地区。12 月 1 日,该地区宣布并入罗马尼亚。

波兰在 18 世纪被普鲁士、俄罗斯和奥匈三国瓜分而灭亡。第一次世界大战爆发后,德奥占领了俄国统治的波兰土地,并于 1916 年 11 月联合宣布波兰王国独立。但波兰王国的领土不包括被德奥瓜分的部分,同时王国的事务需听命于德奥占领当局。这种独立不过是欺骗波兰人民的幌子。1918 年 11 月,德奥战败。波兰人民纷纷起来解除德奥占领军的武装。在华沙,德奥扶植的摄政委员会从占领者手里接管了政权。10 月 23 日,成立华沙政府。11 月 7 日,在卢布林成立了左翼政党的联合政府。在奥匈占领的波兰土地上,地主资产阶级代表在克拉科夫成立了临时政府。11 月 10 日,毕苏斯基(1867—1935)从德国监狱中释放出来回到华沙。他多年领导争取波兰独立的武装斗争,是一个强有力的铁腕人物。他回国后第二天,摄政委员会宣布把全部权力交给毕苏斯基并自行解散。卢布林和克拉科夫政府也宣布接受毕苏斯基领导。在巴黎的波兰流亡政府也同毕苏斯基达成合作协议。1919 年 1 月,成立联合政府,毕苏斯基任临时总统。1919 年 6 月的凡尔赛和约和 1921 年 3 月的波苏(俄)里加条约规定了波兰西部和东部边界。1921 年 3 月 17 日,议会通过宪法,波兰成为议会制资产阶级共和国。

帝国内部各民族的斗争推动了奥地利本土的革命运动。1918 年 10 月初,奥地利社会民主工党同资产阶级政党达成协议,成立议会同盟,以便组织临时政权机关。10 月 21 日,奥地利议会宣布自己为临时国民会议,但是没敢提出推翻哈布斯堡王朝问题。人民大众对这种软弱深感不满。10 月 30 日,维也纳发生工人总罢工,成千上万群众上街示威游行,要求建立共和国。统治集团为了缓和人民的不满情绪,决定成立社会民主工党和基督教社会党的联合政府。社会民主工党领袖卡尔·伦纳(1870—1950)任首相,维克多·阿德勒任外交大臣。两个月后,阿德勒逝世,奥托·鲍威尔接任。11 月 3 日,伦纳政府同协约国签订停战协定。11 月 12 日,国民会议宣布成立奥地利共和国。1919 年 2 月 16 日,举行立宪会议选举,社会民主工党获 72 席,成为议会中的第一大党。伦纳出任新政府的总理。

各族人民的英勇斗争,终于使奥匈帝国彻底瓦解。在帝国的土地上,建立了捷克斯洛伐克、塞尔维亚-克罗地亚-斯洛文尼亚(南斯拉夫)、波兰、匈牙利、奥地利等民族独立国家。

匈牙利苏维埃共和国的建立 匈牙利资产阶级共和国建立后,卡罗利政府宣布实行普选制,保证言论、出版、集会自由,实行八小时工作制和有限的土地改革。但是它拒绝废除封建土地所有制,也不愿采取果断措施来解决日益严重的经济问题。市场上粮食奇缺,物价成倍上涨,劳动人民陷于饥寒交迫的困境。群众斗争在新政府成立后继续不断发展。

在斗争高潮中,匈牙利共产党于1918年11月20日宣告成立。共产党由三部分人组成:一部分是革命社会党人,他们一直在国内进行反对帝国主义战争的斗争,同群众联系较为密切;另一部分是左翼社会民主党人;第三部分是共产主义者,他们多是从苏俄回来的战俘,对布尔什维主义有所了解。

匈牙利共产党中央委员会书记是库恩·贝拉(1886—1939)。第一次世界大战前,他是特兰西瓦尼亚地区的工人运动领袖。1914年应征入伍,1916年被俘,到了俄国。十月革命期间,他组织了匈牙利战俘支队,站在布尔什维克党一边。随后,在莫斯科建立了俄共(布)匈牙利小组,领导匈牙利人积极参加保卫苏维埃的斗争。1918年11月,库恩返回祖国,参加匈牙利共产党的创建工作。

共产党成立后,不断揭露卡罗利政府的资产阶级本质,号召工人把苏维埃改造成为革命政权机构,使全部政权归苏维埃。当政府命令人民交出武器的时候,共产党向复员士兵发出呼吁:"保存自己的武器,用它来为夺取无产阶级政权而战斗"。党还组织工人士兵从撤退的德国军队手中夺取了35 000支枪。

在积极准备夺取政权的过程中,革命者经常同政府机关和军队发生武装冲突。1918年12月25日在克奇克梅特,同情革命的骑兵占领兵营,解除军官的武装。12月31日,在布达佩斯几个大兵营中,受共产党影响的部队同效忠政府的队伍发生流血冲突。1919年1月,由于资产阶级报刊造谣中伤工人和共产党,布达佩斯工人群众上街示威游行,捣毁了资产阶级报刊的编辑部。同月,煤炭工业中心——绍耳果托里安爆发武装起义。

面对群众运动的兴起,资产阶级妄图用镇压的办法扑灭革命。1919年2月21日凌晨,卡罗利政府逮捕了库恩等40名共产党领导人,捣毁并查封了党的中央机关和中央机关报《红色报》编辑部。共产党被迫转入地下。未遭逮捕的中央委员萨姆埃里(1890—1919)等人继续领导革命斗争。

3月20日,协约国通过其驻匈军事代表、法国的威克斯向匈牙利政府递交一份照会,要求匈牙利东界驻军在10天内后撤大约100公里。空出的地方一部分由罗马尼亚军队占领,另外40~50公里宽的地带划为中立区,由协约国军队驻守。

协约国的照会引起群众的无比愤怒。卡罗利政府既不敢接受又不能拒绝这一通牒,只得自行辞职下台。3月20日,卡罗利把政权交给社会民主党领袖。后者感到一党难以支持局面渡过危机。同时党内要求同共产党合作的呼声不断增高。在这种情况下,社会民主党领导人加尔巴依·山多尔(1879—1947)于3月21日到狱中同共产党领导人库恩·贝拉进行谈判。库恩提出共产党参加政府的条件:宣布成立苏维埃共和国,建立红军和人民警察,没收地主土地,实行工业国有化,同苏俄建立联盟。

共产党的建议很快就传出狱外。人民不等谈判结束就涌上街头,解除了宪兵警察的武装。军队这时已陷于瓦解,大多控制在士兵苏维埃手中。协约国驻扎在布达佩斯的两团法国军队也被包围在兵营之中。匈牙利国内已没有任何力量能阻止革命的向前发展。

3月21日下午,匈牙利社会民主党和共产党达成协议,决定两党合并成为匈牙利社会主义党。协议宣布:"实行合并的基础是:两党共同参加对党和国家政权的领导。党以无产阶级的名义立即接管全部政权。工兵农苏维埃实行无产阶级专政"。3月21日晚,正式宣告匈牙利苏维埃共和国成立。新建立的政府——人民委员会由29名正副人民委员组成。主席是加尔巴依。外交人民委员是库恩·贝拉。其他人民委员绝大多数是原社会民主党人。原共产党人一般只担任副职。

匈牙利苏维埃共和国的诞生有着自己的特点。列宁指出:"匈牙利过渡到无产阶级专政的形式与俄国截然不同:资产阶级政府自动辞职,工人阶级的统一,社会主义的统一立刻在共产主义纲领上恢复起来"。①

外国武装干涉和匈牙利苏维埃共和国被颠覆 匈牙利苏维埃政府成立后,立即解除了资产阶级武装,建立了红军;解散了宪兵警察,建立了红色警卫队。4月7日,全国进行城乡苏维埃选举。根据新选举法,年满18岁,从事有益于社会的劳动的匈牙利男女公民都有选举权和被选举权。苏维埃提出的候选人获得绝大多数选票。6月14日,全国苏维埃代表大会开幕。大会讨论通过了匈牙利宪法,确认"苏维埃共和国是工人、士兵和农民苏维埃组成的共和国"。

在经济方面,苏维埃政府宣布把金融机构、雇佣20人以上的企业,所有批发商店及雇佣10人以上的零售商店收归国有。由于缺乏管理人才,一些原有的厂长经理被任命为生产委员,负责领导生产。同时,各企业选举产生工人监督委员会。4月3日,通过土地国有化法令,把面积超过100霍尔特(合855亩)的土地全部收归国有。根据这个法令,全国约有53%的土地成为国家财产。但国家没有把没收来的土地分给农民,而是用它来组织生产合作社和国营农场。这种做法虽然也改善了贫苦农民的处境,但未满足广大农民对土地的渴望。这对工农

① 《列宁全集》第36卷,人民出版社1985年版,第375页。

联盟的巩固产生了消极影响。政府还采取措施改善人民生活。实行八小时工作制，把工人的工资平均提高25%，使首都3万无房居民获得新居。

在外交方面，匈牙利苏维埃共和国和苏俄克服重重困难，终于建立了联系。两国政府经常就重大问题交换意见和情报。同时，政府向协约国发出照会，希望解除封锁，实现和平，但是西方国家未予理睬。

1919年4月4日，以史末资将军为首的协约国代表团到达布达佩斯，要求匈牙利履行威克斯通牒的要求。遭到拒绝后，罗马尼亚军队于4月16日从东面攻入匈牙利境内。随后，捷克斯洛伐克和法国军队也相继从北面和南面发起进攻。双方兵力相距悬殊。协约国军队多达15万，而匈牙利红军不足5万人。5月初，外国干涉军侵占了匈牙利大片领土。罗马尼亚的军队越过蒂萨河，进抵离布达佩斯100公里的地区。共和国危在旦夕。匈牙利政府于5月4日发布动员令，宣布布达佩斯为战区，凡受过军事训练的无产者立即编入队伍，未受过军事训练的工人或是到军营受训，或是去构筑工事。几天内，红军扩建了10万队伍，库恩被任命为红军总司令的副手。5月中旬，匈牙利军队开始反攻，把干涉军赶过蒂萨河。6月，进入斯洛伐克。16日，成立了斯洛伐克苏维埃共和国。

红军的胜利引起协约国的惊恐。巴黎和会主席、法国总理克里孟梭以和会名义于6月8日和13日两次向匈牙利政府发出照会，要求红军立即停止进攻，并撤退到1918年11月3日停战协定规定的军事分界线内。作为交换条件，协约国保证撤退罗马尼亚军队，并邀请匈牙利苏维埃政府代表参加巴黎和会。照会还威胁说，如果匈牙利拒绝这一要求，协约国将展开新的进攻。

协约国的照会引起匈牙利党内的激烈争论。原社会民主党人、红军总司令贝姆主张接受协约国的要求。萨姆埃里等人坚决反对，但居于少数。库恩不愿在这个时候出现分裂，决定同原社会民主党人妥协。6月14日，苏维埃代表大会通过决议接受协约国的照会。6月下旬，红军开始后撤，斯洛伐克苏维埃共和国立即被颠覆。但是，协约国却不履行诺言，罗马尼亚军队仍然留在匈牙利境内。红军士兵看到战斗得来的成果白白丧失，士气受挫。国内反革命分子趁机在各地发动叛乱，使苏维埃后方受到威胁。

匈牙利政府发现受骗后，不顾形势的险恶，于7月20日发起进攻。最初两天进展顺利。后来，红军总参谋长儒利耶把作战计划出卖给敌人，红军败退下来。1919年8月1日，当罗马尼亚军队逼近布达佩斯的时候，苏维埃政府宣布辞职。右翼社会民主党人佩德尔组建工会政府。新政府上台后，立即取消革命法庭，解散红色警卫队，释放被关押的反革命分子，下令逮捕共产党人。8月4日，罗马尼亚军队开进布达佩斯。6日，佩德尔政府被解散。新成立的反动政府大肆迫害革命者。萨姆埃里等5 000多人被杀害，4万多人被逮捕入狱。库恩等人被迫逃亡国外。1920年3月，原奥匈帝国的海军上将霍尔第·米克洛什

（1868—1957）就任摄政王,在匈牙利建立了独裁政权。

匈牙利苏维埃共和国一共只存在 133 天,就被帝国主义扼杀了。这场斗争是战后世界革命高潮的重要组成部分。它牵制了协约国的力量,支援了苏俄反对外国武装干涉的斗争。

第五节　共产国际的建立及其初期活动

共产国际的建立　第一次世界大战爆发后,第二国际的各国社会民主党领袖公然在国会中投票赞成战争拨款,支持本国资产阶级政府进行帝国主义战争。这表明,社会民主党已堕落成为社会沙文主义政党,第二国际也已瓦解破产。另一方面,帝国主义世界大战使资本主义内部的各种矛盾急剧尖锐起来。推翻资产阶级统治,实现无产阶级专政已经提到日程上来了。为了迎接世界革命的到来,国际工人运动迫切需要建立新的国际革命组织。

1914 年 11 月,列宁在俄国社会民主工党(布)中央委员会的反战宣言中,首次提出要建立新的没有无产阶级叛徒参加的第三国际。他为创建这样一个组织,做了大量的工作。

在第一次世界大战期间,在一些国家的社会民主党内存在着反对帝国主义战争的左派力量,如德国的斯巴达克派,保加利亚的紧密派,波兰社会民主党的左派分子等。但是,这些左派分子都不够成熟。他们在思想上没有同右派彻底划清界限,在组织上还同中派或右派同居于一党之内。为了帮助各国左派,列宁发表了《第二国际的破产》、《帝国主义是资本主义最高阶段》、《国家与革命》、《无产阶级革命与叛徒考茨基》等一系列著作。列宁在自己的著作中,批判第二国际的修正主义言论,提出无产阶级革命和无产阶级专政的学说。列宁还十分注意帮助各国左派分子同机会主义领导决裂。1915 年 9 月在瑞士齐美尔瓦尔得,1916 年 4 月在瑞士昆塔尔先后召开了社会主义者第一次和第二次代表会议。在会上,列宁同各国左派分子建立了直接的联系,并同他们一起组成齐美尔瓦尔得左派。

俄国十月革命的胜利推动了第三国际的建立。1918 年,阿根廷、芬兰、奥地利、匈牙利、波兰、德国都成立了共产党。侨居苏俄的各国左派社会党人也在布尔什维克党的帮助、支持下建立了共产主义组织。

1919 年 1 月,俄共以及波、奥、匈、芬等 8 个共产党和共产主义组织的代表在莫斯科开会,通过了《告世界共产主义组织和左派社会党人书》,要求他们派代表来苏俄,商议成立共产国际的问题。许多工人政党对这一号召作了肯定的答复。但帝国主义对苏俄的封锁和武装干涉,使能够从国外到达莫斯科的只有德国、奥地利等少数几个国家的共产党代表。多数与会代表是侨居苏俄的外国共产党人。

　　1919年3月1日,举行了预备会议。会上就是否确定这次会议为共产国际成立大会问题进行了讨论。德国共产党代表认为,出席会议的代表人数不多,许多国家还没有成立共产党,因而持否定意见。最后,预备会议决定,只举行代表会议,制订行动纲领。

　　1919年3月2日,世界各国共产党和左派社会民主主义组织的第一次代表会议在莫斯科克里姆林宫开幕。列宁致了开幕词。接着,会议听取了德国、瑞士、芬兰、匈牙利、法国、英国、荷兰等国代表的报告。他们讲述了各国工人运动的开展情况和苏俄革命对他们国家的巨大影响。

　　3月4日,列宁作了关于资产阶级民主和无产阶级专政的报告。当时在许多国家的工人运动中,对赞成还是反对无产阶级专政问题存在激烈的争论。考茨基等人竭力用斥责专政和维护民主的手法反对正在兴起的无产阶级革命。列宁指出,社会民主主义者颂扬一般民主,实际是维护资产阶级民主,即资产阶级专政。他们斥责一般专政,实际是反对无产阶级专政。列宁指出,新国际的根本任务就是实现无产阶级专政。

　　3月4日,奥地利代表团、瑞典代表团先后到达莫斯科出席会议。晚间,代表们再次讨论成立共产国际问题。最后决定将代表会议改为共产国际成立(第一次)代表大会。出席成立大会的有35个组织的34名有表决权的代表和18名有发言权的代表。旅俄华工联合会负责人刘绍周(刘泽荣)和张永奎作为中国代表列席了这次会议。

　　大会通过了布哈林起草的《共产国际行动纲领》和托洛茨基起草的《共产国际致全世界无产者宣言》,号召"全世界的无产者,在工人苏维埃的旗帜下,在夺取政权和实现无产阶级专政的革命斗争的旗帜下,在第三国际的旗帜下联合起来"。

　　大会选出了设在莫斯科的领导机构。执行委员会由苏俄、德国、奥地利等国共产党各派一名代表组成。执行局由执委会选举产生,它的成员是列宁、季诺维也夫、普拉廷、托洛茨基和拉科夫斯基。3月6日,共产国际成立大会在列宁致闭幕词后胜利结束。

　　共产国际的成立开辟了国际共产主义运动的新阶段。列宁指出:"第一国际为国际无产阶级争取社会主义的斗争奠定了基础。第二国际是为这个运动在许多国家广泛的大规模的开展准备基础的时代。第三国际接受了第二国际的工作成果,清除了它的机会主义的、社会沙文主义的、资产阶级和小资产阶级的脏东西,并已开始实现无产阶级专政"。①

----

　　① 《列宁全集》第36卷,人民出版社1985年版,第291页。

在共产国际创建的同时,社会民主党右派领袖于 1919 年 2 月 3—10 日在瑞士伯尔尼召开社会民主党代表国际会议。出席会议的有 26 个国家的 102 名代表。会议决定恢复第二国际(伯尔尼国际),并选举瑞典的布兰亭、英国的韩德逊、比利时的胡斯曼组成执行委员会。

共产国际第二次代表大会 共产国际成立后,各国革命运动有了新的发展。苏俄取得粉碎白卫军叛乱和外国武装干涉的胜利。1919 年春,匈牙利和德国的巴伐利亚地区一度建立了苏维埃政权。欧美以及亚洲许多国家爆发了大规模群众运动。1919 年,荷兰、丹麦、保加利亚、墨西哥、美国先后建立了共产党。1920 年春夏,西班牙、印度尼西亚、伊朗也建立了共产党。

在共产主义运动不断高涨的情况下,意大利、法国和美国社会党、德国独立社会民主党、英国独立工党纷纷声称要退出第二国际,申请加入第三国际。另外,许多国家的共产党人不久前才在组织上脱离社会民主党,尚未完全摆脱机会主义的影响。因此,国际共产主义运动中出现了右倾改良主义危险。

与此同时,也出现了另一种危险——"左"倾宗派主义倾向。在德国、英国、意大利等国内,不少共产党人痛恨右倾机会主义,却走向"左"的极端。他们不仅反对第二国际的投降主义,而且反对参加议会斗争,反对在改良主义的工会中进行工作,甚至反对任何妥协。他们不仅反对机会主义的领袖和纪律,而且反对革命的领袖和纪律。这种"左"倾宗派主义倾向使党有脱离群众而陷于孤立的危险。

为了帮助年轻的共产党人克服错误,列宁在 1920 年春天写了《共产主义运动中的"左"派幼稚病》一书。在这部著作中,列宁总结了俄国的革命斗争经验,指出布尔什维主义是在反对右倾机会主义和"左"倾教条主义的斗争中成长壮大的。不克服"左"倾错误就不能夺取革命的胜利。

列宁系统批判了"左派"共产主义者的错误言论。他指出,把领袖、政党、阶级、群众完全对立起来是十分荒唐可笑的。针对"左"倾分子反对在工会里进行工作和不参加议会斗争的说法,列宁指出,共产党人只是无产阶级的一小部分,还有相当多的非党工人在反动工会里。因此,共产党人必须加入这些工会,争取团结这部分工人。至于议会斗争,列宁反对把它捧得高于一切。但是,议会在群众中有一定影响。无产阶级应当利用议会讲坛揭露敌人,宣传共产党的路线政策。列宁强调指出,共产党人不应臆想出一些极端革命的口号把自己同群众隔离开来,而是要"哪里有群众,就一定到哪里去工作"。① 列宁坚决反对"不作任何妥协"的口号,指出没有任何妥协的革命是不存在的。问题是有两种不同性质的妥协。一种是为了消灭敌人而同敌人作暂时的妥协,这种妥协是必要的。

---

① 《列宁全集》第 39 卷,人民出版社 1986 年版,第 33 页。

另一种妥协是和敌人同流合污。第二国际领袖在大战期间的妥协就是这种性质的。这种妥协是必须反对的。革命者不仅要善于区分两种不同性质的妥协，而且要学会在必要时实行革命的妥协。列宁的《共产主义运动中的"左派"幼稚病》一书促进了各国共产党的健康成长。

1920年7月19日，共产国际第二次代表大会在彼得格勒开幕。从7月23日到8月7日。大会移到莫斯科继续举行。出席这次大会的共有37个国家的217名代表。这次大会同上次不同，大多数代表来自国外，是一次名副其实的世界性大会。

列宁在会上作了《关于国际形势和共产国际基本任务》的报告。他认为"全世界的资本主义制度都正在遭受巨大的革命危机"，各国共产党人应把反对机会主义的斗争进行到底，同时要注意纠正"左"倾思想。大会通过了《共产国际的基本任务》等决议，强调"共产党的当前任务在于加速革命"，应抓紧准备发动国内战争，带领工人夺取政权，建立无产阶级专政。

大会通过了列宁拟定的《民族殖民地问题》提纲。提出要区分压迫民族和被压迫民族，要支持被压迫民族的解放斗争，努力使各民族同各国共产者接近，以便为打倒地主资产阶级共同进行革命斗争。大会还通过列宁起草的《土地问题》决议。决议指出，劳动农民只有同无产阶级结成同盟，才能摆脱地主资产阶级的压迫。决议规定各国共产党要有区别地对待不同阶层的农民。

第二次代表大会通过了列宁制定的加入共产国际的"二十一个条件"。规定，凡是参加共产国际的党必须宣传无产阶级专政学说；与改良主义和中派分子决裂；支持殖民地半殖民地人民的民族解放斗争；保卫苏维埃俄国。各国党还必须按照民主集中制原则建立，必须承认共产国际的纲领，并定名为共产党。

大会还通过了《共产国际章程》。规定共产国际是世界性的共产党，各国共产党是它的支部。它的最高机关是每年召开的世界代表大会；大会闭会期间的管理机构是执委会；俄共（布）在执委会内有5名有表决权的代表，10～13个最大的支部各有一名有表决权的代表。大会选举产生了执委会和执委会执行局，主席是季诺维也夫。

第二次代表大会完成了建立共产国际的工作。列宁说："在第一次代表大会上，只是竖起了共产主义的旗帜"，而第二次代表大会则"形成了自己的组织，获得了明确而详尽的行动纲领"。①

共产国际第三次和第四次代表大会　第二次代表大会后，又建立了一批新的共产党。1920年，英国、法国、土耳其共产党成立。10月，德国独立社会民主党发生分裂，大多数左派同共产党合并，使德共党员人数由10多万人增加到30

---

① 《列宁全集》第39卷，人民出版社1986年版，第266～267页。

多万人。1921年,意大利、中国、罗马尼亚、捷克斯洛伐克等国相继建立了共产党。

中派分子在共产国际通过二十一个条件后,无法进入共产国际,遂于1921年2月在维也纳开会,成立社会党国际工人联盟。参加这个国际的有英国独立工党、法国社会党、德国独立社会民主党、奥地利社会民主党、俄国孟什维克党等。奥地利的弗·阿德勒当选为执行局书记。社会党国际工人联盟自称站在第二国际和第三国际之间,被称为第二半国际。

1921年6月22日—7月12日,共产国际在莫斯科举行第三次代表大会。参加大会的有52个国家的605名代表。中国代表是张太雷和杨和德(音)。正在莫斯科的瞿秋白以记者身份参加了大会。

大会是在欧洲无产阶级革命高潮已过,各国斗争受到挫折的情况下召开的。托洛茨基在会上作了关于世界经济危机和共产国际的任务的报告,指出所有国家的资产阶级正在加强对无产阶级的进攻,共产党的任务是指导当前的防御性斗争。大会着重讨论了斗争策略问题。列宁就此作了重要发言,提出要争取工人阶级的大多数。但大会有相当数量的代表鼓吹"进攻理论",认为无产阶级应不断进攻,即使失败也是有益的。他们要求把反对中派分子当作各国党的主要任务。经过两天讨论,大会通过了《论策略》的提纲,明确规定"共产国际当前的首要任务是争取使工人阶级的大多数完全处于共产国际的影响之下,吸引工人阶级中最积极的部分参加直接斗争"。大会十分重视各种群众组织的工作,讨论了红色工会国际(1921年7月在莫斯科成立)、青年共产国际(1919年11月在柏林成立)的工作和妇女工作。

1921年12月,共产国际执委会根据第三次代表大会决议精神,通过了关于建立工人统一战线提纲。提纲指出,一切愿意参加反对资本主义斗争的工人,不管属于哪个工会和党派,都应团结一致,统一行动。共产党在同第二国际和第二半国际达成某种协议时,应该保持自己在思想上、政治上和组织上的独立性。

1922年1月,第二半国际执行局呼吁召开世界工人代表大会,商讨工人阶级采取反对资本的共同行动问题。执行局还分别写信给第二和第三国际执行局,建议三个国际先举行代表会议。4月2—5日,联席会议在柏林举行。参加会议的有共产国际的布哈林、拉狄克、蔡特金等12人,第二国际的王德威尔得、麦克唐纳等17人,第二半国际的阿德勒、龙格等17人。会议最后达成协议,成立三方派代表组成的委员会筹备召开世界工人代表大会。5月,筹备委员会举行第一次会议,因意见分歧而终止。三个国际建立统一战线的尝试遭到失败。1922年5月21—25日,第二国际和第二半国际联合在汉堡召开大会,成立统一的社会主义工人国际。韩德逊当选为主席,阿德勒任书记。

1922年11月5日—12月5日,共产国际先在彼得格勒,后在莫斯科召开了第四次代表大会。出席大会的有 58 个国家的 408 名代表。中国共产党的代表是陈独秀、刘仁静和王俊。

列宁在会上作了《俄国革命五周年和世界革命的前途》的报告。他要求各国党总结前段经验,创造性地而不是教条地掌握布尔什维克的经验,学习革命工作的组织、方法和内容,以迎接革命高潮的到来。大会讨论了统一战线问题,提出"工人政府"的口号,认为可以建立各种类型的工人政府,包括同社会民主党联合的政府,以作为争取建立无产阶级专政的出发点。大会要求东方各国共产党在争取民族解放斗争中建立反对帝国主义的统一战线。

1919 年至 1923 年是共产国际活动的初期阶段。它帮助各国革命分子组成共产党,推动国际共产主义运动的发展。但是它对世界革命形势估计过于乐观,脱离实际,以致引出各种问题。

第四章 凡尔赛—华盛顿体系的建立

第一次世界大战的结束和俄国十月革命的胜利,使国际关系的格局发生了重大变化。资本帝国主义列强的争霸斗争从战场转移到谈判桌前。但是战胜国与战败国的对立,资本主义和社会主义两种体系的对立,以及战胜国之间实力对比发生的种种变化,使新一轮的争夺同样复杂而激烈。

大战结束后,战胜国列强先后召开巴黎和会与华盛顿会议,通过一系列条约和第一个国际性组织——国际联盟的成立,在全球范围内建立了帝国主义重新分割世界、维护战胜国利益和维持战后和平的新秩序,即"凡尔赛—华盛顿体系"。

在两次世界大战之间的年代,国际事务中发生的每一个重大事件无不直接或间接地与"凡尔赛—华盛顿体系"相关联。然而随着国际形势的发展,该体系自身存在的各种矛盾不断激化,并最终导致它的崩溃。

第一节 巴黎和会

一、主要战胜国对战后世界的考虑

主要战胜国对战后世界安排的共识 在经历了一场空前浩劫的战争之后,通过战胜国对战败国缔结和约的方法安排战后的世界,便成为当务之急。第一次世界大战对战前世界格局所造成的一系列变化与冲击,在不同程度上影响着主要战胜国的政治家们,使他们对战后世界的安排形成了一些共识。

第一,英、法、美等主要战胜国都要求战败国承担发动战争的责任,并对它们在战争中对协约国造成的全部损失进行赔偿,从而使战胜国可以堂而皇之地掠夺战败国,使自己获得最大的利益。这是它们进行这场帝国主义战争的根本目的。

第二,苏俄问题是帝国主义战胜国处理战后国际问题时的一个无法摆脱的重要因素。由于它们都认为社会主义的苏俄是对资本主义制度的致命威胁,这便迫使它们在严惩战败国的同时适当地手下留情,从而使战败国尤其是德国成为日后反苏反共的屏障。

第三,无论是出于抵消苏俄的"和平法令"中关于民族自决权思想的影响,还是出于对战败国的惩罚和实现在战争期间对盟国所作的秘密许诺,主要战胜国都不得不顺应时代发展的潮流,在符合它们自己根本利益的基础上,在处理战

71

败国的领土问题方面有限地承认民族自决权,重建和建立一批民族国家。

第四,建立具有约束力的国际法准则和超国家的常设国际组织,以保护战胜国的既得利益,维护主要根据战胜国的意志而建立的战后国际政治新秩序。这个组织便是国际联盟。

这些共识是它们缔结和约的基础。

但是由于各国在大战中所处的战略地位不同,所获得的利益和遭受的损失也彼此相异,因此在列强的实力形成新对比的形势下,美、英、法、意、日这五个主要战胜国又各自有着不同的掠夺要求和争霸计划。

美国争霸世界的计划 第一次世界大战给美国留下了丰厚的遗产。它不仅因参战较晚、战场远离本土而损失轻微,并且利用战争机会使自己一跃而成为世界第一经济强国。作为协约国及交战各国军需物资的主要供应者,美国的商品输出额从 1914 年到 1917 年净增近 2 倍,到 1919 年其商船规模已超出战前的 60%。靠战争年代的资本输出,美国由战前负有 30 亿美元外债的债务国变成了战后的债权国,到 1919 年仅各协约国欠它的债务就达 100 亿美元。与此同时,美国掌握了世界黄金储备的 40%以上,使世界金融中心开始从伦敦向华尔街转移。

与经济实力的增长同时膨胀起来的是美国攫取战后世界领导权的政治野心。正如威尔逊总统在战后所说:"金融领导地位将属于我们,工业首要地位将属于我们,贸易优势将属于我们,世界上其他国家期待我们给予领导和指引。"

1918 年 1 月 8 日,威尔逊在国会讲演中针对苏俄的各项和平建议,提出了被称为"世界和平的纲领"的"十四点原则"。这个文件以及同年 10 月威尔逊的顾问豪斯上校委托李普曼和科布草拟的对"十四点"的注释,集中体现了美国对战后国际秩序的设想。它的主要内容是:第一,战后的世界应当是一个"开放的"世界。包括:公开的和平条约必须公开缔结;保持公海航行的绝对自由;消除一切经济壁垒;各国军备必须裁减;调整殖民地,对当地进行开发应该根据门户开放原则。第二,抵制并消除苏俄的布尔什维主义影响。办法是由世界各国协助解决俄国问题,通过承认并援助俄国境内各少数民族建立的临时政府,使之自由发展来肢解俄国。第三,要求在给欧洲及近东各民族以自决权的基础上恢复和建立民族国家,或建立受到列强保护、实行门户开放原则的保护国。第四,成立一个具有特定盟约的普遍性的国际联盟,使大小国家都能相互保证政治独立和领土完整,这是达到永久和平的全部外交结构的基础。

综上所述,可以看出,这个文件涉及有关列强瓜分世界的原则、战争与和平、建立国际组织等一系列重大的国际政治问题。美国企图以其经济优势,以商业、航海自由和国际性"门户开放"为旗号,在全世界扩张自己的势力;在"民族自决"、"裁减军备"的幌子下抵消苏俄和平法令的影响,换取世界舆论的支持,削弱英、法等竞争对手;进而通过国际联盟使美国取得对各种重大国际问题和国际纠纷的干预权与仲裁权,控制战后国际局势。因此这个文件是美国企图冲出美洲、对长期以来欧洲列强主宰世界的国际格局发出的公开挑战和冲击,是美国争夺世界霸权的总纲领。

为了实现这个纲领,美国力图在西半球巩固并发展对拉丁美洲的控制;在欧洲保持德国在政治军事上的较强大地位,使它成为抗衡英法的力量和反对苏俄的阵地;在经济上反对过分削弱德国,以避免产生使美国经济受到巨大损失的连锁反应;它还希望在东南欧建立一个由它控制的巴尔干联盟。在东半球,美国打算拆散英日同盟,要求列强承认"门户开放"原则,并夺取德国在太平洋上的一些岛屿,以削弱在亚太地区的争霸对手。但是美国的勃勃野心必然会遭到竭力保持并扩大既得利益的英、法、日等国的顽强抵抗。由于在争霸斗争中最具关键作用的军事实力方面美国尚不能与英法相抗衡,而威尔逊在国会中又未能得到多数人的支持,因此面对具有丰富外交斗争经验的英法政治家们,美国必将受到很大挫折。

企图维护世界霸权并主宰欧洲的英国　英国作为当年协约国中最有实力的国家,在大战中受到了削弱。为了最后的胜利,它在资源动员方面已山穷水尽。在战争期间,整个英帝国死亡官兵 94.7 万人,军费开支达 124.54 亿英镑,相当于国家收入的 44%,商船损失了 70%。为了平衡国际收支,英国失去了海外投资的 1/4,并向美国举债,1919 年英国欠美国的债务已达 8.42 亿英镑,开始失去国际金融垄断地位。在海外,美国和日本趁大战之机不仅在拉丁美洲和远东排挤英国的势力,甚至把英国的自治领也视为它们扩张的对象。与此同时,各自治领和殖民地的离心倾向也迅速增长。这一切都减弱了英国在战前世界上拥有的力量和影响。

但是战后的英国仍然拥有相当实力。在经济上它的国际金融地位尚未显露出永久衰落的迹象。在国际市场上它仍然保持着较牢固的传统财政金融联系,继续支配着殖民帝国的巨大资源,并保持着对欧洲盟国的债权国地位(不包括俄国,英国各欧洲盟国在战后共欠英国 17.4 亿英镑)。在军事上,随着德国这个主要海上竞争对手的战败,英国仍然是世界上最大的海军强国。大战使它的殖民帝国进一步扩大,它不仅夺得了大部分德国殖民地,而且占领着对英国经济和战略具有极重要地位的原奥斯曼帝国的巴勒斯坦、美索不达米亚和阿拉伯地区。因此与它的欧洲其他盟国相比,英国更拥有左右欧洲事务,争夺世界霸权的资格。

战后英国的计划是:要求战败国支付战争赔款以恢复被战争破坏的经济,消灭具有威胁性的德国海军,努力保持英国的海上霸主地位,巩固已经取得的殖民地利益。在欧洲,它继续实行传统的"大陆均衡"政策,反对过分削弱和肢解德国,力图使德国成为制止法国势力过于膨胀和遏制苏俄影响的较强国家。英国还企图利用美法矛盾,既与法国联合抵制美国称霸世界的野心,又与美国共同限制法国称霸欧洲,以达到由英国主宰欧洲事务的目的。在亚洲太平洋地区,英国既希望维持英日同盟以换取日本在欧洲事务上对自己的支持和对抗美国在远东的日益扩张,又希望利用美日矛盾,与美国联手反对日本独霸中国的野心,以保护英国在远东的利益。

争夺欧洲霸权的法国　法国作为大战的主要战场,其经济受到严重破坏。战争使法国丧失了1/10的人口,131.5万官兵阵亡,约7%的国土和大部分工业及富庶地区遭到德军占领与蹂躏,商船沉没了一半以上,物质损失高达1 340亿金法郎。战争使一向以高利贷著称的法国负债累累,战后它欠美国160亿法郎,欠英国130亿法郎。法国为胜利付出了惨重的代价。

但是同盟国的失败使法国在欧洲大陆占有军事战略优势。它不仅拥有世界上最强大的陆军,而且占领着便于控制中欧的莱茵兰地区和一些易于向东欧、巴尔干和近东扩张的重要基地。因此法国成为战后争夺欧洲霸权的另一个国家。

法国的战略总计划是:以永久保证法国的安全为借口,用一系列最大限度地削弱德国的方法一劳永逸地消灭这个夙敌和对手,重建法国在欧陆的霸权。其具体要求是:收回在普法战争中失去的阿尔萨斯—洛林,占领萨尔矿区;以莱茵河为法德边界,在莱茵河左岸建立一个脱离德国而受法国保护的莱茵共和国,在德国南部建立独立的巴伐利亚国家,在德国东部割出一部分土地分给波兰、捷克斯洛伐克和罗马尼亚,从而肢解德国;索取高达2 090亿金法郎的战争赔款,从经济上摧毁德国;彻底裁减德国军备,防止德国东山再起。法国还力图把德国以东的国家组成以它为盟主的同盟体系,并尽量夺取德国在非洲的殖民地和土耳其在小亚细亚的一些属地,通过实现控制中、东欧,插足巴尔干,巩固非洲和西亚阵地的方法确保称霸欧洲。显然,法国要彻底严厉制裁德国的打算必会遭到美、英的反对,而经济上的困境又削弱了它在外交斗争中的地位,因此法国的计划不可能得到全部实现。

意大利与日本的目标　意大利于1915年4月26日与英、法签订了伦敦密约,在获得后者允诺战后满足其领土要求的条件下于同年5月加入协约国一边作战。作为一个没有打过多少胜仗的战胜国,它的经济及军事实力已相当薄弱,但扩张野心却很大。它不但要求英法履行伦敦密约,索取南斯拉夫和土耳其的大块领土,还要获得有争议的阜姆港,从而使自己在亚得里亚海和东地中海处于支配地位。意大利的争霸野心必定要与美英法的计划发生矛盾与冲突,并且不可能全部获得满足。

日本是大战的另一个获利者。它在同英、俄订有密约的情况下,以对德宣战为名,趁列强忙于厮杀无暇东顾之"天祐"良机,出兵中国,夺取了德国在山东的全部利权,并占领了德国在太平洋上的岛屿属地。战后日本的战略目标是:力图使它在战时侵吞的利益合法化,并妄图独占中国,称霸亚太地区。日本的野心与美国的打算发生了尖锐的冲突,也威胁到在远东有较大利益的英国,更为中国所不容。为了对付主要劲敌美国,日本希望利用英日同盟,以在欧洲问题上支持英国换取后者对它在亚太地区的支持。

主要战胜国各自不同的争霸目标和战略意图,必然导致在缔结和约前的一番激烈争斗。

二、巴黎和会的召开与凡尔赛条约的签订

巴黎和会的召开 1919年1月18日,和会在巴黎的凡尔赛宫正式开幕。在此之前,美、英、法、意、日五大战胜国已经举行了非正式会谈,为控制会议做了安排。实际出席和会的共32个国家,美国总统威尔逊、英国首相劳合-乔治、法国总理克里孟梭、意大利首相奥兰多、日本前首相、元老西园寺公望都亲率代表团出席和会,盛况可谓空前。但他们却把苏俄和战败国德国、奥匈帝国、土耳其和保加利亚排斥于和会之外。

与会国的代表权很不平等。美、英、法、意、日五国各有5名全权代表,可以出席一切会议,其他国家只有1至3名全权代表,只能出席与他们有关的会议。和会的组织机构更是强权政治的产物。其决策机构为最高委员会,最初由五大国的政府首脑和外长组成,因而也叫"十人会议",后来又缩小为由美、英、法、意四国首脑组成的"四人会议",而实际起操纵作用的是由威尔逊、劳合-乔治和克里孟梭组成的"三巨头"会议,他们有权决定和会的一切重大问题。五大国外长则另组"五人会议"以协助决策,解决次要问题。和会还设有若干专门委员会,它们虽由有关国家的代表组成,讨论和审议某些专门问题,但同样要受到大国的支配。至于由所有代表参加的全体会议,其作用不过是举手通过最高委员会已做出的决定。正如和会主席克里孟梭所说,"只有五大强国先行决定了一切重大问题,然后举行会议"。在长达5个多月的会期中,全体会议只开过七次,实际成为和会的一种点缀。

列强争论的主要问题 和会一开始,主要战胜国便陷入激烈的争吵之中,有时甚至达到互以退会相威胁的程度。它们争论的主要问题包括:

(1)会议程序问题。美国坚持要求先解决国际联盟问题,再言其他。而英、法却担心一旦建立了由美国控制的国际联盟,美国就将支配对所有其他问题的解决,使自己的要求得不到满足。英、法认为国际联盟的重要性就在于它是巩固战胜国通过和约所获得的成果的工具。因此英国提出先解决德、土殖民地的瓜分问题,法国则要求先制裁战争的罪魁祸首,肢解德国。面对英法的反对,美国只好退让,"十人会议"决定将国际联盟问题交由一个以威尔逊为主席的专门委

员会去研究。

（2）对德和约问题。这是和会讨论的中心问题，但几乎在每一个决定做出之前，大国之间都有一番较量。在对德国的领土处理上，英国在美国支持下坚决反对法国肢解德国和兼并萨尔矿区的计划，迫使法国妥协。在战争赔款方面，英、美又联合反对法国的巨额赔款方案，双方最终因无法确定具体赔款数额而把该问题交由一个由克里孟梭主持的专门委员会去讨论。在裁减和限制德国军备方面，法国要彻底摧毁德国军备，英国则仅要求摧毁德国海军，美国却几乎不想削减德国的军事实力，最后各方不得不做出让步，问题才算解决。在对待德国殖民地问题上，英、日主张直接兼并，美国则坚持以托管或"委任统治"的方式解决，最后美国的意见占了上风。

（3）波兰问题。由于英美坚决反对法国要求把上西里西亚和但泽全部划归波兰的建议，法国建立"大波兰"的意图最终未能实现。

（4）阜姆问题。意大利想得到阜姆的要求遭到英、美、法的一致反对，在和会上未能如愿。

（5）中国山东问题。中国作为战胜国，当然有权收回德国在山东侵占的一切非法权益。但是英、法、意始终支持日本关于接管德国在山东权益的无理要求，而美国最后也向日本让步，结果和会完全满足了日本的欲望。

虽然帝国主义列强在上述问题上争吵不休，但在反对苏维埃俄国方面却态度一致。由于"从一开始，俄国革命的巨大阴影就隐隐地笼罩着和会"，因此尽管会议中没有苏俄代表，"俄国问题"也未见诸于和会议程，但"列宁是一个占据了无形一席的无形成员"，成为影响和会的强有力因素，以致列强在整个和会过程中多次讨论如何扼杀或遏制俄国革命的影响问题。和会决定对苏俄实行经济封锁、保留德国东线部队、建立由波兰、波罗的海三国和芬兰组成的所谓"防疫地带"，还批准了反苏俄武装干涉计划。这一切使巴黎和会实际成为帝国主义武装干涉苏俄的大本营。但是列强遭到了失败。

《凡尔赛条约》   主要战胜国在经过几个月的讨价还价之后，在需要共同对付日益高涨的革命形势下终于达成了协议，最后拟定了对德和约。4月30日德国代表团被召来巴黎，5月7日才被允许进入和会，从克里孟梭手中接过和约文本。德国代表团试图对和约的条件作有利于德国的修改，但遭拒绝，最终被迫无条件接受和约。6月28日在凡尔赛宫镜厅签订了《协约及参战各国对德和约》，即《凡尔赛条约》。

《凡尔赛条约》共15部分，包括440个条款和一项议定书，第一部分为国际联盟盟约。条约的主要内容是：

第一，德国及其各盟国应承担战争罪责。

第二，重划德国疆界。西部：莫列斯纳、欧本和马尔梅迪划归比利时。阿尔萨斯—洛林重归法国;萨尔煤矿由法国开采,其行政权由国际联盟代管 15 年,期满后通过公民投票决定其归属(1935 年公民投票以压倒多数决定归属德国);莱茵河西岸的德国领土由协约国占领 15 年,东岸 50 公里内德国不得设防。南部:德国承认奥地利独立,德奥永远不得合并。德国承认捷克斯洛伐克在协约国规定的疆界内完全独立,并将西里西亚南部的古尔琴地区划归该国。东部:德国承认波兰独立。波兰从德国得到西普鲁士和波兹南的绝大部分,东普鲁士的索尔道县和中西里西亚的若干小块领土,以及穿过西普鲁士的以波兰居民为主的波莫热,即所谓"波兰走廊"的狭窄出海口(该"走廊"把东普鲁士和德国其余部分完全隔开了),但泽市(一个主要是德国人居住的城市)被宣布为国际联盟保护下的自由市,其港口由波兰海关管理,波兰有权处理该市对外关系和保护其侨居公民,并保证波兰人自由进入该市。德国放弃默麦尔地区,该地区暂由协约国占领,1923 年合并于立陶宛。北部:在德国与丹麦之间的石勒苏益格地区实行公民投票以决定其归属(1920 年 2—3 月的投票结果,该地区北部重归丹麦,南部仍属德国)。凡尔赛条约对德国疆界的这种划定,使德国在欧陆丧失了 13.5% 的领土和 10% 的人口。

第三,瓜分德国殖民地。条约规定剥夺德国全部海外殖民地,由主要战胜国以"委任统治"形式予以瓜分。根据国际联盟盟约第 22 条的委任统治文件,太平洋的德属新几内亚和赤道以南除德属萨摩亚和那卢以外的群岛归属澳大利亚;赤道以北原德属马绍尔群岛、加罗林群岛和马利亚纳群岛为日本所得;那卢岛名义上委托于英国,实由澳大利亚统治;萨摩亚分给新西兰。德属西南非洲交给南非联邦;多哥和喀麦隆由英、法共同瓜分;德属东非(坦噶尼喀)归属英国;乌干达—布隆迪地区划归比利时。

此外,和会还不顾中国的反对与抗议,把德国在山东的一切非法权益和胶州湾租借地全部移交给日本,这激起了中国人民的极大义愤并引发了伟大的"五四运动"。在全国人民的反帝爱国高潮推动下,中国代表拒绝在条约上签字。

第四,限制德国军备。规定陆军不得超过 10 万人,仅用于维持国内秩序和边境巡逻,其中军官不得超过 4 000 人;解散总参谋部并不得重行成立;禁止生产和输入坦克、装甲车等重型武器;废除普遍义务兵役制;德国应拆除莱茵河以东 50 公里内的工事,但南部和东部边界要塞工程应照现状予以保存,德军从所占领的各国撤回,但秘密附件规定在东线的德国占领军听候协约国特别部署再行调动。海军限定为战斗舰和轻巡洋舰各 6 艘,驱逐舰和鱼雷艇各 12 艘,不得拥有主力舰和潜艇;海军兵员不得超过 1.5 万人,其中军官不得超过 1 500 人;在德国港口以外的德国军舰一律交协约国销毁。德国不得拥有陆海军航空兵力。协约国设立专门委员会监督上述军事条款的实行。

第五,赔款与经济条款。和会未能对赔款总额达成一致协议,仅规定由赔偿委员会于 1921 年 5 月 1 日前确定总额;在此之前德国应偿付与 200 亿金马克价值相等之物,并承担占领军的一切费用。经济条款规定德国关税不得高于他国,战胜国对德国输出入货物不受限制;德境内几条主要河流为国际河流,基尔运河对外国军舰与商船开放。

从上述内容可以看出,英、法、日等国追求的主要目标都已达到。但对美国来说,尽管"十四点"中的某些具体内容在条约中得到了体现,但它攫取世界霸权的计划却遭到了失败。因此美国参议院拒绝批准凡尔赛条约。1921 年 8 月 25 日美国与德国单独签订了和约。

三、凡尔赛体系的建立

《凡尔赛条约》签订后,协约国与其他各战败国相继签订了一系列和约。

《圣日尔曼条约》 1919 年 9 月 11 日,协约国与奥地利签订了《圣日尔曼条约》。条约确认奥匈帝国解体,匈牙利与奥地利分立;承认捷克斯洛伐克和南斯拉夫(1929 年以前称塞尔维亚—克罗地亚—斯洛文尼亚王国)独立,并接受协约国规定的奥地利与上述国家和与保加利亚、希腊、波兰、罗马尼亚的疆界;禁止德奥合并;割让南蒂罗尔、特兰提诺、的里雅斯特、伊斯的里亚和达尔马提亚海外的一些岛屿给意大利;前波希米亚王国(包括 300 万讲德语的人居住的苏台德区)、摩拉维亚和奥属西里西亚(包括以波兰人为主的切欣地区)划归新成立的捷克斯洛伐克;波斯尼亚—黑塞哥维那和达尔马提亚沿岸等地划归南斯拉夫,布科维纳和切尔诺夫策割让给罗马尼亚;加里西亚暂由协约国管理,后合并于波兰;宣布阜姆为自由港。此外条约还规定废除强迫普及征兵制,陆军不得超过 3 万人;除保留 3 艘巡逻舰外,其余舰只全部交给协约国;禁止拥有潜艇和空军。赔款总额由赔偿委员会研究决定;财政由协约国加以监督。

《纳伊条约》 1919 年 11 月 27 日,协约国与保加利亚签订了《纳伊条约》。规定保加利亚承认南斯拉夫独立,将西部马其顿和蒂莫克河下游地区划给南斯拉夫;北部的南多布罗加划归罗马尼亚;西色雷斯由战胜国代管,后划归希腊。保加利亚必须废除义务兵役制;陆军限额为 2 万人,不得拥有海、空军。赔款22.5 亿金法郎,37 年内偿清。

《特里亚农条约》 1920 年 6 月 4 日,在镇压了匈牙利无产阶级革命后,协约国与匈牙利订立了《特里亚农条约》。条约重申了对奥条约的主要条款,并将克罗地亚—斯洛文尼亚和巴纳特西部划归南斯拉夫;巴纳特东部和特兰西瓦尼亚划归罗马尼亚;斯洛伐克和外喀尔巴阡乌克兰划归捷克斯洛伐克。匈牙利必须废除强迫普及兵役制;限制保留陆军 3.5 万人和巡逻艇 3 艘。赔款 22 亿金法郎。

《色佛尔条约》和《洛桑条约》 1920 年 8 月 10 日,战胜国与土耳其素丹政府签订了《色佛尔条约》。规定：土耳其的欧洲领土除伊斯坦布尔及附近地区外，东色雷斯和伊兹密尔地区割让给希腊，海峡地区为非军事区由国际共管，无论平时或战时均对一切国家的军舰商船及军、民用飞机开放；土耳其承认汉志和亚美尼亚独立；根据国际联盟的委任统治文件，叙利亚和黎巴嫩为法国的委任统治地；美索不达米亚和巴勒斯坦则委托给英国；土耳其领土仅剩下安纳托利亚高原地区。条约还规定恢复帝国主义列强在土耳其的领事裁判权，战胜国有权监督其财政经济和关税。其军队不得超过 5 万人，不得拥有空军和炮兵，海军仅能保留 13 艘轻型舰只。该条约使土耳其丧失了独立地位。因此由土耳其资产阶级革命领袖凯末尔领导的大国民议会坚决拒绝承认这个条约，致使《色佛尔条约》从未生效。

土耳其资产阶级革命胜利后，协约国与凯末尔政府于 1923 年 7 月 24 日另订《洛桑条约》以代替《色佛尔条约》。《洛桑条约》规定将小亚细亚全部领土和东色雷斯归还土耳其；承认土耳其领土完整和国家独立；废除领事裁判权；取消赔款，财政不受外国监督和关税自主等。但维持海峡地区非军事化和国际共管，对其他地区的委任统治安排也未改变。会后协约国军队从伊斯坦布尔撤出。《洛桑条约》是凡尔赛体系中惟一的较平等条约，它使土耳其获得了民族独立，成为战后近东最稳定的国家。

对凡尔赛体系的评价 《凡尔赛条约》和随后签订的各项条约，构成了凡尔赛体系。它标志着第一次世界大战结束后列强经过近 5 年的时间，终于在欧洲、近东和非洲建立了战后资本主义世界的新秩序。但是正如列宁所说："靠凡尔赛和约来维系的整个国际体系、国际秩序是建立在火山上的"，①它内部包含的各种矛盾，必将使该体系的崩溃不可避免。

首先，由于构成这一体系的几个主要条约对战败国极为苛刻，其掠夺性骇人听闻，因此，必然导致战败国与战胜国之间矛盾的加剧。德国资产阶级虽然被迫在条约上签字画押，但他们从未承认自己的失败。随着国力的恢复与增长，德国必然会从要求修改条约到不履行条约，直至撕毁条约。实际上在巴黎和会期间，和约的缔造者之一劳合－乔治就预感到这种危险。他在 1919 年 3 月 25 日的《枫丹白露备忘录》中写道："你们可以夺走德国的殖民地，将它的军队裁减到只够建立一支警察部队的数量，将它的海军降到五等国家的水平。这一切终归毫无意义，如果德国认为 1919 年的和约不公平，那么它将会找到对战胜国进行报复的手段。"和会刚一结束，德国的复仇主义者便喊出了"打倒凡尔赛和约"的口号。战后民族主义和复仇主义情绪在德国的蔓延，是 30 年代纳粹党得以上台的重要原因之一。

---

① 《列宁全集》第 39 卷，人民出版社 1986 年版，第 352 页。

其次,尽管战胜国一再标榜以民族自决原则处理领土问题,但实际上主要是根据掠夺战败国和它们自己的需要来实行这一原则的。因此,虽然一部分欧洲国家的领土基本上在民族的基础上重新加以划定,但在另一些国家,如捷克斯洛伐克、奥地利、波兰、匈牙利、南斯拉夫等国却产生了诸多新的民族矛盾,造成了中欧的巴尔干化,成为以后大国为打破凡尔赛体系而挑起新的国际争端的温床。

第三,在建立凡尔赛体系的过程中,帝国主义列强最初以消灭苏俄为目的,继而以孤立苏俄为目标,把凡尔赛体系变成了反苏反共的工具。同时列强虽慑于民族解放斗争的声势,在瓜分殖民地方面采取了"委任统治"的形式,但并未改变殖民统治的实质。战后无产阶级革命和殖民地半殖民地人民的民族解放运动有力地冲击着凡尔赛体系的基础。

第四,凡尔赛体系是战胜国妥协分赃的产物,它没有也不可能消除它们之间的种种矛盾。列强继续争夺霸权的斗争是削弱凡尔赛体系的一个重要因素。美国虽然留在该体系之外,但仍然在欧洲事务中发挥作用,并且在远东及太平洋地区与英国和日本展开了新的争夺。

第二节　华盛顿会议

一、战后远东、太平洋地区的形势

巴黎和会之后,由于美国参议院拒绝批准凡尔赛条约,也拒绝加入国际联盟,因此,战胜国企图通过对战败国缔结和约的方式建立战后全球新秩序的努力并未获得完全的成功。列强在远东和太平洋地区的矛盾不但没有解决,反而益显尖锐。

列强在亚太地区争霸的新格局　第一次世界大战后,帝国主义在亚太地区的争霸形势与战前相比有了新的变化。战前主要是英、法、俄、德、日、美六国相互角逐,争斗的中心是宰割衰弱的中国。战后,德国败北,沙俄消亡,法国则忙于医治战争创伤和处理欧洲事务,于是在亚太地区的国际政治斗争舞台上便形成了英、美、日三国继续争夺中国和太平洋海上霸权的新局面。这种新的争霸格局有三条主线:第一,日本在该地区实力的明显增强以及它独占中国势头的迅速发展,引起了英、美两国的极度不安。因此尽管它们之间存在着种种矛盾,但都力图遏制日本的扩张野心。第二,为争夺亚太地区的霸权,英、美、日三国展开了激烈的海军军备竞赛,使远东形势格外紧张。第三,中华民族的觉醒以及巴黎和会期间中国人民对帝国主义任意宰割中国所表现出来的强硬态度,使列强极为惊恐。如何保持中国的贫弱状况,如何保护列强的在华既得权益,是它们必须处理的另一个问题,而且除非它们相互妥协,这个问题就得不到解决。

英、美、日之间相互关系的发展变化　战后，英、美、日三国之间的相互关系发生了某些与战前不同的重要变化。

英日关系逐渐从盟友走向了某种程度的对抗。第一次世界大战前，英国虽然在华拥有最大权益，但它的优势地位已受到其他列强的挑战。英国感到无法单靠自己的力量保卫其远东帝国和在华权益，遂放弃"光辉孤立"的外交政策，于1902年与日本结成英日同盟，并在1905年和1911年两度续订，企图依靠日本替自己照看远东财产。然而日本却利用这一同盟，在战前和大战期间极大地扩展了自己的在华利益。到大战结束时，日本对华出口已居各国之首，而英国则落后于美国屈居第三；在对华投资方面，双方已不相上下。这一切对英国造成了严重威胁。巴黎和会上日本对大战中获得的权益寸步不让，更加强了它在远东的经济及战略地位的优势。现在，当英国在欧洲的对手德国一败涂地之时，它昔日的盟友日本却准备把它赶出远东，英国再次面临如何保住远东帝国和在华权益问题。因此，无论英国对即将于1921年7月到期的英日同盟是否续订如何考虑，最重要的是它必须在远东寻找新的盟友。

对日本来说，由于持续了近20年的英日同盟给日本带来了巨大好处，它自然希望维持该同盟，使其继续作为日本对外扩张的国际支柱。但是战后的形势表明，英日同盟是否续订，不仅取决于英国，更要看美国的态度如何，而美日关系的恶化最终将使日本的打算落空。

美日两国在对华政策方面尖锐对立，战后矛盾日益突出。自1899年美国国务卿海约翰正式向各国提出对华实行"门户开放"原则以来，这一原则就成了美国对华政策的基石。但是当时正凭借军事力量积极向外扩张的日本并不打算遵循此项原则。20世纪初，日本在英日同盟的支持下，通过对俄战争的胜利，不仅最终吞并了朝鲜，而且把中国东北变成了它的势力范围。以后它又利用大战爆发，强迫袁世凯政府接受旨在灭亡中国的"二十一条"要求。尽管美国深知日本的行动与"门户开放"政策完全相背，也曾对此提出过强烈谴责，但在欧战正酣之际，它无意与日本交恶，只得在1917年11月与日本签订的《兰辛—石井协定》中，以承认"日本在中国有特殊利益"为代价，换取了日本对"门户开放"原则的表面认可。

大战结束后，围绕对华关系，美国的"门户开放"原则与日本独霸中国政策之间的对立日益尖锐。巴黎和会期间日本在中国山东问题上取得的胜利是美国国会未能批准凡尔赛条约的重要原因之一，因为它与日本在大战中获得的其他战利品一起，彻底破坏了远东及太平洋地区的战前均势。另外美国打算组织美、英、法、日四国银行团，利用美元的力量摧毁日本独占中国政策的努力也由于日本的实际抵制而受挫。于是美日两国相互视对方为自己争夺亚太地区霸权的主要障碍，都把对方看做是自己的假想敌国。日本军部在1907年上奏天皇的《帝国国防方针》中,便把美国列为仅次于俄国的第二号假想敌国。大战结束后,美国实际取代了俄国的位置。① 美国则早在 1904 年就开始考虑制定针对日本的作战计划;1913 年军方正式提出了以日本为敌人的"橙色作战计划";1919 年巴黎和会之后,美国更对该计划给以最多的注意,并进一步考虑加强在夏威夷,关岛和菲律宾的设防。此外,为了消除在未来的对日战争中英、日联合对抗美国的潜在危险,美国力图拆散英日同盟,而美英两国在遏制日本方面的日趋一致最终使美国达到了目的。

在战后争夺远东及太平洋地区霸权的斗争中,美英两国既是对手,又是反对日本扩张的伙伴。尽管战后美国凭借经济实力,在全球范围内激烈地与英国争夺市场、原料和投资场所,并向英国自治领和南美洲渗透自己的势力,但美国深知,在亚太地区,在与其主要的敌人日本的争斗中需要英国的支持。英国作为最早侵华的国家,把中国最富庶的长江流域和华南地区变成了自己的势力范围。一战前它凭借政治经济优势,消极对待美国的"门户开放"。但战后英国既无力阻止日本对中国的经济进攻和对英国势力范围的"侵犯",也无法抵挡美国对中国的经济渗透,加上它在财政上对美国的部分依赖,便调整了远东外交战略,逐渐转向支持"门户开放"政策,希望借助美国遏制日本,以保住自己的既得利益。这不仅表现在 1919 年英国积极支持美国关于组织新的国际银行团的建议方面,更表现在英国被迫在战后的海军军备竞赛方面寻求与美国妥协。

大国之间的海军军备竞赛 海军是帝国主义争夺世界霸权的主要工具,海军实力的强弱直接影响到列强争霸的结局。第一次世界大战前,激烈的海军军备竞赛主要围绕对欧洲、北海及大西洋的控制权,在英、德两国之间进行。大战结束后,随着德国海军的败亡和美、日两国的崛起,围绕争夺亚洲及太平洋地区的霸权,新的一轮海军军备竞赛的阴云又笼罩在美、日、英三国之间。

1919 年美国国会正式批准了早在 1916 年海军部就制定的扩充海军计划。按照该计划,美国到 1924 年将拥有 38 艘主力舰,大大超过当时英国的 32 艘的数字,加上其他船只的加速建造,美国将在 20 年代中期成为超过英国的世界第一海军强国。在大规模扩建海军的同时,美国还把其海军主力从大西洋调到太平洋,发展珍珠港基地,以抗衡日本在该地区的力量。

对于美国的挑战,日本并不甘示弱。1920 年它不顾经费缺乏的巨大压力,开始实行早在 1907 年就提出的建立"八·八舰队"②的计划,并要求日本海军保持对美国海军 70% 的比例。1921 年日本的海军预算竟占国家岁出的 32%。

---

① 日本军部在 1923 年第二次修改帝国国防方针时,正式将头号假想敌国由俄国改为美国。
② 所谓"八·八舰队",系指建立一支以舰龄不满 8 年的战列舰 8 艘,装甲巡洋舰 8 艘为最低限度的主力部队,并以巡洋舰和大小驱逐舰若干艘为辅助部队的第一线舰队。

作为第一海上强国,英国感到自己的地位岌岌可危,也不顾财政紧张而决心与美国较量。1919—1920年其海军开支比1913—1914年增加了3倍,1921年议会又通过决议,决定增建4艘超级战列舰和几十艘其他舰只,以维护其海上优势。

列强之间的海军军备竞赛愈演愈烈,但各国对这种竞赛带来的螺旋上升的财政支出都感到力不从心。尤其是英国,战后的财政拮据和美国催还战债的压力,使它无法与实力雄厚的美国展开长期军备竞赛。尽管首相劳合-乔治曾宣称"英国将花掉最后一个金币以使其海军优于美国或任何其他国家",但他也不得不沮丧地承认"海军竞赛将会使英国崩溃",并寻求与美国妥协。1920年3月,英国海军大臣朗格发表声明,表示英国将满足于本国舰队在实力上不亚于另一个大国的最强大的舰队,实际放弃了传统的"两强标准"。日本虽野心不小,但经济繁荣为时短暂,在战后世界性不景气之风的袭击下,也感到难以担当造舰竞赛的重负。美国虽然拥有比英、日更多的资金,但要获得真正的海上优势,无论是在船只建造方面还是在基地建设方面,都还需要相当长的时间。

大国为争夺亚太地区的霸权而展开的海军军备竞赛加剧了远东国际关系的紧张化。但是战后的资本主义世界百孔千疮,尚待复苏;各国人民的反战情绪空前高涨;东方兴起的巨大的民族解放斗争的风暴有力地冲击着帝国主义的殖民体系;再加上1921—1922年发生的战后第一次经济危机,这一切使各国资产阶级十分需要有一个和平的国际环境来巩固统治。因此它们之间暂时并不想以兵戎相见,而是希望召开新的国际会议,通过外交途径缓和彼此的矛盾。

二、华盛顿会议和华盛顿体系的形成

华盛顿会议的召开　早在1920年12月,美国参议员威廉·E.博拉就提出了召开各国限制海军军备的国际会议的建议。1921年5月和6月,美国参、众两院以压倒多数通过了博拉的上述议案,要求政府开始与英、日举行促进裁军的谈判。英国也在1921年4月正式通知美国政府,它准备放弃传统的"两强标准",并希望与美国讨论两国的舰队均势问题。这个政策得到了当年英帝国会议的批准。同年7月5日,英国外交大臣寇松首先向美国提出建议,希望美国总统首倡以解决远东与太平洋问题和裁军问题为目的的国际会议,美国欣然同意。7月10日,美国国务卿休斯发表公开声明,向英、日、中、法、意五国建议在华盛顿召开会议。8月11日,美国正式向在远东有利害关系的八个国家英、日、中、法、意、比、荷、葡发出邀请,准备于当年11月在华盛顿召开会议,但把苏俄排除在会议之外。

1921年11月12日,由上述九国出席的华盛顿会议开幕,美国国务卿休斯被选为大会主席。会议的正式议程有两项:一是限制海军军备问题;二是太平洋及远东问题。为此会议组成了两个委员会:由美、英、法、意、日五国组成的"缩减军备委员会"和由与会九国组成的"太平洋远东问题委员会",分别进行讨论。会议的主持者竭力标榜该会议的公开性,不搞秘密外交,甚至把代表们的讲话和发言登载在报刊上,并出版会议的速记报告书,但所有重大政治问题实际上都是在幕后谈判时由美国务卿休斯、英国枢密院大臣贝尔福和日本海相加藤友三郎决定的。会议历时近3个月,于1922年2月6日闭幕。会议期间共缔结条约8项(其中一项未生效,一项为会议期间由中日两国订立的),议决案13项。其主要内容是:关于废除英日同盟的四国条约;关于限制海军军备的五国条约和关于中国"门户开放"原则的九国公约与中日解决山东问题的条约。

《四国条约》 英日同盟问题虽未被列入华盛顿会议的正式议程,但却是会议讨论的重要问题之一。早在会议开幕前,美国便以催还战债为武器,向英国施加压力,并利用爱尔兰问题要挟英国,声称如果英日继续结盟,美国将支持爱尔兰独立。最主要的是,美国以解散该同盟作为同意与英国达成限制海军军备协定的先决条件,迫使英国就范。对英国来说,尽管英日矛盾的发展,帝国内部反对续订英日同盟的声音以及美国的财政压力,已经使英国感到解散英日同盟只是个时间问题,但使英国下决心采取这一行动的最重要因素是英国把限制海军军备放在第一位,因此它必须接受对此有重大发言权的美国的条件。在美、英、日三国代表的秘密会议上,英国曾提出美、英、日三国缔结一个涉及亚太地区的、包括防御性军事条款的协定代替英日同盟的方案,以达到既不开罪日本,又可让美国保卫英国远东利益的双重目的。但美国认为这不仅是改头换面的保持英日同盟,而且有悖于美国在和平时期对外不承担军事义务的传统外交原则,故坚决予以反对。美国坚持要求邀请法国参加,还要求协定仅限于以和平协商原则解决太平洋区域的问题。

经过美、英、日代表私下的再三磋商和法国的同意,四国终于在1921年12月13日签订了《关于太平洋区域岛屿属地和领地的条约》,简称《四国条约》,有效期十年。条约规定:缔约各国同意相互尊重它们在太平洋区域内岛屿属地和岛屿领地的权利;如上述权利遭受任何国家侵略行为的威胁时,缔约各国彼此之间应全面地和坦白地进行协商,就应该采取的最有效措施达成协议;本条约生效后,英日同盟协定应予终止。

《四国条约》的签订是美国外交的胜利。它不仅借此埋葬了英日同盟,消除了在远东争霸的一个障碍,而且成功地使该条约只具有外交协商性质而不具有军事同盟性质,使美国无需用武力保卫英法在远东的利益。对英国来说,从表面看来,《四国条约》既维持了英日友谊,又促进了英美关系,使英帝国在太平洋上的巨大权益暂时得到了保障。但是随着英日矛盾的不断激化,英国在自己的远东兵力极其虚弱而又无美国军事援助的情况下,对日妥协将成为英国远东外交政策的一种选择。《四国条约》对日本的影响是双重的。一方面,日本的扩张野心受到了美、英、法三国的遏制,使它在 20 年代不得不稍稍收敛一下武力扩张行动,而改为以经济侵略为主要方式;另一方面,该条约又使日本在国际上第一次处于与欧美列强平起平坐的地位,它在太平洋上的权益得到了大国的正式承认,这无疑又是日本外交的成功。

《五国海军条约》　限制海军军备问题是华盛顿会议的主要议题之一,在这个问题上各国矛盾尖锐。会议一开始,美国便提出了一个限制主力舰吨位的方案,主要内容是:今后十年内停止建造主力舰(包括目前正在建造的),十年后也只能建造用以替换退役舰的主力舰;销毁某些旧舰;参照与会国现有海军力量确定各主要国家的主力舰吨位限额,美、英各 50 万吨,日本 30 万吨,即 5∶5∶3 的比例。美国的意图十分明显:消除英国在主力舰方面对美国的优势并确保自己对日本的优势。

英国不难接受上述比例。由于战后英国已把自己的海军力量的理想标准定为"一强标准",因此自然能较顺利地接受与美国的 5∶5 的比例,而对与日本的 5∶3 的标准也没有太大异议,它认为这个差额足以对付日本并满足国内水域的需要。

但是这一比率遭到日本的激烈反对。长期以来日本便把其主力舰吨位要达到美国的 70% 作为追求的目标,在日本代表团赴会前,日本政府又向他们下达了"对美绝对需要保持七比十的比例"的训令。因此日本最初坚决反对 5∶3 的比例,要求会议注意它的"特殊需要",坚持获得 10∶7 的标准。然而美国在英国的支持下不肯让步,并扬言如果日本坚持己见,那么日本每造 1 艘军舰,美国将造 4 艘与之抗衡。日本自知财力不足,又需要与英美保持协调关系,只好妥协,但以英美放弃在西太平洋建设和加强海军基地为条件,后者表示同意。法、意两国在发了一通牢骚之后,也最终接受了对它们主力舰吨位的规定。

但是在辅助舰方面,除航空母舰外均未达成协议。英国借口帝国防务而拒绝限制巡洋舰和其他水面舰只的数目;法国则借口自己的主力舰少,坚决反对削弱和限制潜水艇,并得到日、意的支持。在裁减陆军方面,会议也因为法、日、比、意等国的坚决反对而无结果。

经过近 3 个月的激烈争论,《美英法意日五国关于限制海军军备条约》即《五国海军条约》终于在 1922 年 2 月 6 日签字。条约规定:五国主力舰总吨位的限额分别为:美、英各 52.5 万吨,日本 31.5 万吨,法、意各 17.5 万吨(即 5∶5∶3∶1.75∶1.75 的比率);主力舰的排水量不得超过 3.5 万吨,舰炮口径不得超过 16 英寸。另规定各国航空母舰总吨位限额为美、英各 13.5 万吨,日本 8.1 万吨,法、意各 6 万吨。其他船只未作限制。条约还规定:美、英、日三国在太平洋岛屿和领地的要塞维持现状;美国不得在菲律宾、关岛、萨摩亚和阿留申群岛,英国不得在香港及太平洋东经110°以东的岛屿修建海军基地和新的要塞,日本则主要承诺不在台湾设防。条约有效期至1936年12月31日。

《五国海军条约》使英国正式承认了美英海军力量的对等原则,标志着英国海上优势从此终结,并使日本的扩军计划受到限制,从这个意义上说,它是美国外交的又一胜利。然而美英在战舰基地方面对日本做出的让步,却潜伏着巨大危险。因为尽管日本在主力舰方面劣于美英,但由于后者丧失了在靠近日本水域拥有有效作战基地的可能性,便使日本海军在新加坡以北的水域实际占有绝对优势。一旦发生战争,香港和菲律宾便会成为日本的囊中之物。因此这一规定是日本在战略上的胜利。

《五国海军条约》是世界现代史上大国之间签订的第一个裁军协议。但条约本身并没有真正消除竞争,竞争将在以后重新激化。

中国山东问题的解决与《九国公约》 华盛顿会议的另一个重要议题是远东和太平洋问题,而其核心是中国问题。但是20世纪20年代的中国已不再是听任列强宰割的中国。在中国人民强大的反帝爱国运动压力下,出席会议的北洋政府代表团希望趁此机会要求国际社会解决山东问题,承认中国与世界其他国家的平等地位。美国为达到打击日本独占中国的野心,消除各国在华势力范围,迫使列强接受"门户开放"和机会均等原则等多重目的,便利用中国的要求,授意中国代表在会上提出解决中国问题的"十项原则"提案。主要内容是:要求各国尊重并遵守中国领土完整和政治与行政上的独立;中国不再割让或租借领土或沿海的任何部分给其他国家;中国赞同并愿意在全国境内实行"门户开放"和工商业机会均等原则;废除各国在华特权;取消对中国的各种政治、司法及行政限制,等等。

美国对中国的提案立即表示支持。美国代表鲁特借机提出以尊重中国的主权与独立及领土与行政完整,和坚持中国门户开放为主要内容的"四项原则",要求各国予以接受。对本已打算放弃势力范围政策的英国来说,承认这些原则并不困难。但日本对美国的意图颇为怀疑。日本代表加藤特意在会上说明,所谓"行政完整"并不涉及过去已经许诺给各国的利益或特权。鲁特对此表示同意,日本才放下心来,认为可以接受这些原则。于是鲁特的"四项原则"便成为会议处理中国问题的基础。

中国对收回主权充满期待。根据上述原则,中国代表在会上具体提出收回山东主权和废除"二十一条"的要求。美国为捍卫"门户开放",原则上支持中国。中国还认为,山东问题不是单纯的中日之间的问题,因此反对与日本直接谈判,而主张在会议上解决。但日本却坚持中日双方在会外"直接谈判"。美、英担心如果它们在这个问题上支持中国,将会激怒日本,从而影响与日本在限制海军军备问题上达成协议,也将影响日本对"门户开放"原则的最终认可,便迁就日本,迫使中国接受了在会议之外进行的有美、英观察员列席的中日双边会谈。

1922年2月4日,中日签订了《解决山东悬案条约》及《附约》。规定:日本应将胶州德国旧租借地交还中国,中国将该地全部开为商埠;日本撤退驻青岛、胶济铁路沿线及支线的军队;青岛海关归还中国;日本将胶济铁路及其支线及一切附属产业归还中国,中国补偿日本铁路资产价值53 406 141金马克,在未偿清之前,车务长与会计长应由日本人担任;前德国享有开采权的煤、铁矿山由中日合资经营。《附约》中规定了对日本人和外国侨民的许多特殊权利,从而使日本在山东仍保留不少权益。尽管如此,中国收回山东主权和胶济铁路利权,是对凡尔赛条约有关山东问题的不公正条款的重要修正,这是中国人民坚持斗争所取得的重大外交成果;美、英的压力也是日本被迫让步的一个因素。

但是对中国的废除"二十一条"的要求,日本最初予以拒绝,理由是一旦废除中日两国间正式批准的条约,将酿成非常危险的先例,破坏现存的国际关系。在中国代表的坚决要求和各方压力下,日本才被迫声明放弃"二十一条"中的部分次要条款。中国代表不满意日本的声明,但美英却满足于日本的让步,无意作进一步的讨论。

山东问题的解决,为贯彻美国的意图扫除了障碍。1922年2月6日,与会九国签订了《九国关于中国事件应适用各原则及政策之条约》,即《九国公约》。公约全文共九条,鲁特的"四项原则"列为第一条,是为中心内容。它规定:尊重中国的主权与独立、领土与行政完整;为中国建立一个稳固的政府提供方便;建立并维护各国在全中国的商务实业机会均等原则;不得利用中国的状况谋取有损于其他国家公民的特权。然而,公约标榜的尊重中国主权、独立,不过是表面文章。列强对中国代表在会上提出的收回关税自主权,取消治外法权,归还外国在华租借地和取消势力范围与特殊利益,撤退外国在华军警和无线电台,撤销外国邮局等收回主权的要求,除了同意撤销部分外国电台及英、法同意交还威海卫与广州湾之外,其他问题实际均未得到解决。《九国公约》的核心是列强确认并同意把"门户开放"、"机会均等"作为它们共同侵略中国的基本原则。因此它们强加给中国的一切不平等条约仍然有效,它们的在华特权继续存在。

《九国公约》的签订,是美国外交取得的重要成果。它使美国长期追求的"门户开放"在中国终于成为现实;它打破了日本对中国的独占,"又使中国回复到几个帝国主义国家共同支配的局面",[①]为美国进一步对华扩张和争夺亚太地区的霸权提供了条件。

华盛顿体系及其实质 华盛顿会议是巴黎和会的继续与发展,它在承认美国在远东及太平洋地区占有相对优势的基础上,在中国民族解放运动蓬勃发展

---

① 《毛泽东选集》第1卷,人民出版社1992年版,第143页。

的形势下,通过上述一系列条约,修改和补充了凡尔赛条约中的一些条款,解决了巴黎和会上没有解决的一些问题,建立了第一次世界大战后帝国主义列强在亚太地区新的国际关系结构,被称为华盛顿体系。

华盛顿体系的建立,使英国在远东的势力受到削弱,拉开了英国从远东撤退的序幕。在以后的年代中英国力图保持该体系所确立的现状并维持、发展在华利益,因此必然同日本的继续扩张发生冲突,英日矛盾将不断激化。日本的扩张野心遭到美英的遏制和中国人民的坚决抵制,但其独霸东亚的既定国策不会改变,在以后的年代中它不断寻找机会准备最终冲破华盛顿体系的束缚。美国作为该体系的主要规划者和潜在的保证者,力求保持远东及太平洋地区的新均势,因此美日矛盾终归不可调和。

华盛顿体系的建立,标志着战胜国帝国主义在全球范围内基本完成了对战后列强关系的调整和对世界秩序的重新安排。由凡尔赛体系和华盛顿体系构成的帝国主义国际关系新格局,史称"凡尔赛—华盛顿体系",国际联盟是这个体系的重要组成部分。

第三节 国际联盟

一、国际联盟的起源与成立

早在 19 世纪,随着社会生产和物质文明的巨大发展,各国之间交往范围的日益扩大,以及人类社会互相依存程度的不断加深,一些国际机构便根据行业需要而建立起来,并拥有监督国家个别行政部门的权力,如国际电讯联盟、万国邮政联盟等。到 1914 年这样的组织已有 30 多个。此外还有一些非官方的国际团体,如各国议会联盟、国际工会联合会以及许多有关宗教、科学、文学、体育的团体。但是这些国际组织的工作仅限于行政事务方面,并不具有政治上的任何约束力。

然而,第一次世界大战的爆发和战争的长期化,使饱受战乱之苦的各国人民强烈反对帝国主义战争,渴望和平。与此同时,几乎所有交战国和中立国的政治家们也都认为有必要建立一个新的国际体系来防止如此巨大的灾难再度发生。于是建立具有政治约束力的国际常设机构的想法应运而生,1915 年英国成立的"国际联盟协会"和美国成立的"美国实现和平联盟"都主张建立这种组织。不仅如此,到战争后期,英国和美国政府还把建立国际联盟作为它们进行这场战争的目的加以阐述。英国首相劳合-乔治在 1918 年 1 月 5 日同工会代表会见时,表示英国的作战目的之一就是"我们必须通过建立某种国际组织来设法限制军备的负担和减少战争的危险"。美国总统威尔逊则在 3 天后阐明的美国作战目的"十四点"原则中特别强调最后一点——"为了大小国家都能相互保证政治独立和领土完整,必须成立一个具有特定盟约的普遍性的国际联盟"。到战争结束时,不仅所有交战国都把"十四点"作为媾和的基础(除英国对航海自由予以保留外),而且英、法、美等国都已研究并制定了组织国际联盟的方案。

1919 年 1 月 25 日,巴黎和会全体会议通过了最高委员会提出的关于建立国际联盟的建议,并决定它应该作为总的和平条约的不可分割的一部分。随后和会成立了以威尔逊为主席的委员会起草国联盟约。各主要战胜国都力图使自己的方案体现在盟约之中。美国主张允许德国和小国加入国联,指望它们由于在经济上依赖美国而采取追随美国的政策,并要求由国联管理德国的前殖民地和前奥斯曼帝国的领地,以对抗英、法独占殖民地的政策,达到美国利用这一国际组织谋求世界领导权的目的。英国希望国联成为几个大国之间仲裁纠纷的组织,用以维护其殖民帝国的利益。法国则规定德国不得加入国联,并要求在国联建立一支国际部队,设立国际总参谋部指挥这支部队,监督各国兵力并在必要时采取军事行动,企图通过由法国控制这支部队争霸欧洲。日本要求把种族平等列入盟约,以使日本能无阻碍地向西方移民。然而,由于起草盟约委员会主要由英美代表组成,又以英美的联合草案作为讨论的基础,因此法、日等国的要求并未全部得到满足。

1919 年 4 月 28 日,巴黎和会通过了国联盟约,并把它列为凡尔赛条约和对奥、匈、保各国和约的第一部分内容。1920 年 1 月 20 日凡尔赛条约生效,国际联盟正式成立。当时的会员国是 44 个,战败国和苏俄暂被排除在外,以后发展到 63 个,美国则始终未加入国联。

二、国联盟约的主要内容及其评价

国联盟约共 26 条,主要内容包括国联的组织机构和职能,建立国联的目的和达到目的的手段,以及管理殖民地的委任统治制度。

国联的主要机构是会员国全体代表大会、行政院和常设秘书处。代表大会每年 9 月在日内瓦召开常会一次,必要时可召开特别会议。每个会员国所派代表不得超过三人,但只有一票表决权。行政院由美、英、法、意、日五个常任理事国①和经大会选出的四个非常任理事国(后来增加到 9 个)组成,每年至少开会一次,后改为每年开会四次。代表大会和行政院有权处理"属于联盟行动范围以内,或关系世界和平之任何事件",它们的所有决议必须全体一致表决通过。常设秘书处由行政院指定的一位秘书长领导,负责准备大会和行政院的文件、报

---

① 由于美国最终未参加国联,所以实际上只有四个常任理事国。后德国于 1926 年加入,并成为常任理事国。

告和新闻发布工作。除了这三个主要机构外,国联还设立了国际常设法院、国际劳工组织、常设委任统治委员会等六个常设机构和专门委员会以及许多辅助机构。

国联盟约宣称,国联成立的宗旨在于"促进国际合作,保证国际的和平与安全",为此盟约提出了会员国为实现这一宗旨而应尽的主要义务与职责。

第一,裁减军备。规定会员国"必须将本国军备减至最少之限度,以足以保卫国家的安全及共同实行国际义务为限";行政院则应当"考虑每一国之地势及其特别状况",制定裁军计划,提交有关政府审查。显然,这种对裁减军备的泛泛规定对各国政府都没有真正的约束力,事实上它们对此也不予理睬,反而时时以国家安全的需要和实行国际义务为由而不肯裁军。

第二,会员国有相互尊重并保持领土完整和行政独立,以防御外来侵略的义务。为此盟约规定会员国应当共同保证反对侵略和战争威胁;如果发生争端,应将争端提交仲裁、或依司法解决,或交行政院审查,并对破坏盟约而进行战争的国家采取经济、军事、政治上的制裁。但是盟约在这方面的规定有许多漏洞。例如,盟约对"侵略"和"侵略者"的涵义并未做出明确规定,这就不仅给侵略者以可乘之机,也使操纵国联的列强可以对条文作出任意解释;盟约规定对侵略者实行制裁,却未规定制裁的具体措施,还规定代表大会和行政院的决议需全体大会一致通过才能成立,这样,任何一个会员国都可以阻挠关于制裁侵略的决议通过,使这一规定成为一句空话。

第三,会员国要"维护各国间基于正义与荣誉之公开邦交",凡是各国之间订立的与国联盟约不符合的条约均应废止。但是在对战败国的和约中的许多条款,恰恰是对战前或战争过程中列强订立的秘密条约的兑现。因此盟约标榜的公开外交不过是对世界舆论的一种欺骗。

第四,盟约规定了"委任统治"制度,把德国的前殖民地和前奥斯曼帝国的领地交给国联,由国联把它们委托给英、法、比、日等主要战胜国进行统治。委任统治地分为三类:第一类包括前属奥斯曼帝国的阿拉伯领土,虽然"其发展已达可以暂被承认为独立国之程度",但还不能自立,故暂交委任国给予"行政之指导及帮助"。第二类包括德国在中非的前殖民地,由委任国"负地方行政之责",并保证其他会员国在该地区"在交换上、商业上之机会均等"。对第一、二类地区何时才能独立,未作明确规定。第三类包括德国过去在西南非洲的殖民地和在太平洋上的岛屿属地,受托国可将它们作为本国领土的一部分,根据本国法律进行管理。国联的"委任统治"制度,是帝国主义列强在战后世界被压迫民族风起云涌的反帝斗争形势下,为维护殖民统治而被迫对旧有的殖民体系进行的一种改造。它反映了时代的进步,但没有改变殖民统治的实质。

在创建国际联盟的整个过程中,美国总统威尔逊起了很大作用。但国联的成立未使美国获得多少实际利益,也未实现美国取得战后世界领导权的计划,这就引起了美国统治集团内部的争吵。威尔逊的政敌共和党操纵参议院,以国联盟约没有体现美国的战略目标,却使美国承担了许多义务,从而损害了美国的利益为借口,拒绝批准威尔逊已签了字的凡尔赛条约,也拒绝加入国际联盟。

国际联盟是世界上第一个政治性的国际组织,它反映了20世纪世界已发展为一个息息相关的整体的现实。但是它作为凡尔赛—华盛顿体系的有机组成部分,在帝国主义强权政治存在的情况下,实际成为英法所操纵的,并时时为美国所支持的维护它们在战后建立的国际政治经济新秩序的外交工具。第二次世界大战的爆发已使国联名存实亡,1946年4月国际联盟正式宣告解散。

第五章 资本主义世界的经济恢复与政治调整

第一节 战胜国英、法的困扰

1918年11月11日签署的停战协定,终于使历时四年多的第一次世界大战画上了句号。英、法作为战胜国为最终取得的胜利而志得意满,它们在凡尔赛会议上为瓜分战利品而你争我夺,并最后都得到了巨大的收获。英国已经建立了世界上最大的殖民帝国,现在又从瓜分原德属殖民地和奥斯曼帝国方面增加了近260万平方公里的土地。法国打败了它的世仇德国,称霸欧洲大陆的时机似乎到来了。但第一次世界大战对于英、法来说实际上是一次得不偿失的战争,它们在战后面临种种无法克服的困难,并迅速走向衰落。

一、盛极而衰的英国

持续萧条的经济 英国在大战中付出了沉重的代价。一般估计,大不列颠和爱尔兰的陆军和皇家海军人员伤亡总数为:死74.7万人,伤169.3万人。物质损失按凯恩斯的估计为5.7亿英镑,海外投资损失1/4。战争不仅使英国国债成倍地增长,从1914年3月的6.5亿英镑增加到1920年3月的78.28亿英镑,还使英国从美国的主要债权国变成了美国的债务国,欠债达8.5亿英镑。伦敦不再是世界惟一的金融中心,英镑的稳定地位也因英国金融实力的削弱和国际金融地位的下降而发生动摇。

战后,英国还丧失了海上霸主的地位。大战摧毁了英国商船的70%,英国海军也在战争中大大削弱。在1922年2月的华盛顿会议上,英国终于放弃了传统的"两强标准",同意在主力舰的吨位方面与美国相等。

在对外贸易方面,由于美国和日本竞争的加剧和自治领及殖民地民族工业的发展,英国的出口量从1913年占世界总出口量的13.93%,到1929年降为占世界总出口量的10.84%。

国内经济结构也面临严重问题。自19世纪70年代以来,英国一直是世界工业化的最大受益者,战后则面临新工业化对这个古老工业国家的冲击。由于缺乏大量资金去更新固定资本,英国传统的煤炭、钢铁冶金、纺织、机械制造等工业部门开始走向衰落。1920年爆发的战后第一次经济危机,受到最严重打击的正是这些部门。对外贸易萎缩和传统工业部门开工不足,造成大量失业人口。整个20年代,英国失业数字一直未能降至百万大关以内,情况之严重令每一届政府十分头痛。

为了改善英国经济在国际上的衰落地位,英国统治阶级一方面进行财政改革,于1925年4月宣布恢复英镑金价,使1英镑等于4.86美元,即相当于英美战前货币的比价,试图阻止英镑价值下跌,增强英国对世界进行财政剥削的金融力量;另一方面加速生产和资本的集中过程,使垄断组织在化学、钢铁、煤炭、冶金、纺织、电力等部门迅速扩展,以减缓内部竞争,增强其产品在世界市场上的竞争力。但是,英国统治阶级的这些做法并没有取得重大成果。英镑金平价政策反而使英国的对外贸易和工业生产更加困难。财政改革引起英国商品在世界市场上的价格大幅增长了12%,提高产品竞争力根本无从谈起,工业生产更受其影响停滞不前,失业严重的局面也就难以改善。

因此,直到1929年,英国的工业产量才勉强达到1913年的水平,传统工业部门连战前水平也没有达到。对外贸易所受影响最大,到1929年还远未达到战前水平,如果以1913年的指数为100,则1929年仅为87。整个20年代,英国在资本主义世界经济中的比重不断下降,工业生产由1913年的14%下降到1930年的10%。

第一届工党政府　战后英国经济的持续萧条,导致国内政治的相应变化。随着英国在资本主义世界经济地位的削弱和垄断组织的发展,过去长期占统治地位的自由放任主义思想逐渐失去了存在的基础,一直与保守党交互执政、信奉自由主义的自由党逐渐失势,并发生了严重分化,难以单独执掌政权。由于战后工人阶级力量的壮大,标榜社会主义的工党势力大大增加,开始取代自由党与保守党轮流执政,1924年1月工党领袖麦克唐纳组成英国历史上第一届工党政府,标志着工党走上了执政党的地位。工党执政后,在资产阶级允许的范围内,进行了一系列社会福利改革,如通过“惠特利住宅计划”,由国家补贴兴建低收入者居住的住宅;增加失业工人补贴,改善失业保险制度,增加养老金和抚恤金,等等。但是在战后严重的劳资纠纷中,工党袒护企业主,反对工人罢工,在对待工人运动和殖民政策上,工党与保守党没有什么两样。

1926年大罢工　第一届工党政府执政不到一年就因社会改革引起资产阶级不满而下台。微不足道的社会改革并未能缓解战后以来一直相对紧张的阶级矛盾。从1919年开始,英国罢工运动一直不断,其中以煤矿工人的斗争最为持久激烈。煤炭工业是英国的传统工业部门,其出口占英国出口总值的10%,在经济中占有重要地位。但它设备陈旧,技术落后,产品因成本高而缺乏竞争力。煤矿主企图通过降低工资、增加工时的办法来摆脱困境,加重了工人阶级的负担,从而导致了1926年震动全国的总罢工。

1925年6月,煤矿主宣布降低工资13% ~ 48%,取消最低工资限额,并以同盟歇业相威胁。英国矿工联合会得到铁路、运输、机械三大工会组织的支持,决定于 7 月 31 日（星期五）举行同盟总罢工以示抗议。鲍尔温的保守党政府宣布给矿主 9 个月的补助金，暂缓了一触即发的阶级冲突。政府利用这一时期集结力量准备向工人阶级反击。1926 年 3 月，政府公布了"皇家煤业调查委员会"的报告，同意削减工资 10%，延长工作日一小时，这说明政府以牺牲工人的利益来满足企业主的需要。矿工代表大会拒绝了政府的要求，在矿主宣布自 5 月 1 日起封矿停工、同盟歇业的情况下，于 5 月 4 日举行了大罢工。最初参加罢工的工人有 25 万，以后迅速波及全国各个主要工业部门，人员发展到 600 万。总罢工使英国的各大工业区陷于瘫痪，给统治阶级造成了严重的威胁。但是，正当罢工规模日益扩大并顺利发展之时，工党右翼领袖把持的工会总理事会却背着工人同政府进行秘密谈判，并不顾矿工的抵制，于 5 月 12 日强令全国工人停止罢工。总罢工被破坏了，只有煤矿工人在极端困难的情况下仍坚持斗争到 12 月份。

1926 年英国工人总罢工，表明战后英国阶级矛盾相当尖锐。统治阶级在罢工失败后加紧向工人阶级反扑，于 1927 年 7 月颁布了一项"劳资争议和工会法"。这项被工人称为"工贼宪章"的新法令，禁止举行总罢工和同盟罢工，凡参加新法令认为非法的罢工或歇业者，"应通过即席判决，处以 10 镑以内的罚款或 3 个月以下的监禁，或通过起诉判决，处以二年以下的监禁"。在资产阶级的猖狂进攻面前，工会领袖干脆号召工人放弃斗争，公开鼓吹阶级合作。以化学及电力工业巨头阿尔弗雷德·蒙德为首的 20 名企业家响应工会右翼领袖的呼吁，于 1928 年 7 月 4 日与工会签署协定，规定以"调解制度"取代罢工活动，开展所谓生产合理化运动，提高劳动生产率，"改进"资本主义。这种工会领袖同工业巨头为巩固英国资本主义而实行的合作政策，被称为"蒙德主义"。

1926 年帝国会议 英帝国的殖民体系在第一次世界大战后开始走向瓦解。随着各自治领民族工业和资产阶级力量的发展，它们与英国本土的矛盾也日益加剧，各自治领要求脱离英帝国完全独立的呼声越来越强烈。为解决英国本土与自治领间的相互关系问题，英国于 1926 年 10 月召开了帝国会议。在这次会议上，英国被迫承认自治领在内政和外交方面拥有独立地位，在法律上与英国平等。但由于各自治领在防务上需要英国军队、特别是英国海军的保护，以及英国和自治领在经济上的密切联系，它们仍然承认自己是英帝国的成员，并宣布效忠于英王。1931 年 12 月，英国议会通过的"威斯敏斯特法"，批准了 1926 年帝国会议的决议。

二、重建中的法国

恢复经济 法国在战争中的损失较英国严重得多。战争使法国丧失了 1/10 的人口，死亡的官兵达 131.5 万人，受伤近 300 万人。约 7% 的国土和大部分工业和富庶地区遭到德军占领和蹂躏，1/4 的产业遭战争破坏，物质损失高达

1 340亿法郎。内债膨胀,财政赤字猛增,1918年预算赤字为180亿法郎;外债惊人,法国欠美国160亿法郎,欠英国130亿法郎。法国虽然是战胜国,但是一个伤痕累累的战胜国。

战争造成的损失,使法国在20年代长时间里面临财政困难。因支出庞大,财政入不敷出,国债不断增加,到1923年时已高达305兆法郎。法国政府为追求法郎的国际地位,在战后初期实行紧缩通货政策,可法郎却不断下跌。整个1923年法郎贬值30.94%,1924年初又爆发了金融危机。通货膨胀,物价上扬,国际市场上针对法郎的投机活动始终不断,1926年达到顶峰,法郎兑换英镑的比价高达250∶1。这一年战后通货膨胀也达到了最高点,如以1913年物价指数为100,则1926年7月已高达806。

1926年普恩加莱再次出任总理后,把整理财政、稳定法郎作为治理内政的主要任务。他一方面紧缩开支,裁减人员;另一方面在调整税率、增开新税以增加国家收入的同时,对货币制度实施改革,确定法郎的汇价为1英镑等于124.42法郎,或1美元等于25.52法郎。法郎的贬值,稳定了国家财政,也使国家能轻而易举地偿还内债和外债。

到20年代后期,法国基本上完成了战争破坏地区的重建。法国通过举债重建,虽然造成了严重的通货膨胀,但确实取得了建设成就。固定资本得到了大规模更新;工业技术实现了现代化和标准化,改变了法国工业陈旧、落后的状态,促进了生产的发展。1924年,法国的工业生产总量第一次超过了战前水平,从1924年到1929年,工业发展的速度每年达到5%,超过了战前的最高速度3.4%,也超过了英、德两国,仅低于美国。国内贸易异常活跃,对外贸易总额不断增加。尽管农业生产在20年代一直停滞不前,但到1929年也恢复到了战前水平。随着社会经济的迅速发展,政府为缓解社会和阶级矛盾,还实施了一些社会福利措施,如1926年第一次实行了失业补助金法,1928年对低工资职工实行养老金制,对疾病、残废的工人、孕妇实行津贴,等等,人民的生活水平在一定程度上有所改善。

寻求安全 凡尔赛和约为法国提供了相当的安全保证,但是由于法国没有达到彻底肢解德国的目的,以及会后没有得到英、美两国以条约形式保障法德边界,它继续再为寻求安全而努力。

法国对付德国的传统办法是结盟。但是,第一次世界大战后,英国不愿承担大陆义务,拒绝与法国结盟。俄国发生十月革命后,法国也不愿与社会主义国家苏联结盟。于是,法国向德国周围的中小国家寻求盟友。1920年9月,法国与比利时签订了军事协定;1921年2月和1924年11月又先后同波兰和捷克斯洛伐克缔结了同盟条约,从而在欧洲大陆建立了一个以法国为首的主要针对德国的同盟体系。另一方面,为了防止匈牙利修改《特里亚农和约》和保加利亚修改

《纳依和约》,捷克斯洛伐克、罗马尼亚和南斯拉夫也分别缔结了三项双边同盟条约,在中欧和东南欧也形成了一个同盟体系,通称"小协约国"。法国为了利用小协约国扩大自己的影响,抑制德国,反对苏联,继法捷同盟条约之后,又于1926年6月和1927年11月先后同罗马尼亚和南斯拉夫缔结了友好条约。

但是,比、波、捷、罗、南毕竟是中小国家,而且波、捷、罗、南四国都位于德、苏两大国之间,既怕德国,又怕苏联,实难发挥钳制德国和遏制苏联的双重作用。因此,法国还要寻求能够保障自己安全的更直接、更有力的办法。1925年10月签订的《洛迦诺公约》,被法国外长白里安认为:"我国的安全比任何时候都更有保障了。"但《洛迦诺公约》实际上使法国自身的安全还要依赖英国和意大利的保证,而且削弱了法国的同盟体系(详见本章第6节)。

除与一些国家结盟和签订安全保障条约外,法国还耗费巨资,修建了一条马其诺防线,以图在德军再次来犯时得以自保。第一次世界大战后,年迈的法国高级将领仍然身居高位,他们墨守成规,根据第一次世界大战的经验,特别是法国防守(如凡尔登之役)的经验,坚持打防御战的战略思想,认为连亘战线是不可攻破的。这种保守的、过时的军事思想之所以被法国最高统帅部奉为神明,是由于以下一些原因。第一,法国已经取得胜利,只要能保住胜利的果实,平安无事地过日子,就可以心满意足了。再加上第一次世界大战中,法国伤亡惨重,而战争中与战后的出生率都很低,兵源严重不足,以致人心厌战,进攻的军事理论没有社会基础。第二,在第一次世界大战中,法军坚守连亘战线,德军虽曾几度突破法军防线,但突破口总能被修补堵上。贝当元帅说:"连亘战线是上次大战的一个伟大的启示。它被证明是坚不可摧的"。第三,轻视坦克、飞机这类新式武器的作用,不承认装甲部队是独立的兵种,不承认一支大规模的独立装甲部队能够突破敌人步兵和炮兵的防线;也不承认空军是独立的兵种,在1921年贝当制定的《最高统帅部手册》中只简单地说:"飞机白天侦察,夜间轰炸"而已。

根据上述的战略、战术思想,法国从1928年开始建造马其诺防线,至1936年初期规划工程基本完成,历时8年,耗资500亿法郎。但到第二次世界大战开始后,马其诺防线并未起到原先设想的作用。建造这个著名阵地工事的目的是使法国在防御上固若金汤,但相反却助长了法国人的苟安情绪,腐蚀了军队的战斗精神,给1940年的军事崩溃埋伏下了种子。

频繁更替的政府　两次大战之间,法国政府频繁更换。如果从1920年1月米勒兰组阁算起,到1940年3月达拉第下台,法国共有40届政府。如果算到1929年11月白里安下台,共有17届政府。从1925年11月到1926年7月,白里安一共组织了三届政府,但第三届(1926年6—7月)只维持了三个星期。1926年7月复出组阁的赫里欧仅维持3天,就匆匆下野了。

1919年11月,举行了战后的第一次议会选举。选举前,民主联盟、共和同盟等右翼政党联合起来,组成"国民联盟",竞选的口号是反对布尔什维主义和社会动乱。大选后,克里孟梭辞去总理职务,由米勒兰组阁。他上台后,残酷镇压了 1920 年的铁路员工大罢工。从 1922 年 1 月起,素以强硬著称的普恩加莱出任总理。1923 年 1 月,法、比军队以德国未如期偿付赔款为由,出兵占领鲁尔。鲁尔冒险以失败而告终。

1924 年 5 月,在法国举行了战后第二次选举。由于出兵占领鲁尔失败,"国民联盟"威信扫地。社会党、激进社会党等组成的"左翼联盟"获胜。以赫里欧为首的激进党人组织内阁,社会党人没有入阁,但表示支持政府的内外政策。在外交上,"左翼联盟"一反普恩加莱的强硬路线,采取与德国和解的政策。1924 年 7 月,赫里欧政府接受了道威斯计划,1925 年 10 月潘勒韦政府又接受了洛迦诺公约。1924 年 10 月,赫里欧(总理兼外长)还致电莫斯科,表示承认苏联政府。此后,法、苏两国正式建立了外交关系。"左翼联盟"执政期间,国债不断增加,财政异常困难。先后组阁的赫里欧、潘勒韦、白里安企图通过增加税收、发放国库券、增加法兰西银行对政府的预支(法定界限是 410 亿法郎)等办法,解决财政困难,但遭到大资产阶级和右派的反对。1926 年 7 月中旬,国库空虚,数十亿法郎的短期借款已经到期,政府无力偿还,法郎贬值到 1 美元兑 50 法郎。7 月 17 日,白里安政府垮台。7 月 21 日,赫里欧再次组成政府。当他将组阁名单交由众议院批准时,以 290 票对 273 票遭到否决。

国民联合政府 "左翼联盟"政府垮台后,议会内政治力量进行了新的组合。右翼政党不是多数,不能组阁。左翼政党虽占议会多数,但出现了社会党和激进党的分裂。于是总统任命普恩加莱组成"国民联合"政府,它其实是右派和中派的联合,社会党人拒绝参加。普恩加莱执政期间(1926 年 7 月—1929 年 7 月,共两届政府),通过削减开支,提高税收,增加了政府的收入,保持了收支平衡。但税款增加最多的间接税,主要由无产阶级和小资产阶级负担。1928 年 11 月,激进党退出联合政府,此后普恩加莱领导的便是清一色的保守派内阁了。

与英、美国家两党轮流执政的情况不同,法国政党较多,多采取联合组阁形式,政府在议会中缺乏稳定的多数,易为议会操纵,常为议会推翻,或因联合政府的内部分裂而自行瓦解。政府频繁更换,造成政局不稳,从而削弱了国家的力量。

第二节　魏玛共和国

魏玛共和国的建立和十一月革命的结束 一月战斗失败后,德国于 1919 年 1 月 19 日举行国民会议选举。德国共产党拒绝参加选举。社会民主党得到的选票最多,获得 421 个议席中的 163 个。独立社会民主党仅获 22 个席位。

2月6日,国民会议在魏玛开幕。同一天,工兵苏维埃中央执行委员会和人民全权代表委员会宣布把权力移交给国民会议。

2月11日,国民会议选举艾伯特为总统。社会民主党由于在国民会议中没有取得多数席位,不能单独组织政府,便同民主党和人民党联合组阁,谢德曼担任总理。1919年6月,谢德曼因不愿在凡尔赛和约上签字,辞去政府职务。社会民主党人鲍威尔接任总理,派遣外交部长米勒到巴黎签署和约。7月9日,国民会议批准了凡尔赛和约。

1919年7月31日,国民会议通过新宪法。8月,艾伯特总统签署生效。魏玛宪法规定德国为一共和国。在中央政府和各邦的关系上,仍实行联邦制,但各邦的权力较帝国时代大为减少。外交、国防、财政、关税、邮电等事务归中央政府掌管。各邦设置自己的议会和政府,有权管理本地的行政、教育、警察等事务。德国立法机关由两院组成。参议院由邦选派的代表组成。它主要起咨询作用,但各项立法须得到它的同意。不过,国会只要有2/3的多数,参议院虽然反对,仍可通过一项法律。德国国会由年满20岁的男女公民选举产生。它负责立法和决定预算,有权宣战和媾和。政府总理和部长都对国会负责,如果得不到国会信任,就必须辞职。总统由全体公民直接选举产生,任期七年,连选得连任。总统有权任免总理,解散国会。宪法第四十八条授予总统以特别权力。"如德国境内之公共安宁和秩序受到严重扰乱或危害时",总统可以将公民的基本民主权利"全部或部分停止",可以采取各种必要行政措施直至采用武力,来恢复公共安宁和秩序。宪法规定,"所有德国人在法律面前平等",废除等级特权及贵族称号,公民有人身、通信、居住、言论、集会等自由。

魏玛宪法在很多方面比原有的帝国宪法前进了一步,资产阶级在德国政治生活中起着愈来愈大的作用。但是,它没能彻底排除地主贵族的势力和影响。

在魏玛国民会议召开的前后,德国无产阶级继续为争取建立苏维埃政权而战斗。1919年1月10日,不莱梅宣布成立社会主义共和国,建立了由共产党人、独立社会民主党人和士兵代表组成的人民全权代表委员会。1月底,政府派军队去镇压,孤立的不莱梅共和国于2月4日被颠覆。2月下旬,鲁尔地区和中部的爱尔福特、哥达等城市先后爆发总罢工,要求立即实行社会化政策。政府采取软硬兼施的手段,一方面要求国民会议通过关于社会化的法令,一方面派遣军队平息各地的工人抗议。

3月3日,柏林工人在柏林苏维埃的号召下举行罢工。这一天,《红旗报》发表文章,要求取消国民会议,一切权力归苏维埃。当天晚上,工人攻占了许多警察所,并筑起街垒同反动武装对抗。由于力量对比悬殊,柏林工人被迫于3月16日停止战斗。起义失败,1 000多人被杀害。

4月13日,慕尼黑工人在共产党领导下发动武装起义,夺取了政权。共产党人和独立社会民主党左翼分子共同组织政府,建立了巴伐利亚苏维埃共和国。共产党人列威纳担任政府首脑。新成立的苏维埃政权在极为困难的条件下采取了一系列革命措施。它武装了 3 万名工农子弟,组建了红军和赤卫队,成立了肃反委员会。它制订了工人监督企业的制度,并着手把银行、铁路收归国有。4 月中旬,政府集结 10 多万军队进攻巴伐利亚。社会民主党人在这紧急时刻,宣布拒绝同共产党合作,分裂了革命力量。5 月 1 日,政府军队攻进慕尼黑。列威纳等数百名共产党人和群众遭杀害,6 000 多人被逮捕监禁。巴伐利亚苏维埃共和国的失败,结束了德国十一月革命。

德国十一月革命是一次以无产阶级为主体的群众革命运动。它推翻了霍亨索伦王朝,使欧洲的一个反动君主大帝国崩溃。它打击了容克地主和军国主义势力,建立了资产阶级共和国。但这场革命没有导致无产阶级政权的建立。

十一月革命锻炼了德国无产阶级,在斗争中产生了德国共产党。德国十一月革命是第一次世界大战后世界革命高潮的重要组成部分。它推动了欧洲各国的革命斗争,支援了世界第一个无产阶级专政国家苏俄。

卡普暴动　魏玛共和国成立后,旧德国的官僚机构、司法系统、警察系统未受损失地保留下来,军队的数量虽然裁减了,但军官团还是由原来的人员组成。共和国时时受到反动和保守势力的威胁。

根据凡尔赛和约,德国军队应由 40 万人减至 10 万人。1920 年初,驻扎在波罗的海沿岸的 5 万德军正奉调回国,军官们得知裁军的消息后,极为不满,进行抵制。国内的军官同样要求维持军队的现状。3 月 13 日,埃尔哈特海军旅和其他几支部队在冯·吕特维茨将军率领下占领了柏林政府区,并拥立东普鲁士的地方长官卡普为总理。

当暴动者向柏林进军时,政府要求国防军出兵镇压,但遭到国防军军务局长塞克特少将的拒绝,理由是"国防军不打国防军"。总统艾伯特、总理鲍威尔等政府人员仓皇逃至斯图加特。但柏林工人举行了罢工,切断柏林和外界的通讯和交通联系,经济生活陷于瘫痪,3 月 15 日总罢工席卷全国。叛乱头子得不到支持,纷纷出逃,3 月 17 日卡普暴动彻底失败。卡普暴动证明:国防军成了"国中之国",它表面上不介入政治,但实际上总是站在反动与保守势力一边的。以无产阶级为主体的总罢工粉碎了暴动,但社会民主党和工会的右翼领导人并未借此机会进一步发展无产阶级的力量,而是要求立即结束总罢工,政府对叛乱分子也未严厉惩处。

赔偿问题与鲁尔斗争　德国的赔款数额在凡尔赛会议上没有确定下来。1921 年 4 月 27 日赔偿委员会把德国赔款的总额定为 1 320 亿金马克。德国应自 1921 年 5 月 1 日起每年交付 20 亿金马克,66 年内付清;1921 年 5 月 31 日前首先交付 10 亿金马克。5 月 5 日协约国向德国发出最后通牒,限在 6 天内接受这个方案,否则协约国将出兵占领鲁尔。5 月 11 日,德国政府接受了这个方案,并准时首先交付了 10 亿金马克。

但是,德国政府虽然接受了最后通牒,实际上却以种种手段进行抵制,如政府以弥补预算赤字为理由滥发纸币,造成恶性通货膨胀,从而可以财政破产为借口拒缴赔款。另一方面,法国与英国在赔款问题上也存在着尖锐矛盾。法国态度强硬,坚决要求德国履行赔款条件,指望用德国的赔款来补充恢复国内经济所需要的资金,并从经济上削弱德国,从而树立自己在欧洲的霸权。英国则愿意削减一定数量的德国赔款,以便德国恢复经济,可以扩大英德贸易,并使德国不致过分削弱,成为抗衡法国的一个重要力量。

1922 年 7 月 12 日,德国要求延期交付已到期的 1921 年赔款额。法国坚决反对,英国则支持德国的要求。1 月 9 日,赔偿委员会以多数票通过,确认德国蓄意违反履行赔偿的义务。1 月 11 日,法、比两国军队开始占领鲁尔,到 3 月份,占领军增加到 10 万人。德国政府于 1 月 13 日宣布实行"消极抵抗",停止支付赔偿,并指示各级官员拒绝执行占领军的命令,禁止铁路员工装运运往法国和比利时的货物。矿山和企业都停工停产。为了补偿企业因实行消极抵抗而遭到的损失,政府发放了巨额贷款,其中大部分都落入资本家的腰包,用于支付工人工资的只是一小部分。

法、比占领鲁尔及德国的"消极抵抗",使德国经济陷于崩溃。工业产量急剧下降,大批工人失业。通货恶性膨胀,马克严重贬值。1923 年 1 月,1 美元约合 18 000 纸币马克;8 月,1 美元约合 460 万纸币马克;10 月 21 日这一天,官方挂出的外汇牌价是 400 亿马克值 1 美元,而在非官方买卖中,实际上要用 600 亿马克才能换到 1 美元。300 多家造纸厂和 2 000 多架印刷机日夜不停地为国家银行印刷钞票。物价的飞涨远远超过了工资的提高,中产阶级在银行的存款一下子就化为乌有。但大资本家却乘机向国家银行大量贷款,用来套购外汇和从事货币投机活动,然后再用严重贬值的纸币马克去偿还银行贷款,给劳动人民带来无穷苦难的通货膨胀反倒成了大资本家手中发财致富的有力武器。德国经济失去了它最重要的能源和原料产地,要长久维持下去,是不可能的。更严重的是,8 月 12 日—14 日,发生了几乎遍及德国的总罢工,总计约有 300 万工人和职员参加。这次总罢工声势浩大,以致古诺政府不得不于 8 月 12 日下台。

8 月 13 日,德意志人民党领袖斯特莱斯曼继任总理。为了防止德国经济崩溃,为了防止革命形势的进一步发展,斯特莱斯曼政府于 9 月 26 日正式停止"消极抵抗"。他在致前皇太子的信中说:"我们必须放弃消极抵抗……因为它给我们带来了布尔什维克化"。1923 年秋,德国再次出现了革命形势。在萨克森和图林根,社会民主党和共产党一起在议会占了多数。10 月 10 日和 10 月 16 日,在萨克森和图林根先后成立了两党共同组成的联合政府。这是 1918 年革命以来在德国政党和议会史上从未有过的事情。总统艾伯特十分恐慌,宣布全国处于"非常状态",他援引魏玛宪法第 48 条,授权国防军采取军事行动。10 月 29 日,国防军的队伍开进了萨克森的首府德累斯顿,占领了邦政府。11 月 13 日,图林根也被国防军占领。同年 10 月,汉堡爆发了无产阶级起义。工人们进行了三天的英勇斗争,终因寡不敌众,被政府军警镇压了下去。汉堡起义工人的失败,标志着 1923 年革命高潮的终结。

1923 年啤酒馆暴动 鲁尔危机期间,各种右派势力蠢蠢欲动,11 月在慕尼黑发生了民族社会主义德意志工人党党魁希特勒举行的一次未遂政变。

民族社会主义德意志工人党,原名德意志工人党,创建于 1919 年,是一个以工人群众为基础的、富有民族主义色彩的反犹主义的小党。同年 9 月,阿道夫·希特勒(1889—1945)加入,很快就成为该党的领导人之一。1920 年,德意志工人党改名为民族社会主义德意志工人党("纳粹"是德语民族社会主义一词的缩写 Nazi 的汉语音译),党纲共 25 条。25 条纲领主要包括两方面的内容。一方面包括一些极端民族主义的条款,如建立大德意志帝国、只有日耳曼血统的人才能成为德国公民、反对国内外犹太人的唯物主义精神、废除凡尔赛和约并要求得到领土和土地(殖民地)来养活德国人和迁移德国的过剩人口,等等。另一方面包括一些反对资本主义和主张社会改革的条款,如砸碎利息奴役制、没收一切战争利润、企业(托拉斯)实行国有化、参加大企业的分红、实现土地改革、废除地租、把大百货公司充公、廉价租赁给小工商者,等等。第一次世界大战后,德国中下层人民处境困难,向往社会主义,革命运动一度蓬勃兴起。上述那些反对资本主义和主张社会改革的条款反映了党内最初一些成员的小资产阶级社会主义的思想和要求。为了争取工人阶级、小资产阶级和下层中产阶级的支持,希特勒也不能不允许这些条款写进党纲,但他是从来不打算把它们兑现的。1921 年,希特勒当选为纳粹党主席,从此在党内实行独裁统治。同年,他建立了纳粹党的准军事组织——冲锋队。

1923 年 1 月,法、比军队占领鲁尔地区,德国发生了如脱缰之马的恶性通货膨胀。希特勒认为夺权的时刻已经到来。1923 年 11 月 8 日晚,他趁巴伐利亚邦长官在慕尼黑一家啤酒馆集会的时机,率领一批冲锋队员闯进会场,企图推翻政府。由于纳粹党的力量这时还很薄弱,大资产阶级和保守派势力也没有看中他们,这次暴动很快就被平定下去了。希特勒被判刑五年,但一年后便被假释出狱。在狱中,他口授了《我的奋斗》一书,这是一部集种族主义、反犹主义、极权主义和帝国主义种种反动思想于一体的大杂烩。希特勒宣扬雅利安种族优秀论,妄说雅利安人是"神人","我们今天所看到的一切人类文化、一切艺术、科学和技术的成果几乎完全是雅利安人的创造性产物"。他诬蔑犹太人是"寄生物"、"不具备任何构成文化的力量"。犹太人既是德国外部的敌人,因为"世界上对德国的攻击,其炮制者都是犹太人",又是德国内部的敌人,因为犹太人利用马克思主义学说"毒害德意志民族的灵魂"。希特勒攻击资产阶级议会民主制度,说"今日西方的民主主义,乃是马克思主义的前驱。惟有根本肃清德国现行之全部制度,始有'挽救之道'。他鼓吹"领袖原则",认为"必须要由一个人单独来作出决定","只有他才有权威,才有指挥权力","决不能实行多数决定的制度"。扩张有理、侵略有理的"生存空间"论,是希特勒的另一喋喋不休的题目。他说:"只有在这个地球上有足够大的空间,才能保证一个民族的生存自由","民族社会主义运动必须努力消灭我国人口与我国面积之间的不平衡状态"。德国的领土扩张,主要应在欧洲大陆的范围之内实现,"首先只能想到俄国以及臣服于它的边缘国家"。

兴登堡当选总统　1925 年 2 月 28 日,艾伯特去世。3—4 月,举行新的总统选举。在第一轮选举中,7 名候选人中没有一人得票超过半数。得票最多的是杜伊斯堡市长、民族人民党的雅雷斯。得票次多的是普鲁士邦总理、社会民主党的布劳恩。根据宪法规定,举行了第二轮选举。① 社会民主党、民主党支持中央党领袖威廉·马克斯,各右翼政党则支持兴登堡元帅。共产党的候选人是台尔曼。4 月 26 日,兴登堡以 1 465 万票当选。马克斯获 1 375 万票,台尔曼获 193 万票。

兴登堡是一个老牌军国主义分子,第一次世界大战时任东线德军总司令,最高统帅部建立后实际负责指挥全军。德国战败后,他退隐乡居,待机而动。兴登堡的当选总统,是德国军国主义和帝国主义复活的表现。

经济的复兴　德国政府停止消极抵抗后,首先整顿货币。1923 年 11 月 15 日,发行了新的货币"地产抵押马克",1 个"地产抵押马克"换 1 万亿纸币马克,这种新货币由总值 32 亿金马克的全国土地和工业作担保,取得了公众的信任,收到了稳定货币的效果。1924 年 8 月 29 日,德国国会通过接受道威斯计划。此后,外国贷款大量流入德国公私企业。

德国工业在 1923 年降到只有战前 1913 年的一半左右,从 1924 年起开始回升,到 1927 年已略略超过战前。工业指数如以 1913 年为 100,则 1927 年为 109,1928 年和 1929 年均为 115。在经济结构方面,发生了重心从农业向工业的转化。农业、林业和渔业在国内生产总值中的比例从 1910 年到 1913 年的 23%,降低到 1925 年到 1929 年的 16%,而工业和手工业生产则从 45% 增长到 48%。商业、交通、服务行业以及公用设施从 32% 增加到 36%。国民收入也有所增加。1928 年,德国国民收入估计接近于 180 亿美元,而 1913 年是 120 亿美元。按人口计算,人均收入由 178 美元上升到 279 美元。

---

① 在第二轮选举时,得票最多者即可当选。

德国的经济复兴,主要靠两个因素。一是外国资本的大量输入。从 1924 年 9 月 1 日到 1931 年 6 月 30 日,德国支付的赔款总数为 110 亿金马克,相当 26 亿美元。但是,在 1924—1930 年期间,德国一共获得了 250 亿金马克的外国(主要是美国)贷款,远远超过了它的赔款数额。二是实行了产业的"合理化"。德国不仅从美国吸收了大量资本,而且引进了先进的科学技术和高效率的科学管理方法。装配线的使用就是革新措施的一种。产业的"合理化"加强了对工人的剥削程度。例如,在莱茵褐煤工业中,1924 年第一季度每个矿工的采煤量约为 336 吨,但是到 1925 年的最后一个季度,每个矿工的采煤量竟提高到 700 吨。

在经济复兴的过程中,垄断资本的势力大大加强了。1925 年 12 月建立的法本化学工业公司和 1926 年 1 月建立的联合钢铁公司,是两个最突出的例子。法本化学工业公司几乎完全控制了德国的合成炸药以及人造纤维和颜料的生产,联合钢铁公司则集中了德国石煤和生铁生产的大约 50% 和钢生产的 40%。垄断资本不仅控制德国的经济命脉,而且对政治生活产生越来越大的影响。

第三节　意大利法西斯专政的建立

一、战后初期意大利的经济政治形势

与欧洲其他大国相比,意大利素来贫弱。第一次世界大战加剧了意大利国内政治经济生活中固有的矛盾,也使它与其他欧洲列强之间的争夺更为激烈。战后的经济困境、政治动荡以及阶级矛盾的尖锐激化,再加上作为战胜国没有捞到什么好处而引发的激昂的民族主义情绪,使统治阶级选择了与法西斯运动相结合的道路,导致在意大利出现了世界上第一个法西斯政权。

战后初期,意大利陷入了严重的财政经济危机之中。这个国民总收入年仅 200 亿里拉的国家,在大战期间的战费支出高达 650 亿金里拉(相当于 1 459.36 亿里拉)。其中外债 200 亿,内债 350 亿。战争造成的巨额债务不仅使意大利战后通货膨胀,物价飞腾,还造成严重的金融混乱和财政崩溃。由于缺少资金,意大利工业生产很难顺利完成由战时经济向和平经济的转轨。设备陈旧,技术落后,商品生产成本高,缺乏市场竞争力,使意大利进出口贸易难以保持平衡,入超严重。随着战争工业的转产,大批中小企业破产倒闭,失业人数日益增长,200 万复员军人难以找到工作。工人阶级的生活水平因通货膨胀和物价上涨而普遍下降,失业人员更陷于贫困之中,意大利社会蕴蓄着尖锐激烈的阶级矛盾和冲突。

经济危机引起革命危机。1919 年,意大利全国各地举行的罢工达 1 871 次,参加者 55.4 万人;1920 年工人运动的声势更加浩大,全国举行罢工 2 070 次,参加者猛增到 231.4 万人。罢工工人要求提高工资和八小时工作制,还有至少 60 万工人参加了占领工厂、建立工厂委员会的斗争。工人运动极大地鼓舞了农民,在意大利农村,从自发的抗租、抗税斗争到以退伍军人为主的占地运动蓬勃兴起。到 1920 年 4 月,全国有上百万农民和退伍军人参加了占地斗争,占领了 191 户贵族和大地主的 217 万公顷的土地,有的地区的农民,甚至夺取了村镇政权,建立了农民自己的组织。工人占厂、农民占地,在意大利统治阶级眼中大有政权难保之势。

正当国内阶级矛盾异常尖锐之时,巴黎和会上意大利分赃最少,甚至连英、法 1915 年为换取意大利站在协约国一边参战曾作出的许多领土许诺也未能兑现。消息传来,引起意大利社会各阶层的极大不满,民族主义情绪空前高涨,打倒政府的呼声响遍了全国。人们指责政府无能,期望有一个强有力的政府和铁腕人物来扭转意大利的局面,以武力实现领土要求。在这样的历史背景下,意大利的法西斯势力迅速崛起。

意大利法西斯运动的发展,有一个逐渐演变的过程。一开始它还只是一场小资产阶级的左翼运动,之后被统治阶级所利用。法西斯运动的领袖心甘情愿与大资产阶级和封建残余势力相结合,成为他们手中对内镇压工农运动,对外叫嚣民族沙文主义的工具。最后,在统治阶级的扶持下,意大利法西斯运动迅速发展成为政坛上一支最重要的力量,并夺取了国家政权,建立起了以墨索里尼为首的法西斯独裁统治。

二、法西斯党的建立及其夺权斗争

墨索里尼 1883 年出生于一个铁匠家庭,早年倾向社会主义,加入意大利社会党。1912 年担任社会党机关报《前进报》的主编,并成为社会党的领导人之一。第一次世界大战爆发后,墨索里尼因公开表示支持政府参战而被赶出《前进报》,并被开除出社会党。1914 年 10 月他参加了意大利第一个法西斯组织——“国际行动革命法西斯”,并在三个星期后创办了一份新报纸《意大利人民报》。1915 年 1 月,“国际行动革命法西斯”更名为“革命干涉行动法西斯”,并在米兰建立了全国性组织,墨索里尼很快成了这个组织的核心人物。1915 年 5 月 24 日意大利政府正式对奥宣战,墨索里尼与其他领导人立即应征入伍,革命干涉行动法西斯虽未正式宣布解散,但已名存实亡。

战争结束后,墨索里尼等人决定重建法西斯组织。1919 年 3 月,他们在米兰召开了“战斗的意大利法西斯”的成立大会,并发表了政治声明和纲领。纲领提出“实行八小时工作制”,“确定最低工资标准”、“把工厂或公共事业机构的管理权交给无产阶级的组织”、“对资本课以累进性特别重税”、“没收宗教团体的全部财产”、“实行普选”等激进的社会改革措施。这表明此时战斗的意大利法西斯代表的是意大利中小资产阶级的利益,希望建立一个能维护他们利益的政权。但是,战斗的意大利法西斯作为一支新兴的政治力量,还难以同在工农中间有广泛影响的社会党和人民党相抗衡;它纲领中的反资本、反教会的措施也使垄断资本、封建残余势力和权势集团存有戒心。因此,在 1919 年 11 月的意大利大选中,法西斯运动的候选人无一人当选。竞选失败,使法西斯分子失去信心,许多人相继抛弃了这个运动。到 1919 年底,战斗的意大利法西斯从 9 000 多人衰落到只剩下 870 人。

墨索里尼决心改变法西斯运动的政治方向,投靠统治阶级,以求东山再起。1920 年 5 月,是意大利法西斯运动的重要转折点。24 日,战斗的意大利法西斯在米兰举行第二次全国代表大会,重新选出了党的领导机构,通过了新的《法西斯纲领的基本要点》。这个新纲领无论在政治上、经济上以及社会、军事各方面的主张都表现出了明显的向右转的趋向。从此,法西斯运动转向反动。它建立了以反对社会党为首要目标的法西斯行动队,由过去的同情和支持工农运动转而采用残酷的手段疯狂破坏工农革命组织,殴打和杀害社会党和工会领导人,公开参与军警对群众运动的镇压,与之合谋制造白色恐怖。法西斯运动的新动态使垄断资产阶级和封建王室为主体的统治阶级消除了对它的疑虑,开始转而大力支持它的发展。在统治阶级的扶持与资助下,法西斯运动在一两年的时间里获得了重大发展。到 1920 年底,战斗的意大利法西斯成员已达 20 615 人;到 1921 年 5 月底猛增至 187 098 人;到 1922 年 5 月,已更名为“国家法西斯党”的党员人数为 322 310 人。意大利法西斯已从一个微不足道的运动一跃而成为拥有武装的全国第一大党。面对法西斯运动的迅猛发展,墨索里尼等领导人不再安于仅仅充当统治阶级营垒中的一个次要角色,开始跃跃欲试谋求夺取全国政权了。

战斗的意大利法西斯 1921 年 11 月 7 日在罗马举行的第三次代表大会,是意大利法西斯运动发展的一个里程碑。它标志着法西斯运动从依靠统治阶级转向夺取全国政权、建立法西斯独裁统治的开始。这次代表大会,战斗的意大利法西斯更名为国家法西斯党,确定了以古罗马的“棒束”为标志的党徽,选举墨索里尼为党的领袖。大会通过的纲领表明,国家法西斯党要摒弃传统的资产阶级议会制国家,恢复罗马帝国的霸业,建立一个对内实行极权统治,对外进行侵略扩张的法西斯政权。

罗马代表大会之后,墨索里尼开始了夺取全国政权的准备活动。他将法西斯党各级组织全部军事化,实行全党皆兵;以帮助政府恢复秩序为名,加紧恐怖活动,广泛夺取地方政权。经过这番准备之后,他们决定向罗马进军,取中央政府而代之。1922 年 10 月 27 日,由 3 万名法西斯行动队员组成的“进军队伍”分三路向罗马进发,法克特总理要求国会颁布全国戒严令,遭到国王拒绝,法克特政府被迫辞职。29日国王埃马努埃莱三世授权墨索里尼担任总理组阁。31日墨索里尼组成第一届法西斯政府,法西斯党终于上台执政。

三、法西斯专政的建立

墨索里尼执政初期,法西斯党在议会中仅有35个席位,社会党和得到农民支持的人民党在议会中占据着43.2%的席位。在14名内阁成员中,法西斯分子仅占4人。这表明墨索里尼虽攫取了政权,但它还立足未稳,尚处在议会制躯壳下孕育法西斯集权统治的过渡时期。为了保证法西斯党对国家政权的绝对控制,墨索里尼一方面进一步改善与垄断资本的关系,废除"累进税法",以各种名目和方式向大资本家提供资金,帮助他们摆脱战后所面临的经济危机,以争取他们的全面支持。另一方面,加强对党政大权和法西斯武装的控制,解散所有党派武装和由4万人组成的皇家卫队,建立由他直接掌握的国家安全志愿民兵,并设立一个"超越和凌驾于原有政治机构之上"的党的最高领导机构——"法西斯大委员会"。为了使法西斯党成为议会多数,1923年11月,墨索里尼强迫议会通过新选举法,以兼并其他党派。新选举法规定,凡某一党所得选票占总票数的1/4以上,便可在议会中占有2/3的议席,组织内阁。这个法案预先保证了法西斯党得以确立对议会的全面控制。

1924年4月,墨索里尼的国家法西斯党在全国大选中依靠恐怖手段和舞弊行为,获得了占投票总数65%的选票。法西斯的倒行逆施引起广大群众和其他政党的强烈不满。统一社会党总书记、众议员马泰奥蒂在议会揭露和谴责了法西斯党在选举中的种种暴行之后,于6月10日被法西斯分子暗杀。这一罪恶行径在意大利全国引起了强烈反响。意大利民主派的150名议员,组成"亚文丁联盟",集体退出议会,要求墨索里尼政府辞职,并呼吁国王解散议会。社会各阶层掀起的反法西斯热潮,使法西斯政权大有摇摇欲坠之势。墨索里尼一方面否认政府与此案有牵连,并缉拿涉嫌罪犯,以平息众怒;另一方面在得到王室和教廷的支持后,加紧反攻倒算。1925年1月3日,墨索里尼在议会公开宣布以武力镇压反法西斯的活动,之后在全国范围内展开大规模恐怖行动,逮捕所谓"危险分子",查封和解散各种非法西斯团体,并连续几次改组内阁,把政府中的非法西斯大臣全部排除在外,从而在意大利彻底抛弃了议会民主制,建立了法西斯的一党专政。

1925年1月实行法西斯一党专政后,墨索里尼采取了一系列措施,进一步攫取权力,加强和完善法西斯的极权体制。

从1925年5月起,法西斯政权颁布了一系列法令,为墨索里尼独裁统治提供法律保证。1925年5月16日颁布《反秘密团体法》,宣布取消集会和结社自由;6月20日颁布《法西斯新闻检查法》,取消言论自由;12月24日颁布《政府首脑及阁员职责与特权法》，授予墨索里尼以独裁权，要内阁大臣和副大臣像士兵一样，一切行动听从"领袖"的命令；1926年11月26日，颁布《国家防御措施法》，宣布取缔国家法西斯党以外的所有政党；1928年12月9日颁布《法西斯大委员会权力法》，规定政府首脑和法西斯大委员会主席由墨索里尼一人担任。到1929年4月，作为政府首脑的墨索里尼一身兼任内阁13个部中的内政、外交、陆、海、空三军、职团、殖民和公共工程8个部的大臣，可谓集各种权力于一身。与此同时，墨索里尼开动所有宣传机器不遗余力地在全国和全党大树其领袖权威，开展对领袖绝对忠诚和绝对服从的教育。在法西斯党内进行大规模的清党运动，排斥异己和极端分子，使法西斯党成为墨索里尼手中的驯服工具。

为了实现国家全面法西斯化，墨索里尼还积极推行法西斯主义职团制，作为巩固极权统治的重要步骤。1925年10月2日，在墨索里尼指示下，召开了法西斯工会职团联合会与意大利工业家联合会的代表会议，会上双方签订了协议。在协议中，双方互相承认彼此是企业主和工人的惟一合法代表，工人与企业主的一切合同只能由它们及其所属组织签订。10月6日，法西斯大委员会批准了这个协议，并做出决定，宣布废除企业主与工会于1925年10月1日以前签订的各种劳动合同；承认法西斯工会职团联合会是工人利益的惟一合法代表；命令所有"厂内委员会"即行解散，从而使意大利工人阶级的组织遭到了彻底破坏。1926年4月和7月，墨索里尼法西斯政权又先后公布了《劳动职团法》和《劳动职团法实施准则》，取消了工人的罢工权利，在内阁设立职团部，并确定职团部为国家的行政机构，以"国家最高利益"的名义掌管生产纪律和协调工人联合会与雇主协会之间的矛盾。1929年9月职团部的职能进一步扩大，墨索里尼撤销了内阁中的国民经济部，将掌管国家经济和劳动人事大权并入职团部。到1934年2月5日，墨索里尼下令全国所有的行业及其雇员要无一遗漏地分别参加22个职团，22个职团之上，设立了由500人组成的全国职团委员会，其上又设置职团中央委员会，而职团中央委员会受墨索里尼亲自控制的内阁职团部直接领导。这样，法西斯政权就在"国家至上"、"劳资合作"的幌子下，通过职团制控制了整个国家和全体民众，其控制的严密程度是意大利历史上任何一位专制君主和独裁者都难以比拟的。

1929年2月，意大利政府同梵蒂冈教皇庇护十一世签订了拉特兰协议，这是墨索里尼利用天主教在国内外的广泛影响进一步巩固集权统治的另一个重要措施。在协议中，意大利政府承认梵蒂冈为罗马教廷绝对所有；承认天主教为意大利国教；同意赔偿意大利统一期间没收的教会财产；同意在中等学校推广宗教教育。教皇则宣布承认意大利王国，同意在意大利实行政教分离，允诺意大利主教在就任教职前须向意大利国家元首宣誓效忠。

到1929年世界性经济危机爆发前，墨索里尼集党权、政权和财政经济大权于一身,控制了意大利的一切方面,成了意大利最高主宰者,法西斯集权统治已经全面确立和巩固。

第四节　美国的繁荣

一、经济繁荣与社会状况

经济繁荣及其原因　美国在第一次世界大战后经过 1920 年中至 1921 年末的短期经济萧条后,经济开始复苏,并逐渐趋于繁荣,其时间从 1923 年直到 1929 年秋,每年生产率增长达 4%。

这一时期,美国工业生产增长近一倍。国民总收入从 1919 年的 650.9 亿美元增至 1929 年的 828.1 亿美元。人均收入从 1919 年的 620 美元增加到 1929 年的 681 美元。

美国这次经济繁荣主要表现在工业生产的膨胀,特别是汽车工业、电气工业、建筑业和钢铁工业生产的高涨。拿汽车来说,其实际生产量从 1919 到 1929 年增长了 255%,汽车数量从 1921 年的 1 050 万辆增至 1929 年的 2 600 多万辆。汽车工业直接间接地为 500 万人提供了就业机会,并促进了石油、轮胎制造、公路修建及钢铁业的巨大增长。次于汽车的最重要的工业进展是电气机器和用具的制造。工业转向使用电力,家庭主妇开始购买电熨斗、洗衣机、吸尘器及电冰箱等。1929 年以后,收音机已普及于寻常百姓家。有声电影也于此时问世。此外,建筑业迅速兴起。据统计,用于 120 个城市的房屋建筑的费用,1919 年为 12 亿美元,1926 年上升到 128 亿美元,其中大部分为非住宅建筑。这样,汽车工业、电气工业和建筑业成为 20 年代美国经济繁荣的主要支柱。

经济的繁荣大大便利了美国经济向海外的扩展。1919 年,美国资本输出额为 70 亿美元,1929 年增至 172 亿美元(二者都不包括第一次世界大战中的战债)。这又推动了美国去搜取过去为英、德控制的贸易市场。美国商品大量输出,1922 年为 39.71 亿美元,1929 年增至 51.57 亿美元。1929 年,资本主义世界使用的汽车 81% 是美国货。

促使 20 年代美国经济发展的主要原因之一是技术革命刺激了劳动生产率的提高。新机器的使用和技术管理方面的进步,使美国从 1923 年到 1929 年期间,制造业中每个工人的每个工时的产量提高了 32%。1919 年至 1929 年,整个工业生产率提高 40%,农业提高 26%。许多工业进行了技术改造。装配线技术在汽车制造、造船、飞机引擎及军火等部门广泛采用。钢铁工业采用连续轧钢机,效率提高 40 至 50 倍。建筑业采用了风动工具,水泥搅拌机和传送带等。为了推动技术改造,从 20 年代开始,许多公司建立起独立的工业研究实验室。到

1927 年,至少有 1 000 家公司或独立或联合进行研究工作。20 年代美国工业继续进行了管理革命。到 1929 年,大多数工业由具有专业训练的经理来管理。而且,许多大公司致力于有利于工业稳定的合并。在整个 20 年代,新老工业合并趋势均在加速。

社会生活和价值观的变化 随着经济的繁荣,在社会生活和社会价值观等方面也发生了变化。

经济的发展使城市人口增长。在 1920 年至 1929 年的 10 年中,有 1 943.6 万人从农村流入城市。1900 年,人口在 100 万以上的城市只有纽约、芝加哥和费城三个;20 年代,同等人口规模的大城市增至 10 个,位于大城市周围的所谓卫星城获得迅速发展。这些郊区成为上层阶级和中产阶级的居住区,它们的发展及其独立性,抑制了中心城市的扩大。

20 年代,美国实行限制性的移民政策。在"外国人和外来哲学"引起颠覆的群众恐慌高潮声中,1921 年国会通过《移民紧急限额法》,规定每年从任何一国进入美国的移民数限制为 1910 年该国已居住美国的移民数的 3%。1924 年制定的《国别来源法》更把来自任何一国的移民数目,限制到 1890 年住在美国的该国后裔人口的估计数的 2%。由于到那一年为止大多数移民都来自北欧和西欧,这就进一步限制了南欧和东欧人移入美国。至于亚洲人更在实际上被法律所排斥。

20 年代美国妇女地位发生较大变化。继 1920 年妇女根据宪法第 19 条修正案,取得选举权后,更多的妇女参加工作,已婚妇女参加工作成为一种时尚。1920 年至 1930 年,已婚妇女参加工作的人数由 190 万增至 310 万人。妇女就业机会扩大的结果,是男子优势的某种衰退。妇女晚婚,生孩子减少,并且比较愿意摆脱婚姻的束缚。但同时,妇女开始吸烟,饮酒,穿短裙,剪短发,公开谈论性问题,经常参加男友社交约会,有些人甚至生活放纵。这反映了 20 年代随着消费社会的发展妇女社会价值观的变化。

事实上,20 年代美国整个社会价值观都在逐渐发生变化。美国传统的社会价值观是清教徒的传统观念,即努力工作,个人奋斗,节制物欲,崇尚理性,反对浪费等等。这种传统的社会价值观在当时美国农村地区仍然流行,但在城市中却起了巨大变化。发财致富成了最大希望,投机活动备受青睐,有组织的犯罪活动及享乐之风盛行。相当一批人沉醉于物质享受之中,而精神文化显得浮浅和粗鄙。尽管一些知识分子对此进行了鞭挞,一些人也在追求着新技术新发明,但美国一些史学家仍把当时美国的生活特点概括为精神上"饥饿"的时代或"疯狂的 20 年代。"

二、繁荣下的矛盾与隐患

美国 20 年代的繁荣并非完全是虚假的,相反,有许多坚实的成就。但是,也绝不像美国资产阶级及其御用学者们吹嘘的那样，似乎美国资本主义已进入"永久繁荣"阶段。这一时期的一些发展本身就潜伏着深刻的矛盾和失调。

首先，农业长期处于不景气状态。1920年至1921年的经济萧条严重打击了农场主。尽管农产品价格在1923年有所回升，但农业的不景气一直延续至30年代。1919年农场主的收入占国民收入的16%，到1929年只占8.8%。1929年农民的人均收入只有全国平均数的1/3左右。1914年至1927年间，农场主的抵押债务增长一倍以上，许多农场主破产。农民购买力大大下降。

第二，20年代的工业高涨主要在一些新兴工业部门。一些设备陈旧的工业如采煤、造船等工业都开工不足。至于旧的纺织业、制革业等还出现了减产危机。大批工人因此而失业。

第三，从根本上说20年代的繁荣建立在一个狭窄的基础上。这一时期，兼并之风盛行，财富越来越多地落到少数人手中。1925年，16家最大财阀控制着全国国民生产总值的53%。到1929年时，15家大公司集团控制了全美电力的80%；20个集团控制了98.5%的跨州输送电路等。一方面，成千上万家公司在竞争中消失。垄断组织控制经济命脉的事实，造成国民收入分配不均，贫富差距越来越大。20年代国民收入的1/3为占人口5%的最富有者所攫取。另一方面，1929年约60%的美国家庭生活在仅够维持生活的水平上（一年2 000美元）或在这一水平之下。他们的总收入在全国总收入中尚不足24%。更为严重的是有21%的美国家庭年收入不到1 000美元，他们的收入在国民总收入中不足4%。这些都不能不造成市场的相对狭小。

第四，国际经济中的潜在因素加深了国内经济的严重程度。到1920年，欧洲等地区国家共欠美国约133亿元债款。欧洲的穷困和美国的高额关税，使欧洲国家不可能用黄金或商品来加以偿还。另一方面，美国出口始终多于进口，1928年出超达10万多美元，从而使世界黄金大部分流向美国。其结果是，欧洲各国难以恢复金本位制，也不可能无限地继续从美国买进多于他们卖给美国的商品。美国在海外的市场在日益缩小。

上述种种潜在问题都说明一个简单的事实，即美国日益膨胀的经济力和供应大大超过国内外有支付能力的需求。这不能不预示着危机的到来。

三、"无为而治"的企业家政府

在民主党总统威尔逊于1920年卸任之后，20年代是三任共和党总统，即哈定（1921年3月至1923年8月）、柯立芝（1923年8月至1929年3月）和胡佛（1929年3月以后）连续执政。一些美国史学家认为"三个政府在美国史上构成了一个时代。……在这短短的十年当中，政治生活中道德水平的低下达到无以复加的地步，再要低落就连负责公众利益的影子也说不上了。"

哈定,这个来自俄亥俄州的被《纽约时报》称之为"碌碌无为的活动家",上台后就实行"恢复常态"政策。也就是从战时国家暂时垄断恢复到战前私人垄断的"常态"。他上台之后即恢复战前垄断资本家的自由经营,实行共和党传统的保护主义政策,提高关税税率,官方不过问企业合并、组合和发行股票等事项,放弃控制物价和调节生产的计划,一切放任资本家去干。哈定把许多大资本家及其代理人公开安置在内阁重要职位上。在哈定总统任内,贪污腐败成风。重大事件之一是内政部长福尔将供应海军使用的一些政府油田转手到一批投机商人之手而从中获取巨额"酬金",海军部长、司法部长、退伍军人局局长都受到牵连。

1923年8月哈定突然去世,副总统加尔文·柯立芝继任总统。这是"一个冷酷沉默,甚至比哈定更加亲密地和大企业合作"的人。当时美国正处在繁荣时期,柯立芝采取的仍然是自由放任和"无为而治"的政策。他强调美国政府要保护大资本家的利益。他认为"美国的事业便是企业"。他说,"一个人建造一个工厂,便是建造一座教堂,……在那里工作的人,便是在那里做礼拜"。他把政府的任务理解为,在最少的监督下为企业发展创造最多最好的条件。他的价值观念使他坚信,"既然只有富人才是有价值的,因而政府应该谨防多数人的意见。由于贫穷是罪恶的报应,政府便不应该向高尚的富人征税,以援助卑贱的穷人。由于富人最了解他们利益之所在,政府便不应该干预他们经营的企业,而应该促进企业。"

柯立芝对充斥社会的投机活动,不仅听之任之,而且加以鼓励。柯立芝的财政部长梅隆自己就深陷投机之中。结果是在"这个时期,新证券几乎像肥皂块那样地被制造出来"。同时,数量更大的未兑现的老证券,继续以螺旋式上涨的价格进行交易。据一个专家观察,"证券市场已不仅是对将来的贴现,而且是对来世的贴现!"最后,投机发展到令人难以相信的极端,股票以其账面价值的3倍到20倍的价格卖出。这样的后果是不难设想的。

但是,许多人都沉浸在乐观主义情绪之中,连总统也不例外。1929年上台的胡佛在他1928年10月的竞选演说中宣称,"今天我们在任何地方比以往都接近消除人民生活贫困和恐惧的理想"。"只要让我们继续执行过去8年的政策,我们借上帝之助,很快将看到贫穷从这个国家消失的日子。"可见,在充满投机与欺诈的美国社会中,人们冷静分析事物的能力已丧失殆尽。

第五节　日本的政党政治与协调外交

经济危机与持续萧条　第一次世界大战结束不久,战争期间畸形繁荣的日本经济便陷入危机。1920年3月15日,东京股票市场的股票价格暴跌,接着发生了银行挤兑风潮。东京股票交易所的股票价格 3 月份是 549 日元,9 月份跌至 100.5 日元。

1920 年经济危机可以说是明治维新以来日本经济发展史上的转折点。整个 20 年代,日本经济基本上呈现萧条。工业方面,1919 年生产指数为 484(以 1914 年为 100),此后逐年下降,1922 年降至 399.5。1923 年开始回升,但速度很慢,至 1928 年才回升到 500。农业方面,米麦产量十年徘徊,明治以来持续增长的局面至此结束。① 生丝出口曾是日本换取外汇的主要手段。20 年代以前,出口量大约每十年翻一番,至此迅猛下降,1921 年降至 1 500 多万磅,1928 年才回升到 1919 年的水平,约 3 800 万~3 900 万磅。

正当经济危机期间,1923 年 9 月 1 日,日本发生关东大地震,震级 7.9,遭灾人口约 340 万,死者 99 000 多人,伤者 10 万余人。日本政府以维持治安为借口,乘机大肆逮捕社会主义者和工人运动中的积极分子,残杀无辜的朝鲜人和旅日中国人。

政党内阁的出现　"米骚动"后上台的原敬内阁(1918.8.29—1921.11.13)所面临的形势是:经济危机、工农群众运动高涨、中小资产阶级及其知识分子要求普选、减税。1919 年春,在野党宪政会②和当时反对政友会的国民党③也做出决议,要求立刻修改选举法,以便把群众运动局限在资产阶级议会的范围之内。在这种形势下,原敬认为应由政府逐步推行普选,"倘若根据群众的强制要求而造成破坏现代组织的形势,必将危害国家基础"。1919 年 3 月原敬内阁在第 41 次议会上提议修改众议院议员选举法并获得通过,再次降低财产资格限制,由 1900 年的 10 日元降到现在的 3 日元,从而使选民人数从 150 万增加到 330 万左右。5 月 10 日,政友会在第 14 次大选中取得了压倒性胜利,共获议席 278 个。宪政会为 110 个,国民党为 29 个。1921 年 11 月 4 日,原敬被刺身亡。

原敬死后三周,大正天皇因病引退,皇太子裕仁摄政。继原敬内阁之后组成的是高桥是清内阁(1921.11.13—1922.6.12),加藤友三郎内阁(1922.6.12—1923.9.27),第二次山本权兵卫内阁(1923.9.2—1924.1.7)和清浦奎吾内阁(1924.1.7—1924.6.11)。这几届内阁都不是政党内阁,而是由官僚、军阀巨头组成的所谓超然内阁。它们的任期都很短暂,反映了政局的动荡。动荡的原因在于民主运动和工农群众运动的高涨,统治集团对如何统治、如何扩张也有分歧。在这种形势下,宪政会、政友会、革新俱乐部接过民主势力的口号,高喊"打倒特权内阁"、"实行普选"、"改革贵族院和枢密院",自称"护宪三派",并把他

---

①　1877—1917 年,除个别年份外,日本农业平均每五年增长约 10%。

②　宪政会,首领加藤高明(三菱财阀岩崎弥太郎的女婿),后演变为民政党。

③　国民党,首领犬养毅,后演变为革新俱乐部,终于并入政友会。

们的活动称作"第二次护宪运动"①,于 1924 年 5 月在大选中获胜,组成加藤高明内阁(1924.6.11—1925.8.11),或称"护宪三派内阁"。这届内阁与前此元老推荐首相的办法不同,是由众议院中的多数党领袖担任首相,被称作"政党内阁",由此直到 1932 年"五·一五"事件(见后),日本政府一直由议会中的多数党组阁,被称作"政党内阁时期"。政党内阁虽未能改变天皇制专制政体,枢密院、军部仍然拥有决策大权,贵族院仍然与众议院权力相等,然而首相须经众议员选举,这对明治宪法体制毕竟是一个重大突破,对企图建立军事独裁政权的军阀及其时正在出现的法西斯势力毕竟是一道重要障碍。

1925 年 2 月,加藤内阁在第五十次会议上提出"普选法案"并获得通过。新选举法取消有关纳税额资格的限制,凡年满 25 岁以上之男子均有选举众议院议员权,年满 30 岁以上之男子均有被选举为众议院议员权。但妇女仍无政治权。选民人数扩大至 1 200 万人,约占人口总数的 20.8%。从自由民权运动以来凡 40 余年,日本人民和民主势力反复斗争,才争取到这种不完全的普选权。

加藤内阁一面制定"普选法",另一面又公布"维持治安法",其中规定:"凡以变更国体或否认私有财产为目的而组织结社或知情加入者处以十年以下之惩役或禁锢"。所谓"国体",即是天皇制。这一条显然针对刚刚于 1922 年成立的日本共产党,而镇压范围则扩及工农群众和一般民主运动。

加藤内阁持续两届,其后由若槻礼次郎继任宪政会总裁并组阁(1926.1.30—1927.4.20)。1926 年 2 月 25 日,大正天皇死,太子裕仁继位,改元昭和。

协调外交　加藤内阁和若槻内阁的外务大臣都是币原喜重郎。币原在任内(1924 年 6 月至 1927 年 4 月)推行了所谓的"协调外交"。从 1924 年起,资本主义世界进入相对稳定的时期,帝国主义国家之间的竞争主要在经济范围内进行,而不采取武力对抗的形式。日本为了克服国内的种种困难,保持资本主义的稳定,在当时也没有能力与英美列强武力对抗。因此,币原力图在各国承认日本既得利益的前提下谋求与英美的妥协。1924 年 7 月,他在一次演说中阐明他的外交原则是:(1)"维持和增进正当的权益";(2)尊重外交前后相承主义,以保持同外国的信任关系;(3)改善对美对苏关系;(4)在对华政策上贯彻不干涉内政。币原所谓的"正当权益",无非是以条约为依据的权益,即凡以往日本帝国主义通过与中国签订的不平等条约所取得的权益,都是"正当的"。维护这种权益,正是币原外交的根本目的,而同各国保持协调和"不干涉"中国内政,则是为了有效地达到这种目的的手段。

1925 年 1 月,日苏签订了《关于规定两国关系基本原则的条约》,两国建立

---

① 第一次护宪运动发生在 1912 年底至 1913 年初。日本人民和民主势力迫使军阀桂太郎辞职。当时提出的口号是"护宪"(维护宪法)。

外交关系,随后日本从北库页岛撤兵。在对待中国问题上,币原外交较之过去的露骨干涉有所缓和,但必要时仍然诉诸武力,并非真正的"不干涉"。例如,在1925年的"五卅惨案"中,日本曾派出两艘军舰到青岛示威;在1925年11月郭松龄倒戈反击张作霖时,日本又出兵南满铁路沿线,协助张军,击败郭军。事后,币原还强辩说,这次派兵是"补充兵源","贯彻了不干涉内战的方针",而非阻止郭军的军事行动。

田中内阁与"东方会议" 1927年春,日本爆发了金融危机。同时,在中国,国民革命军正在北伐,于3月占领了上海和南京。日本在野党和军部乘机攻击现内阁的内外政策,迫使若槻内阁辞职,由大军阀、政友会总裁田中义一登台组阁。田中上台后,采用通货膨胀、政府给银行拨款等办法,帮助垄断资产阶级渡过了金融危机。

在对外政策方面,田中批判币原外交"软弱",加紧对华武装干涉。为了阻止中国的北伐战争,1927年6月至1928年5月,日本三次出兵山东。1928年6月,又制造了"皇姑屯事件",炸死张作霖。田中内阁的侵华政策,在1927年6月27日至7月7日召开的"东方会议"中表现得最为露骨。会议通过了《对华政策纲要》,明确指出:日本对"满蒙",特别是对东三省,应与中国本土区别看待,实即要将东北和内蒙从中国分割出去,由日本侵占;凡对日本在"满蒙"的"特殊地位权益有侵害之虞时,则不论来自何方",都要决心为"防卫"而采取断然措施。正是这一纲领所确定的侵华方针,导致了几年后的"九·一八"事变。"东方会议"的文件,日本官方公布者只此一个。1929年,中国《时事月报》刊登了一份与"东方会议"有关的秘密文件,名为《田中内阁侵略满蒙之积极政策》,通称"田中奏折"。关于"奏折"的真伪,学术界历来有不同看法。但折中所说"欲征服中国,必先征服满蒙;欲征服世界,必先征服中国"的设想,则和日本帝国主义以后的侵略历程是一致的。

血腥的"三·一五"和"四·一六" 在国内,田中内阁实行恐怖统治。1928年2月,普选法开始实施,政友会虽取得微弱的多数,日共支持的劳农党也获得19万多张选票,各种"无产政党"共得票48万张。日本统治者极为震惊。3月15日凌晨,日本警察机构全体出动,在全国各地逮捕了共产党人及其同情者1 000多人,许多革命者惨遭毒刑。4月10日,日本政府勒令劳动党、日本劳动组合评议会、无产青年同盟三个左翼组织解散。6月,田中内阁修改"维持治安法",把以变革国体为目的的结社者处以死刑或无期徒刑。10月6日,日共中央委员渡边政之辅在被捕时英勇牺牲。1929年4月16日,政府再次大逮捕,日共领导人市川正一等中央委员全部被捕,其他被捕者近千人。

田中内阁的内外政策激起了日本人民和中国人民的无比愤慨。在中国,抵制日货的反日斗争遍及全国,日本对华贸易额锐减。1928年12月,张学良毅然宣布"东北易帜",粉碎了日本帝国主义侵吞中国东三省的阴谋。在日本国内，以日共为首，各民主阶层广泛开展反对武装干涉中国内政的斗争。1929 年 3 月，民政党①也指责说：田中内阁在山东驻兵两年，耗资数千万，激起中国反感，陷日本侨民于绝境。7 月 2 日，田中内阁垮台，滨口雄幸的民政党内阁成立。

第六节　国际关系的调整

凡尔赛体系的建立奠定了 20 年代欧洲国际关系的基础，但是该体系中的不稳定因素继续影响着列强之间的关系。然而大战给各国人民造成的巨大创伤和战后恢复经济的当务之急，使各国政府倾向于通过谈判，召开国际会议和签订条约等和平外交手段去解决凡尔赛体系遗留的尚未解决的问题，以进一步调整国际关系，稳定战后的和平局面。

一、德国赔款问题的解决

德国的赔款问题是凡尔赛条约中悬而未决的最复杂的国际问题之一。巴黎和会后，战胜国列强以争夺欧洲霸权为目的，继续围绕这一问题进行着激烈的争斗；德国政府虽然被迫接受了战胜国的赔款要求，但采取了"履行它，就是要证明它无法履行"的策略，并利用战胜国之间的矛盾，消极对待赔款。于是在战胜国之间以及战胜国与德国之间在赔款问题上的矛盾，终于在 1923 年初引发了一场尖锐的军事政治危机。

赔款问题与鲁尔危机　凡尔赛条约规定，德国应在 1921 年 5 月 1 日前交付 200 亿金马克赔款，并成立赔款委员会解决赔款总额和分配比例问题。该委员会设在巴黎，由英、法、意、比各派一名代表组成（美国由于拒绝批准和约，仅派了半官方代表），法国代表任主席，他有权在表决各为两票的情况下做出最后裁决，从而使法国在德国赔款问题上处于实际的领导地位。为防止德国不履行赔款，协约国于 1920 年 4 月达成协议：如果德国不支付赔款，协约国可以采取制裁措施，同年 7 月，赔款委员会在斯帕召开有德国人参加的会议，规定了各国应得的赔款数的比例②。但德国拖延支付，到 1921 年初原来规定的支付 200 亿金马克的数字大约还差 120 亿。于是赔款委员会在 1921 年 3 月召开的伦敦会议上，强迫德国接受协约国规定的赔偿时间表，德国表示拒绝，协约国便决定对德国实

---

① 民政党于 1927 年 6 月成立，全称是"立宪民政党"。与"立宪政友会"（1900 年成立）同为第二次世界大战前日本两大资产阶级政党。

② 规定：法国为 52%，英国为 22%，意大利为 10%，比利时为 8%，希腊、罗马尼亚、南斯拉夫共 6.5%，日本和葡萄牙各 0.75%。

行制裁,并于3月8日出兵占领了莱茵河东岸的杜塞尔多夫、杜伊斯堡和鲁尔奥尔特。同年4月赔款委员会决定德国的总赔款额为1 320亿金马克(其中包括德国于1921年5月1日前尚未支付的120亿)。5月5日该委员会向德国发出了一份支付时间表和一份最后通牒,要求德国每年支付20亿金马克和它出口商品价值的26%,并要求在5月底前必须交付1921年的赔款10亿金马克;如果德国到5月12日仍未做出令人满意的回答,协约国将占领鲁尔。这导致了德国费伦巴赫内阁的倒台,代之而起的维尔特内阁于5月11日接受了赔款总额和支付时间表,到8月德国偿付了10亿金马克的赔款。

德国在支付了上述赔款之后,便打算拖延以后的支付。1922年7月和11月,德国以财政危机为理由,要求延期支付其余款项。英国政府支持德国的要求,提出减少赔款总数和延期付款的方案,但遭到法国的坚决反对。于是不仅英法在赔款问题上的分歧加剧,而且德法矛盾也迅速激化,法国遂决定对德国采取军事行动。

1923年1月11日,法国不顾英美的反对,联合比利时,以德国不履行赔款义务为借口,出动约10万法、比军队占领了德国的鲁尔工业区,从而酿成了当时欧洲最严重的国际事件。

德国抗议法、比的行动侵犯了德国主权,并实行不计后果的"消极抵抗"政策,宣布停付一切赔偿,要求鲁尔地区行政官员拒绝服从占领当局的命令,企业一律停工,企业主的损失由国家补偿,失业工人由国家救济。对于德国的"消极抵抗",法国则采取扩大占领区范围,加强军事管制,接管矿山、企业和铁路,解雇抵抗者,在占领区和非占领区之间广设关卡,征收关税等方法相对抗,从而使鲁尔危机更加深化。

鲁尔是德国冶金工业的中心,它生产的煤、生铁和钢产量占德国年生产的80%以上。法比占领鲁尔和德国的"消极抵抗"使德国经济遭受严重打击,工业生产急剧下降,资金大量外流,失业工人激增,通货膨胀达到天文数字。8月柏林工人总罢工,迫使古诺政府下台,德国政局动荡不安。然而,法国也没有从占领鲁尔中得到好处。占领期间法国支付了高达10亿法郎的占领费,但它从鲁尔运出的煤、铁的价值却抵不上这笔费用。由于来自鲁尔的煤炭供应大减,使法国的生铁大幅度减产,经济受到严重损害。法国的行动还在道义上受到国际舆论的谴责。

英美两国感到,像法国这样用武力迫使德国偿付赔款,势将使德国的经济陷于崩溃,造成革命危机。因此它们向法、德双方施加压力,要求尽快结束鲁尔危机。英国向法国发出措辞激烈的照会,声明英国认为法、比的行动绝不是条约所授权的制裁,要求恢复占领前的状况,否则英国就不会在赔款问题上再支持法国。美国支持英国的立场。为迫使法国就范,英美向金融市场大量抛售法郎和法国有价证券,迫使法郎贬值,使法国财政形势更加恶化。同时英国要求德国取消"消极抵抗",并正式同意美国在 1922 年就提出的建议,即召开国际专家委员会解决赔款问题。美国则表示美国专家可以接受邀请,但反对把赔款和欧洲各国欠美国的战债问题联系在一起。

鲁尔危机造成的严峻经济形势和政治危机,以及英美的压力,使德、法双方都难以坚持原来的政策。德国接替古诺上台的斯特莱斯曼政府于 9 月 26 日宣布停止"消极抵抗"政策。法国则迫于财政困难,不得不向美国举债,并被迫同意召开国际专家委员会重审赔款问题。

"道威斯计划"   1923 年 11 月 30 日,赔款委员会决定设立由美、英、法、意、比五国代表参加的两个专家委员会,第一委员会最为重要,由美国银行家道威斯主持,负责研究稳定德国金融和平衡德国预算问题;第二委员会由英国财政专家麦克纳任主席,负责确定德国外流资金的数目和追回途径。从此赔款问题的领导权落入英美两国尤其是美国手中。

1924 年 4 月 9 日,道威斯委员会提出了关于解决德国赔款问题的报告,即"道威斯计划"。4 月 16 日德国政府表示该计划是一个可以接受的谈判基础。7 月 16 日—8 月 16 日协约国在伦敦召开会议批准了"道威斯计划"。其主要内容是:(1)为稳定通货和平衡预算,德国需开办新银行或改组帝国银行,使之既负起政府银行的职能,又不受政府监督,严格限制对政府的预付;(2)德国把税收、铁路和工业债券的收益作为支付赔款的来源;(3)暂不规定赔款总数和支付年限,只规定德国在计划生效的第一年(1924—1925 年度)赔偿 10 亿金马克,以后逐年增加,从第五年起每年支付 25 亿金马克;(4)由美英等国向德国提供 8 亿金马克贷款,以满足德国当前的急需;(5)德国的财政经济要受到以赔偿事务总管为核心的协约国代表的监督(该总管后来由美国代表担任)。该计划还规定保证德国的经济统一和经济活动的自由,这就要求法、比从鲁尔撤军。德国接受了"道威斯计划",并在英国的调停下,德法双方达成了法比在一年内撤军的协议。1924 年 9 月 1 日"道威斯计划"开始实行,1925 年 7 月法比军队撤出鲁尔,以后协约国军队也撤出了杜塞尔多夫等三个城市。至此,鲁尔危机和德国赔款问题暂获解决。

鲁尔危机的解决和"道威斯计划"的通过与实施,是协约国在德国赔款问题上对凡尔赛体系所做的一次较大的调整,是协约国对德政策的转折点。它减轻了德国的赔款义务,实际放弃了对德国蓄意不履行赔款义务时实行制裁的权利,并以向德国提供大量贷款的方式变削弱德国的政策为复兴德国的方针。1924—1929 年德国从英美获得贷款 200 多亿金马克(其中美国约占 70%),但仅支付赔款 110 亿金马克。来自战胜国的资本为濒临绝境的德国经济输入了新的血液,使其得以迅速恢复和发展。到 1929 年德国重新成为欧洲首屈一指的经济大国,为它在政治上重新走进西方大国行列和进一步摆脱凡尔赛条约的束缚打下了基础。与此同时,法国争霸欧洲的计划遭到沉重打击,英国的均势政策取得了一定成功,美国则在经济上迅速向欧洲渗透,为政治上逐渐加强对欧洲事务的干预提供了前提条件。

"杨格计划"与胡佛的"延债宣言" 1928 年,德国的赔款问题又成为有关各国关注的中心。德国借口经济困难,要求修改"道威斯计划"。在美国支持下,1929 年 2 月 11 日由美、英、法、德、比、意、日等国专家组成的、以美国财政专家杨格为主席的"审议道威斯计划"委员会在巴黎召开会议。6 月 7 日,该委员会提出了打算"完全彻底解决赔款问题"的报告,即"杨格计划"。主要内容是:(1)规定德国赔款总额为 1 139 亿金马克,59 年还清,前 37 年每年平均交付约 19.888 亿金马克,后 22 年每年赔款数目不等,平均约为 15 亿金马克;(2)德国每年支付的赔款分无条件赔款和有条件赔款,前者要求在任何情况下都须支付,其数目约占每年支付款项的 1/3,其余为后者,在支付困难的情况下可在两年内延期支付;(3)规定以实物抵付赔款的年限为 10 年,其数目逐年递减;(4)取消对德国财政经济的国际监督,撤销赔款委员会,设立以美国为首的"国际清算银行"负责接收和分配赔款,款项改由外国货币支付。

1929 年 8 月 6 日,英、法、德、意、比、日等国在海牙召开会议讨论"杨格计划"。尽管该计划规定的赔款额比"道威斯计划"又有明显削减,更有利于德国军事经济力量的恢复,但德国坚持以协约国占领军撤出莱茵区作为接受该计划的条件。经过激烈争论,协约国最终同意至迟于 1930 年 6 月 30 日前从莱茵兰撤军完毕,比《凡尔赛条约》规定的期限提前了 4 年 6 个月。于是 8 月 31 日"杨格计划"被原则通过。1930 年 1 月 20 日有关各国再开海牙会议,正式通过"杨格计划"。同年 6 月底,协约国军队全部撤出德国领土。

但是 1929 年 10 月爆发的经济大危机打乱了"杨格计划"的实施。随着外国尤其是美国投放到德国的短期贷款被迅速抽回,德国经济再度濒临破产。1931 年 6 月 20 日兴登堡总统致电美国胡佛总统,陈述德国财政困境,声称无力还债。这时美国自身的经济危机还在扩大。美国意识到,德国经济的衰退关系到欧洲政治经济的稳定和美国的投资安全,因此对实际上与战债密切相关的赔款问题必须给以重新考虑。于是 6 月 20 日胡佛根据兴登堡的要求发表了"延债宣言",提出:从当年 7 月起"在一年期内延付一切各政府间债务、赔款和救济借款的本利";重申德国赔款问题完全是一个欧洲问题,与美国无关;其他国家欠美国的债务不能取消。7 月 23 日美、英、法、比、日、意、德等国在伦敦会议上通过了各国之间债务延期一年偿付的决定。

1932 年 1 月,德国宣布将无力也不会在任何条件下支付赔款,遂使赔款问题再度告急。6 月在洛桑召开有关各国的会议再议赔款,7 月 9 日签订了《洛桑协定》，规定德国最后须缴付 30 亿马克，作为免除其赔款义务的补偿，但批准这个协定的前提条件是必须妥善解决协约国之间的债务。然而由于美国坚决反对勾销或减少战债，《洛桑协定》始终未获批准。德国从此停止支付赔款，协约各国也无意继续偿还战债。

贯穿于整个 20 年代的德国赔款问题就此结束。围绕这一问题在列强之间进行的多次协商与冲突，最终在极有利于德国的情况下获得了解决。它使德国从此摆脱了《凡尔赛条约》的经济束缚，为纳粹党上台后发展军事工业奠定了物质基础。

二、欧洲安全问题与《洛迦诺公约》

20 年代的欧洲安全保证问题 大战后的欧洲安全保障问题，是凡尔赛体系未能完全解决的另一个问题，与这一问题密切相关的法、德、英等国对欧洲安全有着各自的考虑。

战后法国的外交政策以保持《凡尔赛条约》所规定的现状和维护法国安全为核心。为了防止德国东山再起对法国构成新的军事威胁，法国在签订《凡尔赛条约》时，认为单方面解除德国武装和协约国军队有期限地占领莱茵兰，尚不足以保证法国的安全，便要求英美两国以条约形式保障法德边界现状，并得到了英美的保证。但是由于美国参院拒绝批准《凡尔赛条约》，致使该保证也随之化为乌有。这是法国在战后谋求自身安全所受到的第一次挫折。

20 年代初，法国与比利时、波兰分别结成同盟，并加强同"小协约国"的关系，作为遏制德国侵略的屏障。但这些中小国家的力量毕竟十分有限。鲁尔冒险的失败和"道威斯计划"的实施增加了法国的孤立与不安全感。随着《凡尔赛条约》规定的协约国军队应于 1925 年 1 月从莱茵兰第一占领区撤出日期的临近，法国的安全保证便显得更加急迫，于是法国积极在国联谋求集体安全。1924年 10 月 2 日，国联第五届大会通过了和平解决国际争端的《日内瓦议定书》，规定了旨在保证维护《凡尔赛条约》所划定的疆界，保护法国东欧盟国边界现状的仲裁、安全、裁军三原则。法国对此甚为满意，第一个在议定书上签了字。但英国保守党政府认为该议定书将使英国在欧洲大陆承担广泛的义务，因此拒绝签署。该议定书的夭折迫使法国寻找其他保证其安全的途径。1925 年 4 月出任法国外长的白里安便主张积极改善法德关系，争取在英国的支持下通过与德国协商解决安全保证问题。

作为战败国，德国对安全问题有着自己的特殊考虑。战后德国外交的基本目标是摆脱《凡尔赛条约》的束缚，重新恢复大国地位。为此德国必须设法阻止协约国，尤其是法国对德国的任意制裁，逐步恢复被占领土莱茵兰，并调整东部边界。鲁尔危机的爆发使德国深深感到，在自己军事力量尚未恢复之前，只有改善与法国的关系,适当满足法国关于安全保障的要求,才能保证自身的安全。斯特莱斯曼出任德国总理和留任外长之后,抓住"道威斯计划"实施后国际关系发生的有利于德国的变化,积极主张调整对法关系,与协约国和解。为此德国在1924年12月正式向协约国提出加入国际联盟问题。斯特莱斯曼的政策得到了英国的支持。

20年代的英国面临严重的政治经济问题。英国政府把恢复经济、稳定资本主义秩序、保持大英帝国作为头等大事,而不愿对欧洲大陆承担广泛的义务,只希望以最小的代价获得欧洲的最大安全。为此,英国反对战后法国的过于强大和任意制裁德国,担心一个残破的德国不仅有利于法国称霸欧洲,而且会使德苏接近并促使德国革命发展,从而在根本上破坏欧洲的均势。另外英国也深知自身的安全与法国的安全密切相关,故反对德国起而复仇,破坏莱茵兰现状。鉴于上述考虑,英国认为最好的办法是支持法德和解,在英国的干预下缔结一项包括法德在内的安全保证公约,解除法国对安全的担忧并促使法国逐步撤军莱茵兰,同时把德国拉入西方集团。英国的立场得到了希望欧洲稳定以利于投资的美国的支持。

在英国授意下,1925年1月和2月,德国政府分别向英、法、比、意正式递交了关于缔结莱茵公约的备忘录,建议在莱茵地区有利害关系的国家缔结一项维持现状、相互保证安全与和平解决争端的安全保证公约。法国认为德国保证莱茵兰现状符合自己的利益,并进一步要求德国对其东部边界同时给以保证。但德国对此坚决表示反对,英国外交大臣奥斯汀·张伯伦也明确拒绝对德波、德捷边界提供保障。美国虽未直接参与其事,但支持德国的建议和英国的态度。在英美的联合压力下,法国只得被迫同意在德国备忘录的基础上进行谈判。

洛迦诺会议与《洛迦诺公约》 1925年10月5日,德、比、法、英、意、波、捷七国代表在瑞士小城洛迦诺举行国际会议,10月16日与会各国草签了"最后议定书"和其他7个条约,以及"关于国际联盟盟约第十六条给德国的集体照会"。其中最主要的是《德国、比利时、法国、英国和意大利相互保证条约》,即《莱茵保安公约》。此外德国分别与比、法、波、捷签订了仲裁条约,法国分别与波、捷订立了相互保证条约。这些文件总称为《洛迦诺公约》。其主要内容是:(1)根据《莱茵保安公约》,德法、德比间的边界领土维持现状;双方不得彼此攻击和侵犯,并且在任何情况下不得诉诸战争;彼此通过外交途径与和平方法解决它们之间的一切争端;凡尔赛条约关于莱茵非军事区的规定应得到遵守,1924年伦敦会议通过的"道威斯计划"仍然有效;英、意作为该公约的保证国承担援助被侵略国的义务;德国将被允许加入国际联盟。(2)根据德国分别与比、法、波、捷订立的仲裁条约,规定缔约双方保证对今后发生的一切争端,如不能通过正常外交方式和平解决时,应提交仲裁法庭和国际常设法院解决。但在德波、德捷条约中未对它们之间的边界规定任何保证的办法。(3)根据法波、法捷相互保证条约，规定如缔约一方受到德国侵略，彼此立即给予支援与协助。

在会议期间，与会各国对德国加入国联问题展开了激烈讨论。英法希望通过国联约束德国，防止德苏接近，进而在今后可能发生的对苏战争中使德国参加对苏制裁，因此要求德国无条件加入国联，并以此作为签署《莱茵保安公约》的条件。但德国要求加入国联的目的在于根本修改《凡尔赛条约》，重新恢复大国地位，获得行动的完全自由，因此拒绝无条件承担国联盟约第十六条关于会员国应参加制裁侵略者的义务，以防止介入今后国联可能以苏联"侵略"为借口制造的反苏干涉，从而危及自身的利益。鉴于英法把签订《莱茵保安公约》放在第一位和德国的拒不妥协态度，英法最终对德国的要求让步。在英、法、比、意、波、捷六国草签的"关于国际联盟盟约第十六条给德国的集体照会"中，同意每个会员国"应在符合本国军事情况和照顾本国地理形势的范围内"履行第十六条的义务，实际允许德国有保留有条件地加入国联。1925 年 12 月 1 日《洛迦诺公约》的各项文件在伦敦正式签字。

《洛迦诺公约》的签订，是协约国在政治上正式承认德国作为一个平等国家的前提下，在欧洲安全问题上对凡尔赛体系所做的又一次较大调整。它暂时解决了安全问题，改善了协约国尤其是法国与德国的关系，使欧洲的国际关系进入了相对稳定时期，并为"道威斯计划"的继续实行和 20 年代中后期资本主义经济的发展创造了条件。正由于此，"洛迦诺精神"一词一时成为和解与安全的代名词。

但是《洛迦诺公约》并不是"战争年代与和平年代的真正分界线"。它自身孕育着新的不稳定因素。该公约使法国在欧洲的地位遭到极大削弱。从此法国不仅在德国违约时不再能单独实行制裁，而且其自身边界还要依赖英、意的保证，但这种保证却没有什么切实可行的措施；由于公约对德国东部边界未予保证，从而严重打击了法国的同盟体系。因此一旦协约国从莱茵兰全部撤军，法国的安全将再次成为问题。

《洛迦诺公约》使德国在未承担新义务的情况下实现了大部分外交目标。德国摆脱了战败国地位，争得了与法国的平等，并为收复莱茵兰创造了条件；它成功地拒绝对波、捷边界给予保证，为今后向东侵略打开了方便之门；该公约作为"道威斯计划"在政治上的继续，成为德国恢复政治大国地位的第一步。1926年 9 月德国正式加入国联，并成为行政院常任理事国，终于重新跻身于西方大国的行列。

《洛迦诺公约》是英国实行均势外交的产物。英国终于以承担最小义务的办法获得了欧洲的安全，并成为德法之间的仲裁者，从而处于欧洲政治的支配地位，并在一定程度上达到了抑制法国、扶植并限制德国、加大德苏关系距离的目的。但是随着德国实力的增强和起而复仇,靠《洛迦诺公约》建立的欧洲均势终将被打破,德国将成为英国难以对付的强大敌手。1936年3月7日纳粹德国以重新武装莱茵非军事区的行动,彻底撕毁了《洛迦诺公约》。

三、集体安全与《非战公约》

鲁尔冒险的失败,"道威斯计划"的实行和《洛迦诺公约》的签订,使法国在欧洲的地位大大削弱。与此同时,以英法为首的国际联盟所进行的标榜维护和平与保证安全的裁军活动也因列强的立场大相径庭而未获实质性进展。面对德国势力的日渐恢复,法国深感自己的安全保证问题仍未得到真正解决。在欧洲局面一时难于打开的情况下,法国政府决定利用各国人民对集体安全和持久和平的渴望,尤其是利用盛行于美国的和平主义思潮,争取美国在某种程度上对法国的安全承担义务,并巩固自己在欧洲日渐衰落的地位。

于是,白里安接受了美国和平主义运动的主要代言人、哥伦比亚大学教授、卡内基国际和平基金会董事肖特韦尔提出的"废弃以战争作为国家政策的工具"的呼吁,特意于1927年4月6日在巴黎举行的纪念美国参加第一次世界大战十周年的庆祝大会上,发表了一封致美国人民的公开信,歌颂法美友谊,建议两国缔结一项永不相互交战的条约。同年6月白里安照会美国国务卿凯洛格,正式提出了缔结法美双边友好条约的草案,建议两国庄严宣布谴责并摒弃战争,和平解决彼此间的一切争端。

但是凯洛格认为,白里安的建议可能成为美法防御条约的翻版,它对美国没有什么实际价值,却会使美国卷入法国在欧洲的纠纷,这是美国要极力避免的;但若直接拒绝这一建议,又有损于美国的和平形象。因此凯洛格拖延回答,并最终决定把这项双边友好条约变成多边非战公约。这样做既可有利于美国在欧洲的投资安全,又可以削弱国联的影响,提高美国的国际地位。1927年12月28日凯洛格复照白里安,表示希望先由美、法、英、德、意、日六国签署一个多边非战公约,然后对所有国家的参加敞开大门。

美国的复文有违法国的初衷,使法国甚为失望。此后,两国进行了一系列磋商,但未能取得一致意见。在这种情况下,美国于1928年4月13日单方面向英、德、意、日四国发出内容相同的有关美法双方就此问题的外交来往信件,征求它们对美法争论的意见。德国庆幸针对自己的法美协定的破产,首先表示拥护美国的主张。英、意、日虽原则上表示同意,但提出有权对自己利益攸关的地区实行"自卫权"的保留条件。经过反复谈判,各国终于取得了一致意见。

1928年8月27日,德、美、比、法、英、意、日、波、捷等15个国家的代表在巴黎作为创始国签订了《关于废弃战争作为国家政策工具的一般条约》,即《非战公约》,又称《白里安—凯洛格公约》或《巴黎公约》。主要内容是:缔结各方"斥责用战争来解决国际纠纷,并在它们的相互关系上,废弃战争作为实行国家政策的工具";缔约各方之间"可能发生的一切争端或冲突,不论其性质或起因如何,只能用和平方法加以处理或解决";其他各国都可以加入本公约。该公约于1929年7月25日生效,截至1933年,加入者共计63个国家(包括但泽自由市)。

公之于世的《非战公约》的条文是冠冕堂皇的,但它对废弃战争、维护和平没能规定任何明确的责任,也不要求各国为此而作出任何实际的牺牲;它既未涉及世人瞩目的裁军问题,也未制定实施公约的办法和制裁违约国的措施。因此在当时的国际政治现实中,《非战公约》只是一纸原则声明。不仅如此,列强对措辞十分抽象的公约还提出了各自的保留条件,这些条件集中到一点,就是各国都拥有自己"决定情况是否需要诉诸战争以实行自卫"的权利。后来的历史证明,正是这种所谓的"自卫权"成了帝国主义发动战争的借口。

但是作为当时世界上绝大多数国家签字的一项国际条约,《非战公约》仍然是一个重要的国际文件。它第一次正式宣布在国家关系中放弃以战争作为实行国家政策的工具,和平解决国际争端,从而在国际法上奠定了互不侵犯原则的法律基础,并且在第二次世界大战后成为国际军事法庭审判德、日战犯的重要法律依据。

第六章 建设社会主义新社会的第一次 试验:二三十年代的苏联

第一节 新经济政策的实施和国民经济的恢复

内战结束后的形势 年轻的苏维埃政权在内战中夺得巨大胜利,在国际舞台上站住了脚跟。但是在转向和平建设后,又遇到了新的困难和危机。四年帝国主义战争和三年国内战争使 2 000 多万人丧失生命,400 多万人伤残,国家满目疮痍。农业生产直线下降。1920 年的粮食产量只及 1913 年的一半。更为严重的是,1920 年末战争逐渐平息,但农业生产形势不见好转,反而日益恶化。农民不堪忍受愈来愈严厉的无偿征购,有意缩减生产,抗拒粮食征集。1921 年的播种面积只有 9 030 万公顷,比 1920 年减少 690 万公顷,只及 1913 年的 86%。粮食和原材料的短缺使多数工厂无法开工。1920 年的工业产值为 14 亿卢布,只及战前的 13.8%。同年的煤和铁的产量分别是 870 万吨和 12 万吨,为 1917 年的 28% 和 4%。棉织品的产量降到战前的 5%。人民生活困苦不堪,连面包、肥皂等最起码的物品都十分缺乏。

由于经济破坏、工厂停工和饥荒流行,许多工人改行从事手工业,做小买卖,或流向农村。产业工人数量明显减少。1913 年,大工业中有 250 万工人,到 1921 年只剩下 140 万。莫斯科在 1917 年 1 月有 204 万居民,到 1920 年 7 月只剩下 112 万。彼得格勒居民则从 250 万减为 72.8 万。工人中出现悲观失望和不满情绪。1920 年秋到 1921 年春,彼得格勒、莫斯科等城市爆发了工人罢工和抗议游行。

农民是苏维埃社会中人数最多的阶级,约占全国人口的 80%。在经历革命风暴之后,农村发生很大变化。地主阶级已被消灭。富农的力量大为削弱,户数减少了 2/3。革命前,贫农是大多数,现在占优势的是中农。广大农民为了保护分得的土地和维护国家的独立,曾接受余粮收集制。但是,随着战争的结束和外国干涉军入侵威胁的消失,农民不肯再接受战时共产主义政策。他们强烈反对征粮队的活动,要求经营自由和贸易自由,但遭到否定和拒绝。农民的不满与日俱增,反苏维埃暴动频繁发生。1921 年,坦波夫省、沃罗涅什省、萨拉托夫省以及乌克兰、顿河流域、西伯利亚地区都爆发骚乱,有不少中农参加。农民的不满影响到军队。1921 年 3 月初,一直是布尔什维克党可靠基地的喀琅施塔得爆发水兵兵变。他们公开反对党的政策,提出"拥护苏维埃,但是不要共产党人参加"的口号。水兵叛乱以及各地的农民暴动被迅速平息下去。可是,苏维埃政权的处境仍十分危急。列宁说:"我们在 1921 年春天遭到严重的经济危机和政治危机"。[1]

布尔什维克党注意到危机的出现,提出了各种克服危机的办法。多数人认为,问题的根源是小资产阶级在困难面前发生动摇。主张严格纪律,加强国家干预。1920 年冬,粮食人民委员部建议由国家直接组织农业生产。春天按生产计划的规定向农民发放种子,让他们播种耕耘。秋天,按政府的指标征收农产品。对违背者予以严厉制裁,同时取消商业,打击农村集市贸易。少数人不赞成这一意见,主张放松控制,用物质利益刺激生产。这一主张被谴责为社会革命党思想。随着危机的不断加深,列宁亲自过问这一问题。他多次接见农民代表团,与各地农民交流,发现"广大农民群众不是自觉地而是本能地在情绪上反对我们"。[2] 换句话说,农民并非受人蛊惑,"自觉地"进行反布尔什维克党活动,而是感到切身利益受到损害,"本能地"起来反对苏维埃。列宁逐渐认识到,在坚决镇压叛乱的同时,必须改变经济政策,特别是对农民的政策。只有这样,才能调动农民的积极性,恢复和发展经济;才能维护工农联盟和稳定政权。

新经济政策的实施 1921 年 3 月,俄共(布)召开了第十次代表大会。列宁在会上作了关于以实物税代替余粮收集制的报告。大会根据列宁的报告通过决议,决定废止余粮收集制实行粮食税。从此,开始了从战时共产主义政策向新经济政策的过渡。

俄共(布)十大后,全俄苏维埃中央执行委员会于 1921 年 3 月 21 日颁布了《关于以实物税代替余粮收集制》法令。4 月,政府宣布,1921—1922 经济年度[3]的粮食税额为 2.4 亿普特。[4] 这个数字比原定的 1921—1922 年余粮收集额 4.23 亿普特低了很多。每一农户的粮食税额取决于它的土地数量、家庭人口、收成和财产状况。对贫苦农户给予优待。所有农户在缴纳粮食税以后可以自由处理剩余的粮食。粮食税政策受到农民的欢迎。他们看到,扩大耕种面积,多打粮食就能多得粮食,生产积极性于是大大提高。

实行粮食税后,农村中有不少农户因缺乏生产资料和劳动力而不能耕种自己的全部土地。为了尽快恢复农业,全俄苏维埃中央执行委员会于 1922 年 5 月 22 日颁布《土地劳动使用法》,允许出租土地,期限一般定为三年,特殊情况可为

---

[1] 《列宁全集》第 42 卷,人民出版社 1987 年版,第 184 页。
[2] 《列宁全集》第 43 卷,人民出版社 1987 年版,第 277 页。
[3] 1931 年以前,苏联的经济年度从每年 10 月开始,到次年 9 月底结束。
[4] 1 普特等于 16.38 公斤。

六年。法令允许使用雇佣劳动力,但主人必须同雇工一起劳动,另外在承租土地上不得使用雇佣劳动力。法令还允许农民自由选择使用土地的形式,采取村社的、个体经济的或集体经济的形式。1925 年 11 月,苏维埃政权发布新的法令,放宽出租土地和雇佣劳动的条件,把租佃土地的期限延长到 12 年,并允许在承租土地上使用雇佣劳动力。

1926 年,土地和生产资料租佃关系,以及雇佣劳动关系发展到了顶峰。这一年,出租土地的数量达到 1 090 万俄亩。① 出租土地的农户占全国农户总数的 17.4% ,其中多数是生产资料不足的农户,贫农户占出租土地户的 82% ,中农户占 16% 。而承租土地的则多是富裕农户,其中 67% 是中农户,13.1% 是富农户,19.9% 是贫农户。出租的生产资料主要是耕畜和农具。1927 年,有 45.1% 富裕农民户和富农户进行这方面活动。在雇佣劳动方面,1927 年有定期雇工 330 万,零工 250 万。出卖劳动力的农户占农户总数的 35.4% 。使用雇佣劳动户占农户总数的 19.8% ,其中富农户占全部使用雇佣劳动户的 3.2% ,占雇佣劳动总量的 20.9% ,中农户占 70.7% 和 73.4% 。

20 年代的农村租佃关系是在国家直接监督下进行的。具有富农剥削性质的租佃关系受到严格控制,只占很小的部分。参与租佃活动的绝大多数是中农及一部分贫农。这种关系的发展适应了当时农村发展的需要。它使有多余生产资料和生产能力的殷实农户得以充分发挥自己的力量,扩大耕地面积,增加农业产量。另一方面,也使贫苦农民能够在现有条件下改善处境,发展自己。《土地劳动使用法》的贯彻,极大地促进了农业的恢复发展。

实行粮食税后,国家又陆续调整了其他经济政策。在流通方面,内战后期多数产品或是凭证供应或是免费分配。商品买卖是在黑市秘密进行的。1921 年 3 月 27 日,粮食人民委员部颁布了《关于在地方范围内以及国家与公民之间商品交换条例》,规定在地方范围内,农民完成农业税后的剩余产品可以在公民之间自由交换。但在全国范围内,实行产品交换。全俄成立中央消费总社,下设众多网点。国家把工业品交给合作社,通过合作社进行工业品和农产品的交换。列宁当时认为,采用这种办法可以避开市场,避开私商中介人,把资本主义限制在最狭小的范围之内,从而有利于发展社会主义经济。但是,实践证明,产品交换制不符合苏俄实际情况。国家手里没有足够的工业品能够拿出来交换农产品,再加上交通瘫痪,仅有的一些工业品也常常不能及时运到地方。中央消费总社计划于 1921 年 8 月 15 日前拨出 8 105 亿金卢布的工业品给地方合作社,而实际却只拨出 1 133 亿金卢布,即不到规定的 14% 。另外,地方合作社机构不健全,办事效率极低,经常有各种混乱和不合理现象发生,根本无力完成产品交换的任

---

① 1 俄亩等于 1.09 公顷。

务。最重要的是,农民习惯于市场贸易,不理解也不愿接受商品交换。结果,商品交换从一开始就遭到严重挫折。政府原计划在1921年8月15日以前用工业品交换3 200万普特粮食,但到10月1日只得到218万普特粮食,完成原计划的6.8%。政府设计的商品交换很快被突破,变成使用货币的商品买卖,并且超出了地方经济周转范围。10月底,列宁宣布商品交换失败。政府允许农民和小手工业者把自己的劳动产品拿到市场自由买卖,恢复国内的自由贸易。与此同时,国家重建银行系统。在各地成立国营百货公司等机构,以活跃商业往来。政府还从信贷税收等方面鼓励和促进私营商业的发展。到1922年,私商在全国零售周转额中占到了3/4。另外,在最高国民经济委员会下成立中央商业局和商业调节管理局,以加强对私营商业活动的监督管理。商业的发展,活跃了经济,改善了供应,使一度十分紧张的城乡关系、工农关系重新获得稳定。

在工业方面,内战时期宣布把中小工业都收归国有。实行新经济政策后,一切涉及国家经济命脉的重要厂矿企业仍然归国家所有,由国家经营。而那些中小企业和国家暂时无力兴办的企业则允许本国和外国的资本家经营。1920年11月,人民委员会公布《租让法令》,允许外国资本家在苏俄开办租让企业或同苏维埃一起组织合营股份公司。列宁强调要通过租让制发展苏俄经济改善工人生活,同时学习资本主义国家的先进技术和生产管理方法。1921年7月,政府公布《租借条例》,决定把一批中小工厂和商店租借给本国的公民、合作社和其他联合组织。租让和租借企业是国家资本主义经济。这些企业由私人经营,但所有权仍属于苏维埃国家。租借者必须接受国家监督指导,遵守政府的法令,按时交纳租金,到期把企业完好地交还苏维埃国家。1921年7月,政府还通过了《关于手工业和小企业》的条例,允许私营小企业雇工20名。1925年5月,放宽限制,经特别批准可雇工100名。租让制在苏联没有得到多大发展。到1926年,全国只有65个租让企业,主要是开采北方森林的木材厂和采掘东部矿藏的稀有金属公司。著名的有德国的莫洛加木材公司,英国的勒那金矿有限公司,瑞典的哥德堡滚珠轴承股份公司,美国的哈里曼锰矿公司等,租期一般为20年。租借企业比较多,仅1924年就由国家租出6 488个。但是,它们多是磨粉厂,碾米厂,榨油厂,制革厂,甚至是一些小作坊,产值只占全国工业总产值的3%。承租人多是原业主,合作社大约占到1/4。租借企业的发展使食品加工业迅速恢复,满足了人们日常生活的迫切需要。

实行新经济政策后,国有企业与合作社的管理制度也有很大改变。原来,国家设总管理局,统一管理各个企业。国家负责制定生产计划,提供资金,调拨原料,并把一切产品收到自己手里,统一进行分配。工厂无权决定任何重大问题,也不负责盈亏。内战结束后,政府解散了大多数的总管理局,要求各企业按部门组成托拉斯,如南方钢铁托拉斯、顿河煤炭托拉斯等。托拉斯负责管理企业,独立进行经济核算。政府还废除平均主义的工资制度,实行按技术高低贡献大小付酬的办法。合作社的管理体制变动更大。在内战时期,它归粮食人民委员部领导,一切活动由国家规定,几乎成为国家的一个供应机构。实行新经济政策后,合作社成为独立机构。它可以按照自定的价格采购各种农产品,也可以凭自己的意愿在城乡居民中出售日用品,还可以承租中小企业和作坊。

新经济政策的采取是苏维埃国家发展历程中的重大转折。它表明,列宁和布尔什维克党放弃用战时共产主义政策直接过渡到社会主义的设想和实践。他们从苏俄国情出发,认识到在一个小生产占优势的国家里必须调动农民的生产积极性,联合绝大多数居民共同建设社会主义。而要做到这点,就需发展惟一能使农民经济同社会主义经济结合的环节——商业。从这一观点出发,新经济政策规定出一条新的建设道路:在无产阶级国家的领导监督下,利用市场和商品货币关系来扩大生产,巩固工农联盟,逐步过渡到社会主义。列宁指出:"新经济政策的实质是无产阶级同农民的联盟,是先锋队无产阶级同广大农民群众的结合"。[①]

新经济政策具有重大历史意义。它使1921年春天的危机迅速消失,生产稳步恢复。它满足了劳动者的经济要求,受到广大农民工人的欢迎,使苏维埃政权日益巩固。新经济政策为苏俄人民指明走向社会主义的正确道路。它是对马克思主义的重大发展,对各国社会主义建设事业具有指导意义。

苏维埃社会主义共和国联盟的成立　沙皇俄国是有名的民族监狱,内部民族矛盾十分尖锐。十月革命后,苏维埃政权于1917年11月15日发表《俄国各族人民权利宣言》,宣布各族人民拥有平等和自主权;享有完全自决乃至分离并建立独立国家的权利;废除任何民族的和民族宗教的一切特权和限制;居住在俄国境内的各少数民族与部族可以自由发展。1918年1月,苏维埃第三次代表大会通过《被剥削劳动人民权利宣言》,明确肯定了联邦制原则,指出"俄罗斯苏维埃共和国建立于各自由民族之自由联盟基础上,而成为各民族苏维埃共和国联邦"。

在民族自决思想的鼓舞下,各民族纷纷建立自己的独立国家和自治共和国。波兰、芬兰、爱沙尼亚、拉脱维亚、立陶宛先后宣布独立,并得到苏俄的承认。乌克兰政权最初被民族主义的拉达掌握。苏俄于1917年12月16日发表声明,承认乌克兰独立。与此同时,乌克兰劳动人民在布尔什维克党领导下,在俄罗斯工人士兵支援下,逐渐在乌克兰各地建立起苏维埃政权。1917年12月24—25日,全乌克兰苏维埃第一次代表大会在哈尔科夫召开,宣布成立乌克兰苏维埃共和国。在白俄罗斯,民族主义的拉达于1918年3月成立白俄罗斯人民共和国,

---

① 《列宁全集》第42卷,人民出版社1987年版,第347页。

宣布脱离苏俄。德国战败投降后,红军开进白俄罗斯,拉达逃跑。1919年1月,白俄罗斯苏维埃共和国成立。在高加索,当地的民族主义分子和孟什维克于1918年4月宣布成立外高加索民主联邦共和国,脱离苏俄。5月,分裂成三个共和国。直到1920—1921年春,才先后建立了阿塞拜疆、亚美尼亚和格鲁吉亚苏维埃共和国。在中亚,1918年4月建立了土耳其斯坦苏维埃自治共和国,成为第一个加入苏俄的自治共和国。在土耳其斯坦南部,1920年4月和10月先后成立了花剌子模和布哈拉两个人民苏维埃共和国。在俄罗斯内部,巴什基尔、鞑靼等少数民族成立了自治共和国。

国内战争全面爆发后,俄共(布)中央提出要加强各苏维埃共和国间的军事政治同盟关系,以抗击共同的敌人。1919年6月,全俄中央执行委员会发布指令,规定俄罗斯、乌克兰、白俄罗斯等国成立统一的军事指挥部,合并各共和国的国民经济委员会、交通运输管理机构、财政和劳动人民委员部。1920年秋到1921年春,俄罗斯联邦又先后同其他苏维埃共和国签订条约,进一步将对外贸易、邮电等人民委员部合并。

国内战争结束后,为了顺利恢复经济和开展社会主义建设,各苏维埃共和国认为有必要建立统一的经济整体,以便充分利用各国的经济财政资源。1922年,这些国家的共产党先后提出联合的问题。为了具体研究这一问题,俄共(布)中央在1922年8月成立了一个由斯大林主持的专门委员会。不久,斯大林提出"自治化"方案,规定乌克兰、白俄罗斯、亚美尼亚、阿塞拜疆和格鲁吉亚以自治共和国的身份加入俄罗斯联邦;俄罗斯联邦的最高权力机构是全联盟的最高权力机构。这一方案得到某些共和国党中央的支持,但遭到格鲁吉亚党中央的反对。列宁因为生病没有直接参加这项工作。当他了解到双方争执的内容后,写信给党中央政治局,明确表示反对自治化计划,认为它缩小了各共和国的权利。根据列宁的建议,俄共(布)中央在1922年10月通过决议,规定各苏维埃共和国在平等的基础上成立联盟。

党中央十月决议还规定,格鲁吉亚、阿塞拜疆和亚美尼亚三国通过外高加索联盟而不是直接参加即将成立的苏联。以姆季瓦尼为首的格鲁吉亚共产党中央委员会坚决反对这一规定。他们要求格鲁吉亚作为平等的独立共和国直接加入苏联。斯大林以及俄共外高加索边疆委员会书记奥尔忠尼启则不能容忍这一要求,斥责他们是"沙文主义败类",并改组格鲁吉亚的党政领导机构。奥尔忠尼启则还发脾气打了姆季瓦尼的支持者卡巴希泽一耳光。列宁得知这些情况后,于1922年12月30—31日,口授《关于民族或"自治化"问题》的信件,批评斯大林等人的大俄罗斯主义错误。列宁指出,民族问题极为重要,"对无产者来说,不仅重要而且极其必要的是保证在无产阶级的阶级斗争中取得异族人的最大信任","为此不仅需要形式上的平等。为此无论如何需要用自己对待异族人的态度或让步来抵偿'大国'民族的政府在以往历史上给他们带来的那种不信任、那种猜疑、那种侮辱"。① 在反对民族主义问题上,列宁强调"必须把压迫民族的民族主义和被压迫民族的民族主义,大民族的民族主义和小民族的民族主义区别开来",②要着重反对大俄罗斯沙文主义。鉴于政府机关并未成为真正的无产阶级机关,列宁认为,有关"退出联盟的自由"的规定,"只是一纸空文",③并不足以保护少数民族不受大俄罗斯主义的侵害。他认为,必要时可从现有的联盟形式后退,只保留军事外交的联盟,"而在其他方面恢复各人民委员部的完全独立"④。列宁口述这封信后不久,病情恶化,无法工作。列宁的上述指示没有得到贯彻落实。

1922 年 12 月 30 日,在莫斯科召开了苏维埃社会主义共和国联盟第一次苏维埃代表大会。会上,斯大林作了关于成立苏联的报告。大会通过了苏联成立宣言和联盟条约。当时加入苏联的有俄罗斯、乌克兰、白俄罗斯和外高加索四个共和国。中亚的布哈拉和花剌子模人民共和国由于国家制度不同,没有加入苏联,但它们同俄罗斯共和国订有联盟条约。大会选出了中央执行委员会。加里宁、彼得罗夫斯基、切尔维雅科夫和纳利马诺夫分别代表四个共和国出任中央执行委员会主席团主席。1924 年 1 月,苏联第二次苏维埃代表大会批准了苏联宪法,从法律上把苏维埃共和国联盟的形式固定下来。

1924 年,在中亚细亚进行了民族区域划界工作。原来的土耳其斯坦、布哈拉和花剌子模共和国不复存在。新建两个加盟共和国——土库曼和乌兹别克,于 1925 年加入苏联。另外,组建了塔吉克、哈萨克和吉尔吉斯三个自治共和国。1929 年,塔吉克自治共和国改为加盟共和国。苏联发展成为由 7 个加盟共和国组成的联盟。

国民经济的恢复 实行新经济政策的第一年,苏俄就遭遇了罕见的大旱灾,34 个省的 3 000 万居民陷于饥荒。政府采取一系列紧急措施,在广大人民支持下,在国际社会的援助下,比较顺利地渡过了灾害,到第二年就消除了它的后果。

1922 年起,国民经济逐渐恢复。到 1923 年,大工业的产量达到战前的 35%,工人数量也有所增加。但 1923 年秋天,又发生了销售危机。国营工业的产品卖不出去,大量积压在仓库里,致使企业不能按时发放工资。工人中产生不满情绪,一些地方还发生了罢工事件。造成销售危机的原因是,工业品和农产品价格上的剪刀差过大。工业品价格比战前上涨了一倍,而农产品价格仍停留在战前的水平。广大农民群众无力也不愿购买昂贵的工业品。另外,国家过急地采取行政措施限制、排挤私营工商业,而国营和合作社机构又软弱无力,致使商品流通不畅,市场萎缩,销售危机更加严重。

---

①②③④ 《列宁全集》第 43 卷,人民出版社 1987 年版,第 352~353、352、350、355 页。

为了克服经济困难,苏维埃政府决定降低日用必需品的价格,提高农产品的价格,整顿工人工资的发放,改善商业工作。1924年,进行了币制改革,使卢布的价值逐渐稳定下来,为发展商品经济提供了条件。1925年4月,俄共召开中央全会,对经济政策作了重大调整。决定停止对私人资本的排挤,放宽对私人工商者的信贷条件,降低高额税率。在农村,减轻对新发展起来的农户的政治经济压力,取消对农民经商的限制,增加对农民的贷款。国民经济重新走上健康发展道路。

实行新经济政策后,苏维埃国家内部的资本主义成分活跃起来,出现了新生资产阶级分子(耐普曼)。在农村,富农力量有所增长。1925年,富农占到全体农民的3.3%,中农占61.1%,贫雇农占35.6%。工业中,私营企业包括小工业和手工业在1925年占整个工业生产的23.9%,其中资本主义成分的比重不超过15%。在批发商业中,私人资本居于次要地位,只占全部交易额的1/4。但在零售商业方面,则是私人店铺占统治地位。苏维埃政府对这些资本主义成分进行着各种监督和控制。

列宁十分注意总结实施新经济政策的经验教训,探索建设社会主义的途径。1922年底—1923年初,列宁在病中口述了《日记摘录》、《论合作社》、《论我国革命》、《我们怎样改组工农检查院》、《宁肯少些,但要好些》以及《给代表大会的信》等文章和信件,阐述了在苏联建设社会主义的计划。

列宁特别重视同农民的关系问题,认为坚持工农联盟,保证农民跟无产阶级走,不跟资产阶级走,是关系苏维埃政权命运的大事。为了做到这点,列宁提出合作化计划。他指出,在无产阶级专政国家里,合作社可以把私人利益、私人买卖的利益与国家对这种利益的检查监督结合起来。"文明的合作社工作者的制度就是社会主义的制度"。① 另一方面,合作化又是农民能够理解和容易接受的办法。因此,合作化计划是引导农民走社会主义道路的最好方法。为了发展合作社,党不仅要大力支持这个事业,而且更重要的是要在农民中进行文化工作。列宁认为,这是摆在党面前的划时代任务。现在党的工作重心应由"政治斗争、革命、夺取政权等等方面","转到和平的'文化'组织工作上去了"。列宁说,这种改变表明,"我们对社会主义的整个看法根本改变了"。②

列宁提出的另一项划时代任务是,"改造我们原封不动地从旧时代接受过来的简直毫无用处的国家机关"。③ 他提议改组工农检查院,把它同党中央监察委员会结合起来,建立一个有权威的模范机构,并依靠它改造国家机关,反对官

---

① 《列宁全集》第43卷,人民出版社1987年版,第365页。
② 《列宁全集》第43卷,人民出版社1987年版,第367页。
③ 《列宁全集》第43卷,人民出版社1987年版,第367页。

僚主义。只有国家机关真正是新型的、精简的、有效率的,它才能赢得人民信任,才能节约资金,建立大机器工业,实现电气化。

列宁还提到防止党的分裂问题。他认为影响党的稳定可能是工农"两个阶级不能协调一致",也可能在于党的高层领导人的关系。"稳定性的问题基本在于像斯大林和托洛茨基这样的中央委员。依我看,分裂的危险,一大半是由他们之间的关系构成的"。列宁认为,斯大林和托洛茨基是"现时中央两位杰出领袖"。斯大林当了总书记,掌握了无限的权力,而性格却太粗暴。因此,对他"能不能永远十分谨慎地使用这一权力","没有把握"。至于托洛茨基,列宁说他"大概是现在的中央委员会中最有才能的人",但"过分自信,过分热衷于事情的纯粹行政方面"。① 列宁担心,这两人的不同特点会出人意料地导致党的分裂。为防止这一悲剧的发生,列宁主张补选工人参加中央委员会以提高党中央的威望;改善党中央监察委员会的工作以加强对领导人的监督。1923 年 1 月,列宁建议把斯大林从总书记这个职位上"调开","任命另一个人担任这个职位,这个人在所有其他方面只要有一点强过斯大林同志,这就是较为耐心、较为谦恭、较有礼貌、较能关心同志,而较少任性等等"。②

列宁的这些思想对苏联的社会主义建设具有重大指导意义。可惜,受条件限制,列宁对于建成社会主义的标准,社会主义制度下的商品市场,运用民主法制加强监督反对官僚主义,文化工作和阶级斗争的关系等一系列重大问题没能进行充分的阐述。1924 年 1 月 21 日,列宁因脑溢血引起呼吸器官麻痹而与世长辞。

列宁逝世后,苏联人民团结在共产党周围,艰苦奋斗,加快经济建设工作。1925 年,谷物的总产量接近战前水平,达到 7 247 万吨。畜牧业还低于革命前的水平。工业总产量为战前的 73%,铁路运输业的货物周转量为战前的 80%。国内商品流转总额大约是战前的 70%。劳动人民的物质生活逐步得到改善。1925—1926 年,工人的实际工资水平达到战前的 93.7%。国民经济恢复工作基本完成。

第二节　社会主义改造与建设

社会主义工业化的开展　革命前的俄国是一个只有中等资本主义发展水平的国家。农业在国民生产中占据优势。工业的产量比先进的欧美国家落后很多。按人口平均计算,俄国的煤钢产量和机器制造业的产值都不及美国或德国

---

① 《列宁全集》第 43 卷,人民出版社 1987 年版,第 338～339 页。
② 《列宁全集》第 43 卷,人民出版社 1987 年版,第 340 页。

的 1/10。俄国的人均工业产量同落后的西班牙不相上下。因此,苏联在恢复被战争破坏的国民经济之后,面临着十分艰巨的社会主义改造和建设的任务。另外,列宁逝世后谁将是党的最高领袖,成为全党最关心也是最敏感的问题。受这两个问题的影响,苏联二三十年代的改造建设工作经历了一个十分曲折复杂的历程。

列宁病重期间,党内民主问题成为全党共同议论的话题。1923 年,党中央九月全会专门研究了党内状况。12 月 5 日,政治局通过决议,提到"党的机关出现官僚化"的问题,要求发扬民主制。托洛茨基认为问题比决议写的要严重得多,他写信给党中央并在报刊发表文章,指责党中央执行了错误方针,把工作"重心放在机关上",用党的机关"代替党考虑和决定问题。他要求执行新方针,主张党内制度民主化。托洛茨基还说,从历史上看,老近卫军大都发生蜕化,青年是"党的最可靠的晴雨表"。这番议论遭到大多数干部的反对。1924 年 1 月,俄共召开第十三次代表会议,谴责托派"背离列宁主义","具有十分明显的小资产阶级倾向"。列宁逝世后,党政领导人纷纷写文章,缅怀列宁的功绩。托洛茨基发表《十月的教训》,直接点名批评季诺维也夫和加米涅夫在十月武装起义中的严重错误,说他们"采取了实质上是社会民主党的立场"。季诺维也夫和加米涅夫大为恼火。斯大林同他们联合一起,翻出旧账,历数从布尔什维克党建立到十月革命时期托洛茨基同列宁之间的分歧,指责托洛茨基企图用自己的主义代替列宁主义。1925 年 1 月,俄共(布)中央全会严厉谴责托洛茨基,并决定解除他的陆海军人民委员和革命军事委员会主席的职务。这样,列宁所担心的两位主要领导人间的冲突不仅未能防止,而且很快就以行政手段决出胜负,一方受到组织处分,被解除主要职务。

1925 年 4 月,俄共(布)召开第十四次全国代表会议。斯大林提出苏联一国可以建成社会主义的理论。不过,他没有说明建成社会主义的标准,更没有讲清实现的途径。但是,这一提法鼓舞了人民的建设信心,得到人民的拥护。代表会议接受了斯大林的意见,指出"社会主义在一个国家内获得胜利(不是指最后胜利)是绝对可能的"。

1925 年 12 月 18—31 日,俄共(布)在莫斯科召开第十四次代表大会。斯大林代表党中央作政治报告,阐述实现国家工业化的必要性,提出要把俄国"从农业国变成能自力生产必需的装备的工业国"。[①] 季诺维也夫和加米涅夫组成"新反对派",反对斯大林的报告。在列宁格勒代表团和其他一些代表的支持下,季诺维也夫在大会上作了副报告。他泛泛地历数了党面临的困难:一是世界革命进程迟缓,二是在落后的、农民占多数的国家里建设社会主义,三是列宁逝世后

---

① 《斯大林全集》第 7 卷,人民出版社 1958 年版,第 294 页。

党内未建立起集体领导。他认为苏联在"走向一个特殊的无产阶级国家中的'国家资本主义'",社会主义胜利不可能在苏联一国范围内,而是"要在国际舞台上得以解决"。加米涅夫提出对斯大林的信任问题,建议撤换斯大林的总书记职务。代表大会未就一国建成社会主义问题展开充分讨论,而对"新反对派"反对斯大林的意图给予了坚决的回击。大会肯定了党中央的路线,通过了社会主义工业化方针。会后,加米涅夫的人民委员会副主席职务和季诺维也夫的列宁格勒省委书记的职务被撤销。

党的十四大之后,苏联开始大规模进行工业化建议。斯大林多次发表文章和演说,强调苏联的工业化同资本主义国家的工业化不同,并阐述了苏联社会主义工业化纲领。

斯大林认为,苏联处在资本主义包围之中,为了不致成为资本主义世界的经济附庸,必须建立自己独立完整的社会主义经济体系,即把苏联建设成一个不仅能生产一般消费品,而且能生产各种机器和设备的国家。但是,斯大林未提一国建设社会主义仍然需要同世界经济发生众多联系的问题。

斯大林认为,俄国经济落后,而落后者是要挨打的。因此,必须高速度发展国民经济。他认为,苏联已建立无产阶级专政政权,可以依靠政权力量加快经济发展。他把许多客观经济发展规律视为资本主义范畴的东西予以否定。主张用行政命令、指令性计划的办法快速发展经济。具体讲,一是用计划保证优先发展重工业,一是用行政办法扩大内部的资金积累。

斯大林说,从轻工业开始的工业化道路是一条漫长的发展途径,是资本主义国家的作法。苏联不应走这条旧路。苏联可以从发展重工业开始自己的工业化。因为苏联的重要企业都是国家所有的,政府可以通过指令性计划,调动大部分人力物力资源去发展重工业、国防工业。斯大林说,"工业化的中心、工业化的基础,就是发展重工业"。① 只要发展了重工业就是实现了工业化。至于轻工业、农业等都是次要的、从属的、为发展重工业效力的部门;各经济部门之间的比例协调关系可以不予顾及。

为了加快工业发展,斯大林认为必须采用行政手段保证高积累多投资。他说,苏联的建设资金不能靠掠夺殖民地和向外国借债来筹集,只能从内部,依靠自己力量积累。政府应把国有企业、矿山、铁路、银行以及贸易部门的利润尽量多地收缴上来,作为工业化资金。其次是征收农业税。第三是号召人民艰苦朴素,用发行公债等办法把消费资金转为建设资金。可是,用这些方法积累到的资金不足以应付大规模建设的需要。斯大林决定放弃原来的意见,不再要求缩小直至消灭工农产品价格上的剪刀差,转而主张提高工业品的出售价格,压低农产

---

① 《斯大林全集》第8卷,人民出版社1954年版,第112页。

品的收购价格,用多收少付的办法向农民再征收一笔额外税,以加快资金积累。至于提高经济效益这一扩大积累的根本手段,则被冷落忽视。

斯大林的工业化理论政策提出后,许多人发表不同看法。布哈林认为在当时条件下,经济建设"只能以乌龟速度爬行"。经济学家康德拉季耶夫,恰亚诺夫主张大力发展农业。财政人民委员索柯里尼柯夫认为,苏联发展工业必须"同世界市场联系"。在最近年代里,应"走农产品输出的道路",以换取外汇,进口机器设备,推动工业发展。托洛茨基提出另一种意见。他宣扬"不断革命"论,要求在国内和国际活动中不断开展反对资产阶级的斗争。1926 年,托派分子和新反对派分子联合一起,组成托洛茨基—季诺维也夫联盟。他们公开宣称一国建成社会主义的理论是不能接受的"臭名远扬的理论"。他们指责中央对富农等资本主义势力斗争不力,要求成倍地增加私营工商业者的捐税,并向富裕农民"借用"1.5亿普特的粮食。他们要求加快工业化速度,说把工业的年增长率定为 4% —9% ,是"彻头彻尾悲观主义的计划"。托季联盟宣称,资本主义势力的增长已经影响到党和国家,使"工人国家的官僚主义化发展",提出要"批判斯大林派制度"。1927 年 7 月,托洛茨基进一步指责斯大林和党中央多数派走上"热月化"的蜕化背叛道路,说现今的领导集团无力组织人民抗击帝国主义的反苏战争,在必要时要更换领导人。8 月,党中央开会,谴责托季联盟的活动。同时,决定在 12 月召开党的第十五次代表大会。9 月,托季联盟提出反对派政纲,其中虽有某些合理的成分,但大部分是"左"倾的东西。反对派将政纲送交党中央,要求予以印发。遭拒绝后,反对派自己秘密印刷,并向党内外散发,要求全党进行辩论。10 月,党中央公布了自己的提纲,并指令《真理报》出版辩论专页,刊登各种政见,其中包括托季联盟的政纲。经过全党辩论,最后投票赞成中央路线的有72.4万党员,而追随托季联盟的只有 4 千多人。反对派不肯承认自己的失败。他们在 1927 年庆祝十月革命十周年的时候,组织几百名反对派分子上街游行,高喊"打倒机会主义","公布列宁遗嘱"等口号。联共(布)中央认为托季联盟的行为已超出党章许可的范围,于 11 月 14 日开会,决定把托洛茨基和季诺维也夫开除出党。1927 年 12 月召开的联共(布)第十五次代表大会批准了这一决定,并将其他骨干分子也开除出党。托季联盟在政治上被打倒,在组织上被清除,但其错误的理论思想并未得到认真分析批判。

在党内斗争激烈进行的同时,国家着手制定发展国民经济的五年计划。1927 年 10 月,党中央全会讨论了五年计划的问题,规定发展速度为年增 4% 。12 月,第十五次党代表大会通过了制定五年计划的指示,将年增长率提高为9% 。根据党代表大会的指示精神,国家计划委员会主席克尔日札诺夫斯基(1872—1959)集中一批专家经过一年多时间的讨论研究,最后提出两个方案,最佳方案比初步方案的指标高出 20% 。最高国民经济委员会主席古比雪夫

（1888—1935）提出工业发展的指标。此时,正值推行非常措施,反对右倾之时,上述三个方案均被否定,甚至被视为"对高速度发展的可能性和优越性的轻视"。斯大林要求大大加快发展速度。古比雪夫迅速提出第四个方案,规定工业产量每年增加19%—20%,这个增长速度超过了托洛茨基在1927年提出的15%—18%的要求。

1929年4月召开的联共(布)第十六次代表会议和5月召开的苏维埃第五次代表大会批准了五年计划。在一五计划的鼓舞下,苏联人民掀起了建设社会主义的高潮。

农业全盘集体化运动的开展. 20年代中,新经济政策全面实施,经济发展,市场繁荣,但也出现了严重问题。一个是社会分化。农村中,富裕农户日益增多,到1927年大约有100万户,其中一半的富裕户是在实施新经济政策后出现的。如何看待这一现象,联共党领导人意见不一。托洛茨基等人把富裕农户基本都视为富农,认为农村资本主义势力猖獗,已经威胁到苏维埃政权的巩固。布哈林等人则认为中农仍是农村的中心人物,应扶植小农经济,鼓励劳动农民发财致富。多数人害怕分化,反对分化,认为应控制分化,缩小贫富差距。另一个问题是价格调整不好。实施新经济政策后,市场贸易开放。农民作为小商品生产者,希望国家少干预市场,价格能按价值法则和供需关系调整。但苏维埃担心市场发展会导致资本主义自发倾向的增长。同时,它还要利用工农产品价格上的剪刀差来加速建设资金的积累。这就产生了矛盾。人们对如何调节这个矛盾,想法不一。政府受各方面影响,也拿不出始终如一的政策。时而向农民让步,放松对价格的控制;时而打击私人买卖活动,压低农产品价格。政策的左右摇摆造成城乡供销关系和工农关系多次出现紧张情况。1925年底,第十四次党代表大会确定工业化方针,认为计划经济的力量可逐步包揽城乡一切经济活动。1926年起,政府加强对价格的控制,用它来排挤私人工商业和限制市场贸易活动。与此同时,国家收购农产品的价格比上一年降低6%,而粮食的收购价降低20%—25%。这引起工农产品价格不协调,城乡关系紧张。托洛茨基认为解决这一问题的根本办法是大力发展工业和无产阶级力量。他要求提高工业品价格,为工业化积累更多资金。斯大林、布哈林反对托洛茨基的意见,未经慎重考虑就于1927年2月决定降低工业品价格,但在优先发展重工业方针指导下,轻工业品本已不足,降低价格后更是供不应求,最后导致商品荒。农民有钱买不到所需商品,不满情绪依然存在。情况表明,国家对工农业产品几次提价降价都未能完全调整好同农民的关系。市场也愈来愈脱离国家控制,影响着工业化的迅速开展。人们开始把注意力从调整工农关系转向改造小农方面。

1927年底召开的第十五次党代表大会讨论了农村问题。通过的决议明确规定,党在农村的基本任务是"把个体小农经济联合并改造为大规模集体经济",并指出这种过渡的基础是进一步开展对富农的进攻。另一方面又说,这个过渡应是"逐步的",因为个体私有经济"在相当长的时期内仍将是整个农业的基础"。这种互相矛盾的决议内容,反映当时对解决农民问题的办法尚未做出最终决定。另一方面,也说明一些人认为,采取不同于新经济政策的激进办法是走出困境的途径。

第十五次党代表大会后,危机立即暴露出来。1928年初,国家收购上来的粮食只有513万吨,比上年同期减少了189万吨。斯大林认为,粮食收不上来是富农反抗造成的。1月,党和政府决定采取同新经济政策精神相违背的非常措施,强迫富裕农民把多余的粮食按固定价格卖给国家,否则执行刑法第107条,没收他们的粮食和农业机器,并判处徒刑。

采取非常措施后,国家收购到的粮食数量迅速上升,仅1928年第一季度就征集到450万吨,这个数量除去原来少收购的189万吨,还超过了几个月前托季联盟提出向富农借用的粮食数字——1.5亿普特(约为245万吨)。1928年党中央四月全会指出,这些粮食大都是采用同新经济政策不相容的手段得到的,如"没收余粮(完全不按照司法手续来运用第107条);禁止农村内部粮食买卖或一概封闭'自由'粮食市场;为'弄清'余粮而进行搜查;建立巡查队;在清付粮款和出售奇缺的商品给农民时强行摊派农民公债;付款由邮局转汇,其中一部分以公债券或其他证券支付;对中农施加行政压力;实行产品直接交换,如此等等"。这些作法严重侵犯了中农的利益。许多富农和富裕农民激烈反抗政府,全国发生150多起骚动事件。更多的人缩减耕地,破坏农具,屠杀牲畜,甚至弃地出逃,自我消灭经济。农村形势十分紧张。

布哈林不同意斯大林的观点。他认为产生收购危机的主要原因是经济政策上的失误。国家用在工业上的投资过多,而对农业投资过少。另一方面,粮食价格定得太低,影响了农民的生产积极性。实行非常措施后,暴露出许多严重问题。布哈林于1928年5—6月,两次上书中央,申诉自己的观点,表示不同意中央的作法。9月,又在《真理报》上发表《一个经济学家的札记》,公开阐明自己的看法。布哈林主张减慢工业化速度,把更多的资金投到农业上去,以利工农业的均衡发展。

布哈林的意见得到政治局委员李可夫(1881—1938)和托姆斯基(1880—1936)的支持。1929年2月9日,他们三人在党中央会议上联合发表声明,批评现行政策。4月,党中央委员会和中央监察委员会举行联席会议。斯大林作《论联共(布)党内的右倾》的报告,全面批判布哈林的观点,特别是批判他的"阶级斗争熄灭论"和"富农长入社会主义"的理论,指责他推行了一条"机会主义的路线"。四月全会通过决议,谴责布哈林等人为右倾机会主义集团,并决定撤销布哈林在《真理报》和共产国际的领导职务,撤销托姆斯基的工会领导职务。年底,布哈林被开除出政治局。1930 年 12 月,李可夫也被开除出政治局,莫洛托夫(1890—1986)接替他担任人民委员会主席。

这时,苏联农村仍十分落后。1928 年,全国只有 2.7 万辆拖拉机。春播作物的土地翻耕工作,99%靠畜力、人力完成,机耕地面积只占 1%。大约一半的成年居民不识字。这一年的农业集体组织只有 3.3 万个,有 40 万农户参加,占全国 2 400 万农户的 1.7%。这些集体经济组织多数是低级形式的共耕社,只进行劳动互助。

布哈林遭到批判后,斯大林决心用行政手段加快农业集体化过程。1929 年 6 月到 9 月,全国有 90 多万农户新加入集体经济组织。这个数字几乎等于革命后 12 年中加入集体经济组织的总户数。但从全局看,集体化比例仍很低。加入集体经济组织的农户只占总农户的 7.6%,其耕地只占耕地总面积的 3.6%。这很难说清 1 500 万户中农是否对农庄的态度发生根本改变。

1929 年 11 月初,斯大林发表《大转变的一年》一文,宣称农村发生了"根本转变","中农加入集体农庄了",农民已经"整村、整乡、整区甚至整个专区地加入"①农庄了。斯大林决定停止新经济政策,改变对中农和富农的政策。几天后,党中央召开全会,要求加快集体化速度,并派遣 25 000 名工人下乡,推进这一运动。到年底,又有 240 万农户加入农庄。

1930 年 1 月 5 日,党中央根据斯大林的要求通过了《关于集体化的速度和国家帮助集体农庄建设的办法》,要求在几年内实现全盘集体化。这同几个月前通过的第一个五年计划控制数字大不相同。五年计划规定,到 1933 年公有经济(包括国营和集体经济)的播种面积占播种总面积的 17.5%,而新的决议要求北高加索和伏尔加河流域等主要产粮区在 1931 年春天完成集体化任务,非主要产粮区在 1932 年春天完成。决议还指出,占多数的共耕社形式已经不能满足农民的要求,集体化的基本形式应当是实行土地使用权和主要生产资料公有化的劳动组合,即集体农庄。

在全盘集体化的基础上,开始了消灭富农阶级的斗争。苏联政府机关对划分富农的标准曾提出过各种标准,但从未提出明确而科学的统一规定。因此,很难说出富农的准确数字。多数苏联学者认为,1927 年有富农 89.6 万户,占农户总数的 3.9%。1928 年实行非常措施后,20 多万户富农"自我消灭",逃往城镇。到 1929 年秋,富农只剩下 60 万~70 万户,占农户总数的 2.5%—3%。全盘集体化运动开展后,富农极力阻挠农庄的建立,散布谣言中伤农庄,纵火焚毁农庄的财产,暗杀运动的积极分子。还有一些富农分子制造假农庄,春天吸收贫农入农庄,剥削他们的劳动,秋后又把他们开除出去。1930 年 2 月 1 日,苏联政府通

---

① 《斯大林选集》下卷,人民出版社 1979 年版,第 201、206 页。

过决议,废除以前颁布的关于土地租佃和雇佣劳动的法律,并决定没收富农的财产,把它转交给集体农庄。对富农本身分为三类处置:对进行反苏活动的富农,采取逮捕镇压政策;对大富农,把他们迁徙到国家北部和东部的荒凉地区,从事伐木、采矿、开荒等劳动;对其他富农则迁出农庄地界,安置在本区的边缘地带,拨给他们一定土地耕种。官方宣布,从 1930 年初到 1932 年秋,一共有 24 万户富农被迁徙到西伯利亚地区。苏联学者认为,绝大部分富农户都扫地出门,被驱逐到国家边远地带。总共有 100 万～110 万农户被暴力剥夺和消灭,其中相当一部分是被错划的中农户。

在党的号召下,农村集体化运动迅速开展起来。1930 年 1 月,加入农庄的有 300 万农户。2 月又增加 700 万户新成员。集体化比例从 1929 年 12 月的 20%,猛增为 1930 年 3 月的 58%。在这一惊人大发展的同时,全国各地都发生过火行为和严重错误。各基层苏维埃和集体化工作队员在上级严令催促和警告下,纷纷采用行政命令和威胁手段强迫农民加入集体农庄。有的地方宣布,"谁不加入集体农庄,谁就是苏维埃政权的敌人";有的地方则规定,凡拒绝加入农庄者,没收其土地,剥夺其选举权。致使一些地方被清算、被剥夺选举权者多达 15%—20%。有些地区越过劳动组合,直接组织农业公社,把住宅、小牲畜、家禽等都收为公有,以致许多农民在加入农庄前屠杀牲口。仅 1930 年 2—3 月间,全国就有 1 400 万头大牲畜被杀。这些行为严重侵犯了中农利益。农村形势动荡不安,一些地方出现了反苏维埃的暴乱。

面对这一严重情况,斯大林于 1930 年 3 月 2 日发表了《胜利冲昏头脑》的文章,严厉批评"某些同志被胜利冲昏了头脑,暂时丧失了清醒的理智和冷静的眼光"。[①] 3 月 14 日,党中央又颁布了《关于反对歪曲党在集体农庄运动中的路线》的决议,批评了集体农庄建设过程中违反农民自愿原则,强制跳到组织农业公社,用行政手段封闭教堂,取消市场和集市等错误做法。决议要求立即消灭这些歪曲行为。文章和决议发表后,全盘集体化运动中的一些极端作法得到了纠正。从 1930 年 3 月开始,集体农庄数目大量减少,大约有 1 000 万农户退出农庄。但从秋天起,集体化运动又重新开展起来。到 1932 年底第一个五年计划完成时,全国 60% 以上的农户走上集体化道路,建立了 20 多万个集体农庄。这一年,国营农场和集体农庄的播种面积达到总播种面积的 80%。因此,联共中央在 1933 年 1 月宣布:"把分散的个体小农经济纳入社会主义大农业的轨道的历史任务已经完成"。

在集体化过程中,政府从多方面支持集体农庄的建设。它减免农庄的赋税,提供贷款和种子,加强农业的技术改造。另一方面,国家加强对农庄的控制。它

---

① 《斯大林选集》下卷,人民出版社 1979 年版,第 243 页。

把农业机器全部集中在自己手里。1932年,共组建2 502个机器拖拉机站,拥有14.8万台拖拉机(按每台15马力计算)。机器拖拉机站为农庄提供机械服务。它通过服务,监督农庄执行国家的生产计划,同时要求农庄用农产品交付劳动报酬。1933年,宣布实行农产品义务交售制。规定集体农庄的首要义务是每年向国家交售相当数量的农产品,其中粮食的交售额占到产量的32%—43%。而国家付给的价格却低于生产成本。国家通过机器拖拉机站和义务交售制这两个渠道,每年都能有保障地得到它所要求的粮食和农产品。

集体农庄的管理和分配体制是经过一段时间的实践摸索才确定下来的。开始时,很多农庄每天早上吹哨集合分配任务,实行每个庄员轮流干大田、菜地、饲养、巡夜等各种劳动。分配的方法五花八门,有的农庄按人口供给一切,有的按劳动力分配,也有的按干活多少分配。为了寻求适当的体制,政府两次召集全苏集体农庄突击队员代表大会,总结农庄的建设经验。1935年2月召开的第二次代表大会通过了《农业劳动组合示范章程》。章程规定,农庄的土地为国家所有,农庄和农民只有使用权,不得买卖和出租。农庄组织生产队,负责某一地段的全年生产,或负责饲养一定数量牲畜等其他专业生产。庄员按劳动日的多少进行分配。此外,允许庄员拥有1/4到1/2公顷的宅旁园地,饲养猪牛等家畜家禽。示范章程的通过,促进了集体农庄的巩固。

全盘集体化运动使农村发生翻天覆地的变化。富农阶级被消灭,个体农民变成集体农庄庄员,分散的小生产变成集中的大生产,农业成为直接听从党政机关指挥的部门。这一变化为社会主义工业化的实现提供了条件。它使城市居民的粮食供应和工业原材料的供应得到一定保障。实现集体化后,国家从农民手中征到的粮食不断增多。第一个五年计划期间平均每年为1 820万吨;第二个五年计划期间增为2 750万吨。没有再出现粮食收购危机。另外,集体农业还为工业发展提供了相当数量的资金和劳动力。农业集体化是工业化运动的必然继续。是苏联社会主义建设事业的重要组成部分。

全盘集体化运动存在着严重的问题和错误。它违背了列宁提出的改造农民的自愿和逐步原则,使千百万农民以及少数民族地区的牧民在这场变动中遭受许多本可以避免的苦难与死亡。苏联学者估计,集体化时期遭到迫害的有500万~1 000万人。仅哈萨克地区,在1930—1933年期间就有近200万人死亡。而1932—1933年乌克兰、北高加索地区的大饥荒使300万~400万人饿死。集体化运动中,建立起一套严密的行政命令体制,把农民束缚在农庄里,使农民失去生产和分配的自主权,甚至连迁徙自由也受到限制。政府忽视农民的物质利益,限制城乡间的商品货币关系,用超经济手段从农民身上拿走很多。所有这些使工农关系、城乡关系问题重重,农民生产积极性低下,农牧业生产长期停滞落后,严重阻碍了苏联经济的发展。

五年计划的实施　苏联从 1928 年 10 月起,开始实行第一个五年计划。到 1932 年底,政府宣布提前完成这一计划。1933—1937 年又实行了第二个五年计划。从 1938 年开始的第三个五年计划,由于德国法西斯的入侵而被迫中断。

五年计划首先是一个向资本主义经济成分展开全面进攻的计划。在开始实行新经济政策时,列宁曾指出,苏维埃国家有五种社会经济结构。第一种是宗法经济,即差不多完全不从事贸易往来的自然经济。第二种是小商品经济,这种经济结构当时包括了大多数居民。第三种是私人资本主义经济,它在新经济政策实施的初期活跃起来。第四种是国家资本主义经济,主要是租让企业,它没有获得重大发展。第五种是社会主义经济。经过两个五年计划,资本主义经济被排挤出工业和商业领域,小商品经济得到改造。到第二个五年计划结束时,已有 93% 的农户参加了集体农庄。国营农场和集体农庄的播种面积达到总播种面积的 99%。社会主义的国家所有制和集体所有制在一切经济部门都确立起来了。

五年计划规定要高速度发展工业,为了保证这一要求的实现,政府实行高积累,把大量资金投入经济建设。一五计划规定国民经济的基本投资为 646 亿卢布,二五增为 1 334 亿卢布,其中相当一大部分用于重工业投资。在这期间,斯大林先后提出"技术决定一切"和"干部决定一切"的口号,号召人们掌握先进技术,学会生产管理。在这一口号的推动下,1935 年 8 月 30 日夜间,顿巴斯的年轻矿工斯达汉诺夫在一班工作时间内,用风镐采掘了 102 吨煤,超过定额的 13 倍。此后,在全国兴起学习斯达汉诺夫,掌握新技术,提高劳动生产率的运动。在各行各业中都涌现出一批斯达汉诺夫式的先进工作者。

一五期间,苏联利用资本主义世界遭受经济危机打击之机,从西方引进一批先进的机器设备和技术力量,还用高薪聘请外国专家和技工。三个主要钢铁厂——马格尼托哥尔斯克钢铁厂、库兹涅茨克钢铁厂和札波罗日钢铁厂,以及斯大林格勒拖拉机厂、第聂伯水电站等大型项目都引进了美国、德国的设备和技术,并得到外国工程师的帮助。由于苏联本国技术力量不足,这些企业大多没有达到外国设备的设计能力。二五期间,政府注意挖掘已建企业的潜力,同时大力发展本国机器制造业。先后在斯维尔德洛夫斯克、克拉马托尔斯克、新契尔克斯克、车里雅宾斯克等地新建起巨大的机器制造厂。扩建了高尔基和莫斯科两个汽车制造厂。此后,苏联基本停止了外国设备的进口。1937 年机器进口的比重仅占苏联需求量的 0.9%。这一方面显示苏联经济的高度独立自主性;另一方面,也使苏联丧失了利用西方先进技术设备和资金的机会。

两个五年计划期间,苏联建成了 6 000 多个大企业,建立起飞机、汽车、拖拉机、化学、重型和轻型机器制造业等部门。工业布局有了很大变化。在东部地区兴建了乌拉尔—库兹涅茨克钢铁煤炭基地,新库兹涅茨克钢铁基地,伏尔加—乌拉尔石油基地等。1940 年的工业总产值比 1913 年增加 6 倍多,超过法、英、德,跃居欧洲第一位,世界第二位。到战争前夕的1940年,苏联年产1 800万吨钢,1.6亿吨煤,3 100万吨石油,483亿度电。同时,苏联工业每年给农村提供几万台拖拉机,使机耕地在全国耕地中的比例由1932年的20%增加到1940年的70%,初步实现了耕种的机械化。然而,从人均国民生产总值来看,苏联仍远远落后于美国和西欧资本主义国家,大体处于日本的发展水平。1940年,苏联的人均产值为510~542美元,①美国是1 886美元,英国是1 234美元(1937年),日本是554美元。

五年计划的许多重要指标未能按期实现。一五计划规定国民收入增加102%,实际只增加60%;农业产值应增加50%,实际下降14%。煤炭、钢铁、石油、电力、拖拉机、汽车也没有完成计划。二五计划执行得比一五计划好,但也有许多问题。国民收入规定增加120%,实际不到112%,消费品增长率仅达到指标的一半。

五年计划的实施使劳动人民的生活得到改善。国民收入由1913年的210亿卢布增加到1937年的963亿卢布。1935年,取消了面包和面粉的配售制。后来,又陆续取消了其他食品和所有工业品的配售制。人民群众的文化水平也有了很大提高。在沙皇时代,四个人中就有三个文盲。经过多年努力,到1939年,全国识字的居民达到87%。城市普及了七年制义务教育,农村实行了四年制义务教育。高等学校成倍增长,1938年全苏有近700所,在校学生达55万人。科学技术事业取得重大成就。瓦维洛夫创立了作物种类演化理论。齐奥尔科夫斯基的宇宙火箭理论研究居于世界领先地位。库尔恰托夫领导设计和研制出欧洲第一台回旋加速器。列别杰夫研制出用乙醇合成人造橡胶的办法。在社会科学领域,整理出版了《马克思恩格斯全集》和《列宁全集》。文学领域,发表了众多反映苏联数十年巨大变化的作品。高尔基的《阿尔达莫诺夫家的事业》、《克里姆·萨姆金的一生》,阿·托尔斯泰的《苦难的历程》三部曲,肖洛霍夫的《静静的顿河》、《被开垦的处女地》,法捷耶夫的《毁灭》,革拉特柯夫的《水泥》(旧译《士敏土》),奥斯特洛夫斯基的《钢铁是怎样炼成的》等都是世界知名之作。

苏联社会主义建设的成就十分巨大,但也存在重大缺陷和问题。首先是片面发展重工业,使农业和轻工业长期处于落后状态。粮食产量,在全盘集体化运动前的1925—1927年期间平均每年为7 527万吨,一五期间降为年均7 360万吨,二五期间再降为7 290万吨。畜牧业的状况更差。一五期间,马的头数从3 210万头降为1 730万头;牛从6 010万头降为3 350万头;羊从10 700万头降为3 730万头;猪从2 200万头降为990万头。二五期间,大牲畜的存栏头数有

---

① 按1964年的美元计算。

所回升,但未达到 1928 年的水平。农牧业中,只有棉花、制糖用的甜菜等技术作物的产量有了明显提高。轻工业产值虽然 1940 年比 1913 年增加了 3.6 倍,但同期重工业却增长了 12.4 倍。这种不同的增长比例造成农轻重经济发展严重失调。经济建设的第二个问题是,片面强调产值和产量,造成产品单调,质量低劣。许多产品无人问津,大量积压,另一方面,优质对路产品奇缺,供应紧张。第三,经济粗放发展,效益低下,国家资源大量消耗和浪费。

第三节 斯大林模式的形成和苏联的对外政策

1936 年宪法的制定和高度集中体制的确立 工业化和农业集体化的实施使苏联在经济方面和社会阶级结构方面都发生根本性变化。为了从法律上肯定这一变化,1935 年初召开的苏维埃第七次代表大会决定修改 1924 年宪法。2 月 7 日,苏联中央执行委员会成立由斯大林任主席的宪法委员会。经过一年多的研讨,于 1936 年 5 月完成新宪法的起草工作。6 月,《真理报》刊登新宪法草案。全国热烈讨论,提出许多修正补充意见。

1936 年 11 月 25 日,第八次苏维埃代表大会在莫斯科举行。斯大林在第一天的会议上作了《关于苏联宪法草案》的报告,宣布苏联"建立了社会主义制度"。他指出,在苏联"人剥削人的现象已被铲除和消灭","所有的剥削阶级都消灭了"。[①] 国内只存在工人阶级、农民阶级和知识分子。根据斯大林的报告,大会讨论和通过了新宪法。

宪法规定,苏联是工农社会主义国家。它的经济基础是社会主义经济制度和生产资料的社会主义所有制。政治基础是各级劳动者代表苏维埃。宪法取消了各级苏维埃选举中残存的一切限制,以直接选举代替了多级选举,实行普遍、直接、平等、无记名投票的选举。新宪法保障劳动人民享有劳动、休息和受教育的权利,保证他们在年老、患病和丧失劳动能力的情况下享有物质保障权。同时,宪法还规定了苏联公民应尽的义务:遵守法律,遵守劳动纪律,忠实地履行自己的社会义务,维护和巩固社会主义所有制,在军队中服役,保卫社会主义祖国。

宪法还反映了苏联民族国家体制的变化,哈萨克和吉尔吉斯自治共和国由于经济政治的发展,改为加盟共和国。高加索联邦分成为阿塞拜疆、格鲁吉亚和亚美尼亚三个加盟共和国。这样,苏联的加盟共和国便由原来的 7 个增加为 11 个。

根据新宪法的规定,1937 年 12 月 12 日全国举行了新的苏维埃代表的选举。1938 年 1 月,召开最高苏维埃第一次会议,选出由 24 人组成的最高苏维埃

---

① 《斯大林选集》下卷,人民出版社 1979 年版,第 393、394、399 页。

主席团,加里宁任主席团主席。莫洛托夫被任命为人民委员会主席。1941年5月,斯大林接任人民委员会主席职务。

苏联新宪法的制定,宣告了第一个社会主义国家的建成,也标志着斯大林创建的经济政治体制的形成。

这一体制在政治方面的特点是,权力高度集中于中央,集中于党中央的最高领导机构。共产党不仅领导一切,而且直接发布政令,管理国家事务。苏维埃不能真正发挥人民政权的作用,变成徒具虚名的权力机构。联盟制也是有名无实,少数民族的权益并无可靠保障,他们实际生活在中央集权的单一制国家里。民主法制被忽视。干部由上级委派,惟上是从。领导终身任职,基本不受群众监督。权力愈来愈集中于个人手里,最后形成个人高度集权制度。

经济方面的特点是,建成了一个以国家为核心的、高度集中的行政命令体制。它实行工商企业的国有化和集体农庄的准国有化,把其他一切不受国家直接控制的经济成分统统消灭掉。它限制商品货币关系,否定价值规律和市场机制的作用,用行政命令甚至暴力手段管理经济,把一切经济活动置于指令性计划之下。它用剥夺农民和限制居民生活改善的办法实行高积累多投资,发展粗放型经济。它片面发展重工业,建立准军事型的经济,并以此提高国力,赶超资本主义国家。

这一建设模式是在苏联外有帝国主义包围,内部文化落后的条件下形成的,它发挥了巨大的作用。斯大林通过它把苏联建成强大的社会主义国家。但这一模式没有解决社会主义民主政治建设和经济运行的一系列根本问题。它违背列宁关于把文化经济建设当作工作重心的指示,仍把政治斗争放在第一位。它忽视社会主义商品经济的要求,也不适应世界经济发展的集约化和一体化的要求。从长远看,它阻碍了经济的发展和生产力的提高。

对斯大林个人崇拜的盛行和大清洗运动 斯大林战胜托洛茨基、布哈林反对派后,他的最高领袖地位牢固确立起来,威望也空前提高。1929年12月21日,举国上下庆祝斯大林50寿辰。《真理报》用8个版面刊载古比雪夫、卡冈诺维奇、伏罗希洛夫等党和国家领导人的祝寿文章,称颂斯大林是列宁的惟一主要助手,是列宁事业的继承人,是活着的列宁。有些文章不惜歪曲事实说斯大林在党的第一批小组建立时就是"党的最优秀的组织者和建设者",说他在国内战争时期"是惟一的从一个战场派往另一个战场的中央委员"。各地的党政组织和个人也纷纷向斯大林发出致敬信。许多城市、工厂、农庄和街道,甚至山峰都用斯大林来命名。这以后,过分颂扬之风愈刮愈烈,进而成为一种政治思潮。斯大林被奉为神明,当作偶像顶礼膜拜。不仅一切成绩胜利应归功于斯大林,而且斯大林就是党和国家的化身,真理的代表。1934年召开的第十七次党代表大会不再像过去那样就党的工作制定决议,而只简单地"责成各级党组织以斯大林同志报告中所提出的原理和任务作为自己工作的指南"。斯大林的讲话逐渐成为人们工作、发言的惟一依据,成为判断事务对错的惟一标准。

30 年代,斯大林主持开展了一系列批判运动。哲学界的德波林学派,文学界的俄罗斯无产阶级作家协会(拉普),史学界的波克罗夫斯基学派,经济学界的康德拉季耶夫、格罗曼学派,甚至生物学界的瓦维洛夫学派都遭到不公正的批判,被扣上"托洛茨基主义"、"孟什维主义"、"反党"等各种政治帽子。一些研究机关被解散,许多学者遭逮捕处死。这些批判把斯大林的绝对领导和惟一正确地位从政治领域扩展到文化学术领域。

1938 年,经斯大林亲自审定,出版了《联共(布)党史简明教程》,把个人崇拜从历史上和理论上完全确定下来。

共产党内一些领导人对日益形成的个人崇拜以及经济建设中的严重问题感到不安。在 1934 年初召开第十七次党代表大会期间,酝酿选举党中央政治局委员、列宁格勒省委书记基洛夫取代斯大林担任党的总书记职务。在选举中央委员会时,斯大林是当选委员中得票最少的一个,缺票 270 张,而基洛夫只缺 3 张。斯大林对此感到十分震惊。

1934 年 12 月 1 日,基洛夫在列宁格勒斯莫尔尼宫被暗杀。凶手被当场抓获,他叫尼古拉耶夫,是内务部的工作人员。当天,斯大林等领导人赶到出事地点,亲自过问这一案件。最初,政府宣布暗杀是白卫恐怖分子干的,并处决了104 名自卫分子。半个月后,苏联报纸宣布,暗杀是托洛茨基—季诺维也夫反对派策划的。托洛茨基早在 1929 年已被驱逐出苏联。而季诺维也夫、加米涅夫在1927 年被开除出党后,写信给党中央承认错误,第二年重新被接纳入党,担任一般工作。基洛夫被刺后,他们再次被开除出党。1935 年 1 月,对他们进行审判。虽然没有可靠证据,仍判处他们 10 年和 5 年有期徒刑。1 月 18 日,党中央发出秘密信件,要求各级党组织提高革命警惕性,深挖暗藏的敌人。1936 年,对季诺维也夫、加米涅夫等人重新审讯,用严刑拷打和引诱欺骗的办法,强迫他们承认更大的罪行。1936 年 8 月 19 日,苏联最高法院军事法庭对季诺维也夫、加米涅夫等人进行公开审讯。法庭没有提出任何物证,仅凭被告的"交代"和"承认"就宣布他们组织了"托洛茨基—季诺维也夫联合总部",组织刺杀基洛夫,并多次企图暗杀斯大林。法庭判处季诺维也夫、加米涅夫等 16 人死刑,并不容上诉就予以处决。

公开审讯后不久,斯大林和日丹诺夫于 9 月 25 日从休养地索契打电话给卡冈诺维奇、莫洛托夫及其他政治局委员,要求立即任命叶若夫取代雅哥达为内务人民委员,以加紧镇压"托洛茨基—季诺维也夫集团"。26 日,叶若夫上台,把大清洗推向全国各地。原托洛茨基反对派成员,以及被认为是与他们有联系的人均遭逮捕。对党的方针、路线、政策持异议的人,对领导干部不满者也被拘禁。

1937 年,因"反革命案件"被捕的人数比上一年多 9 倍多。

1937 年 1 月 23 日,最高法院对前托季联盟分子进行第二次公开审讯。这次的指控比前次升了一级,说皮达可夫、拉狄克等人秘密组织"托洛茨基平行总部",不仅组织暗杀活动,而且"接受托洛茨基指示,将乌克兰出卖给德国",以换取德国支持托洛茨基上台掌权。法庭判处皮达可夫等 13 人死刑。

2 月 18 日,政治局委员、人民委员会副主席、最高国民经济委员会主席奥尔忠尼启则自杀身亡。他反对内务部随意逮捕枪杀他的部下,更对内务部搜查他在克里姆林宫办公室的行为无法容忍。他向斯大林告状,没有结果。他感到已失去信任,绝望而开枪自尽。奥尔忠尼启则的抗议行动并没有唤起领导人对问题严重性的注意,更未能阻止清洗运动的继续扩展。

几天后,联共(布)中央于 2 月 23 日—3 月 5 日举行全体会议。斯大林在会上作了长篇报告,宣称有"三个无可争辩的事实",这就是,"第一,在我们所有的或几乎所有的组织中,无论在经济组织、或在行政组织和党的组织中,都在某种程度上碰到了外国代理人的暗害、破坏和间谍活动……第二,外国代理人,包括托洛茨基分子在内,不仅打入我们的基层组织,而且窃取了某些重要职位。第三,我们的一些领导同志……往往自己就帮助外国代理人窃取了某些重要职位"。[①] 斯大林的这一分析同他三个月前的讲法大不一样。当时他宣布"社会主义制度在苏联已经胜利",说国内只剩下"互相友爱"[②]的工人阶级、农民阶级和知识分子。这时则说处处都有"人民的敌人",并且窃取了重要职位。斯大林认为这一可怕情景是合乎规律的正常现象,并且提出阶级斗争尖锐化的理论作为根据,他说"我们的进展愈大,胜利愈多,被击溃了的剥削阶级残余也会愈加凶恶,……他们愈要抓紧最绝望的斗争手段来作最后的挣扎"。[③] 全会无条件接受了斯大林的这一错误理论和对形势的主观估计,决定加紧清洗,以"连根拔除和粉碎"外国代理人和间谍。同时,党中央正式授权内务部可以对"凶恶的敌人"采用"肉体压迫的方法"。会后,大清洗浪潮推向党政部门、军队领导机关、科学文化单位、厂矿农庄等基层组织。

1937 年 6 月,红军元帅、副国防人民委员图哈切夫斯基、基辅军区司令雅基尔、白俄罗斯军区司令乌鲍列维奇等高级将领被逮捕处死,罪名是组织反苏军事中心,充当德国间谍。

1938 年 3 月 2—13 日,苏联法庭举行第三次公开审讯,指控布哈林、李可夫等人组织"右派和托派同盟",不仅充当外国间谍,阴谋推翻苏维埃政权,而且要

---

① 《斯大林文选》上卷,人民出版社 1963 年版,第 112 页。
② 《斯大林选集》下卷,人民出版社 1979 年版,第 400 页。
③ 《斯大林文选》上卷,人民出版社 1963 年版,第 129 页。

赤裸裸地复辟资本主义。布哈林、李可夫等19人被判处死刑。

由于存在对斯大林的个人崇拜,法制不健全且遭随意破坏,许多人无辜遭到迫害。西方材料估计有500万人受牵连,30万~40万人被处决。1936—1939年间,有一半以上的党员,即120万人被逮捕。第十七次代表大会是在打败托季联盟和布哈林之后的1934年召开的,被称为胜利者代表大会。大会的1 966名代表中有1 108人被捕,占56%;大会选出的139名中央正式和候补委员中有98名被逮捕和枪决,占70%。会后选出的17名政治局成员中有5名被害,1名自杀。军队的损失十分惊人。第一批被授予红军元帅军衔的5人中,有3名(图哈切夫斯基、叶戈罗夫、布留赫尔)被处死。15名集团军司令中,13名被杀。总共有4万多名营级以上的高中级军官遭迫害。乌克兰、哈萨克等少数民族的党政领导人几乎均被处决。许多著名学者、作家受害。著名生物学家瓦维洛夫,经济学家康德拉季耶夫、恰扬诺夫,喀秋莎炮的发明设计者朗格马克,喷气技术研究所所长克雷伊苗诺夫,坦克设计家札斯拉夫斯基等人遭杀害。著名的飞机设计师图波列夫,火箭之父科罗廖夫等人被捕入狱。一大批留驻苏联的外国共产党和共产国际干部被当作外国间谍受审查监禁。前匈牙利共产党领导人库恩·贝拉,波兰共产党中央总书记列申斯基-达斯基,南共中央书记查皮克等人被处死。

1938年末,大规模的逮捕处死浪潮逐渐平息。这场历时多年的大清洗给苏联社会主义事业和国际共产主义运动造成难以估量的损害。斯大林在1939年第十八次党代表大会上不得不承认,"在进行清洗时……犯过严重的错误"。①

国际地位的提高和外交政策的变化　20年代上半叶,苏维埃政府先后同周边邻国以及德、英、意、法等资本主义国家建立外交关系。但西方对苏的敌视和挑衅仍不断发生。为了改善自己的处境,苏联积极支持德国冲破凡尔赛和约束缚的努力,并大力发展同德国的经济政治军事合作关系。1926年4月,苏德签订互不侵犯和中立条约,使洛迦诺条约孤立苏联的阴谋破产。

1927年5月,英国中断同苏联的外交关系,但未能带动其他国家同它一起联合反苏。相反,苏联受到邀请,于11月底第一次派代表参加国联裁军会议筹备委员会,并提出全面裁军的建议。这显示,苏联作为一个不容忽视的力量,正在重返国际舞台。

30年代,希特勒上台执政,公开宣称反对布尔什维主义。苏联同德国的关系迅速恶化。面对法西斯扩张威胁的增长,苏联决定在外交战略上作重大调整。1933年11月16日,苏联外交人民委员李维诺夫和美国总统罗斯福互换照会,决定建立两国间外交关系。同时,苏联与匈牙利、罗马尼亚、捷克斯洛伐克、保加

---

① 《斯大林选集》下卷,人民出版社1979年版,第457页。

利亚、阿尔巴尼亚以及西班牙、比利时、卢森堡等国建交,形成苏联与资本主义国家建交的第二个高潮。

1933年底,苏联外交部提出建立欧洲集体安全体系的建议。它改变过去对凡尔赛体系的敌视态度,表示愿意参加国联,同英法等国联合起来共同反对法西斯。这一倡议受到欢迎。1934年9月,苏联被接纳加入国联,并担任常任理事国。从此,苏联完全走出被孤立被忽视的处境,成为世界政治舞台的重要角色。

为了对抗德国的威胁,苏联特别重视同它的传统盟友——法国的关系。经过谈判,1935年5月,苏法签订互助条约。同月,又和捷克斯洛伐克订立互助条约。在此之前,同波兰、芬兰、拉脱维亚、爱沙尼亚签订了互不侵犯条约。

这些条约的签订为进一步建立集体安全体系奠定了初步基础。但它没能沿着这个方向发展下去。英法统治集团推行绥靖法西斯主义国家的政策,不愿真正同苏联合作。1936年,德意武装干涉西班牙内战。苏联积极支持西班牙政府军,而英法推行不干涉政策,双方矛盾不断加深。1938年,希特勒把侵略矛头指向苏联的邻国——捷克斯洛伐克,严重威胁苏联的安全。英法却背着苏联,单独同德国会谈,签订出卖捷克斯洛伐克主权的慕尼黑协定。这件事大大损伤了苏联对西方的信任。此后,苏联采取更为慎重的政策,避免卷入国际冲突。与此同时,修改第三个五年计划,加快国防工业生产,扩大军事实力。1938年,苏军有150万人,1939年增到200多万,并配备大量大炮、坦克和飞机。

在亚洲,1931年日本侵入中国东北,威胁苏联远东地区。苏联多次向日本建议签订互不侵犯条约,均遭拒绝。1932年,日本炮制的"满洲国"成立。苏担心卷入冲突,于第二年正式通知日本,准备出售中东铁路。1935年,苏联与日"满"达成协议,将本应归还中国的中东铁路出卖给"满洲国",并同意"满洲国"在莫斯科设立领事馆。1937年7月,中日战争全面爆发。8月,苏联同中国签订互不侵犯条约。随后,向中国国民政府提供财政和军事援助,借助中国抗日战争牵制日本反苏活动。同时,对日本的军事挑衅予以坚决回击。

1939年春,德国侵吞捷克斯洛伐克。战争威胁迫在眉睫。苏、英、法再次坐在一起,商谈联合抗德之事。但在苏军能否进入波兰领土抗击德国的问题上,无法达成一致意见。苏联乃于1939年8月23日,同德国签订互不侵犯协定,避开即将爆发的战争。但在秘密协定中,获得德国的承认,竟将波罗的海沿岸以及波兰、罗马尼亚的一部分土地划为苏联的势力范围。

1939年9月1日,第二次世界大战全面爆发。苏联宣布中立,并继续同德国保持友好关系,希望以此维护自身的安全。同时,利用德国忙于同英法交战无暇东顾之机,将划为自己利益范围的地方并入苏联国土。不到一年的时间,把边界向西推出200~300公里,扩大领土47.6万平方公里,新建卡累利阿—芬兰、爱沙尼亚、拉脱维亚、立陶宛和摩尔达维亚五个加盟共和国。苏联的加盟共和国数目由 11 个增为 16 个。

　　法国战败后,德苏矛盾激化。1941 年 6 月 22 日爆发战争。苏联同美英结成联盟,共同反对法西斯。

第七章　两次世界大战之间亚洲、非洲和拉丁美洲的民族民主运动

第一节　民族民主运动的不同类型

一、各具特色的政治运动

多样性的统一　亚洲、非洲和拉丁美洲地区辽阔,社会经济结构、阶级结构、人口、民族、宗教的复杂性,决定了民族民主运动的多样性和多类型性。

在中国、印度、埃及和拉美一些国家中,资本主义关系有了较大发展,产生了无产阶级和资产阶级,形成了它们的政治组织。而在另一些国家中,资本主义关系比较薄弱,资产阶级有较多政治经验,无产阶级尚未形成独立的政治力量。还有一些国家,经济发展更为落后,封建宗法关系、甚至原始部落经济占统治地位,资产阶级和无产阶级都没有产生。

在历史文化传统方面,亚非拉三洲也表现出各自的特点。亚非各地区存在着儒学、伊斯兰教、印度教以及部族文化,并表现为区域文化特点。拉美数百万人的传统信仰同天主教信仰调和在一起的"民众天主教",与坚持正统规范与习俗的"上层官方宗教"同时并存。

尽管亚非拉三洲千差万别,但有一个共同点,即这一时期的绝大多数国家都是帝国主义压迫下的殖民地或半殖民地社会,即使是取得独立的国家,并没有实现经济、社会和文化方面的结构性变革。表现各异的区域文化,恰如一道道由光谱上各种颜色组成的统一花束,都面临着西方文化的严峻挑战,并且都在艰难地寻觅世俗化、现代化的出路。人民群众同帝国主义和封建主义的矛盾,仍是许多国家存在的基本矛盾,这就决定了反帝反封建的民族民主运动的日渐发展,只不过是因国情不同而表现为不同的形态。

领导力量的不同类型　由于亚非拉三洲社会情况十分复杂,民族民主运动也随之而各具特色。

第一次世界大战和俄国十月革命以后,亚非拉三洲许多国家出现了无产阶级的政治组织和政党。它们宣传马克思列宁主义,组织工农运动,登上了民族民主运动的政治舞台。

1920年5月23日,印度尼西亚共产主义者把1914年成立的东印度社会民主联盟,改组为东印度共产主义联盟。1924年又改名为印度尼西亚共产党。

1926—1927年，印度尼西亚共产党领导了爪哇及西苏门答腊的起义。1925年，朝鲜共产党成立，领导了1926年的群众性"六·十"万岁运动。1932年以后，金日成创建抗日武装力量，在中朝边境开展游击战争。1936年5月，建立了抗日民族统一战线——祖国光复会。在越南，1930年，胡志明以共产国际代表身份，于1930年2月在香港统一了越南共产党，随即在同年5月到1931年8月领导了义安和河静地区的革命运动。

在亚非拉三洲其他一些国家中，共产党领导了工农运动。中国共产党领导的新民主主义革命，在亚非拉三洲无产阶级领导的民族民主运动中，最具代表性。

民族资产阶级领导的民族民主运动，在亚非拉三洲带有普遍的性质。这种现象反映了第一次世界大战后的时代特点和民族矛盾的尖锐性质，表现了建立亚非拉独立民族国家体系的历史趋势。

最有代表性的是印度的非暴力运动、土耳其的凯末尔革命和埃及的华夫脱运动，它们分别表现了各自的历史文化传统、民族、宗教及地域上的特征。伊朗民族主义者库切克汗1920年6月建立的吉朗共和国，是仿效苏俄、以苏维埃为形式的资产阶级民主共和国。叙利亚民族主义者费萨尔，于1920年3月成立的大叙利亚国（包括叙利亚、黎巴嫩、巴勒斯坦、伊拉克），随着法军的入侵而灭亡。1921年费萨尔又被英国立为伊拉克国王。但叙利亚民族主义者要求建立民族国家的斗争没有停止，1925年7月，德鲁兹山区首举义旗，随即发展为全国大起义。虽然1926年起义失败，立宪斗争仍继续到第二次世界大战前。

1921年、1929年和1936年，在中东的巴勒斯坦，阿拉伯人掀起了三次反英抗犹暴动，死亡3 000多人。此外，在北非、南非，在拉美，资产阶级政党都领导了一些民族民主运动。

小资产阶级是亚非拉地区不可忽视的革命力量，尤其是青年学生群众常常站在爱国反帝运动的前列。这个阶级的左翼，往往成为马克思主义的传播者和工农运动的组织者，不少人成为共产主义者。1924—1927年，巴西的工兵大尉路易斯·卡洛斯·普列斯特斯，在南里约格朗德州举行起义之后，在两年半时间，转战13个州，行程26 000公里。由于普列斯特斯纵队未明确提出反帝反封建纲领，没有建立根据地而遭到失败。普列斯特斯在1934年加入巴西共产党。桑地诺领导的游击战争，是小资产阶级领导类型的突出代表。

爱国封建贵族领导民族民主运动的类型首推阿富汗的青年阿富汗派及其领袖塔尔齐和阿马努拉。这个爱国政治组织的纲领是：实现国家的完全独立、建立君主立宪制和实行现代化改革。在经济落后、既无资产阶级、又没有无产阶级的具体条件下，该派举起民族民主旗帜，领导了1919年的抗英战争和近十年的改革运动。为解决阿拉伯半岛的游牧社会部落割据问题，伊本·沙特在第一次世

151

界大战期间,就举起瓦哈比教义旗帜,而在 1925 年被拥戴为"汉志、内志及归属地区国王"。30 年代,沙特国家随着石油的开采而进入一个新时期。这一类型突出代表还有海尔·塞拉西一世领导的埃塞俄比亚的抗意战争。

北非摩洛哥的里夫部落,在酋长阿卜德·凯里姆领导下,经过武装斗争建立了独立的里夫共和国,为两次世界大战之间亚非拉民族民主运动增添了一个独特的类型。

二、地域性特征的改革运动

中东的改革运动 中东地区是伊斯兰文化圈的中心地区。现代化改革都要触及伊斯兰传统文化。因此,世俗化成为这一地区现代化改革运动的共同特点。

中东地域性改革运动在两次世界大战之间形成为高潮时期。这次高潮由以下三次改革运动组成:1923—1938 年的凯末尔改革、1919—1929 年阿富汗的阿马努拉改革和 1925—1937 年伊朗的礼萨汗改革。

土耳其、阿富汗和伊朗三国都是新兴的民族独立国家,尽管政权形式不同,但改革的目的是为了改变经济落后面貌、巩固政治独立,因而现代化和民族化就构成了它们的基本特点。

土耳其的凯末尔改革是中东地域型改革运动的原型和代表。阿富汗和伊朗的改革,大体上采用了凯末尔的模式。

同凯末尔改革所取得的成果相比,礼萨汗在伊朗的改革稍逊一筹。但他的行政改革促进了国家的统一,经济改革促进了民族工业的发展,法制改革则把欧洲式的法典引入伊斯兰神权的封建伊朗社会中来。他的社会习俗改革表现了世俗化和现代化精神。但是,他的民族化却渗透了复古主义和大伊朗主义精神,并有强烈的反共倾向。

同凯末尔的成功的改革相比,阿马努拉在阿富汗的现代化改革则是失败的改革。由于阿富汗社会发展水平的极其落后,而这次开明君主式的改革又没有形成一个领导改革的现代政党,没有一个切合国情的实际总体改革设想和执行方案,以及机械模仿、急躁冒进,对于军事改革的虎头蛇尾,导致了阿马努拉政权的垮台。但失败的改革仍具有其历史鉴戒价值。

北非地区的改革运动 两次世界大战之间,北非出现了三次改革:1924 年 1—11 月埃及柴鲁尔的改革、1921 年 9 月—1924 年 10 月阿卜德·凯利姆在里夫共和国的改革和 1930 年 11 月—1935 年 10 月海尔·塞拉西一世在埃塞俄比亚的改革。

在这三次改革中,柴鲁尔在短暂的十个月内,解决英埃关系问题占去大部分时间。他把埃及政府民族化放在重要地位,整顿了政府管理体制和加强对教育的拨款。

凯里姆改革的起点很低,保留了原来的部落酋长制,仅采取了加强中央行政管理的措施,他改革的重点在调整军事体制,建立一支统一的军队来代替分散的部落武装。里夫共和国是一个很独特的民族独立国家。对于一个部落酋长式的开明改革来说,总统制、内阁制、议会制,只能是部落人民的陌生的初级课程。

海尔·塞拉西一世的改革是北非三次改革中最大的一次改革。其根本目的是加强中央集权制和消灭封建分裂局面,而直接目的是为了保卫民族独立国家而加强政治,经济和军事实力。1931年的宪法是以日本宪法为蓝本,把过去的习惯法用法律形式加以固定化和制度化。他的废奴运动,取消对农民的苛捐杂税,经济、教育和军事改革,有利于社会的进步。但是,这些改革进程被外国的入侵所打断。

拉美地区的墨西哥改革是两次世界大战之间最有民主性的改革,将在本章第七节中加以叙述。

三、形态各异的民族主义思潮

革命民主型的民族主义 亚非拉民族主义思潮是一种反对殖民主义、反对帝国主义和封建主义、争取建立民族独立国家和发展自主的民族经济的进步思潮。两次世界大战之间,这些思潮以自己不同的民族特点表现了各自独特的类型。

革命民主主义是孙中山民族主义的核心。在中国旧民主主义革命时期,孙中山就把民主主义作为原则界限,将自己的民族主义同"排满"、"灭满"和"仇满"区别开来。他的民族主义从"驱逐鞑虏,恢复中华"开始,以"中华民族自求解放"和"中国境内各民族一律平等"及"联合世界上以平等待我之民族,共同奋斗"结束,经历了新旧两个不同发展阶段。

孙中山的民族主义具有广阔的世界视野和"与时俱进"的追求真理精神。在辛亥革命以后,他顺应历史潮流,进一步发扬革命民主精神,认识到反帝斗争的重要性,在中国共产党帮助下,把民族主义发展为三民主义的重要组成部分。他晚年发表的"大亚洲主义"的讲话,最值得注意。在讲话中,他提出了为被压迫民族"打不平"、"以王道为基础"、反西方霸道的文化,亦即"求一切民众和平、平等、解放的文化",并把这种文化作为"大亚洲主义"的核心问题。

苏加诺的综合型民族主义 苏加诺的民族主义是一种服务于民族团结、主张各派政治力量合作平衡的"综合型"民族主义理论。

在两次世界大战之间,他的民族主义思想已经形成初步体系。1926年他在《青年印度尼西亚》杂志上发表的《民族主义,伊斯兰教,马克思主义》一文,第一次对他的非宗教的新民族主义思想作了完整表述。这种思想的主旨是:为了摧毁帝国主义的殖民统治和印度尼西亚的独立自由,用民族主义这涵盖一切的体系,把伊斯兰教、马克思主义三种力量团结起来。1929 年他在法庭上发表了长篇自我辩护词——《印度尼西亚的控诉》,控诉了荷兰殖民统治的罪恶,倾诉了印度尼西亚人民对自由独立的渴望,这标志了他民族主义思想的形成。1933 年写成的《争取印度尼西亚的独立》一文中,提出了通过民族独立的“金桥”走向正义和繁荣的社会,建立民主集中制的民族主义先锋队组织和人民管理国家的社会民主思想,反映了他思想发展的一个重要阶段。

苏加诺的思想是围绕着建立统一的印度尼西亚民族国家这个主轴发展的。他的“综合型”核心是印度尼西亚团结和亚非团结。到了 1945 年,他在关于建国五基的讲话中,提出了民族主义、国际主义(或人道主义)、民主(或协商制)、社会繁荣和信仰神是建立独立印度尼西亚国家的“五项原则”,这标志着他民族主义思想的最后形成。

南亚和中东北层的民族主义　　南亚和中东非阿拉伯地区的民族主义思潮,在两次世界大战之间表现得特别突出,其政治文化特征也丰富多样。

南亚和中东北层三国(阿富汗、伊朗、土耳其)的密切联系,在于它们之间有地缘沟通和共同的文化背景。作为南亚文化主要内容的印度教文化,与伊斯兰教文化曾经在长时间内共存并在政治与社会生活上各有消长。

在南亚,两次世界大战之间这两种政治文化的分野已见端倪。以甘地的印度教宗教道德型为代表的现代民族主义,成为该区民族主义思潮的主流。列宁在《列·尼·托尔斯泰和他的时代》一文中说过,1905 年是主张“爱的原则”和“勿以暴力抗恶”的“托尔斯泰主义的历史终点”;然而正是在托尔斯泰主义的整个时代的终点上,产生了理论上更完整、实践上更广泛和影响上更深远的、类似托尔斯泰主义的甘地主义。它把宗教和政治融合在一起,用非暴力抵抗的方式,把印度民族民主运动提高到新水平,把托尔斯泰主义时代的终点,变为新时代的起点。

与甘地几乎同时出现于南亚的是穆斯林联盟主席穆罕默德·阿里·真纳(1876—1948)。1928 年,他与国大党分裂后,便一直把实现穆斯林聚居区的自治和建立分离的穆斯林国家作为政治目标,他发展了阿赫默德汗于 1883 年提出的印度教徒和伊斯兰教徒是“两个民族”的理论。伊克巴尔(1877—1938)在 1930 年阿拉哈巴穆斯林联盟年会上明确提出了在印度建立一个“统一的穆斯林国家”的要求。1940 年,真纳在英国《时代与浪潮》上发表专文,系统阐述“两个民族”理论,要求英国制定一部承认印度有两个民族的宪法,以便共同分享国家管理权。这种民族主义终于导致了后来巴基斯坦的分治。

贾瓦哈拉尔·尼赫鲁的理论受甘地很大影响,但他比甘地更明确地提出了完全独立的政治目标,并在 1929 年国大党拉合尔年会上得到通过。尼赫鲁在理论上更独特的贡献,在于他将政治独立与社会变革融为一体,赋予民族民主运动以社会经济内容。和甘地赋予民族民主运动以宗教道德内容不同,尼赫鲁的目标是社会主义类型的社会。在尼赫鲁的思想中,还有两层内容:一层是团结工人、农民、青年、知识分子等各社会阶层,使民族民主运动具有广泛的社会基础;另一层是联合国际反帝反殖力量,把印度的民族民主运动纳入世界潮流之中。

20 年代前后,哈里发运动曾经把南亚与中东的北层三国的政治运动联系在一起。但是,阿富汗、伊朗、土耳其三国随即表现为塔尔齐、礼萨汗和凯末尔的民族主义。

阿拉伯民族主义 在阿拉伯政治文化史上最重要的事件,是第一次世界大战以后阿拉伯民族主义作为完整的现代意识形态的正式形成。

阿拉伯民族主义的基本思想是,阿拉伯人组成一个单一的国家,这个民族国家包括从大西洋一直延伸到印度洋整个地区的共同语言和文化的政治实体;伊斯兰教是阿拉伯民族特性的一部分;赞美阿拉伯历史传统和穆斯林传统的全盘阿拉伯化,是阿拉伯民族主义的必然结果。

拉巴斯、阿明·利哈尼、萨姆·沙乌卡特等人,从历史传统、宗教、人类学等方面论证了这类民族主义。被称为"阿拉伯民族主义的精神之父"的萨提·胡斯里系统表达了阿拉伯民族主义的政治文化观:阿拉伯民族的整体性,民族高于自由;埃及是阿拉伯民族的一部分;泛阿拉伯主义与伊斯兰教没有矛盾,强调"阿拉伯团结"和"穆斯林团结"的一致性。为了宣传他的观点,他同埃及民族主义者塔哈·侯赛因和黎巴嫩民族主义者萨阿德等地方民族主义者进行了论战。

除了埃及、黎巴嫩和叙利亚的基于本土文化而建立民族国家的阿拉伯地方民族主义者之外,还有凯哈里利·伊斯凯达尔·库伯鲁西的非穆斯林的阿拉伯民族主义者。大马士革的基督教徒米歇尔·阿弗拉克把这种民族主义现代化和组织化了。

作为对立面,穆斯林兄弟会坚持原教旨主义,抵制建立一个有着民族主义的,但在职能上分化的政治制度的阿拉伯国家的思想。

拉丁美洲的民族主义思潮 这一地区的思潮是以"拉美大陆民族主义"类型而列入现代世界史册的。

第一个派别是小资产阶级民族民主主义思潮。这一派属激进的民族主义者。他们的思想不乏民主内容,而且具有强烈反帝倾向,主张用武装斗争方式实现民族独立。他们的代表人物有巴西的安东尼奥·坎波斯和路易斯·卡洛斯·普列斯特斯,有尼加拉瓜的桑地诺。

第二派被称之为"民众主义",其代表人物有秘鲁的阿亚·德拉托雷、墨西哥的卡德纳斯、哥伦比亚的盖坦等人。他们主张政治民主化改革、土地改革和工业国有化,坚持拉美团结和发展民族经济,反对外国资本的控制。

在拉美民族主义思潮中,存在着大陆民族主义与只顾及小祖国的狭隘民族主义之间的对立。但是,那些把本大陆统一成一个整体的拉美人强烈愿望,在政治文化与经济市场、人权法院等方面经常突出反映出来,并且在文化一体化中迎接欧美文化的新挑战。

第二节　中国的新民主主义革命

一、五四运动和第一次国内革命战争

旧民主主义的结束　辛亥革命失败后,中国出现了帝国主义操纵下的军阀统治局面。北洋军阀系统的皖系和直系军阀,以及盘踞各地的军阀之间混战不休。1917 年 7 月,孙中山领导的护法运动,是辛亥革命的继续,也是辛亥革命以来资产阶级倡导革命的尾声。

1918 年 5 月,护法军政府改组,孙中山辞去大元帅职务。1919 年 2 月的南北政府议和,只是军阀们之间的暂时妥协。半殖民地半封建中国社会的各种矛盾,尤其是封建主义和人民大众的矛盾、帝国主义和中华民族的矛盾继续发展,必然要引起新的、更大的革命高潮。

由于中国民族工业的发展和帝国主义在华企业的增加,中国工人由第一次世界大战前的 100 万,增至战后的 200 万。工人罢工次数也在逐年递增:1915 年 8 次,1916 年 16 次,1917 年 23 次,1918 年 30 次,1919 前 4 个月 19 次。中国知识分子、城市工商业者和少数民族,都在奋起抗争。中国在酝酿着一场社会变革。

五四运动——新民主主义革命的开始　文化斗争是中国现代社会政治变革的先导。1915 年 9 月,《新青年》杂志的出版,标志着彻底反封建文化运动的开始。主编陈独秀明确表示该刊旨在树起民主和科学两面大旗,并在许多文章中反对以三纲五常为中心的儒家伦理学说,反对把孔教列入宪法。李大钊、吴虞也著文抨击封建专制思想。1917 年 1 月,胡适发表《文学改良刍议》,2 月,陈独秀发表《文学革命论》。1918 年 5 月,鲁迅发表《狂人日记》。提倡白话文和文学革命的运动不断深入。1917 年 1 月,蔡元培任北京大学校长,他"循自由思想原则,取兼容并包主义",聘请不同学派学者任教,使该校成为传播新文化的一个重要阵地。

在俄国十月革命的影响下,中国涌现出了一批具有共产主义思想的知识分子,他们是马克思列宁主义的积极传播者。1918 年 11 月结束的第一次世界大战,把俄国十月革命后中国的新的爱国民主运动推向了新的高潮。

1919 年 4 月 30 日,巴黎和会通过的凡尔赛和约,规定了德国在山东强占的领土、铁路、矿山及其他一切特权,都归日本继承。这项无理决定遭到中国人民的强烈反对。5月4日,北京13所学校3 000多名学生举行抗议示威,并集会于天安门前。他们要求"外争国权,内惩国贼"、"拒绝和约签字"和"抵制日货"。在北京学生运动的推进下,天津、上海、济南、武汉、长沙等地学生及日本、法国的留学生,都开展了爱国的群众运动。

6月3日,北京军警逮捕爱国学生近200人,激起全国各界人士的愤慨。从6月5日开始,中国工人在上海、京汉铁路长辛店、京奉路唐山、杭州、九江、天津、济南等地,举行了政治大罢工。这次罢工对扩展运动和争取胜利起了决定性作用。上海商界举行了罢市。在此形势下,中国外交代表拒绝在巴黎和约上签字,五四爱国运动的直接目的得以实现。

北伐战争 五四运动后,在此前已展开的新文化运动,进而形成中国历史上的第一次马克思列宁主义思想运动。它同日益兴起的工人运动相结合的条件已经成熟。1921年7月,在共产国际的帮助下,中国共产党在上海召开了第一次代表大会。陈独秀被选为总书记。

中国共产党成立后,首先把工人运动作为中心工作。它自1922年1月至1923年2月领导了中国工人运动的第一次罢工高潮。1923年6月,中国共产党第三次全国代表大会确定了统一战线的方针。1924年1月,孙中山在中国国民党第一次全国代表大会所通过的宣言中,把旧三民主义改造为新三民主义,因而成为同共产党合作的共同纲领。

由于革命统一战线的建立,出现了革命的高涨;而革命的高涨,又促进了军阀内部的分化。1924年10月,直系将领冯玉祥发动北京政变,结束了直系军阀的中央政权。以此为契机,在全国开展了国民议会运动和废除不平等条约运动。1925年的五卅运动,推动了省港大罢工,促成广东革命根据地的统一,为北伐战争准备了条件。

1926年7月1日,广东革命政府发布《北伐宣言》,7月9日,国民革命军开始北伐。北伐军出师后不过10个月,歼灭了数倍于自己的吴佩孚、孙传芳军阀部队,从广州进军武汉、上海、南京,占领了半个中国。与此同时,工农运动猛烈发展。1927年工人联合学、商各界收回武汉、九江租界。1926年10月、1927年2月和3月,上海工人举行了3次武装起义。湖南、江西、福建、浙江等省,农民运动轰轰烈烈。

正当革命深入发展之际,1927年4月12日,蒋介石在上海发动了反革命叛变。7月15日,汪精卫在武汉进行了血腥大屠杀。第一次国内革命战争以失败而告终。

二、第二次国内革命战争和抗日战争

建立革命根据地的斗争 第一次国内革命战争使中国共产党人认识到武装

斗争的重要性。针对蒋介石集团的屠杀政策,1927年8月1日,在中共前敌委员会书记周恩来的领导下举行了南昌起义。但起义者尚无创立农村革命根据地的观念,而是南下广东,然后北伐,结果失利。9月9日,毛泽东在湘赣边界领导了秋收起义,于10月到达井冈山地区,用创造农村革命根据地的实际行动为中国革命开辟了一条新的道路。

1928年4月,朱德、陈毅的革命武装到达井冈山,加强了该根据地的武装力量。此后,以井冈山为中心发展成为湘赣区根据地;又从井冈山出发开辟了赣南区和闽西区,为中央区革命根据地打下了基础。

在井冈山根据地建立以后,鄂豫皖、洪湖及湘鄂边区、闽浙赣、左右江等革命根据地随之建立和发展起来。在广东的海丰、陆丰、海南岛,陕西的渭南、华县,四川、江苏、河北等省,都出现了革命武装或建立了小块革命根据地。

面对革命根据地发展的形势,蒋介石集团在1930年12月至1931年1月、1931年4月至1931年5月和1931年7月至9月,向中央革命根据地发动了三次反革命"围剿"。红军反"围剿"胜利以后,中央根据地扩大到300万人口,红军扩展到10万人,全国革命根据地也有了发展。

1932年7月到1933年3月,红军在粉碎敌人第四次"围剿"之后,全国正规红军发展到30万人。刘志丹建立了陕北革命根据地。各革命根据地进行了土地革命和政权、经济、文化建设。但是,由于中国共产党内"左"倾路线的发展,红军1933年第五次反"围剿"失败,随即开始长征,并于1935年10月到达陕北。

西安事变与抗日运动的新高涨 "九一八"事变以后,随着日本侵略者向华北的扩张,中国人民同日本帝国主义的民族矛盾成为主要矛盾。1935年12月9日,处于国防前线的北京学生,发起了抗日救亡运动。杭州、南京、上海、武汉、广州、长沙、西安、重庆、开封等地学生起而响应。各地的工人、文化界、妇女界、工商界都纷纷行动起来。聂耳的《义勇军进行曲》成为当时救亡运动的号角。

救亡运动一浪高过一浪。停止内战,一致抗日的呼声越来越高。但蒋介石集团仍坚持其"攘外必先安内"的方针,逼迫张学良的东北军和杨虎城的西北军进攻陕北红军。1936年12月12日,张、杨两将军在陕西临潼华清池逮捕了蒋介石,在西安西京招待所囚禁了陈诚等军政要员,实行兵谏抗日。这就是震惊世界的西安事变。在中国共产党、全国人民及张、杨两将军的共同努力下,西安事变以和平方式解决。

蒋介石被释放回南京以后,背信弃义,监禁了陪送他回南京的张学良、解除了杨虎城的职务,并以改编为名,瓦解东北军和西北军。但在西安的协议和停止内战、一致抗日的诺言,已公诸国内外,不能逆转。1937年1月6日,蒋介石宣布撤销在西安的"剿共"司令部,十年的国共两党之间的内战终于结束,全国一致抗日的新阶段随之开始。2月15日,国民党五届三中全会召开。宋庆龄、何香凝、冯玉祥等人提出恢复孙中山联俄、联共、扶助农工政策及建立抗日民族统一战线的主张。杨虎城等代表西安方面提出联共抗日方案。汪精卫等坚持"剿共"政策。亲美英派的蒋介石集团倾向于联共抗日,所以此次会议确定了停止内战、国共合作和对日抗战的方针。2月末,中共代表周恩来同国民党代表在西安就国共合作会谈。3月初双方就国共合作具体问题达成协议。中国共产党倡导的抗日民族统一战线初步建立。

文化思想界的救亡运动 1935年的"一二九"爱国运动冲破了日本帝国主义与蒋介石集团造成的恐怖气氛,推动了文化思想界的抗日救亡运动。教育家陶行知在上海组织各界抗日救国联合会,组织国难教育社,明确指出"只有民族解放的实际行动才是救国的教育"。

1935年12月12日,上海成立文化界救国会。接着北京也成立文化界救国会,在宣言中呼吁"全国文化界火速起来,促进全国的民众救亡运动"。救亡刊物层出不穷,据统计全国不下千余种,仅上海一地就有100多种。邹韬奋主编的《大众生活》每期发行15万份以上,创国民党统治区刊物发行数的最高纪录。这些救亡刊物,成为唤起民众抗日救亡的战斗号角。

1936年春,中国左翼作家联盟自动解散。同年10月,鲁迅、郭沫若、茅盾、郑振铎、巴金等21人发表《为团结御侮与言论自由宣言》,呼吁"抗日的力量即刻统一起来",为1938年中华全国文艺界抗敌协会的成立作了准备。

在救亡运动中涌现出了许多富有时代特征的文艺作品。新电影歌曲方面,有聂耳的《大路歌》、《毕业歌》、《义勇军进行曲》和冼星海、吕骥的歌曲。爱国报告文学的代表当推夏衍的《包身工》、洪深的《天堂中的地狱》。肖红的《生死场》反映了救亡小说的新趋向。

第三节　印度的非暴力运动

一、非暴力不合作运动

社会背景 第一次世界大战给印度社会带来巨大影响。英国为了自身利益,把150万印度人征入军队,从印度运走500多万吨物资。农业歉收导致了1918—1919年的粮荒,加上西班牙型的流行性感冒,夺去了1 200万农民和手工业者的生命。以大战开始的1914年的工资为100,到1919年印度工业主要部门的纺织职工工资,才增加了129%。这个数字是各行业中最高的。但粮食的批发价在同期却上涨了200%。战争带来的生活贫困,激化了印度广大人民群众同英国殖民统治者之间的矛盾。

第一次世界大战期间,印度民族资本主义有所发展。战争期间,大多数民族主义者都幻想同英国合作以换取战后的印度自治。提拉克放弃了1905—1908年的反英立场,转而支持英印政权。甘地则积极为英国募兵。但战后的《罗拉特法案》授予英印总督以宣布戒严令、设立特别法庭和随意逮捕判决人民的特权,这使民族主义者大失所望。

走宪政改革道路和个人恐怖主义手段的方式都脱离了印度广大群众。1921年印度工人已有270万人,但还没有自己的政党。在印度处于十字路口的时刻,印度国大党起了关键性的作用。它既有悠久的历史和丰富的政治经验,又有甘地这样的群众性领袖和甘地主义的理论作为行动的指导。在民族矛盾尖锐化和英国传播西方文明对印度传统文化构成威胁的社会危机条件下,印度走上了非暴力不合作的反抗道路。

甘地和甘地主义 莫罕达斯·卡拉姆昌德·甘地(1869—1948)被誉为"圣雄甘地"。他早年生活在一个虔诚的印度教徒家庭,后就读伦敦大学,获律师资格。1893—1914年,他在南非的印度侨民中,多次运用非暴力反抗方式,进行颇有成效的反种族歧视活动,并形成了甘地主义理论。

甘地主义属"宗教道德型"民族主义。它包括四个基本内容:

(1)宗教泛爱观和资产阶级人道主义真理观相结合的政治哲学;(2)争取印度自治、独立,进而建立以村社为基础的分治联合体的政治思想;(3)以经济正义和经济平等为支柱的农村经济思想,以及奠基于"不占有"和"财产委托制"的经济自主思想;(4)发扬民族文化、重视民族教育、致力于印度教徒和穆斯林团结、反对歧视"不可接触者",以及和爱国主义结合在一起的小生产劳动者互助互爱的平等社会思想。

甘地主义作为印度的政治文化,是从道德上、从个人解放的角度,争取民族独立和社会进步,其基础是把民族文化传统作为印度现代政治的基础。他针对英国的殖民地文化和印度西化派的影响,利用传统宗教形式宣传民族主义。他注重对占人口绝大多数的农民群众这一丰富政治资源的开发,动员他们普遍参与政治,超越了西化派的有限而消极改革和个人恐怖的无益而有害行动,对印度民族民主运动实现了重大突破。

非暴力抵抗运动的预演 早在南非时期,甘地已揭开了非暴力抵抗运动的序幕。1915年回印度后,他进行了三次非暴力抵抗运动的演习。

第一次和第二次都在1918年。先是阿默达巴德的纺织工人罢工。甘地以绝食方式相配合,迫使资方增加工人工资。继而,甘地又组织了凯达县农民的非暴力抗税运动,取得了免缴田赋的胜利。

第三次是以"总罢业"(工人罢工、学生罢课、商人罢市、机关人员停止办公)为内容,以反对《罗拉特法案》为目标的非暴力抵抗运动。1919年3月30日,首都德里举行总罢业,全市交通瘫痪,示威群众同警察发生流血冲突。4月6日全印度大多数城市、农村都起而响应。一周之内，持续高涨。4月13日，英将戴耶尔下令向阿姆利则城扎里安瓦拉·巴格广场上集会的群众开枪，造成流血惨案。孟买、拉合尔、阿默达巴德等地群众抗议英印当局暴行，示威转为起义，杀死军警事件时有所闻。各地纷纷宣布戒严令。甘地认为群众的行动有违非暴力原则，便到阿默达巴德宣布停止非暴力抵抗运动。当时他劝打死警官的工人认错，劝政府宽恕工人，当双方都拒绝劝告后，他便引咎自责，认为应"用放大镜来看自己的错误"，而自己"犯了一个喜马拉雅山般的错误"，过早地发动了非暴力抵抗运动。

非暴力不合作运动　在上一阶段中，印度教徒和穆斯林实现了空前的团结。1918年，为了反对英国瓜分土耳其的计划，印度著名穆斯林活动家、国大党人穆罕默德·阿里和萨乌卡特·阿里兄弟成立了保卫哈里发（土耳其素丹、伊斯兰教主）委员会，开展了哈里发运动。1919年11月，甘地应邀在德里同穆斯林代表讨论了联合抵制英国问题。与会者都认为抵制英国布不能奏效，需要有新的思想。在讨论中，甘地提出，"进行不合作原是人民的一种不可剥夺的权利"，第一次用"不合作"一词，作为对他的"非暴力抵抗"的新补充。

哈里发运动的领袖们接受了甘地主义的原则，他们积极领导广大穆斯林各阶层群众参加了非暴力抵抗运动。甘地在团结印度教徒和穆斯林争取印度民族独立的斗争中起了很大作用。他这时事实上是把哈里发运动和非暴力不合作运动汇流成为统一的反对英国殖民统治的斗争。

1920年8月1日，为了抗议英国等战胜国强加给土耳其的《色佛尔条约》，甘地第一次发动了非暴力不合作运动。"不合作"的纲领包括：受封者退回爵位封号、抵制立法机构选举、抵制在政府机关和法院工作；拒绝在英国学校读书；提倡手工纺织运动以抵制英国商品泛滥。在运动后期，提出拒绝纳税的要求。12月，在国大党年会上通过了以自治领为目标的不合作纲领。国大党决定在工农中发展党员并支持工农运动。国大党关于不合作运动的决议，受到了印度人民的热烈响应。孟买等地工人举行了抵制性罢工。青年学生穿戴起流行的土布白帽白衣，宣传反帝自治思想。由青年组成的国民义勇军团达15万人。抵制英货热潮席卷全国。许多政府机关关门。手工纺织运动遍及城乡。在不合作运动影响下，农民运动形成三个中心：旁遮普的锡克教运动；马德拉斯的"摩普拉"（穆斯林农民）起义；奥德的农民在起义中成立了联合会，会员达10万人。

1921年11月7日，英王继承人威尔斯王子抵达孟买，全印度再一次举行抗议总罢业。这一年发生了400次罢工，英印政府开始大逮捕。广大爱国群众响应甘地号召，纷纷自动入狱，狱中人满为患。1922年2月4日，联合省乔里乔拉村农民火烧警察局，21名警察被烧死。甘地认为这是破坏非暴力原则，在2月12日的巴多利国大党工作委员会上，主持通过了停止非暴力不合作运动的决议。3月,甘地被捕,被判6年徒刑。

二、群众性的文明不服从运动

世界经济危机与印度社会矛盾　文明不服从运动是在世界经济危机时期发生的非暴力抵抗运动。在经济危机之前,即1927—1928年,印度国大党领导了支持中国大革命的群众运动,通过了贾·尼赫鲁的完全独立决议案。当时,还在全国兴起了抵制西门调查团的运动。经济危机进一步加深了民族矛盾,给正在兴起的反帝运动以有力的推动。

在经济危机期间,印度农产品的价格下降了一半以上。黄麻作为主要出口的农产品,因滞销而大量压在仓库,种植面积随之而缩减了30%~40%。从1931年9月1日到1934年8月11日,英国从印度运走了价值20亿4450万卢比的黄金。危机期间,农民的收入比以前减少了一半,债务增加了2~3倍。1929—1933年城乡失业者和半失业者达4000万人。1933年1月底,印度人经营的工矿企业共有353个,其中就有243家倒闭。

日本、德国和美国货在印度市场上给英国造成威胁。为此,英国宣布帝国特惠制适用于印度。这个措施有利于民族资本的积聚和集中过程。塔塔公司在印度钢铁市场上的比重1927年为30%,1934年增长为72%。历经曲折的强大起来的印度资产阶级,要把经济上的竞争化为政治上的较量。

文明不服从运动的发动与停止　1929年12月,在国大党的拉合尔年会上,甘地推荐贾·尼赫鲁为主席。大会在群情昂扬中通过了采取行动、争取完全独立的决议,授权甘地在适当时候发动非暴力抵抗运动。大会宣布1930年1月26日为"独立节";这一天印度各地开展了群众性的反帝活动。这次活动促使甘地决定迅速发动一次新的、用"文明的非暴力"形式实现的、不服从政府法律的运动。

1月30日,甘地向英印政府提出11条要求。主要内容是:把卢比的兑换率降低到1先令4便士,降低田赋5%,保护关税以限制外国布和服装的进口,给印度船只以沿海航行权,撤销暗探局或将它交社会监督,释放政治犯,废除食盐专卖法和盐税,减少英籍官吏薪金5%,禁止制造烈性酒类。甘地企图通过社会经济问题的途径,把印度广大阶层吸引到独立运动中来。

英印当局拒绝了甘地的所有要求。于是甘地选定反对食盐专卖法作为这次抗争的突破口。1930年3月12日,他带领80名非暴力反抗者,从阿默达巴德步行3周,到达丹地海滨,自取海水制盐,以示破坏食盐专卖法。这次徒步前往西海岸,行程240英里的象征性挑战,被称为"食盐长征"。此后几个月期间,除了城市的声势浩大的不服从运动之外,农村的非暴力抗缴田赋运动也深入发展。阿拉哈巴德、联合省、孟加拉、贝拉尔等地农民、农业工人、小地主都参加了反对政府、高利贷者和大地主的斗争。孟加拉吉大港在1930年4月发生了武装暴动,白沙瓦发生了市民、农民和工人的起义。5 月,绍拉普尔工人的文明不服从运动转变为武装起义。

英印当局发布了镇压令。1930 年 4 月,尼赫鲁被捕。5 月,甘地被捕。1930 年的后十个月和 1931 年的一年中,被判徒刑者达 9 万人。1931 年 3 月初,印度总督欧文同甘地谈判,签订了《德里协定》。协定宣布:国大党停止文明不服从运动;英国废除一切戒严令,释放政治犯,实行保护关税。

三、个人文明不服从运动

解救"贱民"工作　"贱民"即"不可接触者",是印度社会中四大种姓以外的人群,几千年来一直处于社会底层。他们不能住在村内,不能用公共水井,不能进庙宇,甚至走路都要击木自异,不能让自己的影子玷污别人。甘地在领导 1932—1934 年个人文明不服从运动中,鉴于国内厌战情绪,不再号召群众斗争,而着力于以个人行动来实现社会建设纲领,把解救"贱民"工作放在首位。

1932 年 9 月,甘地在狱中宣布,他用绝食至死的方式反对英国首相麦克唐纳的"贱民"分区选举决定。这一行动推进了不服从运动在全国范围的迅速展开。印度教的高级种姓代表马拉维亚和"贱民"代表安培德卡尔都接受甘地建议,签订《浦那协议》,为"贱民"保留 148 议席,英国也承认协议,作为团体决议修正案通过。甘地建立了"贱民协会"和"贱民之仆协会",创办《哈里真》报,并促使国大党把 1932 年 12 月 18 日定为反对歧视"贱民"日,把 1933 年 1 月 8 日定为"贱民"进庙日。1933 年 11 月 7 日至 1934 年 7 月 29 日,他在全印度旅行、讲演和为解救"贱民"筹募基金。他把自己的社会思想在个人不服从运动中付诸实践,大大减少了印度教徒对"贱民"的抵触情绪和促使全社会关心贱民问题。

印度教徒和穆斯林的团结　如果说甘地在解救"贱民"工作中还比较顺利,那么在争取解决印度两大教派的争端中却遇到了不可克服的困难。

1932 年 11 月,旁遮普、孟加拉的印度教徒和穆斯林代表在阿拉哈巴德举行联席会议,达成了分配两省立法会议席位的协议。然而,印度教大会和穆斯林联盟的领导者拒绝批准这个协议。结果使英国殖民统治者的挑拨两大宗教群众团结的"分而治之"原则在席位分配问题上固定下来。1938 年 4 月,甘地赴孟买与真纳会谈印度教徒与穆斯林团结问题,毫无结果。

1934 年 4 月,甘地决定停止个人的文明不服从运动。但他声明,推广手工纺织运动和民族教育、宣传节制生育、戒烟戒酒运动还要坚持下去。10 月,国大党批准了停止文明不服从运动。1937 年,根据他的建议,国大党通过决议,以印地语为国语以代替英语。

像过去的非暴力不合作运动一样,这次文明不服从运动也伴随着工农自身的斗争和人民的武装起义。1937年2月,国大党在印度11省的7个省的选举中获得胜利。在此以前,国大党同印度共产党人合作,在1929—1933年的"米勒特案件"中,终于迫使英印当局释放了革命者。

1938年4月,国大党在甘地的支持下,违反主席鲍斯的意愿,派遣了包括柯棣华、巴苏等5人组成的援华医疗队,支持中国的抗日战争。1939年4月,全国举行了反战日。这时印度已处于第二次世界大战的前夜。

在第二次世界大战初期,印度总督林里资哥支持穆斯林联盟,反对国大党。这期间有反战的"代表性非暴力运动"。1942—1944年发生了非暴力抵抗最后一幕——"退出印度运动"。

第四节　土耳其凯末尔革命和世俗化改革

一、凯末尔革命

凯末尔和凯末尔主义　1919—1922年土耳其发生了革命,史称"凯末尔革命"。这是以它的领导人凯末尔命名的革命。

穆斯塔法·凯末尔·阿塔图尔克(1880—1938年)的祖先,原是迁居到奥斯曼帝国欧洲部分萨洛尼卡的犹太人。他早年参加1908—1909年青年土耳其革命。在第一次世界大战中,指挥保卫海峡战役,曾击败英法联军。

凯末尔是集政治家、军事家和思想家于一身的人物。在1919—1931年的革命和改革过程中,他综合了民族民主运动的实践和理论,系统完成了东方的"世俗改革型"的民族主义——凯末尔主义。1931年土耳其人民共和党第三次代表大会上通过的新党纲中,凯末尔主义被概括为六项原则,后来还写进1937年宪法,从而成为土耳其民族国家的主要政治意识形态。

这六项原则是:(1)共和主义或民主共和主义,它体现反对君主专制主义,坚持资产阶级共和国的国体原则;(2)民族主义,它体现保卫土耳其的领土完整、民族独立和国际上应有的地位的原则:(3)平民主义,它体现公民主权,即国家权力属于全体公民和在法律面前一律平等的原则;(4)国家主义,它体现以国营经济为基础、同时鼓励私人工商业和坚持经济独立自主的发展民族资本主义的原则;(5)世俗主义或反对教权主义,它体现反对伊斯兰封建神权势力干预国家政权、法律、教育和社会生活的原则;(6)改革主义,它体现反对满足现状、盲目保守和听天由命的思想,体现坚持不懈进行社会经济改革的原则。

六项原则首先表现了凯末尔主义的反对帝国主义、坚持民族独立、建立和巩固一体化的土耳其民族国家的思想。其次,它表现了反对封建专制主义和封建神权主义、坚持共和制的资产阶级民主主义的突出特点。六项原则中,共和主义、平民主义和世俗主义,都属于民主主义的内容。最后,它坚持发展民族经济、世俗化和现代化改革,洋溢着改变国家落后面貌的进取精神。

土耳其民族革命战争　凯末尔革命的深远原因固然可以追溯到 19 世纪末期,但导致它发生的直接原因则是第一次世界大战。

执政的青年土耳其党人在 1914 年 8 月 2 日,同德国签订了秘密同盟条约,追随德奥集团参加了第一次世界大战。战争中土耳其的 300 万大军几乎全军覆没。土耳其的惨败,导致了严重的民族危机。1918 年 10 月 30 日协约国迫使土耳其签订了瓜分土耳其的《摩德洛斯协定》。1919 年 5 月,希腊侵略军继英、法等国军事占领之后,侵占伊兹美尔。1920 年 8 月 10 日,协约国提出了灭亡土耳其国家的奴役性条约——《色佛尔条约》。

严重的经济危机接踵而来。农业、工业、交通运输、财政金融和对外贸易,都陷于破产的境地。土耳其民族处于危亡之秋。反对帝国主义瓜分和武装干涉,成为土耳其民族最紧急的任务,也是土耳其社会发展的前提条件。

以民族革命战争为主要形式的土耳其资产阶级革命就是在这种情况下发生的。这次革命共经历了三个时期。

第一时期是政治组织时期(1919 年 5 月至 1920 年 4 月)。这个时期又经过了三个阶段。1919 年 5 月至 9 月,为统一全国政治组织阶段。这阶段中,7 月成立了以凯末尔为首的代表委员会,9 月成立了安纳托利亚和隆美利亚护权协会,通过了坚持民族独立和领土完整的广泛政治纲领。1919 年 9 月至 1920 年 1 月,为《国民公约》阶段。1920 年 1 月 28 日通过的《国民公约》宣布:土耳其享有同一切主权国家同样的独立和自由;土耳其领土完整;偿还国债不能同独立原则相抵触;对阿拉伯人居住区、西色雷斯和安纳托里亚东部三省(卡尔斯、埃尔达汗、埃尔温特)由当地公民投票,实行民族自决;废除治外法权。1920 年 1 月至 4 月,为土耳其大国民议会成立阶段。1920 年 4 月 23 日,凯末尔在安卡拉召开土耳其大国民议会,并组成了以代表委员会为中心的、对议会负责的国民议会政府,这标志着政治组织时期的结束。

第二时期是民族独立战争时期(1920 年 4 月至 1922 年 9 月)。这个时期分为两个阶段。1920 年 4 月至 1921 年 3 月为相持阶段。这个阶段中最主要的事件是 1921 年初建立了土耳其国民军。在 1 月 10 日的伊涅纽战役中,该军以少胜多,打败希腊军,使战局发生变化。1921 年 3 月至 1922 年 9 月为反攻阶段。1921 年 8 月 23 日至 9 月 13 日的萨卡里亚战役中,土耳其国民军战胜希腊军,促使法国承认大国民议会政府和意大利停止对土耳其的干涉。1922 年 8 月 30 日,在多鲁—佩纳尔的决战中,希腊军总司令特里库皮斯被俘。9 月 18 日,土耳其国民军肃清了安纳托利亚的希腊侵略军。

第三时期是外交谈判和共和国建立时期(1922 年 9 月至 1924 年 4 月)。

1922 年 10 月 11 日,协约国与土耳其签订了停战协定。1923 年 7 月 24 日,英、法、意、日、希、罗、南七国与土耳其签订了《洛桑和约》。条约确定了土耳其的边界,东色雷斯和伊兹密尔地区归还土耳其,亚美尼亚和库尔德斯坦少数民族地区仍归属土耳其;废除外国在土耳其的领事裁判权和财政监督权。同日,英、法、意、日、希、罗、南、保、土九国签订了《海峡公约》,规定黑海海峡无论在和平时期还是在战争时期海上和空中都通航自由的原则;海峡地区非军事化,由签字国组成的"海峡委员会"实行监督。《洛桑和约》为土耳其赢得了国家的主权和民族的独立,是土耳其人民反帝斗争的重大胜利。但是海峡地区的非军事化和国际监督,仍然损害了土耳其的主权。

1923 年 10 月 29 日,大国民议会宣布土耳其为共和国,凯末尔被选为总统。土耳其共和国的建立,标志着土耳其资产阶级革命的胜利。

凯末尔革命的意义 凯末尔革命的胜利,结束了奥斯曼帝国 600 多年的封建君主专制和神权统治,建立了土耳其历史上从未有过的民主共和国。1908 至 1909 年青年土耳其革命后,建立了君主立宪制。凯末尔革命后,把君主立宪制变为共和政体,废黜了封建社会的总头目素丹及他代表的封建君主专制制度,这是历史的巨大进步。

凯末尔革命的胜利,使土耳其摆脱了民族危机,为发展民族经济、文化和社会进步,创造了前提条件。

建立民族国家体系,是 20 世纪亚洲非洲民族民主运动发展的趋势。土耳其共和国的建立,开创了这一趋势的先声。

建立民族国家后,进行现代化改革成为落后国家的当务之急,也是以后独立民族国家走向富强的道路。土耳其共和国成立以后所进行的、以世俗化为特征的现代化改革,具有深远意义。

二、世俗化改革

政治改革 土耳其共和国建立后的头 25 年,首要的任务是建立一个一体化的民族国家或是一种现代政治制度,以取代奥斯曼和伊斯兰教特性的社会秩序。奥斯曼封建专制制度的特点是王权(素丹制)和教权(伊斯兰教的哈里发制)密切结合在一起的封建专制制度。为改变这种政教合一的封建专制制度,凯末尔从 1922 年 11 月 1 日开始、中经 1923 年 10 月 29 日,直到 1924 年 3 月 4 日的 17 个月中,采取了三项带有决定性的政治措施:消灭素丹制、宣布共和国、废除哈里发制。这样,封建君权和神权政体变成了资产阶级共和国,从而彻底解决了奥斯曼帝国遗留下来的国家制度问题。

在实行政治改革的过程中,面对奥斯曼帝国留下来的复杂的封建制度,新土耳其的改革家们感到一般的"共和主义"、"平民主义"的资产阶级民主主义思想武器是不够的。他们针对神权政治,增添了"世俗主义"的思想武器。体现了现代土耳其反奥斯曼封建的民主主义和改革的真正特点。

法制改革 政治与宗教分离必然导致法律与宗教分离。1924 年 3 月,土耳其政府撤销了宗教基金事务部,废除了宗教法和宗教法院,确定了国民议会的立法权。4 月 20 日,颁布了以民主共和制为指导的国家根本大法——土耳其共和国宪法。为了取得妥协,改革派容忍了宗教代表坚持把"伊斯兰教为土耳其国教"写入宪法。但在 1928 年就删去了这一条款,使土耳其作为一个世俗共和国屹立于伊斯兰文化圈的中心地区。

1926 年 2 月 7 日,大国民议会颁布了以瑞士民法为蓝本的《民法》,用法律面前人人平等的原则取代了宗教法中关于公民之间不平等的规定。接着又颁布了以意大利刑法为蓝本的《刑法》、以瑞典诉讼法为蓝本的《刑事诉讼法》和以德国商、海法为蓝本的《商法》与《海上法》,还有《民事诉讼法》、《法院组织法》和《律师法》等。以后又废除了筛海伊斯拉姆(伊斯兰教最高法官)、穆夫提(地区法官)和卡迪(教法官)的称谓。

经过法制改革,改变了原来宗教法院与欧洲式法院并存的混乱局面,土耳其人民在法律领域内摆脱了宗教法的束缚,从而获得了现代人世俗化的生活环境。尤其是废除了男女间不平等的规定,占半数人口的妇女在政治和社会上的权利被承认,这具有解放妇女的进步意义。

教育改革 教育与宗教的分离,是世俗化改革的重要内容,也是教育改革的中心问题。

在旧土耳其,教育掌握在教会手中,虽有一些现代学校,但宗教学校仍占多数。宗教基金事务部管理伊斯兰学校。各少数民族学校,由各自的教会管理。外国人办的学校归各国领事馆管理。建国之初,文盲占全国人数的89%。

为改变这种落后面貌,1924 年,大国民议会颁布教育世俗化、现代化法令,规定学校必须在国家监督之下;学校必须向受教育者提供非宗教的现代化教育;学校必须向受教育者传授西方科学技术、文化知识和思维方式;加强土耳其民族意识的教育。

根据这些法令,遍布各地的宗教小学("麦克泰卜")和宗教中学("麦德来赛")全部停办;公私立学校中一律停止宗教课程;取消伊斯坦布尔大学神学系;按西方模式来改造原有学校;整顿外国人和基督教会办的学校,把它们统一归共和国教育部管理;对外国人办的学校要求执行教育部的教学计划,土耳其语文、历史和地理课均需由土耳其教师担任。在教育改革中,实行五年制小学的义务教育;发展工业、农业、矿业、师范及成人夜校等各类技术专科学校;扩建和建立了高等学校。

文化改革 文化改革的主要特点,在于抛弃了宗教精神,树立起土耳其的民族精神。

文字改革在文化改革中占有重要地位。土耳其（古称突厥）人原居阿尔泰山时，使用卢尼克文字。10世纪土耳其人在中亚接受伊斯兰教信仰后，接受阿拉伯文而放弃了卢尼克文字。但用阿拉伯字母来标土耳其文字，既不完备也不适合，这是造成文盲众多的原因之一。改用拉丁字母的建议，在奥斯曼帝国时代已多次被提出。十月革命后苏联中亚的几个突厥语系加盟共和国成功地进行了文字改革，鼓舞了土耳其改革者。

1928年11月，大国民议会公布文字改革方案，用拉丁字母代替阿拉伯字母，并决定在1929年元月开始实行。新字母符合国际上通用文字自左而右的书写习惯，与书写数字一致，有利于国际贸易交往，而且简便易学。1932年成立土耳其语协会。经过10年努力，文盲下降10%。

树立民族精神的另一领域是土耳其历史。1931年土耳其政府成立了历史学会。学会进行了校勘历史文献，讨论历史问题，编写教本《土耳其历史纲要》等一系列工作。新土耳其把民族主义与历史学相结合，改变了社会和学校轻视土耳其民族史的倾向。

社会生活与习俗改革　世俗化在这个领域中表现为破除迷信和提倡科学的现代化精神。政府关闭了女修道院和坟院，取消了筛海、托钵僧一类人的活动，并禁止这类人用荒诞咒语治病误人。

历法改革对改变社会生活习俗起着重要作用。土耳其的旧历法是希腊历的月份和伊斯兰历的年份二者的结合体。1917年采用了公历月份，而年份仍按修改了的伊斯兰历。在每日24小时的计算上，土耳其人的凌晨1时是由早祷算起，因此与中欧时间差6小时。1925年，土耳其政府决定废除旧历，正式采用世界大多数国家通用的公元历。

1934年6月，大国民议会通过采用姓氏的决定，改变了土耳其人以往有名无姓的习惯。同时取消了象征封建等级的旧称号和头衔（如帕沙），而代之以贝依（先生）、贝扬（女士）等新称呼。凯末尔带头放弃过去的头衔，接受大国民议会授予他的姓——阿塔图尔克（Ataturk，土耳其之父）。

经济改革　1923年凯末尔在会见科尼亚的商人和手工艺人时指出："新土耳其的基础将是经济力量而不是刺刀。刺刀也是以经济力量为基础的。新土耳其将是一个经济国家。"国家主义是凯末尔进行经济改革的指导思想。"国家主义"，就是由国家统一管理国民经济计划、经济建设和国家直接在工业、交通运输业、银行等方面直接投资经营的民族国家资本主义。苏联工业化的经验，是国家主义的借鉴之一。1933—1937年完成了第一个五年计划。1938—1942年第二个五年计划被第二次世界大战所打断。国家主义的经济政策促进了30年代的经济发展，尤其是奠立了土耳其轻工业的基础。鼓励民族工业、建立国营企业、保护关税、严格控制外汇及控制外国投资等一系列措施,都收到了巩固政治独立的效果。它的缺陷是:国营企业管理不善,缺乏效率;忽视了农业,影响到最大资源的开发。

总起来说,凯末尔改革是凯末尔主义的全面实践。它是在政治独立之后向帝国主义威胁和封建神权专制神权影响的主动进攻。凯末尔的现代化、民族化、民主化改革,都同"世俗化"有密切关系,因此凯末尔改革的总特点在于它是一次以"世俗化"为中心的现代化改革。革命胜利之后历时 15 年之久的改革,使一度濒于灭亡的"西亚病夫"走上了民族复兴的道路。

第五节　埃及的华夫脱运动

一、1919 年 3 月爱国运动

英国在埃及的殖民保护制度　第一次世界大战是埃及政治形势的新转折。在此以前,英国已排挤掉法国而在埃及处于独霸地位。英国驻埃及的高级官员、驻军总司令和 39 个英国的高级顾问控制了埃及的政权、财权和军权。不过,埃及在名义上仍然是奥斯曼帝国的一个行省;埃及统治者仍拥有奥斯曼帝国给他的封建称号"赫底威"(国王)。

1914 年 12 月,英国政府以土耳其加入同盟国一方参战为借口,声明"埃及今后处于英王陛下的保护之下",从而取消了奥斯曼对埃及的宗主权,使埃及成为英国的殖民地。

英国在埃及实行的"保护制度"是在战争状态下的殖民制度。它的主要内容有:控制了埃及"赫底威"的继承权,把国家政权攫为己有;对埃及实行军事占领和管制,把埃及变为"兵营国家";控制了埃及外交;掌握了埃及的立法权和司法权;使埃及在经济上进一步殖民地化。由于这种制度是在第一次世界大战的条件下实行的,其残酷程度非和平时期所能比拟。英国征用埃及人 150 多万,其中有 117 万人是为战争服务的"劳动军"和"运输队"。2/3 的牲畜和大量运输工具也被征集。

英国为了战争的需要,向埃及订货,从而促进了纺织、制糖、酒精、制革、榨油、面粉、砖瓦、造纸等轻工业的发展。埃及的资本家随之加快了经营商业、参加外国股份公司及土地买卖和集中资本的过程。1916 年,埃及资本家们成立了工商业委员会,向英国提出了要求经济权利的报告。1918 年,英国发布了关于垄断全部棉花收购的法令。同年由布兰尼特起草的宪法草案中,规定埃及的商人和企业家的法律地位低于外国资本家。1918 年,300 名英国官员占据埃及政府的高级职位。1919 年,在高级职员中,英国人占 3/4。战争给埃及带来的另一重大变动,是工人阶级力量的增长,但埃及工人阶级的独立政党尚处于形成过程之中。

柴鲁尔和华夫脱党　直到第一次世界大战前,民族主义运动的基本要求不是局限于奥斯曼帝国隶属下的自治,就是在英国保护下的自治。战后埃及民族主义运动与过去不同之处,在于它提出了完全独立的口号和立宪的要求,并使运动变成了有工人、农民参加的民族民主运动。柴鲁尔作为它的领袖而登上政治舞台。

柴鲁尔(1857—1927年)生于农民家庭,曾在巴黎大学学习,获法学学士学位,担任过报纸编辑,参加过奥拉比领导的反英起义。他同埃及首相穆斯塔·法霍米的女儿结婚后,遂进入上层而宦途通达,历任教育大臣、司法大臣、立法议会副议长。但他由于同英国和埃及统治者的矛盾而丢了官。第一次世界大战以后,英国在埃及实行殖民保护制度以后,他的民族主义思想有了飞跃发展。他认为,在政治上埃及必须脱离英国而独立,经济上必须自主,在此前提下,英军可以驻在苏伊士运河区。他的这个立场,得到了当时的两个民族政党(民族党和祖国党)的支持。

1918年11月23日,柴鲁尔把立法议会的代表和各爱国阶层的代表们团结在自己周围,组成了"埃及代表团"。"代表团"阿拉伯语为"华夫脱"(al-wafd),因而埃及现代史上称这个新的民族主义政党为"华夫脱"。党纲规定:"华夫脱党的任务是:用和平合法的手段来实现埃及的完全独立。"柴鲁尔提出了《委托书》、《向列强的呼吁书》和《向温盖特的要求》三个文件,要求废除殖民保护制度,英军撤除埃及和成立立宪的独立埃及政府。为了使华夫脱党成为埃及的全权代表,他以立法议会副议长身份,号召各选区在《委托书》上签名。签名人数很快超过了200万。签名运动发展为群众性的反帝运动,迫使亲英的埃及政府首相辞职。

埃及的三月起义　1919年2月,柴鲁尔发表讲话,强烈要求终止殖民保护制度和英国允许华夫脱党参加巴黎和会。华夫脱党组织了群众集会和示威。3月8日,英国殖民当局逮捕了柴鲁尔等4位华夫脱党领袖,并把他们流放到马耳他岛。这更激起人民群众的抗议运动,从而促使华夫脱运动由和平签名请愿阶段逐渐转入暴力抗议和武装起义阶段。

1919年3月9日,开罗、亚历山大等城市的大中学校举行罢课、游行示威。3月11日,运输、邮电、铁路、面包、电车、清扫等各行业工人举行罢工,同警察发生冲突;政府机关和司法机关职员同一天也举行罢工。农民起而响应,在乡村切断电线、破坏铁路,甚至修壁垒、挖壕沟,同英国军警进行战斗。3月13日,起义者试图火烧埃及王宫。次日,爱资哈尔大学附近发生了激烈战斗。最不寻常的是,开罗妇女走上街头,加入政治斗争行列。

埃及三月起义的口号是："打倒英国占领者"、"埃及是埃及人的埃及"和"释放柴鲁尔"。起义者的共同要求是："废除殖民保护制度"、"英国撤出埃及"和"争取完全的民族独立"。华夫脱党在各地建立了民族委员会。在埃尔米亚建立了民族政权,一直存在到 3 月 30 日。在济夫塔和扎加济格,起义者也建立了临时政府。在反帝斗争中,信仰基督教的科普特人和其他埃及人忘记了往日的隔阂,共同参加了开罗的武装起义。

在埃及人民群众抗议浪潮的压力下,英国殖民占领者不得不允许柴鲁尔从流放地直接去巴黎参加和会。这时他对美国总统威尔逊抱有幻想,但是,4 月 22 日威尔逊却正式承认英国在埃及的殖民保护制度。凡尔赛条约第 147 条规定埃及仍为英国的保护国。柴鲁尔后来也没能参加和会。这一切使柴鲁尔的民族自尊心受到侮辱,决心再一次开展反帝群众运动。正值此时,英国殖民大臣米尔纳为首的调查委员会来埃及,调查三月事件,并制定"在英国保护下的埃及自治方案"。于是 1919 年 10 月至 1920 年 3 月,华夫脱党发动了抵制米尔纳调查委员会的广泛群众性抗议运动。5 月,柴鲁尔应英首相劳合·乔治之邀,参加了伦敦会议。会上,他反对华夫脱党保守派,拒绝了 8 月间英国提出的《英埃条约》。这是 1919 年三月反帝高潮的继续。

二、1924—1937 年的护宪运动

1922 年宪法　1921 年 12 月,英国占领者为了把柴鲁尔和华夫脱党其他领袖同埃及人民隔离开来,先是下了驱逐令,后来又逮捕了他们。最初把柴鲁尔流放到阿拉伯半岛的亚丁,接着转移到印度洋南部的塞舌尔群岛,最后转移到直布罗陀要塞。与占领者的愿望相反,这种政治迫害使全埃及群情激愤,各大城市都举行了声势浩大的群众集会和游行。占领者出动大批军警,枪杀和逮捕抗议群众,没收了华夫脱党领袖们的财产。1922 年 1 月 23 日,华夫脱党开罗委员会号召抵制英国货和英国银行。持续三年多的华夫脱运动,终于迫使占领当局不得不改变其殖民统治方式。

1922 年 3 月 16 日,英国宣布埃及为独立的君主立宪国家。在此之前,成立了以鲁世迪·帕夏为首的宪法起草委员会。4 月 4 日,正式颁布了《埃及宪法》。宪法共 7 章 70 条,其要点是:埃及为君主立宪制的自由独立国家;伊斯兰教为国教;阿拉伯语为国语;确立了"主权在民"、"公民享受平等自由"等原则;议会为两院制,上院议员为 122 人,任期 10 年,下院议员为 235 人,任期 5 年;王位由穆罕默德·阿里家族继承,国王为全国武装部队总司令,经议会协商可宣战或媾和;在议会休会期间,国王有立法权,拥有与上院相同的课税权和加税权,有解散议会权;行政权属国王和内阁,内阁成员对下院负责,但国王有权任免内阁大臣;非埃及人不得担任埃及政府内阁成员,内阁成员不得兼任非官方组织职务;埃及

保证英国在埃及的特权,允许英军驻在埃及,聘请英国人为埃及政府财政及司法顾问;外国因条约和习惯而得到的利益仍予保留;宪法只适用埃及王国,但埃及在苏丹的权利不变。

宪法具有民族独立和民主的进步内容,也有保护王权和英国特权的保守内容。然而,它毕竟是埃及历史上第一部资产阶级宪法,宣布埃及为独立的君主立宪国家。非洲现代史上第一个民族独立国家从此诞生了。

第一届华夫脱党内阁 1924 年 1 月 28 日,埃及国王福阿德任命大选获胜的华夫脱党领袖柴鲁尔组阁。在新宪法颁布后的第一届华夫脱党民族内阁政府中,柴鲁尔任首相兼内务大臣。

新内阁面临的首要问题,是如何处理英国和埃及的关系。1924 年 9 月,柴鲁尔赴伦敦同英国首相麦克唐纳谈判,提出了五项要求:英军撤出埃及;英国撤回在埃及的财政和司法顾问;英国停止对埃及外交方面的监督权;英国放弃在埃及的领事裁判权;英国放弃对苏伊士运河的保护权;埃及不再负担英军驻苏丹的费用。这些要求遭到英国政府的拒绝,谈判宣告破裂。

柴鲁尔通过议会,要求英国政府交出苏伊士运河的控制权;同时又以政府首脑身份照会英国政府,要求英国撤走驻埃及的高级专员,建议两国互派使节。他不顾英国反对,声明埃及将履行独立主权国家权利,坚决排除外国干涉。这些措施触怒了工党政府。工党政府迫使埃及国王下诏,免去柴鲁尔内阁职务。由于人民群众的强烈抗议,国王只好收回成命。1924 年 11 月,鲍尔温组成的英国保守党政府以埃及驻军总司令兼苏丹总督斯塔克遇刺事件为借口,出动军队占领议会和政府大厦,迫使柴鲁尔辞去首相职务。

柴鲁尔内阁虽然只存在了十个月,在内政改革方面仍取得不少成绩,如实现埃及政府的民族化、反对贪污腐化和重视教育事业等。1925 年、1926 年的大选中,华夫脱党连获大胜,柴鲁尔均被推选为议长。1927 年 8 月 24 日,柴鲁尔逝世,埃及各地纷纷举行悼念活动。中国的《东方杂志》发表的悼念文章中认为,他的逝世,使"东方的民族革命运动少了一位指导者,回教的民族运动少了一位伟大的领袖"。他树立的民族独立的旗帜引导着埃及人民进行持久的反帝斗争。

埃及国王宣布宪法失效 华夫脱党从 1923 年以来,一直在议会中占有优势,并且在宪法范围内进行活动。1928 年 3 月 1 日,华夫脱党人占多数的议会,否决了英国政府提出的英埃条约。3 月 4 日,组成了以纳哈斯为首相的华夫脱党内阁。这届内阁反对英国借口保护英侨安全而干涉埃及内政。4 月 30 日,英国出动舰队,向埃及政府发出最后通牒,要求撤销集会游行的议案。纳哈斯内阁拒绝接受通牒,被迫辞职。自由党人马哈茂德继任首相。

1928 年 7 月 19 日,埃及国王福阿德下诏解散议会,宣布宪法失效三年。三年内,由国王和内阁掌握立法和行政大权,实际上是由英国操纵一切大权。埃及又恢复了由英国高级专员指挥的国王独裁专制政权。

华夫脱党号召人民反对破坏宪法的倒行逆施行为,开始了从1928年下半年到1936年5月的护宪运动。

1928年6月,英国组成麦克唐纳的第二届内阁,对埃及的政策由高压转为怀柔。1929年8月,英国提出了英埃条约16条,坚持英国对埃及的外交监督权、驻兵权、交通保护权以及战时毫无限制的军援与领土使用权等。华夫脱党人针对条约内容的帝国主义实质和英埃两国政府的谈判进程,不断揭露它违反民意和破坏宪法的行动,动员舆论和群众起而抗争。在群众运动的压力下,英国工党政府决定缓和同华夫脱党的紧张关系,同意恢复宪法。1929年底,根据宪法,举行议会选举,华夫脱党在选举中获胜。1930年1月,纳哈斯再次组成华夫脱党内阁。这是护宪运动的胜利。

纳哈斯内阁在原则上并不拒绝同英国合作,也主张用谈判方式解决问题。它同前任内阁不同之处,在于它坚持民族独立立场,反对英国在尼罗河驻军,反对英国在苏丹的领有权。谈判从3月持续到5月,最后以失败告终。谈判破裂后,纳哈斯内阁为维护宪法,草拟了保证宪法尊严法案。英国政府立即唆使国王予以否决。6月16日,纳哈斯内阁辞职,亲英的伊斯梅尔·西德基组阁。

护宪运动的胜利　西德基上台后,秉承英国意志,宣布修改宪法和停止议会活动。他的反民主措施立即激起护宪运动的新高潮。从1930年下半年开始,华夫脱党不顾禁令,通过议会,提出对政府不信任案,并组织了开罗、亚历山大等地的群众性抗议示威。西德基政府随即宣布戒严、逮捕议员,禁止言论自由。

1930年10月,西德基政府宣布废除旧宪法,实施修改过的1930年宪法。新宪法扩大了国王的权力(如规定国王有权否决议会法案、所有法令不经国王批准都不能成立);把下议院议员由235人减少至150人,并规定不许干预政权,限制下议院对政府不信任案的表决权;提高了选民的财产资格;将直接选举改为间接选举。5月,华夫脱党人号召抵制根据新宪法举行的议会选举。许多城市都发生了群众性的政治罢工和示威游行。

1933年9月,西德基政府辞职,开始了国王统治时期,宫廷总管易卜拉辛成为实际上的统治者,他的后台是英国政府。

1934—1935年,是护宪运动的最重要的阶段。1934年,华夫脱党提出"英国是我们的敌人"的口号,同时反对国王践踏宪法、扼杀民主运动。11月,英国被迫同意废除1930年宪法,但不允许华夫脱党执政。1935年1月,华夫脱党召开全国代表大会,提出在恢复1923年宪法、重新选举的条件下,同英国合作。英国拒绝接受这些条件,谈判失败。11月9日,英国外交大臣塞缪尔·霍尔发表声明,反对埃及恢复宪法,引起了新的群众性抗议运动。在华夫脱党号召下,开罗的游行群众捣毁英使馆窗户,与警察发生冲突,死伤200多名学生。全国学生评议会决定全国罢课一周。抗议活动一直持续到12月初。

1935年12月5日,华夫脱党联合另外两在野党,成立了抗英联盟。10日,三党领袖联合上书,要求恢复1923年宪法和奈西姆内阁辞职。陷于孤立的英国政府,只得让埃及国王福阿德下诏,恢复1923年宪法和直接选举。1936年1月底,奈西姆下台,宫廷大臣西利马赫接替了他的职务。4月初,埃及国王福阿德去世,其子法鲁克继位。5月,举行大选。华夫脱党提出了改善工人生活、减轻赋税等竞选纲领,获得多数票,组成了以纳哈斯为首的新内阁。护宪运动取得了最后胜利。1936年8月,该内阁同英国签订了英埃同盟条约,固定了英国在埃及的特权。

护宪运动的胜利成果没有巩固下来。1937年,法鲁克国王拒绝了纳哈斯提出的新宪法草案,迫使该内阁下台。在1938年的议会选举中,华夫脱党遭到失败,从此一蹶不振。

华夫脱运动是一场持续了近30年的爱国民族主义运动。柴鲁尔和他领导的华夫脱党迫使英国废除了殖民保护制度,促成了君主立宪制的建立,加快了埃及资本主义的发展,为埃及民族解放运动的进一步发展奠定了基础。

第六节　桑地诺抗美游击战争

一、游击战争的序幕

1926年的立宪战争　在20世纪前20年中,中美洲各国的局势相当紧张。美国害怕这种混乱会引起革命,因而在1922年12月在华盛顿召开了中美洲各国会议,签订了《和平和友好条约》。尼加拉瓜驻华盛顿大使艾米里亚诺在条约上签了字。根据条约,尼加拉瓜政府成立了国民警卫队。1925年8月,美军撤出尼加拉瓜。不久,在艾米里亚诺、萨卡沙、蒙卡达集团之间,发生了激烈的战争。1926年5月,美国海军陆战队进驻尼加拉瓜,一直继续了六年之久。

1926年8月,自由党首领萨卡沙和蒙卡达联合起义,占领卡维萨斯港,在这里成立了立宪政府。10月,美国支持臭名昭彰的保守党首领迪亚斯为尼加拉瓜总统,引起许多地方的起义。起义的工人、农民、小资产阶级都支持立宪政府。为了反对立宪政府,美国派到尼加拉瓜的占领军,在1927年达到5 000多人,还有许多美国顾问、专家、教官,派到了迪亚斯的军队中。此外,美国还供应武器和弹药。

由于迪亚斯政府日益失去人心和立宪战争中人民的激烈反抗,美国决定转而支持萨卡沙立宪政府。1927年4月,美国政府派亨利·斯廷森为总统特使到尼加拉瓜,5 月,同蒙卡达签订了关于交出武器、以换取美国承认的《埃斯皮诺·内格拉协议》。蒙卡达在签字后不久给斯廷森的信中写道:"所有的自由党起义将领都接受了美国的条件。"但是,有一位起义将军却拒绝在交出武器的投降书上签字,他就是参加立宪战争的桑地诺。

桑地诺谴责蒙卡达的背叛行为。当蒙卡达质问桑地诺"你是什么人的将军"时,桑地诺回答说:"先生,我做我的战友的将军!我不能用我的将军称号为叛徒和外国占领者效劳!"

奥古斯托·塞萨尔·桑地诺 1926 年的立宪战争在开始阶段,具有反帝性质,但以接受屈辱条件告终。战争中形成的桑地诺军队,是一个革命性的结果。

桑地诺到过洪都拉斯、危地马拉、墨西哥,当过仓库保管员、机械师。立宪战争爆发后,他于 1926 年 6 月回到尼加拉瓜。10 月 26 日,他在尼加拉瓜北部一个美国人控制的金矿中举行起义。随后,即在拉斯塞哥维亚斯山区建立了游击战争的根据地,举起了象征"自由或死亡"的红黑两色战旗,揭开了抗美游击战争的序幕。

桑地诺在 12 月初得知萨卡沙宣布为立宪政府总统以后,便率军队去投奔萨卡沙。萨卡沙让他归国防部长蒙卡达指挥。他在立宪政府首都卡维萨斯逗留 40 多天。在美国舰队占领卡维萨斯,查封了蒙达卡军队的军火库,并限该军火库 48 小时内归美军所有之后,桑地诺立即抢救了许多枪支弹药,返回了游击队根据地。

桑地诺的游击队是立宪战争中最积极同保守党和占领军进行战斗的军队。在圣胡安、希诺特加战役中,都取得胜利。在琼塔莱省的贝胡科和梅塞得斯,他指挥 800 多名战士,打了一个漂亮仗。在穆伊穆伊战役中,桑地诺缴获了数千支步枪和成百万发子弹。

1927 年 5 月,蒙卡达同美国占领者签订了关于解除所有立宪武装的投降协定之后,桑地诺便秘密地把自己的军队撤回拉斯塞哥维亚斯山区。5 月 12 日,他发表了《致尼加拉瓜各地方政府宣言》:"我们甘愿做一个爱国者在战斗中死去,也不能像奴隶那样活着。"并提出用革命武装把美国侵略者驱逐出尼加拉瓜的明确任务。

二、抗美游击战争的进程

第一阶段 从 1927 年 5 月到 1929 年 5 月,是桑地诺抗美游击战争的第一阶段。它标志着桑地诺依靠工农、独立进行抗战的开始。同 1926 年至 1927 年 5 月序幕阶段在战略战术上不同之点在于从正规战、运动战和阵地战转为分散而长期的游击战。

1927 年 7 月 1 日,桑地诺在尼加拉瓜东北部的圣·阿尔比诺公布了起义者的第一个政治宣言。宣言确定了桑地诺运动的目标和任务,是以武装斗争来解决尼加拉瓜人民和美国占领者的矛盾,恢复国家的主权和独立。宣言把桑地诺运动看做是立宪战争的继续,虽然这次战争被蒙卡达所叛卖,但尼加拉瓜人民仍在为反对美国占领者及其仆从而战。

为了反对桑地诺运动,美国占领者指使尼加拉瓜政府,对占全国1/4的北方四省实行了戒严。马那瓜的大主教,把桑地诺及其战友革除出教门。1927年7月12日,美军向桑地诺发出最后通牒,限48小时内交枪投降,并用威胁的方式恫吓桑地诺。桑地诺断然拒绝了最后通牒。7月17日,他率军攻打奥科塔尔,同装备精良的、配有飞机的美国海军陆战队和尼加拉瓜国民警卫队,进行了17小时的激战。

1927年9月2日,桑地诺制订的《尼加拉瓜主权捍卫军条例》在军队中通过实行。《条例》规定了严格的集中制和纪律,对政治上、道德上、军事上的一切违犯纪律行为,都予以严惩;在军队内部保持平等关系,官兵之间互称兄弟;爱国主义是共同恪守的原则;捍卫民族主权,是共同的任务。此外,在军队中设立参谋部,实行军衔制;出版了《祖国和自由》刊物,加强了对军队的历史教育。军队和人民的关系方面,相当密切。农民不但为军队供给粮食、传递情报、掩护战士,而且参加战斗。

在1927年最后几个月的激烈战斗中,美国派往尼加拉瓜的飞机达30架,美国在计划中要求不惜一切代价消灭游击队根据地。从1927年6月30日到1928年6月30日,同游击队进行的85次战斗中,美军都没有取得胜利。例如在通往游击队根据地要道的拉斯·克鲁赛斯的战斗中,激战16天,游击队打败了三倍于自己的美国占领军。

美国对尼加拉瓜的干涉,引起世界舆论的抗议。1928年3月17日,法国著名作家罗曼·罗兰和巴比塞在哥斯达黎加的一家杂志上,发表文章谴责美国占领军的行径。7月,巴比塞还以他和欧洲进步人士的名义,向桑地诺写了祝贺信。1929年,桑地诺为了获得军需品和国外的支持,在墨西哥从事外交活动。

第二阶段 1930年5月,桑地诺回国。6月,游击队攻占埃萨拉拉克,并同配有飞机的美军和国民警卫队进行了激战。此后,桑地诺通过多次战斗,发展和壮大了队伍。1931年,桑地诺已拥有经过训练和精良武装的正规军,分为8个纵队,在大西洋沿岸8个省的农村作战,控制了全国一半以上的地区。1932年,桑地诺军队频频出击。桑地诺提出了"准备夺取国家政权"的号召,于10月初攻占了马那瓜湖岸圣福兰西斯科·德·卡尔尼谢洛城。该城距首都仅有3小时的行程。美国在首都的军官准备打点行李回国。只是在陆军和空军联合武装配合的大规模战斗之后,美国占领者才阻止了桑地诺军队的进攻。

在美国占领区内,人民采用了各种不同的反抗形式。学生集体抗议,用罢课的形式反对美国占领军强迫他们学习英语。在马那瓜美军阅兵仪式上,学生用高呼桑地诺的"让卖国贼死亡"的名言,来代替强迫他们唱美国国歌。农民用各种方式来支援和参加桑地诺军队。1932年11月7日,美国军官克拉克·沃德弗埃操纵了尼加拉瓜的选举。在桑地诺号召抵制选举的情况下,1/3的选民响应桑地诺的号召而拒绝参加这次选举滑稽戏。

1932年12月19日,蒙卡达在卸任总统前做了人事安排,以便消灭桑地诺军队。他请求美国驻尼加拉瓜大使将索莫查的外交部长职务改换为国民警卫队司令。美国也希望经过自己训练的这支武装力量由一个忠实奴仆掌握,可以放心离开尼加拉瓜。1933年元旦,萨卡沙就任总统,1月2日,美军撤出尼加拉瓜。美国在尼加拉瓜进行了6年侵略战争,动员了美国海军陆战队1.2万人,六七十架飞机,几十艘军舰,最终仍然不得不以失败而宣告结束。

三、性质和意义

谈判和桑地诺遇害 1932年11月23日,萨卡沙向桑地诺建议进行停止武装斗争的谈判。桑地诺表示,他进行武装斗争的主旨在于反对美国的军事占领,无意于进行国内战争。于是,双方开始了接触。

1933年1月,桑地诺在《和平报告》中提出:"不允许外国干涉;不得同美国签订任何秘密协定;保持一个爱国者根据地——'光明和真理区',区内有独立的武装;承认桑地诺游击队的行动是为了祖国的幸福"。

2月2日,桑地诺冒着生命危险到达马那瓜,同萨卡沙总统直接谈判。当天深夜,双方签订了《和平协定》,宣布尼加拉瓜开始了政治生活的复兴和主权不受侵犯,并保证双方均应遵守宪法。协定规定,在3个月内,桑地诺军队交出武器,只保留100人的卫队。政府拨出科科河流域的荒地列为特区,让放下武器的游击战士居住和劳动。但协定规定,新的定居点必须与当地居民区距离3公里以外。

桑地诺只用了20天,便把武器上缴给萨卡沙政府。此后,国民警卫队背信弃义,放手镇压失去武器的游击队员,这使桑地诺感到诧异。不过,他还是把精力倾注于农村的社会改革计划上。他主张在移民区实行合作制度,并准备办烟草农场。一有时间,便埋头读书,对哲学问题最感兴趣。他同时要求政府保证移民区的安全。

1934年2月,萨卡沙派他的农业部长萨尔瓦切拉到新移民区,邀请桑地诺再次谈判。从2月17日到21日,桑地诺同萨卡沙讨论了所有争议问题。在同时,索莫查同美国驻尼加拉瓜大使阿尔杜尔·波里斯·列恩策划了杀害桑地诺的阴谋。21日,当桑地诺从总统府坐车返回的路上,国民警卫队逮捕并在首都东郊杀害了桑地诺,美国大使列恩检查了桑地诺的尸体。

桑地诺被害后,国民警卫队包围了移民区,处死了几百名青年,妇女和儿童。1935 年五一节,国民警卫队镇压了群众的游行。1936 年因抗议汽油涨价而引起的总罢工,以失败而告终。1937 年 1 月,索莫查任总统,直到 1956 年被爱国者杀死。

简要评价　桑地诺领导的抗美游击战争是一次持续了 6 年之久的人民反帝革命战争。

桑地诺的可贵之处,在于他用革命的民族解放战争来反对美国的侵略和占领。他举起了象征自由或死亡的红黑两色旗帜,建立了有严格纪律的民族军队。在长期的战斗中,形成了游击战的战略与作战艺术。这种战术把主动进攻和积极防御相结合,其形式是打扰、阻击、伏击和歼灭战。进攻时,速战速决,迅速转移。游击队有主营地、临时营地和紧急营地,形成了一个有序的根据地。

反帝的爱国主义是这次战争的主导思想。桑地诺说:"我为之斗争的祖国是整个西班牙美洲。""现在我们奋斗的历史契机是民族的和种族的;它必然变为国际的,殖民地半殖民地人民同帝国主义国家人民联合起来的斗争。"桑地诺看到了尼加拉瓜的反帝斗争同拉丁美洲、同世界被压迫民族的联系。

在两次世界大战之间亚洲、非洲和拉丁美洲的进步民族主义者中间,桑地诺作为小资产阶级民族主义者,是最接近马克思主义的。他在 1929—1930 年同他的秘书、萨尔瓦多的共产主义者奥古斯汀·法伦多·马尔蒂多次讨论革命理论。但桑地诺对根本的社会改革问题,没有认识。他没有民族主义的系统理论,对美国帝国主义虽有认识,但只是从政策上而不是从理论实质上进行分析。他缺乏必要的警惕性因而付出高昂的代价,但他所领导的民族革命战争的精神却激励着后来的尼加拉瓜革命者,并为他们所继承和发扬光大。

第七节　墨西哥的护宪运动和卡德纳斯改革

一、护宪运动

1917 年墨西哥宪法　墨西哥和大多数拉丁美洲国家不同,它在 1910—1917 年间经历了一场资产阶级革命。这场革命在时间上正好把亚洲、非洲和拉丁美洲现代民族民主运动史上的"亚洲觉醒"(1905—1913 年),到俄国十月革命后风暴时期(1917—1923 年)之间的空白填补起来。

从这次革命结束后,直到第二次世界大战前,墨西哥历史上又经历了长达 20 多年的护宪运动和 6 年改革。这段历史同著名的 1917 年墨西哥宪法有着直接的联系。

1917 年 2 月 5 日,激进派领袖安德雷斯·莫利纳·恩里盖斯和宪法委员会主席弗朗西斯科·穆希卡提出的宪法第 27 条和 123 条,经过激烈的争辩通过了。这两条关于土地问题和工人问题的宪法条文,涉及革命的主要问题,因而使这部宪法成为资产阶级宪法中空前民主和进步的宪法。

宪法第 27 条规定一切土地、河流和矿藏的所有权属于国家,私人只有开发权。国家有权征收和限制私有财产。对外国人的财产做了严格限制。把公社土地划成小块,归农民使用,并将国有土地或没收的大地主土地,分配给农民使用。教会不得领有、经营和承典不动产。每州定出土地最高限额。第 27 条反映了国有制思想和限制私有制思想,体现了主权原则。它实际上剥夺了僧侣地主对土地的占有权,限制了大地主的土地占有权,拆散了大地产,发展小土地占有制,因而有利于农民。所以,土地改革是 1917 年墨西哥宪法的显著特点。

宪法第 123 条规定工作日为 8 小时,每周工作 6 天。禁止雇佣童工,保证女工权利,同工同酬。规定最低工资额。承认工人有组织工会和罢工权利。企业主不得随意解雇工人,如无充分理由解雇工人,要给被解雇者以 3 个月工资作为补偿费。企业主必须供给工人的住宿和学校。宪法对加班、工伤事故都作了有利于工人的规定。宪法第 123 条是墨西哥工人阶级的重大收获。工人阶级在1910—1917 年革命中努力争取到的权利,由宪法固定下来。

宪法毕竟是写在纸上的条文,要使之实施,还要克服重重障碍。于是,护宪运动应运而生。

护宪运动的发展与叛乱的平息 以卡兰萨为首的政府反对消灭封建残余和实行彻底的土地改革。在 1917—1920 年间,只有 45 万英亩土地归还给农民,总共只有 4.8 万户农民得到土地,而几百万无地农民,生活状况和从前一样贫苦。1919 年 4 月 10 日,政府暗害了农民游击队著名领袖萨巴塔。同时,下令解散工人委员会,宣布镇压工人运动。

然而,卡兰萨政府仍坚持民族资产阶级的反帝立场。根据宪法第 27 条,它于 1917 和 1918 年颁布了有关石油输出和石油矿藏征税法,对外国资本家在墨西哥的土地、地下资源和矿藏的权利加以限制。1919 年,对不服从法令的外国公司,采取了坚决措施。1920 年,阿尔瓦罗·奥布雷贡和卡耶斯发动政变,于 5 月 21 日杀害了卡兰萨。7 月,奥布雷贡当选为总统。他虽然镇压工人运动,但在土地改革和对待外国公司的态度,基本上还按宪法精神办事。

1924 年夏,卢塔尔科·埃利亚斯·卡列斯当选为总统。他除了继续土地改革和实行 1925 年 12 月公布的石油法令外,主要在反教权主义方面维护 1917 年宪法。该宪法第 1、第 5、第 27 和第 130 条中,载有反教权主义的内容。但宪法公布后,历届政府只采用了个别反教权主义行动,并未全面实施这些条款。1926 年,卡列斯为了维护宪法,下令驱逐大批外籍教士与修女,并封闭了部分修道院和教会学校。7 月 14 日,他签署了实施宪法的第 130 条法令,规定实行世俗教育、解散僧团、禁止僧人从事政治活动和外国人担任教会职务、剥夺教会占有的不动产。对破坏法令者要罚款并处以 6 年以下的徒刑。

围绕着反教权主义的护宪运动,发展为国内战争。墨西哥天主教会于 7 月 25 日发表告教徒书,呼吁反对政府法令。在"基督万岁"口号的煽动下,教徒们抵制交通及社会活动,并组织了武装暴乱。部分未获得土地的农民也参加了暴动。但获得土地的农民则站在政府一边,反对暴动者。暴动者劫持杀害和平居民,焚烧公立学校,迫害教师,捣毁铁路,烧死旅客。1927 年,政府镇压了叛乱,墨西哥政局稍趋于稳定。

但教权主义者接着制造了更大的暴乱。在 1928 年 7 月,正当总统选举时,天主教集团暗杀了很可能当选总统的奥布雷贡。1929 年 3 月,爆发了"44 个将军的叛乱",大地主、天主教会和埃斯科巴尔等军阀联合起来,要求取消反教权主义法令。武装叛乱很快扩展到墨西哥的西北各省,叛乱者控制了维拉克鲁斯、科尔多瓦等 7 个重要行政和经济中心。西部各州教派叛乱者起而呼应。许多政府军投靠叛军。

以卡列斯任总司令的政府军,在镇压叛乱中得到墨西哥共产党、农民和工人群众的支持。全国农民同盟组织的游击队,平息了维拉克鲁斯州的叛乱。许多农民参加了政府军。一些共产党人担任了农民和工人游击队的领导者。在各种力量的配合下,墨西哥政府于 1929 年 4 月最后扑灭了叛乱。

镇压叛乱前后,卡列斯的政治地位大大提高。他于 1929 年初,组织了墨西哥国民革命党,这个政党是以他为首的军事独裁者联盟。参加该党的除各军区长官外,还有城市小资产阶级、知识分子和富农代表。卡列斯通过国民革命党控制政府,当他发现总统鲁维奥有不服从自己的迹象时,便把阿贝拉尔多·罗德里格斯推上总统宝座。

二、卡德纳斯改革

卡德纳斯　在世界经济危机的国际背景下,墨西哥总统鲁维奥政府在 1931 年通过了剥夺工人民主权利的法令。在此以前已停止了土地改革。罗德里格斯政府时期,土地改革也未恢复。1933 年 12 月,国民革命党在克雷塔罗城举行代表大会,讨论了宪法规定的总统选举,卡德纳斯被推为总统候选人。

拉萨罗·卡德纳斯生于 1895 年,11 岁在印刷厂当学徒。他积极参加了 1910—1917 年革命,1928 年被选为米乔阿坎州州长,1930 年任国民革命党主席,1931 年和 1933 年先后任鲁维奥和罗德里格斯政府中的内政部长和国防部长。他属国民革命党左翼,在任州长期间,以兴办教育和维护劳动法典而闻名于全国。

在竞选总统期间,他访问了 28 个州,足迹遍及大中小城市和印第安农村、矿区和小镇。他接受了工人、农民关于民主、土改和反帝的委托书。他向印第安人说:"总统府的大门将永远向工农打开"。1934 年 7 月 1 日,他当选为总统。1934 年 12 月 1 日,卡德纳斯在总统就职演说中保证要做好墨西哥人民的总统。这是对独裁者卡列斯的挑战,也意味着他不再做卡列斯的傀儡,而要按 1917 年宪法原则,实行进一步改革。

卡德纳斯在他的总统任内(1934—1940 年),改组了内阁、军队和州政府,并改变了卡列斯集团为议会多数派的局面。1936 年,卡德纳斯把卡列斯及其核心骨干驱逐出境——用飞机送到美国得克萨斯。他宣布工厂主必须遵守宪法和法律,反对成立为企业主服务的"白色工会",不愿在"反共产主义"口号下镇压工人运动。1938 年春,前农业部长赛迪里奥将军发动叛乱,卡德纳斯镇压了叛乱者。正因为有了上述措施,改革才得以实现。

土地改革 卡德纳斯的土地改革措施和以前历届政府所进行的土地改革的不同之处,在于他敢于触动或征收封建大庄园一部分土地,废除了债役制,并实施了废除封建大地产的法令。同时他也敢于触动外国资本家的土地,将这些土地分配给农民。他鼓励合作社组织,建立了 1 468 万个新的集体村社。1937 年,他修改了宪法第 27 条第 6 款,规定一旦被确定为公地而征用的土地,一律禁止获得自由权利的"保护"令状,使个体村社的小农经济成为村社的主要形式。

在卡德纳斯土地改革措施中,有许多方面是关于农村的社会福利工作的。1937 年,政府设立了社会卫生和农村医疗部。1938 年,免费医疗的农民达 100 多万人。

卡德纳斯土地改革的突出特点是,分配给农民的土地数量大。在他任期 6 年中,将近 100 万农民无偿地得到了 4 500 万英亩土地;而从 1910 年以来的历届政府,仅分给农民 2 100 万英亩土地。在 1935 年 5 月一次土地分配中的土地数量,就接近罗德里格斯 6 年总统任期中分配土地的数量。在维护 1917 年宪法运动中,卡德纳斯是最认真执行第 27 条民主条款的政府领导人。尽管还有 190 万左右的农民仍然没有土地,尽管农村公社的土地质量不好和生产率低,但土改能达到这个水平,在墨西哥是难能可贵的。

国有化运动 国有化运动包括三个方面内容。第一,服务行业和若干企业的国有化。在工人运动的推动下,一些公共汽车公司、电车公司、面包房、印刷厂、锯木厂、纺丝厂、制糖厂、种植园等被收归国有而变成工人生产合作社或工农业合作社。第二,外国公司所属的铁路国有化。在铁路工会的要求下,1937 年 6 月 23 日政府公布了关于把外国公司的铁路收归国有的法令。1938 年 5 月 1 日,政府将没收美英公司的铁路移交铁路工会管理。第三,外国石油公司国有化。石油是墨西哥最重要的矿产资源,但一向为美、英垄断资本所操纵。在石油系统工人运动的推动下,1938 年 3 月 18 日,政府把 17 家美国、英国和荷兰石油公司收归国有。

在国有化过程中,卡德纳斯政府支持工人组织的要求,使它们签订了有利于工会的各种集体合同。在许多工业部门中,工人因此争得了40小时工作周的胜利。政府成立劳工银行,供给工人生产合作社的资金。卡德纳斯本人多次支持工人的反帝反封建和反剥削的罢工。特别是在石油国有化运动中,他依靠工人的支持,利用帝国主义国家之间的矛盾,排除了石油工业国有化道路上的障碍。石油工业国有化保卫了民族主权,促进了经济的发展。

教育改革 教育改革的起点是扫盲教育。为了在印第安人中普及小学教育,政府专门设立印第安人事务司。政府还设立了士兵学校网,在军队中进行扫盲教育。到1938年,文盲比1930年降低了14%。

政府还兴办中小学和各种职业学校,为提高文化水平和适应各种事业发展培养人才。公立小学从1934年的8 477所增加至1940年的13 016所。1935年,全国仅有中学49所。到1940年,增至116所。工业、技术和商业学校,1934年只有19所。1940年,增至40所。农业学校由1934年的22所,增加到1940年的55所。

卡德纳斯改革的历史地位 卡德纳斯在30年代所进行的改革,是墨西哥民族资产阶级领导的反帝反封建的改革。由于它全面而深入地实行了1917年宪法,因而理应被认为是墨西哥护宪运动的最辉煌的阶段。就其改革的深度和民主性而言,为同时代亚洲、非洲和拉丁美洲民族民主运动史上所仅有。

改革促进了经济的发展。1935年墨西哥有加工工业企业4 200家,1940年即达1.351万家;而产值和投资都翻了一番。特别是纺织、建筑、食品、家具等轻工业,有了迅速的发展。

为了发展民族经济,在30年代,卡德纳斯实行了诸如《关于垄断组织法》、《关于没收法》等保护民族资产阶级利益的法令。1937年成立了联邦电力委员会,对私人的(主要是外国人的)电力公司实行监督。1938年修改的关税保护法,禁止进口与本国产品相类似的商品(如纺织品、服装、食品等)。

卡德纳斯实行的土地改革,使墨西哥的土地关系发生了重大变化。在北部,大庄园的债役制残余被废止了。资本主义性质的集体农村公社组成了。在中部,大庄园主及其地产减少了一半,小农增加了一倍半,庄园经济虽仍存浓厚残余,但已失去优势。土地改革以后,出现了以资本主义经济形态为主的,小农经济与封建经济残余并存的农村经济结构。卡德纳斯作为反帝反封建比较坚决、经济实力相对强大的民族资产阶级激进派代表人物,通过把封建庄园改造为资本主义农场和把封建大地产转变为村社土地的方式,在农村实现了由半封建社会向资本主义社会的变革。

卡德纳斯的改革是1910—1917年墨西哥革命后的一系列护宪运动的最高

峰。从整个革命的进程来看,历时 30 年的发展经历了夺取政权和护宪运动两个阶段。护宪运动包括民主化、恢复经济和解决所有制三大内容。卡德纳斯的贡献就是依靠政权力量,自上而下地解决了这些问题,完成了护宪运动的任务。

卡德纳斯的民族民主思想及其实践,使他成为 30 年代拉丁美洲社会思潮的代表者之一。30 年代,以阿亚·德拉托雷为代表的"民众主义"思潮风靡拉丁美洲大陆。作为秘鲁人民党的创始人,德拉托雷在经济上要求土地改革,坚持发展民族经济,同时主张拉丁美洲团结和反对外来干涉。卡德纳斯的思想也属于民众主义范畴,但他把民主化思想深入到工人、农民的权利问题上。他改组的墨西哥革命党拥有广大工农党员群众,而且和共产党合作。他的经济思想,尤其是土地改革和工业国有化思想,在同时代民众主义者中间,也是突出的。在对外政策中,他维护民族独立,反对德国和意大利法西斯,支持埃塞俄比亚和西班牙人民的反法西斯斗争。可以说,在庇隆以前,卡德纳斯是民众主义理论与实践相统一的最杰出的代表人物。1940 年总统任期届满后,他在 1943—1945 年任国防部长,1955 年当选为世界和平理事会副主席,1959 年 1 月访问中国,1970 年 10 月 19 日病逝。

第八章　世界经济危机及其影响下的主要资本主义国家

第一节　1929—1933年世界资本主义经济危机

一、危机的爆发及其主要表现

1929年10月下旬,一场资本主义经济危机的风暴首先猛烈袭击美国,不久扩大到加拿大、德国、日本、英国、法国等国,并波及许多殖民地、半殖民地和不发达国家,迅速席卷了整个资本主义世界。这次危机持续到1933年,使资本主义世界工业生产下降了40%以上。危机遍及工、农、商、金融等各行各业。资本主义各国的失业率分别高达30%到50%,失业工人达3 000多万,几百万小农破产,无业人口颠沛流离。这次危机生产下降幅度之大,危机范围之广,失业率之高,持续时间之长,使它成为资本主义发展史上最严重的一次世界性经济危机,也是这次危机的基本特点。

危机期间,农业危机、信贷货币危机与工业危机同时并发,相互交织,是这次大危机的又一大特点,也是这次危机比历次危机更深刻的一个原因及表现。战后一直处于慢性危机状态的农业,到1929年经济危机爆发时,情况更加恶化。农产品大量"过剩",粮食价格下降速度大大加快。美国农产品批发价格指数从1929年的104.9(1926年为100)下降到1932年的48.2,下降了54%。在世界市场上,小麦批发价格下跌70%,大豆、棉花、黄麻、咖啡等跌价50%以上。为了维持农产品价格,农业资本家和大农场主大量销毁"过剩"农产品。美国资本家用小麦和玉米代替煤炭作燃料,把牛奶倒进密西西比河,使这条河变成了"银河"。巴西一年就有2 200万袋咖啡倒入大海。当资本家大量销毁农产品的时候,贫苦农民却挣扎在饥饿死亡线上。在美国的宾夕法尼亚和肯塔基乡村的人民,靠挖野菜根,嚼野葱头充饥。

危机年代,世界贸易额猛烈缩减。以危机前的最高点和危机中的最低点相比,英国出口额下降了50%,美国下降了70%,德国下降了69.1%。1933年整个资本主义世界贸易总额比1929年缩小了2/3,即回到1919年的水平。

在危机期间,资本主义各国还先后爆发了货币信贷危机。大批银行倒闭,整个信贷制度濒于崩溃。1929—1933年美国破产银行超过1万家。德国国库的黄金储备在危机期间减少了4/5。伦敦在危机之前是欧洲的黄金自由市场,英镑可以自由兑换黄金。危机期间,法国等许多国家的银行纷纷向英格兰银行提取和兑换黄金,使英国黄金大量外流。这使依赖国外市场最深、基本上还在执行自由贸易政策的英国经受不住对外贸易额急剧下降和货币信贷危机的双重打击。1931 年,在英国历史上第一次出现了 10 400 万英镑的国际收支赤字。

危机的另一特点是,危机结束后,不见经济复苏。1929 年的大危机到 1933 年才开始进入"特种萧条",到 1936 年各国生产和就业才回升到 1929 年水平。从 1937 年下半年起,美、英、法等国又爆发了新的危机,却没有任何一个国家出现繁荣局面。

二、危机的根源

大危机的爆发有着深刻的社会经济根源。资本主义国家在一次世界大战后经历了 1919—1920 年短暂的经济危机,从 1924 年起进入了相对稳定时期。1925 年欧洲工业产量恢复到 1913 年水平并继续快速增长。但是,这一时期已潜伏着许多矛盾。国际金融状况比 1914 年以前更为脆弱。

首先,由于生产社会化与生产资料私人所有制之间的矛盾,繁荣并未带来共同富裕,相反,加剧了贫富差距。例如美国,到 1929 年,占人口 5% 的富人的收入几乎占了全部收入的 1/3,而全年收入大约在 2 000 美元左右的贫困户占家庭总数 60%。这就大大限制了社会购买力。

其次,即使繁荣时期,工业部门的开工也严重不足。大批工人失业。1921—1929 年,美国失业者平均每年都在 220 万人以上。英国失业率在最低的 1927 年也达 9.7%,而瑞典则从未低于 10%。失业的存在必然降低社会购买力,为危机准备了条件。

第三,国际市场上滞销的农产品、初级工业产品越积越多。如小麦、糖、咖啡、橡胶、铜等等均出现此类情况。富裕国家增加的收入并未用来购买大批量基本食粮;另一些国家确确实实需要更多的食物,而收入又不足以购买这些东西。垄断资本企图维持垄断价格,使得问题更为严重。这又导致许多国家的农业处于慢性危机之中。

第四,伴随着 20 年代的繁荣出现的地产和股票的投机狂热(特别是后一种投机活动,使得股票市场价格狂涨),增加了金融市场的不稳定性。1928 年 8 月底美国股票市场的平均价格相当于 5 年前的 4 倍。这种空前猖獗的金融投机活动为货币和信贷系统的崩溃准备了条件。

第五,自 1924 年执行道威斯计划起,德国从美国得到大笔借款,德国以此向其他国家支付战争赔款。这种对美国资本的依赖,成为德国经济不稳固的主要原因。一旦美国"伤风",德国经济就会"感冒"。同时,也使得国际金融关系中潜伏的危机为表面上似乎牢固的信贷关系的假象所掩盖。

正是在上述种种矛盾的综合作用下,世界经济大危机不可避免地到来了。

三、危机的后果

首先,严重的危机大大激化了资本主义社会的各种矛盾。资本家千方百计地把危机后果转嫁到工人阶级和劳动人民身上,削减工资,提高捐税等等,从而大大激化了阶级矛盾。在美国,整个 30 年代初,全国都能看到饥民和失业者的示威游行,他们高呼"我们不愿饿死——必须战斗"、"提高工资"等口号。1930年 3 月 6 日,125 万失业工人在美国共产党和左派组织的领导下,在全国各大城市举行声势浩大的抗议示威。英国工人阶级不断掀起示威游行和罢工,甚至发生了水兵暴动。法国在 1930 年一年之中就爆发了 1 700 次罢工,德国在 1930—1932 年间,每年都有几十万工人分别举行几百次罢工,严重动摇了资产阶级的统治地位。

其次,经济危机使帝国主义与殖民地、半殖民地之间的矛盾也尖锐起来。危机年代,资本主义国家竭力压低殖民地半殖民地原料和农产品价格,并向这些地区倾销工业品,殖民当局还增加捐税,使殖民地半殖民地经济遭到严重破坏,人民生活日益恶化,这就激起了民族解放运动的进一步高涨。印度国大党于 1929年 12 月首次提出争取印度完全独立的口号,开展了第二次不合作运动。中国、朝鲜人民的抗日斗争以及越南、埃及等国人民的反帝反殖斗争也出现高潮。

第三,帝国主义国家之间的矛盾进一步激化。惊恐万状的各国垄断资产阶级为了转嫁和摆脱危机,加紧争夺市场和原料产地,从而在国际关系中展开了一场空前激烈的经济战。

1930 年 5 月,美国国会通过对 890 种商品提高征税的法案。由美国挑起的关税战,激起了其他资本主义国家的恐惧和愤慨。有 33 个国家提出了抗议。到1931 年底,有 25 个国家采取报复措施,到 1932 年 4 月更增加到 76 国以上。1932 年英国在渥太华举行英联邦会议,决定在英帝国内部建立关税优惠制。法国采取限额输入的办法,保护本国的商品市场。这就形成激烈的关税战、市场战、货币战。

在这场经济危机前,大多数国家采取金本位制,并被认为是对国际贸易比较有利的相对稳定的货币制度。但 1931 年 9 月,曾于 1916 年世界上第一个实行金本位的英国,被迫首先放弃金本位,使英镑贬值近 1/3。随着英镑的贬值,20多个国家放弃金本位。然而,英国垄断资产阶级决不愿意坐视英镑的世界货币作用的削弱和丧失,不愿让伦敦失去国际金融中心的地位。从 1931 年 11 月起,英国和英联邦国家陆续联合起来,组成英镑集团。同英国财政经济上有密切联系的瑞典、丹麦、葡萄牙、伊拉克、暹罗(泰国)、阿根廷、巴西等也都参加英镑集团。英镑集团成员国之间的贸易用英镑结算,其货币同英镑保持固定汇率,并把大部分外汇储存在伦敦。这时,法国、荷兰、意大利、比利时、瑞士、波兰等国组成维持金本位的集团,防止货币的贬值。在这股货币战浪潮中,经济实力雄厚的美国于1933年4月正式放弃了金本位,宣布禁止黄金出口。1934年美国政府宣布美元贬值40%,并联合一些国家,组成美元集团(1939年改称美元区)。美元集团的基本内容与英镑集团大致相同。参加者有:美国及其属地、菲律宾、加拿大以及大多数的拉美国家。到1935年,世界很大部分地区分裂成5个货币集团,主要是英镑区、美元区、黄金本位区,此外还有日元区和德国统制下的外汇控制区。

第四,危机打破了战后建立起来的赔款制度和债务关系。

德国为防止金融体系崩溃,要求取消赔款。美国担心自己在德国的投资和贷款安全,支持德国的要求。1933年协约国赔款会议宣布废除赔款,这就打乱了各国债务关系。法国宣布停止向美国偿还战债,英国等美国的其他债务国也效法法国,从而更加加剧了帝国主义国家之间的矛盾及国际金融的不稳定性。

第五,危机导致国际格局发生急剧变化。

在一片经济战中,资本主义世界也曾企图通过协商来建立稳定的世界经济秩序,1933年6月在伦敦召开的有66个国家参加的世界经济会议便是突出的一例。其中许多国家由政府首脑率领代表团出席。这次会议企图达成关于降低关税、稳定货币的协定,但由于矛盾重重,会议以失败而告终。世界经济会议的失败,使国际经济关系进一步恶化,其结果不仅延长了1929年爆发的资本主义经济大危机,而且还延长了危机过后的萧条阶段,出现了30年代的"大萧条"、"特种萧条"。

在彼此对抗的集团中,德、日、意这三个占有地盘较小、资源相对不足的帝国主义国家显出其不利地位。它们一方面竭力摆脱对其他国家的依赖,另一方面则宣扬对外扩张的理论。但要对外发动战争,就先要加强对国内劳动人民的统治,强制扩军备战。于是德、日继意大利之后于30年代初公开建立法西斯专政,企图从战争中寻求出路。如果说,一次大战后世界上存在着资本主义和社会主义之间的矛盾,帝国主义与殖民地半殖民地之间的矛盾,战胜国与战败国之间的矛盾以及战胜国之间的矛盾等多种矛盾,在这些矛盾中究竟以何种矛盾为主要矛盾尚不明朗的话,那么,到这时,德日意法西斯侵略国与一切遭受侵略、威胁的国家和人民的矛盾逐渐上升为世界主要矛盾,则是一个日益明显的事实。

第二节　欧洲战争策源地的形成

一、经济危机与纳粹运动的迅速发展

经济危机对德国的打击　1929—1933年的世界经济危机,对德国的打击十分严重。危机期间,德国工业生产下降了 40.6%,下降幅度仅次于美国的 46.2%,居资本主义世界的第二位。农业生产下降了 30%,大批小农破产,佃农人数迅速增加。对外贸易锐减,德国出口从 1928 年的 123 亿帝国马克降到 1932 年的 57 亿帝国马克。由于国外贷款的削减,德国最重要的银行之一达姆施达特国民银行于 1931 年 7 月倒闭。经济危机带来的最严重的社会问题,是失业人数大量增加,从 1929 年 9 月的 132 万人增至 1930 年 9 月的 300 万人,1932 年头两个月竟超过 600 万人。这些只是登记的失业数字,实际的失业情况还要严重得多。统治阶级采用削减工资、失业救济金、养老金,以及提高纳税额等办法,力图把经济危机的沉重负担转嫁到劳动人民身上。另一方面,政府却给垄断资产阶级和容克地主提供了巨额贷款和补助金。

1930 年 3 月 27 日,以社会民主党人米勒为首的内阁举行会议,讨论因经济危机而引起的财政困难问题。由于参加政府的各党派意见分歧,无法制定一项大家都能接受的财政政策,联合破裂,米勒遂于 3 月 28 日辞职。米勒政府是魏玛共和国的最后一届议会政府,随后上台的布吕宁政府是依靠总统颁布的具有法律效力的"紧急法令"(参见第五章第二节),才能维持统治的。"总统内阁"体制在德国的建立,严重削弱了议会民主,为纳粹党的攫取政权扫清了道路。

纳粹运动的迅猛发展 20 年代,当德国的政治、经济局势比较稳定的时候,纳粹运动的发展相当缓慢。1928 年,纳粹党员还不足 10 万人,在国会的 491 个议席中仅占 12 个,尚处于无足轻重的地位。经济危机的爆发,为纳粹运动的迅猛发展提供了最难得的机会。在经济危机的打击下,广大中下层人民饱受失业和破产之苦,对现政权极端不满,强烈要求改变现状。纳粹党乘机发动了强大的宣传运动,攻击魏玛共和国历届政府腐败无能,许诺自己执政后定能振兴德国,改善人民的生活状况。纳粹党竭力争取城乡小资产阶级群众,因为他们约占德国全部人口的 40% 以上,是社会的重要组成部分。1930 年 3 月 6 日,纳粹党宣布了《农民纲领》,颂扬农民是"全体人民中最纯洁的分子,民族的新的生命的源泉"。《纲领》规定取缔土地投机,禁止地产抵押和拍卖,并许诺给农业人口以经济援助,如减免捐税、提高关税、提供廉价人造肥料和电力、提供国家信贷,等等。同年 5 月 10 日,纳粹党又提出了《迅速提供就业——战胜危机纲领》,要求"修筑公路,以减少失业";"由国家资助,使中、小企业继续生存";"以大地产为代价,增加中、小农数量"。对失业青年,则引诱他们参加冲锋队,说"这里有你们所需要的一切"。总之,根据不同听众和选民各个阶层的心理状态,纳粹党进行了有针对性的巧妙宣传。在争取城乡小资产阶级和青年的工作方面,比其他政党都要成功,相当一部分失业工人也被争取过来。

经过强大的宣传攻势和周密的组织工作,在 1930 年 9 月 14 日的大选中,纳粹党共得选票 6 409 600 张,获 107 个议席,从国会中原来位居第九的最小党一跃而成为仅次于社会民主党的第二大党。纳粹党的党员人数也迅速增加。1928年9月只有8万人,1929年9月增至15万人,1930年11月再增至35万人。

纳粹党的头子们深知,蛊惑性的宣传是为了争取选民,但要确实取得政权,如无国防军和大资本家们支持,是办不到的。1930年春,乌尔姆卫戍部队有三名年轻军官被捕,因为他们在军队里宣传纳粹理论,并劝诱其他军官允诺:一旦发生纳粹党武装起事,他们不向起事者开枪。1930年9月选举后一星期,这三名军官以叛国罪在最高法院受审。审讯时,希特勒出庭作证,乘机宣传纳粹党绝对没有取代陆军的意思,不仅如此,纳粹党执政以后,国防军还要大大扩充,强加在德意志民族身上的凡尔赛和约必被摆脱。这些话都是军官们所乐闻的,青年军官同情纳粹运动的人开始增多起来,高级军官们也比较放心了。

对于大资本家,纳粹党领导人也竭尽争取之能事。1931年下半年,希特勒走遍全国,同重要的企业界人士私下会谈。1932年1月27日,希特勒应邀出席在杜塞尔多夫秘密举行的有300名垄断资本家参加的会议。他发表了长篇演说,攻击民主"实际上将摧毁一个民族的真正价值"。认为既然在经济生活中树立了个人权威,那么在政治领域中同样应树立个人权威。他鼓吹种族优秀论,诬蔑布尔什维主义的世界观如不被阻止,势将把整个世界"化为废墟"。他大声疾呼扩军的必要性,说德国军队由"10万人或20万人还是30万人"组成,并不重要,重要的是"德国是否拥有800万后备军"。当希特勒结束讲演时,资本家们起立向他狂热欢呼。曾参加这次会议,后来出任纳粹新闻部长的狄特利希说:"1932年1月27日在民社党史上将是一个永远值得纪念的日子。"

二、共和国的危机与希特勒上台

共和国的危机　布鲁宁执政期间,经济危机日益严重。1930年9月后,外国资本开始撤离德国。1931年7月14日,全部德国银行关闭。1932年,失业人数达到600万。但是,布鲁宁没有采取有针对性的强有力的措施来解决失业问题,而主要想等待今后经济复苏的到来。他丧失人心,被讥讽为"饥饿总理"。导致布鲁宁政府垮台的直接原因是兴登堡失去了对他的信任。布鲁宁内阁曾通过一项垦殖法令,规定对庄园的补助条件是向迁移的农民提供土地,而且对庄园的补助应当根据对其经济状况的审查结果而定。对不再具有偿还能力的庄园,应强制拍卖,以取得垦殖土地,安置移民。这引起了东部大庄园主的愤怒,他们纷纷向本人也是大庄园主的兴登堡控告布鲁宁实行"农业布尔什维主义"。被激怒了的总统要求布鲁宁下台,后者不得不于1932年5月30日递上辞呈①。布鲁宁的倒台意味着从议会容忍的总统制政府向纯总统制政府的过渡。

---

① 1932年,兴登堡的七年总统任期已满。3—4月,经过两次选举,他再次当选总统。

继任的巴本,贵族出身,属中央党的右翼。他成立了一个由贵族组成的"老爷内阁",在国会得不到多数的支持,更加依靠"紧急法令"来进行统治。巴本和国防部长施莱歇尔企图让纳粹党分享部分权力,来捆住他们的手脚,"必须使偷猎者成为森林管理人"。1932年6月15日,巴本政府取消了布鲁宁执政时期对冲锋队的禁令,以讨好纳粹党人。在7月31日举行的新的国会选举中,纳粹党共获议席230个,成为国会中第一大党。社会民主党比上届丧失了10个席位,共获133个议席。共产党增加了12个席位,共获89个议席,成为第三大党。

1932年8月13日,兴登堡召见希特勒,企图说服他参加联合政府,遭到了希特勒的拒绝,因为他要求"掌握全部国家权力"。9月12日,共产党议员在议会中提出不信任政府、要求取消一切"紧急法令"的提案。纳粹党为了推翻巴本政府,破例地投票赞成共产党的提案,结果以513票对32票通过。巴本事先已从总统那里得到解散国会的命令,因此议案虽然通过,国会还是承认了解散令。在11月6日举行的大选中,纳粹党丧失了200万张选票,失去34个议席,只得196个。共产党增加了75万张选票,议席从89个增到100个。这是纳粹党在走向顶峰之后遭到的第一次大挫折。群众对频繁举行的竞选活动感到厌烦,纳粹党的蛊惑宣传开始被一些人识破,而共产党的影响则逐步扩大。

纳粹党在大选中的失败,引起了垄断资产阶级的恐慌。1932年11月11日,20名金融家、工业家和地主上书兴登堡,要求任命希特勒为总理。成立一个"独立于国会党派组织的政府",因为"经常一再解散国会而导致日益充满党派尖锐斗争的重新选举,不仅必然妨碍政治上的稳定和巩固,而且必然妨碍任何经济上的稳定和巩固"。他们要求"民族运动中的最大团体",即纳粹党,参加政府并"居于领导地位"。

选举后,巴本于11月13日致函希特勒,建议消除他们之间的分歧,再次企图拉拢希特勒入阁,但仍遭拒绝。这时,支持巴本上台的、政治野心极强的施莱歇尔将军认为自己组阁的时机已到,便把巴本排挤下台。

12月2日,施莱歇尔出任总理。他企图用分裂纳粹党的办法,把大约60个纳粹议员拉到自己一边,再加上中产阶级政党的支持,从而在国会中形成多数。他一上台,就邀请纳粹党中的"左"翼领袖施特拉塞出任副总理。施特拉塞本人也同意与施莱歇尔合作,为此与希特勒发生了激烈的争吵。希特勒击败了施特拉塞,终于控制了党内局势,避免了纳粹党的分裂。这时,被施莱歇尔赶下台的巴本不甘失败,经过银行家施罗德的安排,于1933年1月4日在施罗德的科隆寓所秘密会晤。两人达成了组织希特勒—巴本内阁的协议,由希特勒担任总理,巴本及其支持者可以参加政府,担任部长。巴本还同意了希特勒的要求:在他上台后,把社会民主党人、共产党人和犹太人驱逐出领导岗位。

希特勒上台 施莱歇尔无法在国会中取得多数的支持。1月23日,他往见兴登堡,要求解散国会,根据宪法第48条,授予他紧急权力,但遭到拒绝。1月28日,施莱歇尔辞职。1月30日,兴登堡任命希特勒为总理。陆军元帅虽然看不起这个奥地利下士,但这时也不得不授权他组阁了。从此,魏玛共和国告终,德国进入了法西斯专政的时期。

纳粹党终于上台的原因,十分复杂,概括说来,有以下几点:

第一,魏玛共和国是由于德国战败而产生的,它从一开始就受到来自左右两方面的攻击,基础是不牢固的。右派势力认为它是在革命中诞生的,是同屈辱的凡尔赛和约联系在一起的;左派势力则认为它是镇压革命的结果。作为一个资产阶级议会制共和国,它缺乏稳定的、有力量的资产阶级政党的支持。在20世纪20年代资本主义相对稳定的时期,魏玛共和国还能维持,但到经济危机袭来后,阶级斗争日趋尖锐之时,它就难以继续存在了。

第二,纳粹党经过十几年的经营,到上台前已经是一个有广泛群众基础的大党。它得到广大中下层群众,特别是城乡小资产阶级的支持,到1932年已成为议会第一大党,在全部608个议席中占有230个。1933年1月,它拥有党员约85万人。20年代,一般说来它还不被统治阶级重视,但进入30年代后,它终于被大资产阶级、容克地主和国防军认可,而且由于纳粹党这时是惟一能够消灭共产党、维护资本主义秩序的有组织的力量,他们也不得不把政权交给它了。

第三,各个资产阶级旧政党已丧失了对群众的影响。例如,1919年民主党在国会有74个议席,到1932年只剩下2个;人民党的议席在1920年是62个,到1932年只剩下11个。只有中央党还有一定的影响,1919年有71个议席,1932年仍有70个。1929年斯特莱斯曼去世后,资产阶级政党中再也没有像他那样有能力、有远见的政治家了。

第四,工人运动的分裂大大削弱了阻止纳粹党上台的力量。共产党与社会民主党互相敌视,由来已久。共产党把社会民主党看作出卖十一月革命的无产阶级叛徒,是"社会法西斯分子"、最危险的敌人;反转过来,社会民主党也把共产党看做自己的死敌,拒绝与之合作。德国的工会也是分裂的。1932年社会民主党工会拥有460万名会员,基督教工会拥有130万名会员,保守工会拥有60万名会员,共产党工会拥有36 000名会员。由于德国无产阶级没有能够建立起反法西斯的统一战线,便被纳粹分子攫取了政权。此外,德国共产党和社会民主党都低估了纳粹党上台的可能性。德国共产党的一些领导人认为法西斯主义可以在意大利取得胜利,但绝对不能在德国取得胜利,因为德国有悠久的工人运动传统。社会民主党也看不到褐色的危险。普鲁士邦内政部长、社会民主党领袖之一泽韦林在内阁里所作的关于政治激进主义的报告中,从未提到纳粹党。

在纳粹党上台前,德国共产党进行了英勇的斗争,日益获得群众的拥护。1930年8月24日,德国共产党中央委员会发表了《德国人民的民族和社会解放的纲领》,1931 年 5 月 15 日又发表了《援助农民纲领》。这两个纲领对动员德国人民群众反对法西斯危险起了重要的作用,但还是晚了一些,比如在争取农民的工作中就被纳粹党抢先了一步;又比如在重视群众痛恨凡尔赛和约的民族情绪方面,更被纳粹党占了先着。

社会民主党自魏玛共和国建立以来一直是一个拥有广泛群众基础的大党。但它的许多领导人已经变成了政府官僚、工会官僚,目光短浅,胆小怕事,只求保住既得的、眼前的利益,而不敢同纳粹分子和其他反动势力进行针锋相对的斗争,并且被所谓的"合法性"所迷惑,例如,十分重要的是,当 1932 年 7 月 20 日兴登堡颁布命令,任命巴本为普鲁士邦的中央特派专员,罢免社会民主党人、邦总理布劳恩和内政部长泽韦林的职务时,社会民主党领导竟作出了不作任何抵抗的决定。对于纳粹党的上台,社会民主党领袖也负有很大的责任。

总之,德意志共和国是一个资产阶级议会民主制度不健全、不巩固的共和国。它继承的是战败的苦果,从一开始就蒙上了耻辱的阴影,在左右两派的心目中都是一个畸形儿。这个先天不足的畸形儿经受不住经济危机的打击。饱受失业和破产之苦的中下层群众对现实极端不满,渴望出现"救星"。大资产阶级看到无产阶级力量日益增长,资本主义统治秩序摇摇欲坠,也渴望"救星"出现。"救星"终于来了,但它既非一般的资产阶级政党,因为它们软弱无力,也非无产阶级政党,因为它们在互相攻击中消耗了力量,而是开始谁也不重视的纳粹党。这个党善于利用痛恨凡尔赛和约的民族主义情绪,善于把自己打扮成社会各阶层利益的代表者,宣传和组织工作又都做得相当成功,以致既扩大了自己的群众队伍,又在最后关头取得统治阶级的信任,终于在 1933 年攫取了政权。

三、法西斯专政的建立与扩军备战

法西斯专政的建立　希特勒上台组阁后,最初只有 3 名纳粹党阁员,保守势力还以为可以束缚住纳粹党的手脚,使之听命于自己。但他们的打算错了。1933 年 2 月 1 日,希特勒宣布解散国会,决定在 3 月 5 日举行大选。

在竞选中,纳粹党这时可以肆意进行宣传,冲锋队和党卫队的恐怖活动不再受国家权力的任何约束,可以对选民进行种种威胁。2 月 27 日晚发生了国会纵火事件。纳粹政府未做任何调查,就立即宣布罪犯是共产党人。在国会大厦抓住的惟一的一个人,是荷兰人万德·卢贝。次日,德国共产党国会党团领袖托格勒被捕。3 月 9 日,当时正在德国的保加利亚共产党员季米特洛夫和另外两名保共党员也被逮捕。① 2 月 28 日,兴登堡颁布了内阁匆忙通过的《保护人民和

---

① 1933 年 12 月 23 日,德国法庭只宣布卢贝有罪,判他死刑。1980 年 12 月 30 日西柏林法院为卢贝平反昭雪。

国家法令》。这项法令取消了公民的基本权利,并把叛国罪、纵火罪由判处无期徒刑改为死刑。掌握普鲁士警察的戈林说:"我的措施不会因为任何法律上的考虑而受影响。……我这里不需要什么公正,所需要的只是毁灭和斩草除根,别无其他。"白色恐怖首先是针对德国共产党的。党的机构被摧毁,数千名干部被逮捕。社会民主党和一些著名的左派知识分子也被逮捕。1933 年 3、4 两月,就有大约 25 000 人被捕。

1933 年 3 月 5 日,在白色恐怖的气氛下举行了选举。纳粹党获 288 个议席,民族人民党 52 个议席,加在一起共 340 个议席,在新国会 647 个议席中只有 16 席的微弱多数。社会民主党获 120 个议席,较上届只少 1 个议席。共产党虽遭严重迫害,仍获得 81 个议席,比上届只少了 19 个议席。希特勒对这样的选举结果很不满意,要求更大的权力。1933 年 3 月 23 日,新选出的国会以 444 票赞成、94 票(全部是社会民主党议员的投票)反对,通过了《消除人民和国家痛苦法》,即通称的《授权法》。在投票前,全部共产党议员(被纳粹政府违反宪法地取消了议员资格)和部分社会民主党议员被禁止出席。《授权法》授予希特勒政府以为期四年的独裁权力,在此期间政府无需国会和参议院的同意就有权颁布法律。此后,国会名存实亡,资产阶级议会民主制在德国不复存在。

授权法通过后,希特勒于 1933 年 7 月声称,他要将"民主制的最后残余消灭干净"。在国会选举后,共产党已转入地下。6 月 22 日,社会民主党被禁止活动。以后,中央党、民主党、人民党等传统的资产阶级政党均被迫解散。就连一度是纳粹党的盟友的民族人民党也未能逃脱灭亡的下场。自由工会也被取消,5 月 10 日纳粹党建立了"德国劳工阵线",强迫工人参加。7 月 14 日,希特勒宣布:"民族社会主义德意志工人党是德国惟一的政党"。作为资产阶级议会民主的支柱之一的多党制也终于被取消了。

冲锋队是纳粹党的准军事组织,在夺取政权的过程中起了重要作用。冲锋队的参谋长罗姆野心勃勃,他企图把国防军和冲锋队融为一体,置于他的领导之下。但这是国防军绝对不能容忍的。希特勒必须在二者中选择其一。为了扩军,为了在兴登堡死后把总统和总理的职位集于一身,希特勒决定保留国防军,遂于 1934 年 6 月 30 日发动了对冲锋队的清洗。在三天的清洗中,不仅罗姆和一批冲锋队领导人被处决,而且希特勒最仇视的一些党内外政敌,如施莱歇尔、施特拉塞等也被杀害。1934 年 8 月 2 日,兴登堡去世。前一日通过的《元首法》规定:把总统与总理的职务合而为一。8 月 19 日,经过所谓的公民投票,希特勒成为"元首兼国家总理",从此集党、政、军大权于一身。德国建立了法西斯专政,这种专政又集中体现于希特勒的个人独裁,他所拥有的权力比墨索里尼还要大,因为在意大利国王和教会至少还有一定的势力。

德国的扩军备战 废除凡尔赛条约对德国的束缚,夺取"生存空间",是纳粹党的一贯主张,因此希特勒上台后不久便开始扩军备战。

为了做好发动战争的准备,希特勒政府除依靠私人垄断资本外,也充分利用了政权的力量。纳粹党是在经济危机已逐渐平息的时候上台的,这对他们十分有利。纳粹党首先致力于解决失业问题。通过修筑高速公路、兴建飞机场、建造兵营、改良土壤和开垦荒地、整治水道和架设桥梁等大规模公共工程,解决了几百万人就业问题,这些公共工程中的相当大部分也是备战所必需的。1936年以后,用于大工程的开支大大减少,用于军事订货的开支则大大增加。

1936年在纳粹德国的经济生活中占有重要的地位。1936年8月26日,希特勒在致戈林的一份备忘录中再次从布尔什维主义的威胁出发,强调布尔什维主义如在德国取得胜利,不仅德意志民族将被消灭,而且整个西欧文明也将灭亡。有鉴于此,德国经济政策的惟一目的就是维护民族的生存。解决德国经济问题的决定性办法是扩张生存空间,为此德国经济必须立足于战争的基础之上。他最后写道:"1. 德国军队四年内必须具有作战能力;2. 德国经济四年内必须为战争做好准备。"10月18日,他任命戈林为"四年计划总办",戈林就任后,在12月17日的演说中声称:"起决定性作用的只是胜利或灭亡。如果我们取得胜利,经济将会得到充分的补偿。这里,我们不能根据成本计算利润,只能根据政策的需要……我们现在下的是最大的赌注。除扩军订货之外,还有什么比这更值得的呢?"尽管以四年计划为标志,国家对经济的干预日益增长,但纳粹党统治下的德国经济仍然是私人资本主义性质的,是由垄断资本控制的。经济集中化的趋势进一步加强。① 资本家的利润不断增加,根据官方核实的数字,由1933年的66亿帝国马克上升到1938年的150亿帝国马克。一些大资本家进入了经济领导的机构。

德国缺乏战争所必需的原料,石油、橡胶、铁矿石、铝、锰、铬、锑、铜、锡等都需要进口,只有煤炭储量足够。为了避免在战争中遭到封锁,不再能进口所需的战略物资,德国提出了"自足自给"政策,采取了一系列措施。一是大力发展军备工业基础的重工业,化学工业尤其受到重视。到1938年,德国重工业生产已比1928年增加43%。二是扩大战略原料代用品生产。经过极大的努力,1936—1939年合成油产量翻了一番,合成橡胶月产量几乎从零增至2万吨,相当于战时需要的20%。三是突击进口战略原料,增加战前的储备。但是,完全的自足自给是根本不可能的。

纳粹德国的军费开支,逐年增加,1933—1938年间总计约500亿~600亿帝国马克。② 1935年3月16日,德国公开撕毁凡尔赛条约限制德国军备的条款,

---

① 企业绝对数字由1932年的361 866家下降到1937年的330 286家,减少9%。

② 西方史学家的估计不一,少至418亿,多至745亿,今取其折中数。

宣布实行普遍兵役制,建立一支和平时期由 36 个师组成的陆军。到 1939 年 9 月第二次世界大战爆发时,德国陆军实际上已拥有 105 个师,约 270 万人(包括野战部队和各种其他部队)。空军第一线飞机 4 320 架。海军有战列巡洋舰和袖珍战列舰共 5 艘、潜水艇 57 艘、巡洋舰 8 艘、驱逐舰 22 艘以及其他一些舰只。

总之,德国的备战工作要比它的对手英、法下手更早,处于领先地位。单以军费一项来比,1938 年英国军费占国民生产总值的 7%,德国则占 17%;1939 年英国军费猛增至国民生产总值的 18%,但仍低于德国的 23%。尽管如此,并不能说纳粹德国已经为发动一场世界大战做好了充分的准备。战争前夕,德国经济已暴露出许多严重问题。国债高达 600 亿马克。外汇枯竭,储存几近于零。许多战略原料并未做到自给自足。1939 年,2/3 的油、80% 的橡胶、2/3 的铁矿石、25% 的锌、50% 的铅、70% 的铜、90% 的锡都依赖进口。弹药的供应也不足,1939 年 10 月军方估计,当时的弹药储存只能满足 1/3 作战师 4 个月的作战需要。以上经济方面的种种弱点,是决定德国战略方针采取闪击战的一个重要原因。

第三节　亚洲战争策源地的形成

一、世界经济危机下的日本内外矛盾

1929 年世界经济危机对日本的打击　1929 年世界经济危机使持续萧条的日本经济遭到新的打击。首先表现在生丝出口锐减,丝价迅猛下跌。1929 年,丝价平均每捆 1 350 日元,1930 年 3 月跌至 1 058 日元,9 月间跌至 500 日元。各种商品价格纷纷下降。1930 年 9 月与 1929 年 3 月相比,8 种主要商品价格平均下降 37%。为了逃脱危机,日本统治者在 50 个主要产业部门强制建立卡特尔,限制生产,淘汰中小企业,裁减员工,降低工资。据官方统计,1931 年日本失业工人达 413 000 人,1932 年达 489 000 人,加上半失业者,数达 300 万人。

危机对农村的打击尤为严重。尽管 1930 年大部地区农业丰收,但因价格猛降,反成为"丰收饥馑"。蚕农、粮农、菜农均遭打击,民谣说:"五十颗白菜一包敷岛,一百把芜菁一包蝙蝠。"①全国农家负债总额高达 47 亿日元,平均每户 837 日元(全国农户约 500 多万)。东北地区和北海道又逢灾歉,农民以草根活命。青森县农村青年妇女卖身价只值 9 日元。

军需通货膨胀与"军财抱合"　经济危机冲垮了"井上财政"的如意算盘。所谓"井上财政"是指滨口内阁(1929.7.2—1931.4.14)时期起用原日本银行总

---

① 敷岛、蝙蝠,均为最劣质的纸烟。

裁井上准之助(1869—1932)为大藏大臣所推行的财政政策,其主要措施,一是紧缩通货,用降低工资、加强劳动强度等办法推行"产业合理化",以降低成本,扩大出口;二是追随主要资本主义国家,解除禁止黄金出口的禁令,恢复金本位制。不料,世界经济危机迅猛袭来,1931年9月起,英美等国相继放弃金本位制。同年11月,滨口被刺,不久身死。继任的若槻礼次郎内阁只存在了8个月。1931年12月,政友会的犬养毅组阁后立即下令禁止黄金出口,停止日元兑现,恢复通货膨胀政策。

当时,日本国内生产萎缩,国外竞争激烈。为了摆脱危机,日本统治者加强推行国民经济军事化,扩大军事支出和军事订货,以保证垄断资产阶级的利润。于是,通货膨胀与军需相结合,形成"军需通货膨胀",财阀与军阀进一步结合,称作"军财抱合",亦即军部与资本家的阶级联盟。

第一次世界大战后,随着重工业与化学工业的突出发展,出现了一批与军事关系密切的新财阀,主要有:久原财阀(鲇川财阀)①、野口财阀②、森财阀③、"日曹"康采恩④、"理研"康采恩⑤、中岛飞行机康采恩⑥。这些新财阀的资金不如老财阀雄厚,更加依靠国家政权、专业银行、军事部门的支持,采用新技术,发展与军事和殖民扩张有关的新兴工业,因而与军部的勾结更密切。当然,老财阀在造船、煤炭、钢铁、制铝等与军事有关的部门中也有很大的投资,与军部势力也有很深的勾结。军需通货膨胀和国民经济军事化的政策,使新财阀迅速发展,老财阀的军事扩张倾向也大大加强,形成"军财抱合"。从1931年到1936年,日本政府岁出总额扩大约50%,军事支出则扩大1.4倍。1936年,全国国民收入约146亿日元,军费约占7.4%,平均每人每年负担军费超过10日元。1934年,陆海军省指定的89家主要公司赢利总额超过1亿日元。日本工业结构相应发生了重大变化。1918年,纺织、食品两大工业约占全部工业产值的61.8%,重工业(金属、机械、电力、煤气)和化学工业仅占28.9%;至1937年,这两个数字分别改变为33.1%和57.2%。

军需通货膨胀政策是日本法西斯构筑"总体战"体制的组成部分,日本民间企业被加速纳入军事轨道。

倾销政策 军需通货膨胀,禁止黄金出口,其结果是日本国内物价迅速上升,日元对美元的比值则大幅度下降。1931年12月,每100日元合49.375美

---

① 创办人久原房之助,后由其亲戚鲇川义介接管,形成"日产"康采恩。
② 创办人野口遵,其企业称"日窒"康采恩。窒,窒素,即氮气。
③ 创办人森矗昶,经营电力、化学工业。
④ 曹,曹达,即苏打。创办人中野友礼。
⑤ "理研",即理化学研究所。
⑥ 创办人中岛久知平,于1931年开始制造"中岛式"战斗机。

元,至 1933 年 5 月仅值 23.662 美元。日本商品在国际市场上的价格随之降低。对内保持垄断性高物价以加重对本国人民的剥削,对外不惜接受严重的国际贸易剪刀差廉价输出,30 年代前期的日本正是推行这种倾销出口政策的典型。从 1931 至 1934 年,日本出口额从 11.5 亿日元增至 21.75 亿日元。日本商品到处冲击,震动欧美各国,以致他们惊呼"经济黄祸"。1932 年 8 月,日本纺织品出口额跃居世界第一。1933 年 2 月,以英国下议院动议抵制日本商品为开端,各国陆续废除对日商约,限制日货进口,1935 年起日本出口呈现呆滞。

  "协调外交"的破产 所谓"协调外交",是 20 年代资本主义世界相对稳定条件下的产物。当时的日本虽为"五强"之一,但经济上还很脆弱,摆脱不了对美英的依赖,军事上也还不能与美英较量。但"协调外交"并不是和平外交,一旦日本侵略权益受到威胁时,就要诉诸武力。虽然如此,军部势力仍嫌"协调外交"软弱。1930 年 1 月 21 日,英、美、法、意、日五国海军裁军会议在伦敦召开。经过激烈的讨价还价,最后于 3 月 13 日达成协议,日本大型巡洋舰对美国的比率为 60.22%,轻巡洋舰为 70%,驱逐舰为 70.3%,潜水艇与美国相等。日本海军军令部强烈反对,认为滨口内阁未经军令部同意就决定海军编制是"侵犯统帅权",以致伦敦海军条约虽在当年 4 月签字,拖到 10 月日本枢密院才予以通过,再经天皇批准。接着,"九·一八"、"一·二八"相继发生。30 年代,随着资本主义世界相对稳定局面的消失,日本内外矛盾日益激化,"协调外交"终于破产了。

二、日本帝国主义的法西斯化

  北一辉的《日本改造法案大纲》 1919 年 8 月,北一辉(1883—1937)写了一本小册子,初名《国家改造案原理大纲》,后改名《日本改造法案大纲》,它后来被日本法西斯分子奉为经典。

  北一辉狂热鼓吹天皇制,反对一切民主主义,包括资产阶级民主,说德谟克拉西是"极其幼稚的主张",选举制是以"投票神权"来反对"帝王神权",是适应低能之辈的"低能哲学"。他叫嚣侵略有理,认为中国、印度等均应在日本的"保护"之下。他也伪装"反垄断"、"限制资本",但限额极宽,对私人企业资本的限额是 1 000 万日元,而当时资本最雄厚的日本银行所拥有的资本额也大约只有 6 000 万日元。他对地主资产阶级实际上并无限制,却要求"根除阶级斗争",禁止罢工,一切纠纷均由国家裁决,对劳动人民实行军事统治。为了实现这些纲领,他要求动用"天皇大权"来改造日本国家,三年间停止实行宪法,解散议院,发布戒严令,建立"国家改造内阁",由天皇直接依靠军队和退伍军人进行统治。

  显然,北一辉的理论是敌视人民群众、敌视马克思主义、敌视无产阶级革命的反动理论。它与德、意法西斯的不同之处,仅在于它不是依靠建立法西斯政党来进行法西斯化,而是依靠日本现有的天皇制和军部势力来进行法西斯化。

法西斯势力的形成 北一辉的理论是明治以来日本右翼军国主义思想在新形势下的发展。它立即与民间右翼势力结合,并迅速获得军部的支持。各种公开的和秘密的法西斯团体相继成立,形成强大的法西斯势力。最早建立的法西斯团体是犹存社,主要人物有北一辉、大川周明等,它不久分裂,演变为"行地社",并派生出一些组织。自 1920 年至 1929 年,各种法西斯团体数达百余个。至 1932 年,各种"国家主义"团体共计 1 900 多个,分合无常。除犹存会系统外,还有玄洋社、黑龙会等浪人团体;以国家社会主义标榜的经纶学盟系统;以官僚、军阀、财阀代表人物为核心组成的国本社;从工会及"无产政党"中分裂出来的极右翼组织,如日本国家社会党等。

在形形色色的法西斯组织中,力量最强、影响最大的是军部法西斯势力。20 年代,比民间法西斯运动的产生略晚一些时候,日本军队中也兴起了法西斯运动。一批中下级军官订立盟约,制定纲领,结成横向的联系,最重要的组织有一夕会、樱会等。前者萌芽于 1921 年,正式成立于 1929 年,骨干分子有永田铁山、冈村宁次、东条英机等。后者建立于 1930 年,以桥本欣五郎为核心。

政党内阁时期的结束 进入 30 年代,在国内外矛盾激化的形势下,日本法西斯势力猖獗发展。当时的日本,农村破产,城市工人失业,中小企业生产萎缩。法西斯分子适应群众心理,针对政党腐化,财阀聚敛,官僚堕落等现象,纠集不满分子和野心家,在军部支持下,阴谋策动政变,制造恐怖暴乱。他们公开反共,并在"防止赤化"的口号下摧残一切进步力量。他们甚至不惜用杀死统治集团个别首脑人物的手段来达到建立法西斯专政的目的。

1930 年 11 月 14 日,爱国社社员佐乡屋留雄狙击滨口首相于东京车站。滨口重伤,次年身死。凶手曾被判死刑,旋即"恩赦",改为无期徒刑,1940 年保释出狱。

1931 年,樱会分子在陆军省次官杉山元等支持下策谋于 3 月间发动政变,拥戴宇垣一成。"九·一八"事变后,又策谋于 10 月间发动政变,拥戴荒木贞夫。这两起军事政变均因时机不成熟而中止。

1932 年 2 月 9 日,血盟团分子枪杀民政党核心人物,前藏相井上准之助。3 月 5 日,又枪杀三井财阀最高领导人,三井合名公司理事长团琢磨。

1932 年 5 月 15 日发生了震惊日本的"五·一五"事件。以士官学校学生为主体的陆海军法西斯分子袭击首相官邸、内大臣官邸、警视厅、政友会本部、三菱银行总店、日本银行等,首相犬养毅被杀。

"五·一五"事件后第三天,陆相就向元老西园寺施加压力说:"陆军是反对政党内阁出现的"。结果,组成了海军大将斋藤实为首相的"举国一致"内阁。这届内阁是处理血盟团和"五·一五"事件所造成的混乱局面,避免发生极端变化,保持统治阶级一致的内阁。总的来说,军部的政治发言权比以前大大加强,此后单独的政党内阁再未出现。日本的政党内阁时期(1924—1932)总共维持了不到十年,便告结束了。

法西斯统治的确立　1932 年 11 月,法西斯分子指责京都大学教授泷川幸辰的《刑法讲义》有危险的"赤化"思想。其实,泷川的刑法学说只是主张刑罚不要作为对犯人的报复,而要重视犯罪的社会原因;还提出只有妻子犯通奸罪而丈夫不犯通奸罪是不公平的学说而已。次年 4 月,文部省令泷川辞职,其所著《刑法讲义》被内务省禁止发行。1935 年 2 月,菊池武夫中将在贵族院全体会议上指责东京帝国大学名誉教授美浓部达吉的"天皇机关说"①是"慢性谋反、明显的叛逆",右翼团体纷纷起而呼应。3 月 23 日,众议院通过决议,要求政府"明征国体",即明确日本的国体是天皇制。4 月,内务省下令禁止发售美浓部达吉的宪法著作。8 月,日本政府发出了"明征国体"的声明。9 月,迫使美浓部辞去贵族院议员的职务。

上述两起事件标志着思想领域的法西斯化。法西斯的迫害已不仅限于共产主义、社会主义者及劳动人民,而且扩及一切具有民主主义、自由主义思想的进步人士。

在法西斯化的过程中,陆军中的法西斯分子分成两派。一派主张继续搞政变,由天皇依靠军队直接进行统治,称作"皇道派",拥戴前陆军大臣荒木贞夫大将和教育总监真崎甚三郎大将,其成员多为下层军官,与民间激进法西斯组织联成一气。另一派主张运用军部现有地位,联络官僚、财阀,掌握内阁实权,建立"高度国防国家",以加速对外侵略,为此就必须"统制"(约束)军队的行动,称作"统制派",拥戴现任陆军大臣林铣十郎。其成员永田铁山(时任陆军省军务局长)、东条英机(时任关东军宪兵司令官),多为中坚干部。1934 年 11 月,陆军士官学校中的皇道派分子策谋军事政变被揭发,有关人员受到处分。事后,林铣十郎进行整军,真崎被免去教育总监职务,两派矛盾激化起来。1935 年 8 月 12日,皇道派军官相泽三郎中佐刀斩永田铁山于军务局长室。事后,相泽被审讯期间,皇道派极力辩护。统制派决定把皇道派势力集中的第一师团调离东京,两派矛盾更加激化。

1936 年 2 月 26 日清晨,皇道派的青年军官率领 1 400 多名驻京部队发动了叛乱,袭击首相官邸和警视厅等地,杀害了斋藤实内大臣、高桥是清藏相、渡边锭太郎教育总监,侍从长铃木贯太郎重伤,首相冈田启介幸免一死。乱军要求解散议会,任命真崎为首相,建立"维新内阁",罢免林铣十郎等。事件发生后,陆军

---

① 天皇机关说认为国家是个法人,统治权属于国家,天皇是作为国家最高机关而行使统治权的。此说与"君权神授"的"天皇主权说"显然对立。

首脑曾经动摇,甚至一度打算答应叛乱部队的要求,建立军事政权。但后来考虑到如果容许擅自使用部队,破坏天皇制军队的基本秩序,便会威胁到天皇制秩序本身,于是决定镇压叛乱,29日叛军投降。二·二六事件后,以统制派为核心的军部法西斯势力确立了统治地位。

三、远东战争策源地的形成

"九·一八"与"一·二八"　日本帝国主义长期觊觎中国东北地区,不断侵略扩张。至1930年,中国东北地区外国人113万之中,日本人占23万,朝鲜人占80万;进出口总值4.62亿海关两之中,日本占49%,合2.27亿海关两;外国投资20.63亿日元之中,日本占73%,合15.11亿日元,约占日本对外投资总额的一半。1927年"东方会议"以后,日本连续制造事端,压迫东北地方当局脱离中国。在民族大义的感召下,中国东北地方长官张学良毅然于1928年12月29日宣布"改旗易帜",次年初又杀掉亲日派头目杨宇霆。日本为了保持并扩大其侵略权益,决心挑起战争。

长期以来,日本统治者把"九·一八"事变说成是偶发事件或军部某些人物的独断行为。战后公布的史料证明,这次事变不仅是日本长期侵略政策的必然结果,而且事前有周密的策划。1929年以来,关东军参谋板垣征四郎及作战主任石原莞尔等多次制定武力吞并"满蒙"的计划。1931年1月,"满铁"副总裁松冈洋右公开叫嚣所谓"满蒙"是日本的"生命线"。1931年6月,日军参谋本部制定了《解决满洲问题方策大纲》,决定采取军事行动。七八月间,日本借口"万宝山事件"和"中村事件",蓄意制造紧张局势。

1931年9月18日夜,日军在柳条湖炸毁南满铁路一小节单面路轨,反诬中国军队所为,随即发动大举进攻,至19日,攻占了辽宁、吉林两省20座主要城市。事变发生后,若槻内阁口称"不扩大事态",但日军却扩大进攻,至24日辽宁全省除辽西一隅外全部占领。在吉林地区,日军继19日占长春之后,于21日攻占省会吉林市。日本军部和日本政府的这些行动表明,所谓关东军"擅自行动"云云,纯属谎言。

为了观察国际反应,日军在攻占辽吉二省大部地区后曾暂停北进和西进。蒋介石政府的软弱妥协和国际帝国主义的绥靖政策,使日本肆无忌惮。11月,大举进攻黑龙江。次年1月,进攻辽西。1月3日攻占锦州。2月5日占领哈尔滨。总计,自"九·一八"事变后不到一百天,日军占领了我国东北三省约80万平方公里的土地,相当日本本土面积的2.5倍。

1932年3月1日,日本一手炮制的伪"满洲国"登场。12月6日,日军占领满洲里。1933年1月3日,占领山海关。2月23日起进攻热河,十天之内,热河省被占。日本帝国主义不宣而战地对中国发动侵略战争,成为新世界大战的远东策源地。

日军在东北扩大进攻并阴谋炮制伪"满洲国"之时,又在上海挑起"一·二八"事变,以压迫蒋介石政府并转移国际视线。1932年1月18日,日军驻上海武官奉命指使人击杀日本僧侣后,诬指是三友实业社职工所为,煽动日侨青年同志会袭击三友实业社。日军乘机扩大事态,于1月28日挑起战争。日军的进攻遭到中国人民和十九路军爱国官兵的坚决抵抗,日军至2月底被迫三易主将,逐次增加兵力,由6 000人增至10万人。日军进退维谷,十分不利。藏相高桥是清说:"这样下去,军费连三个月也维持不了。"内大臣牧野伸显也担心,不仅上海打不赢,甚至"满蒙"的新权益也会丢掉。但蒋介石一意妥协,于5月5日与日本签订了《淞沪停战协定》。

"华北事变" 日本侵占中国东北后进而向华北扩张。1932年6月和8月,石原莞尔在两个有关"满蒙"侵略方针的文件中就一再声称:占领"满洲"之目的不仅在于开发"满洲",而且要开发"支那本部",并进而率领"东亚诸民族",与盎格鲁撒克逊人进行"世界争霸战"。为此,首先应夺取山西的煤,河北的铁,河南、山东以南的棉花。1935年9月24日,日本在华驻屯军司令官多田骏露骨地宣称,要"改变和树立华北政治机构"。同年11月13日,驻"满"大使兼关东军司令官南次郎致函广田弘毅,正式提出"华北分离工作",即使华北脱离中国。1936年5月,广田内阁把日本"支那驻屯军"的兵力从1 700人一举增至5 700人。"塘沽协定"、"何梅协定"、"秦土协定",炮制冀东及内蒙伪政权等(我国现代史总称"华北事变"),正是上述侵略方针的实施。

与政治、军事侵略同时;日本在华北大搞武装走私。据中国海关估计,自1935年3月至1936年5月,15个月走私额达3亿元。走私商品中鸦片占大宗,其次为人造丝等。中国硬通货大量外流,自1934年10月至1935年8月,走私外流银币值3 000万两,严重破坏了中国的财政经济。

广田内阁与1936年"国策基准" "二·二六"事变后登台的广田内阁(1936.3.9—1937.2.2),唯军部法西斯之意旨是从,可称"准军事独裁内阁"。广田弘毅(1878—1948)组阁之初,陆军在指派陆军大臣时就提出必须"彻底明征国体"、"充实加强国防"、"刷新外交"等条件,并要求排除原定班子中被认为有自由主义倾向的阁员。组阁不久,1936年5月又应陆军的要求,恢复了军部大臣现役武官制①。这一制度的恢复,为军部控制政权提供了合法手段,从此军部可以操纵内阁,使之沦为自己的傀儡。

在内政方面,广田内阁于1936年8月公布"庶政一新"纲领,中心是军备第

---

① 1900年规定陆海军大臣必须由现役大、中将担任。经过长期民主运动的斗争,1913年废除这一制度,陆海军大臣扩大至预备役。

一。按军部意愿出任藏相的马场瑛一开始实行财政首先服从国防需要的方针，马场所推行的这种准战时财政是战时财政的前奏。

在外交方面，广田内阁确立了扩大对外侵略的方针。1936 年 8 月 7 日，召开"五相会议"(首、外、陆、海、藏)，制定了《国策基准》，把"外交和国防互相配合，在确保帝国在东亚大陆地位之同时，向南方海洋发展"定为日本的根本国策。要求"陆军军备以对抗苏联在远东所能使用的兵力为目标"，"海军军备应以对抗美国海军，确保西太平洋的制海权为目标"，这样既反映了陆军的北进论，也反映了海军的南进论。

1936 年 11 月 25 日，日本与德国签订了《反共产国际协定》。协定之所以采用这个名称，是为了利用英法统治集团惧怕共产主义的心理，但其真正目的则是反对苏联和各国革命运动，并同英、法、美争夺势力范围，展开重新瓜分世界的斗争。

广田内阁持续不到一年。1937 年 2 月，林铣十郎继起组阁，只存在了四个月。不久，近卫文麿上台，全面侵华战争爆发。

第四节　英、法的衰落

一、走向衰落的英国

经济危机对英国的打击　1929 年爆发于美国的世界性经济危机，于 1930 年第一季度蔓延到英国，1932 年第三季度危机达到最严重地步，1933 年后进入萧条时期。由于英国在 20 年代没有达到繁荣阶段，工业方面没有进行大规模固定资本的更新和扩大，因此危机对英国工业生产的影响较美国、德国、法国等主要资本主义国家要小。危机对英国农业的影响较为严重，其农产品价格在 1930—1932 年间下跌了 34%，致使农业生产缩减，英国成了"世界各国倾销剩余粮食的市场"。工农业和商业的下降，引起 20 年代本已严重的失业状况进一步恶化，失业人数成倍增长。1930 年英国失业人数占工人总数的 16.8%，1932 年上升到 25.5%，每四个工人中就有一人失业。经济危机还使英国对外贸易进一步萎缩，贸易入超逐年增加，国际收支恶化。1931 年英国的国际收支逆差已超过 1 亿英镑，英镑地位的稳定性受到了猛烈震荡。从 1931 年初开始，黄金从英国滚滚外流，1—3 月，从英国净外流的黄金达 700 万英镑，7—9 月更达到 3 400 万英镑，英国银行的黄金储备急剧下降，远远难抵在伦敦的外国资产。

英国自第一次世界大战后一直追求保持英镑的金平价，以寻求摆脱财政危机的出路。但到 1931 年，英国政府除了废除英镑金平价之外，别无出路。9 月 20 日英国正式宣布废除英镑金本位，以此作为克服经济危机的主要措施之一。

随着英镑放弃金本位,立即引起纸英镑的大幅贬值,英国政府利用纸币贬值来改善其商品在世界市场的竞争力。放弃金本位虽是迫不得已,但确实使英国有可能降低出口商品的价格,从而改善对外贸易。为了加强贬值后的英镑国际地位,英国还积极推动成立国际货币集团。1931年,由英国、英帝国各成员国和其他许多资本主义国家组成了英镑集团。参加英镑集团国家的货币与英镑挂钩,其外汇储备主要存放在伦敦,英镑集团各国间的贸易以英镑为计算单位。由于建立了英镑集团,尽管英镑金本位崩溃了,但世界商品流转中还有40%～50%是用英镑计算的。

为了保护国内生产和市场,英国彻底抛弃了自由贸易,转而实行保护关税政策,以此作为克服危机的另一主要措施。从1931年底开始,英国先后颁布了"禁止不正当进口法"和"1931年农产品法"等临时法律,进而又在1932年2月将这些临时性的保护关税措施由正式的"进口税法"代替。"进口税法"规定,除少量商品(主要是原材料)外,对一切进口商品一律征收10%的关税,对那些对英帝国商品采取歧视性措施的国家的商品按价增收100%的关税。通过实行进口税法,英国保护了国内市场,对外贸易严重入超的状况有所改善。1932年,英国还把保护关税政策推广到整个英帝国,以特惠制保护整个英帝国的市场。这年的7—8月,在加拿大首都渥太华召开了专门讨论经济问题的帝国特别会议。经过双方互相让步和妥协,英国与各自治领之间签订了一系列双边贸易协定。在这些协定中,英国答应进入英国市场的自治领商品除20%照章课税外,其余一律豁免征税;自治领则以豁免一系列英国商品的关税,使英国商品在自治领市场享有较第三国商品优越的地位作为回报。渥太华会议,不仅扩大了英国同帝国各成员国的贸易,也加强了英国在国际市场上同其他帝国主义竞争的力量。

英国统治阶级虽然采取了一系列措施遏制危机,但直到第二次世界大战爆发,英国在经济上仍落后于其他主要资本主义国家。在工业方面,只是到1935年以后实行重整军备计划才给英国工业带来较大的刺激,但它在资本主义工业生产的比重,仍远远落后于美国,德国的工业增长速度也比英国快。在对外贸易方面,美、德、日在世界贸易中的比重进一步增加,英国的比重则不断下降。

国民政府的成立 在经济危机的影响下,30年代英国政治更加右转。工党一些重要领袖如麦克唐纳等更公然背叛工人阶级,投入资产阶级阵营。1929年6月上台的第二届工党政府,在经济危机的打击下,于1931年6月在是否以削减10%的失业补助金等办法来解决财政危机的问题上发生了分裂。首相麦克唐纳于8月份重组内阁建立了有保守党、自由党参加的所谓"国民政府",以代表英国各主要政党自居。在同年10月的议会大选中,联盟获胜,保守党在联盟中占据领导地位。麦克唐纳作为工党领袖,甘当保守党的马前卒,遭到工党大多数人的谴责。他与另外两名工党头目被开除出工党,麦克唐纳另组新党,称国家工党。

麦克唐纳任首相,保守党实际居领导地位的国民政府十分保守反动。上台伊始即把失业工人的补助金削减了10%,为政府节约了3 300多万英镑的资金。1931年11月又实行了"贫困调查法",通过这个法律把失业补助金的总额每年又削减3 000万英镑。国民政府不仅向工人阶级转嫁危机,加剧危机中工人生活的恶化;而且为防止工人阶级的反抗和斗争,还加强了对言论自由和集会自由的钳制,并于1934年通过了一项关于取缔煽动不满情绪的法律,即《煽动叛乱法案》。英国工人阶级对国民政府的不满情绪日益增长,失业工人运动蓬勃开展。1934年1月失业工人组织了全英饥饿进军,得到了各阶层,特别是工会的支持。政府害怕1926年总罢工重演,不得不于1935年对失业补助金做出新的规定,并宣布废止失业补助金的新定额。1935年6月保守党改组政府,鲍尔温接替麦克唐纳的首相职务,并趁机把1929—1935年间给英国人民带来的一切损失的责任都推到麦克唐纳的身上。在1935年11月进行的大选中,国民联合政府以431席重新执政,保守党仍占议会的多数。直到1945年,尽管内阁多次变动和改组,但它始终是一个国民联合政府,首相一职从鲍尔温到张伯伦再到丘吉尔一直由保守党担任。

重整军备与绥靖外交 1933年1月纳粹党在德国夺取政权,不久便在10月宣布退出裁军会议和国际联盟,毫不掩饰地进行扩军。鉴于国际形势的恶化,帝国国防委员会下属的国防需要委员会于1934年2月提出了一份报告,指出:日本虽然是英国最直接的敌人,但它对英国的威胁已不如德国那样严重,德国才是"我们的'长远'防御政策必须针对的最大的潜在敌人"。在同一报告中,还提出了增加军费的要求。1933年英国军费实际开支为107 684 767英镑,占政府总支出的14%。1934、1935两年军费略有增加。1936年的实际开支为185 987 216英镑,占政府总开支的21%,自1930年以来第一次超过20%的比例。此后,英国军事预算不断修改,实际支出逐年增加。从1933到1938年,英国军费累计约12亿英镑(约合174亿多帝国马克)。但同期德国军费则高达517亿帝国马克,相形之下英国未免见绌。

英国重整军备不力的原因有若干,但经济原因是其中很主要的一个。第一次世界大战后,英国丧失了长期保持的海上霸权,也失去了世界金融中心的地位。20年代英国经济长期停滞不前,1929年爆发的世界经济危机又给它以沉重打击。1933年以后,英国经济开始复苏。1934年英国开始重整军备的时候,也正是英国经济摆脱危机走向好转的时候。面对德国的威胁,英国政府虽然不得不扩充军备,但它主要考虑的是如何从复苏走向繁荣,如何加强英国资本主义在世界市场上的竞争能力。英国资产阶级已经没落了,它根本不敢抱有战胜德国的奢望,甚至对英德战争的可能后果忧心忡忡,因此只想取得英德和解,以便大做生意,并保住既得利益。

英国政府自觉软弱,又不肯大规模地扩军,便企图通过绥靖外交,弥补国防力量的不足。1936年11月14日,张伯伦在一封家信中表示:"我不认为[战争]已迫在眉睫。我相信,通过运用小心谨慎的外交活动,我们可以防止战争,也许可以无限期地防止"。

1935年4月,德国政府宣布:12艘潜艇将于近期下水。这是对凡尔赛条约不准德国拥有潜艇的公然违反,但英国却采取容忍态度,于1935年6月18日同德国签订了《英德海军协定》。协定规定,德国舰队的总吨位永不超过英国海军总吨位的35%,德国潜水艇吨位有权与英国潜水艇吨位相等,但将不超过英国吨位总额的45%。在此以前,德国曾单方违反过凡尔赛条约,但这次则是英国同德国一起破坏了凡尔赛条约。毫无疑问,这是纳粹德国在军事上、外交上和政治上取得的一次重大胜利。

1936年3月7日,德国以《法苏互助公约》与《洛迦诺公约》不相容为借口,悍然出兵进驻莱茵非军事区,单方面废除了《凡尔赛和约》第42、43条和《洛迦诺公约》第1条。德军进驻莱茵非军事区,直接对法国构成威胁,但法国不敢行动。英国更是反对采取制裁措施,首相鲍尔温对法国外长说:法国的政策"哪怕只有百分之一的可能引起战争,我也无权使英国为之承担义务"。

以后,德、意联合干涉西班牙内战,德国吞并奥地利,英国都予以容忍。对于企图称霸地中海的意大利和企图称霸远东的日本,英国也都采取了绥靖政策。慕尼黑会议是英国对德绥靖的顶点,这个会议开过以后,德国便确信可以发动征服欧洲的战争而不受阻止了。

英国政府不肯全力重整军备,而把绥靖外交当作避免世界大战的有力手段。万一战争爆发,英国就准备采取守势,首先保住本土,然后再在长期的消耗战中与敌人较量。总之,它在军事上作了最坏的、最悲观的估计,以致未战而先已气馁;它在外交上却作了最好的、最乐观的估计,以致蒙住了自己的眼睛。就这样,英国在军备十分不足的情况下被拖入了战争,并在战争初期遭到了一连串的惨败。

二、内部斗争激烈的法国

经济危机对法国的打击 由于法国在20年代经济发展较为平衡,不似英国严重依赖对外贸易,所以法国卷入危机较其他国家稍晚。当1929年、1930年大部分资本主义国家都卷入世界规模的经济大危机时,法国这两年却是最为繁荣的时期。国家预算基本平衡,法兰西银行黄金储备雄厚,除农业外的绝大部分经济部门仍在持续发展,失业问题也不严重,但这并没有使法国幸免于难。正当法国朝野为独家繁荣备感乐观之时,1930年11月,法国乌斯特里克银行宣告破产,标志着法国经济危机的开始。接着,大批企业和银行纷纷倒闭,工业生产大幅下降,对外贸易萎缩,失业人数激增,法国国内一片萧条。

最迟卷入危机并没有给法国带来什么好处,也没有缩短危机在法国的时间,反而,法国是从萧条中脱身最慢而且最不成功的一个。不少资本主义国家都从1933年起开始从危机中复苏,但是在法国,1932年夏天起经济刚有好转,自1933年起又开始恶化,并一直延续到1935年。法国在1935年钢减产一半,铁减产2/3,棉纱和汽车减产35%。危机使在法国占重要地位的中小企业大量破产,仅1935年一年破产的中小企业就多达13 370起。由于出口锐减,资本输出下降,法国的国际收支逆差进一步扩大。危机还使1928年法郎贬值后一度稳定的法国财政再次陷于混乱,财政收支失去平衡,预算赤字连年增加,一度雄厚的国库再次空虚。1935年初,在1 250万工资收入者中失业人数约为200万,广大人民群众和中小资产阶级经济状况严重恶化,生活水平普遍下降。

左翼联盟　经济危机导致30年代法国政局动荡不定,阶级矛盾十分激烈。从1927年7月塔迪欧第一次组阁到1932年春议会选举,法国共更换了8届内阁,平均每届任期不到4个月,都因无力对付经济危机而先后下台。1932年5月的议会选举中,激进党、社会党和一些小资产阶级民主派组成了"左翼联盟",并取得了大选的胜利,从此开始了为期不到两年的"左翼联盟"执政时期,赫里欧、肖当、达拉第、杜迈格先后组阁。"左翼联盟"执政时期,正是法国经济危机最为深刻的时期,左翼政府同样拿不出行之有效的方法对付危机,仍然承袭先前的紧缩开支、削减工资、继续保持金本位等紧缩通货政策。其他国家都已经放弃了金本位,并逐渐从萧条中解脱了出来,法国则使自己越来越深地陷入到经济停滞之中。在国际事务方面,胡佛的延缓偿付欠款法案以及赔款的取消,都在法国引起了重大争论和不满。左翼政权既没有满足人民的愿望,它向人民转嫁危机的做法也没有得到大资产阶级的欢心。大资产阶级要求建立更强有力的政府行政体制以维护自己的利益,因而在政治上日益右倾,趋向法西斯主义。

法西斯组织的出现和夺权活动　在这种形势下,法国的法西斯组织和半法西斯组织纷纷出现。其中影响较大的有"法兰西团结"、"法兰西行动"和"火十字团"等。它们大都主张摧毁议会制度,建立独裁统治。以德拉罗克上校领导的"火十字团"发展最为迅速,它在1934年春大约只有成员35 000人,到同年夏天即超过10万人,次年发展到20万,到1936年初更多达45万。它的成员构成最初只是获得战争十字勋章的军人,但随后遍及各界人士,包括公务人员在内,从而成为一种真正的政治力量。法西斯组织利用人民群众对危机后果的不满,伺机夺取政权。1934年初,法国报界披露了白俄侨民斯塔维斯基搞金融投机的丑闻,涉及大批政界要人与警察、司法部门的头目共1 200多人。丑闻揭露后,舆论大哗,肖当总理被迫辞职,达拉第受命组阁。右派势力和"火十字团"等法西斯组织利用这一丑闻事件于 2 月 6 日纠集了 4 万多人,在协和广场集会,准备冲击正在召开议会的波旁宫。当一些暴徒开始冲击国民议会时,警察被迫开枪,双方发生了激烈的武装冲突,造成 17 人死亡,2 329 人受伤。但法西斯分子妄图解散议会、夺取政权的阴谋未能得逞。达拉第在 2·6 事件后辞职,由杜迈格继任,但它也是个短命的内阁。此后,内阁轮换像走马灯一样,但直到 1936 年议会选举为止,它们都未能解决法国社会面临的严重内政问题。

人民阵线政府   在 1936 年 4 月的法国议会大选中,左翼三大政党社会党、激进党和共产党组成的人民阵线获得了重大胜利,社会党成为议会中最大党团。三大左翼政党之所以能在 30 年代中期达成空前未有的联合,主要是因为国内法西斯势力日益猖獗以及右翼集团势力日益增长,这使法国左派不得不寻求联合。另外法共在共产国际的帮助下改变了策略,对与社会党的联合采取积极主动的态度,并在纲领中排除了所有可能刺激中产阶级的经济条款,因而使无产阶级与中产阶级的联盟合作成为可能。

6 月 4 日,组成了以社会党人勃鲁姆为总理的第一届人民阵线政府。在人民阵线获得议会选举胜利到勃鲁姆组阁之间的 5 月,法国爆发了史无前例的全国范围的罢工高潮,罢工人数达 200 万。勃鲁姆上台后,立即着手解决罢工问题,并进行了一系列的社会改革。首先,勃鲁姆政府促使法国雇主协会和法国总工会达成了《马提翁协议》,并使议会通过了集体合同法案,借助立法手段加强对劳资关系的调节,在法律上正式承认了无产阶级可以有组织地同资本家进行集体谈判的权利,提高了工会的地位。其次,勃鲁姆政府还采取措施加强国家对经济生活的干预,如提出旨在减少失业的市政工程计划、对严重缺少资金的中小企业提供贷款、加强对法兰西银行的控制、军火工厂国有化等等。第三,改善劳动者的工作条件和福利待遇,如关于带薪休假的法案、每周 40 小时工作制法案等等。勃鲁姆的社会经济政策受到了人民群众的欢迎,却招致大资产阶级和右翼势力的猛烈抨击。他们让"资本外逃",加剧了政府的财政困难,并使法郎大幅贬值。勃鲁姆要求议会授予政府发布"一切必要措施"的法令的暂时权力,以应付财政危机,但遭到保守势力强大的参议院的否决,勃鲁姆政府被迫于 1937 年 6 月辞职。勃鲁姆下台后,人民阵线内部发生了严重的分裂。激进党人肖当两度组阁,都因内政外交受挫,三个政党之间相互指责而难以维持。1938 年 3 月,勃鲁姆第二次受命组阁,但仅存在 26 天即被迫辞职,人民阵线至此已名存实亡。最后上台的达拉第政府虽声称仍然忠于人民阵线纲领,但实际上推行与其大相径庭的政策,危害劳动人民的利益。同年 11 月,达拉第的激进党正式宣布退出人民阵线,并用暴力镇压工人罢工,迫害共产党,至此,人民阵线彻底瓦解。达拉第一直执政到 1940 年 3 月,然后由雷诺继任总理。

30 年代法国政治上的激烈斗争,反映了经济危机条件下法国阶级矛盾的尖锐激化。人民阵线运动虽然在资产阶级右翼势力的进攻下以失败告终,但是它毕竟在法国历史的关键时刻,执掌政权两年多。它对法国的法西斯主义进行了有效的抵制,使法国没有步德、意、日的后尘走上法西斯独裁道路。它还为人民群众争得了一些基本的权利,在法国社会福利政策方面开创了新的局面。因此,人民阵线运动在法国现代史上的历史进步意义是应给予充分肯定的。

第五节 罗斯福新政

一、"新政"的提出

美国遭受危机的打击最重,工业生产持续下降达三年之久。1932 年全国工业生产比危机前的 1929 年下降了 46.3%。经济被抛回到 1913 年的水平。危机遍及各工业部门。重工业部门生产下降的幅度尤为惊人。钢铁工业下降了近80%,汽车工业下降了 95%。危机期间,13 万家以上企业倒闭,成千上万的工人被赶出工厂,流浪街头。失业人数在 1933 年将近 1 300 万,大约为劳动人口的1/4。持续几年的危机使失业工人受尽饥寒之苦。据当时记载,在许多城市的周围,无家可归者用木板、旧铁皮、油布甚至牛皮纸搭起了栖身之所。他们回想起1928 年胡佛在竞选总统时曾夸口说,如果他当选总统,"将使美国人家家锅里有两只鸡,家家有两辆汽车",他们以难以名状的愤怒把这些凄惨敝陋的"建筑"取名为"胡佛袋"、"胡佛车"、"胡佛毡",这些小屋聚集的区域则被称为"胡佛村"。

面对严重的经济危机和群众的反抗斗争,当时的美国总统胡佛一筹莫展。在白宫的一次沉闷会议之后,国务卿亨利·史汀生写道,"坐在他的房间里,就像坐在黑暗的浴室里。"迫于形势,他也采取过一些小规模的国家干预的行动,例如,收购部分农产品,增加公共建筑费用和在道路及国家公园上的投资等,但他基本上死死抱住"自由放任"政策而在加强国家对经济的干预这个重大问题上趑趄不前。他顽固地拒绝救济失业者,甚至说,用政府拨款救济失业者"就不仅危害了美国人民生活中极其宝贵的品质,而且打击了自治的基础。"在他执政期间,危机更趋严重,社会混乱,人心惶惶,很大一部分人对现有制度丧失了信心。

就在这种形势下,纽约州长富兰克林·罗斯福于 1932 年 7 月在民主党全国代表大会上接受了总统候选人的提名。他在接受提名的演说中说:"我向你们保证,我对自己立下誓言,要为美国人民实行新政"。从此,"新政"就成为罗斯福施政纲领的标志。1932 年末,罗斯福以 2 280 万张选民票对胡佛的 1 575 万票和在选举团里以 472 票对 59 票的巨大优势,当选为美国第 32 届总统。罗斯福一上台,便在就职演说中向国会要求准许他使用对付危机的大权,这就是"对紧急状态作战的广泛的行政权力,像我们真正遭受外敌侵略时所赋予我的权力一样大"。

二、"新政"的两个阶段及其主要内容

"新政"开始时,罗斯福的心目中并没有一幅清晰的蓝图。他只是认识到必须改变胡佛的"自然调节"的放任政策,而运用政府的权力对经济进行干预。至于干预的范围有多大,干预到什么程度,他并非成竹在胸,而是在实行中逐步摸索。

根据"新政"在不同时期的重点,大体可划分为两个阶段:第一阶段从 1933 年 3 月罗斯福就职起到 1935 年初止,主要目标是医治由于严重经济危机造成的创伤,提出一些复兴经济的法案和计划;第二阶段是从 1935 年到 1939 年,主要致力于一些具有长远意义的政治、经济和社会改革。救济措施则贯穿始终。因此,"新政"主要内容可用"三 R"来概括,即 RECOVERY(复兴)、RELIEF(救济)、REFORM(改革)。

"新政"第一阶段 1933 年 3 月 9 日这一天被认为是进入一个特别时期的开端。从这一天起到 6 月 16 日国会应罗斯福的要求制订了一系列应急立法,被称为"百日新政"。

"新政"从改革银行制度开始,因为大危机是以美国金融危机为发端的。早在罗斯福就职的头一天夜里,他就指示财政部长起草紧急银行法案,限 5 日内完成。3 月 6 日,宣布全国银行休假一天,接着国会于 3 月 9 日通过了《紧急银行法案》。该法授权总统对银行进行个别审理,让有偿付能力的银行尽快开业,对缺乏偿付能力的银行进行改组。3 月 12 日罗斯福发表第一次炉边谈话,他向国民保证,现在把积蓄存进银行是安全的。接着,成立了联邦储蓄保证公司,保证 5 000 美元以下存款的安全。到 4 月份,存回银行的通货已达 10 多亿美元。

为了加强美国对外经济地位,罗斯福政府于 1933 年 3 月 10 日宣布停止黄金出口,4 月 19 日正式宣布放弃金本位。到同年 10 月,美元贬值约 30%。这一举措,增强了美国在世界市场上的竞争力。

除《紧急银行法案》等有关金融立法外,"百日新政"期间的重要立法中还有两根有力支柱,即农业调整法和全国工业复兴法。

《农业调整法》颁布于 1933 年 5 月 12 日。这是罗斯福企图对全国农产品的生产和销售进行调节的尝试。目的是限制小麦、棉花、玉米、大米、烟草等农作物及牛奶、生猪等的生产,以克服生产过剩并提高农产品的价格,最后使农民的购买力和经济地位恢复到 1909—1914 年农业繁荣年代的水平。财政部对削减产量的农场主给予补贴,并给农场主提供新的信贷。根据《农业调整法》而成立的农业调整署购买并屠宰 20 多万头快要产仔的母猪和 600 多万头小猪,以防止生

产过剩。政府通过这些限制生产和破坏产品的极端措施,解决了农产品产量不可控制的局面,对农业的复苏起了一定的作用。1935年末,农产品价格已接近稳定,农业抵押借款大幅度减少。其中得利最多的是大农场主和大种植园主。但是,这种削减和破坏生产力的做法引起了广泛的批评。当千百万人忍饥挨饿时,却采取毁灭粮食和牲畜的办法来保证利润,这不能不是资本主义腐朽性的明证。

为恢复工业而采取的主要措施是1933年6月16日国会通过的《全国工业复兴法》。罗斯福称,这是"美国国会制定的最重要、最具有深远意义的立法"。根据该法成立了"全国复兴署",由它召集工商界、劳工组织和消费者共同拟定公平竞争法规,凡是接受这些法规的企业,一律发给"蓝鹰"标志,上面书有"我们尽我们的职责"的字样。到1935年初,这种"公平竞争"法规已达750个之多。根据全国工业复兴法的规定,暂时取消了反托拉斯法对垄断的限制,在工业中成立各种同业工会,制定规约,以协调各工业部门的企业活动和消灭"不公平"的竞争。同时,《全国工业复兴法》第七条规定了由国家调节雇主和工人的关系,雇员有权组织起来集体谈判雇佣合同,禁止以参加公司工会作为雇佣条件。

总之,全国工业复兴法的中心是企图依靠国家和垄断组织联合的力量,把资本主义生产的无政府状态纳入有控制的轨道,通过资本家作出的某些让步,缓和阶级矛盾,实现罗斯福领导全国"合作"的意图。

全国工业复兴法并没有完全达到复兴工业的目标,而且由于大企业在制定规约中起决定性作用,引起许多小企业主、工人和公众的不满。但它使美国工人运动某些斗争成果得到反映。如它对最高工时和最低工资所作的规定,对工资低、劳动条件恶劣的血汗工厂采取某些整顿和制裁,有利于改善工人的经济条件。

"新政"的主要内容之一是救济工作。1933年5月12日,国会通过了《联邦紧急救济法》,成立了联邦紧急救济署。到联邦紧急救济署于1935年结束时,共花了30亿美元。但罗斯福更强调"以工代赈"。

1933年3月,罗斯福制定了以保全人力和自然资源为目标的"民间自然资源保护队"计划。它吸收18至25岁的失业青年,从事诸如造林、防火、防洪、筑路等工作。每月工资30美元。保护队在美国参战前的8年多,先后吸收了150万青年,开辟了数百万英亩的国有林区和公园等。对田纳西流域的治理,也是以工代赈的一个典型。1933年5月成立了以修建新的水坝和发电厂为主要任务的田纳西管理局,工程建设获得很大成功,包括7个州的广大地区受益,平均收入在工程发挥效益后增长4倍。美国制造第一颗原子弹所耗的电力也是靠田纳西工程提供的。

"新政"第一阶段取得了一定的成就。到 1935 年初,失业人数从 1933 年初的最高点减少了 400 万人。农民的现金收入从 1932 年的 40 亿美元增加到 1935 年的近 70 亿美元。资本收入从 1933 年以来增加了 6 倍,工业产量几乎翻了一番。

　　但是,第一阶段"新政"把重点放在消除生产相对过剩上,采取的多为应付危机、复兴经济的权宜之计,因之它对美国经济复兴的刺激作用也是有限的。

　　"新政"第二阶段　"新政"的实施并非一帆风顺。阻挠首先来自保守的最高法院。罗斯福任总统时,最高法院的 9 名法官多半年逾古稀,被称作"九老院"。他们历来信奉自由放任政策,敌视"新政"立法。1935 年 5 月 27 日,被称为"黑色的星期一"的这天,最高法院在审理一起案件中宣布全国工业复兴法违宪,说什么国家工业复兴法广泛授予立法权力就是"授权胡闹"。1936 年 1 月,又判定农业调整法侵犯了各州政府的权利,因而违宪。

　　"新政"还遭到来自国内右翼分子的挑战。1934 年 8 月,一批对"新政"不满的大亨们及保守的民主党人,成立了"美国自由同盟",其目标是阻止"新政"向左转。操纵者是北部工业家,特别是杜邦公司和通用汽车公司的董事和经理们。与企业界反新政浪潮相呼应的是一些右翼分子。

　　除了上述来自右的攻击之外,"新政"还面临广大工人要求深入改革的压力。"新政"第一阶段,劳工的真正困难远未得到解决。1935 年全国就业工人虽比 1933 年多了 400 万,但失业者仍达 900 万之多。从 1933 年起,工人依靠罢工手段,以进一步捍卫自己的切身利益。1934 年,全美各地罢工持续不断,并以要求承认工会为主要目的。罢工打破了行业的界限,深入到过去很少发生罢工的诸如汽车工业、纺织工业等大批量生产的工业部门。

　　"新政"第一阶段遇到的日益增多的挑战和不满,推动罗斯福政府深化"新政"改革。1935 年起,罗斯福政府除继续推行"以工代赈等救济措施外,制定了一些有着深远影响的侧重改革的新的立法,从而把"新政"推进到第二阶段。

　　这一阶段"新政"的重大举措之一是 1935 年 8 月通过的《社会保险法》。它改变了过去由民间团体自助自救或由慈善团体提供救助的传统,开始了美国的"福利主义"试验。该法包括三个部分:(1) 养老金制度;(2) 失业保险制度;(3) 对残废、无谋生能力者提供救济。凡年满 65 岁的退休工资劳动者,根据不同的工资水平每月可获 10—85 美元的养老金。关于失业保险,其保险金一半是由在职工人和雇主各交付相当于工人工资 1% 的保险费,另一半则由联邦政府拨付。此外,各州在随后两年都建立了失业保险制度,从而给大约 2 800 万工人提供了保险。

　　另一重要举措是 1935 年 6 月 27 日通过的《全国劳工关系法》,即《华格纳法》。最高法院宣布《全国工业复兴法》违宪,连带把该法中有关劳工权利的第 7 条第一款也加以废止。这激起了工会组织的激烈抗议,对罗斯福的劳工政策也是一个严重打击。在罗斯福看来,如果得不到有组织的劳工的支持,社会动荡局面就无法稳定,更谈不上刺激私人投资。而且,在支持他的选民中,有组织的劳工是一支重要力量。在罗斯福的坚决要求下,国会很快采取行动,通过了《全国劳工关系法》,规定:工人有组织工会的权利;雇主不得干预或图谋控制劳工组织;雇主不得拒绝与工人集体谈判合同;不得歧视工会会员。根据该法成立的劳工关系委员会,负责处理劳工与雇主的申诉。华格纳法被认为是"新政"第二阶段中最剧烈的立法革新之一。它用政府的力量支持劳工的集体谈判权。

在美国劳资关系史上,华格纳法是美国工会运动赢得的一个空前的胜利,也是罗斯福为代表的美国资产阶级中较有远见的那一部分人迫于大危机的压力,为挽救经济,稳定社会而作出的一项断然改革。

另一项重要立法是关于最低工资和最高工时的立法,即 1938 年 6 月 14 日国会通过的《公平劳动标准法》(工资工时法)。其主要内容是每周 40 小时工时,生效之日起 7 年后,每小时工资不得少于 40 美分。这一法律是政府对雇员集体议价的进一步支持。

在资本主义制度下,工资劳动者争取到的上述改良立法,是有积极意义的。

在"新政"第二阶段,以工代赈、公共工程的规模得到进一步扩大。从 1935 年到 1942 年,为协调整个工程计划而设立的"工程进展署"花费了大约 130 多亿美元,雇佣了约 850 万工人。修建了 12.2 万幢公共建筑,66.4 万英里新道路,7.7 万座新桥梁,285 个新机场和 2.4 万英里地下水道。此外,还修建了公园、游戏场、水库等。但以工代赈并未从根本上解决失业这一严重问题。到 1939 年第二次世界大战爆发时,美国失业人口仍达 900 万之巨。

三、"新政"的影响

罗斯福"新政"是在大危机威胁美国的形势下,试图在资本主义范围内对其中某些弊病加以改革,以保证资本主义的稳定和发展。罗斯福 1938 年谈到"新政"时说,"作为一个国家,我们拒绝了任何彻底的革命计划。为了永远地纠正我们经济制度中的严重缺点,我们依靠的是旧民主秩序的新应用。"

"新政"作为挽救 1929—1933 年资本主义经济大危机的救急药方,其直接效果虽不十分显著,但却留下了深远的影响。首先,"新政"以资产阶级民主范围内的国家干预,在一定程度上恢复了人们对美国国家制度的信心,解脱了由于经济危机造成的法西斯势力对美国的威胁。其次,由于政府通过国会新的立法对美国社会经济生活实行前所未有的干预,从而大大扩大了联邦政府和总统的权力。第二次世界大战以后的历届总统均继承了这笔"遗产"。第三,"新政"大大加强了美国的国家垄断资本主义并成为现代美国国家垄断资本主义经济制度的开端。由于它局部改变了美国的生产关系,改善了中小资产阶级和劳动人民的状况,并在一定程度上缓解了经济危机、缓和了阶级矛盾,因之其做法和特点,都深深影响到第二次世界大战后美国政府的经济政策和措施。

213

第九章 走 向 大 战

第一节 意大利侵略埃塞俄比亚的战争

一、意大利的战前准备和英、法对意大利的纵容

蓄谋已久的侵略战争 埃塞俄比亚(当时名"阿比西尼亚")地处非洲之角,控制着从地中海经红海到印度洋的通道,战略地位十分重要,并且拥有丰富的自然资源,如煤、铁、铜、硫黄、黄金等。20世纪30年代的埃塞俄比亚是一个落后的封建国家,居民以农业为主,只有手工业,没有现代化工业。1930年11月,青年埃塞俄比亚派的领袖塔法里·马康南加冕为众王之王,称海尔·塞拉西一世。他即位后,颁布宪法,建立君主立宪制度,并推行了若干改革措施,如开办学校、修筑道路、整顿财政、废除奴隶买卖等。

意大利企图吞并埃塞俄比亚,由来已久。1895年,意大利调动大军入侵埃塞俄比亚,但在1896年3月的阿杜瓦战役中,意军大败,不得不于同年10月在亚的斯亚贝巴签订和约,承认埃塞俄比亚的独立和主权。1922年墨索里尼上台后,企图独霸地中海,在东非建立殖民帝国。1929—1932年的世界经济危机,对意大利的打击十分严重。工业生产急剧下降,1932年的工业产值比1929年减少33.2%。成千上万的农民因无力偿还债务和缴纳捐税而破产,失去土地。为了夺取原料和销售市场,并转移人民对法西斯政权的不满,墨索里尼企图从战争中寻找出路。1932年7月他委托殖民大臣德·博诺起草《在埃塞俄比亚采取行动的计划》。1934年2月,墨索里尼召集法西斯军政要人,秘商侵埃问题,并决定于1935年发动战争。1934年12月5日,意大利军向驻扎在奥加登省瓦尔-瓦尔绿洲的埃塞俄比亚部队发动突然袭击。事后,意大利反诬埃塞俄比亚人挑起争端,并故意提出了一些让对方难堪而无法接受的要求,如正式道歉、赔偿损失、通过在当地向意大利国旗致敬的方式承认意大利占领瓦尔-瓦尔的合法性等。

英、法的纵容 瓦尔-瓦尔事件爆发后不久,埃塞俄比亚即向国际联盟报告,1935年3月17日又正式呼吁国联行政院根据盟约第15条处理意埃纠纷。意大利极力反对国联过问,主张由双方自行解决。英法袒护意大利,在它们的操纵下,国联行政院直到9月4日才召开会议讨论意埃争端问题。在这九个月的时间里,英、法明明知道意大利正在加紧准备战争,但不仅坐视不问,而且通过各

种渠道让意大利知道,它的行为不会受到惩罚。

法国企图拉拢意大利,共同对付法国的夙敌德国,所以对墨索里尼政府的包庇最为露骨。1935 年 1 月初,法国外交部长赖伐尔赴罗马访问,1 月 7 日双方签订了一系列协定,其中四件公开,四件秘密。总括起来,它们的主要内容有:在奥地利的独立和完整受到威胁时,法、意两国将互相协商;意大利逐步放弃在法属突尼斯的特权地位;法国将法属突尼斯和法属索马里的一些地区划给意大利;法国将吉布提—亚的斯亚贝巴铁路公司的 2 500 股份让给意大利,等等。但十分重要的是:赖伐尔在和墨索里尼秘密会谈时,允许意大利在埃塞俄比亚"自由行动"。法意协定签订后,墨索里尼于 1 月 16 日任命德·博诺为东非高级专员兼驻东非意军总司令,命令他立即前往意属厄立特里亚,加速准备入侵埃塞俄比亚。

英国的态度不像法国那样明显,它奉行的是一种所谓的"双重政策",即"同意大利协商和忠于国联"。"同意大利协商",是"双重政策"的真正目标,而"忠于国联"则是迫不得已采取的策略。英国认为,英国在埃塞俄比亚的最重要的利益是塔纳湖和青尼罗河的河水,但没有生死攸关的利益使英国必须抵抗意大利对埃塞俄比亚的征服,意大利吞并埃塞俄比亚对英国利益的威胁是遥远将来的事情。为了"保持欧洲和平",英国不可惹怒墨索里尼,以免把意大利赶到德国的怀抱中。6 月 19 日,新任外交大臣霍尔在内阁会议上主张向意大利提出如下的建议,即埃塞俄比亚把南部奥加登省的部分割让给意大利,而从英国手中得到英属索马里的泽拉港及连接内地的一条走廊。内阁批准了霍尔的方案,决定派国联事务大臣艾登出使罗马。6 月 24、25 日艾登两次会晤墨索里尼,但英国的建议被完全拒绝了。7 月 25 日,英国政府宣布对意大利和埃塞俄比亚双方将不再颁发出口武器的许可证。这表面上看来不偏不倚,实际上是对意大利一方有利的。

9 月 4 日,国联行政院召开会议,6 日通过决议:由英、法、波兰、西班牙、土耳其组成五国委员会,研究意埃关系并寻求解决办法。9 日,国联第 16 次大会开幕。11 日,霍尔在大会上发表了一篇冠冕堂皇的演说,侈谈英国与国联站在一起,支持集体维护盟约的完整,特别支持对一切侵略行为进行坚决的集体抵抗。霍尔的演说一时迷惑了许多代表,但在会下霍尔与赖伐尔在 10—11 日一连举行了三次会谈,双方一致同意:"排除军事制裁,不采取任何海军封锁的措施,决不考虑封闭苏伊士运河,一句话,排除一切可能导致战争的事情"。霍尔还透露了英国支持国联的真正原因,在于英国舆论迫切需要置于国联保护之下的集体安全,并说大多数中间派都是如此看法。9 月 18 日,五国委员会提出了如下的建议,即由国联行政院任命外国顾问帮助埃塞俄比亚进行改造;英、法愿让出索马里海岸的领土,给予埃塞俄比亚一个出海口,以便利意大利与埃塞俄比亚的领土交换;英、法在其现存的权利得到保证的情况下,准备承认意大利在埃塞俄比亚的经济发展方面享有特殊的利益。这个方案的实质是在承认意大利享有特殊利益的条件下对埃塞俄比亚实行国际共管。9月22日,意大利拒绝了五国委员会的建议。墨索里尼从这个建议中再一次看出英法旨在妥协,于是悍然发动了侵略埃塞俄比亚的战争。从1934年12月5日瓦尔-瓦尔事件爆发到1935年10月3日意大利军队侵入埃塞俄比亚,这一阶段长达十个月,至关重要。英、法如果真想制止战争,在此期间是完全可以办到的。但它们却想方设法满足意大利的领土野心,只求对方以"和平"手段实现吞并,便心满意足,结果使墨索里尼看清了英、法的软弱,更加无所顾忌地发动战争。

二、意大利吞并埃塞俄比亚

战争的爆发 1935年10月3日凌晨,意大利军队未经宣战从厄立特里亚和索马里出动,分北、东、南三路侵入埃塞俄比亚。三路军队,以北路为主,约占意军的2/3。意大利的军队配备有飞机、坦克等新式武器,而埃塞俄比亚的军队则装备陈旧而且不足,全国仅有200门野战炮、500挺机枪和不能用于作战的13架老式飞机,即使正规部队的士兵也不能人手一支老式步枪,许多人只得手持长矛或大刀去作战。

10月6日,意军占领北部重镇阿杜瓦,15日占领阿克苏姆。但当意军向提格雷地区发动进攻时,埃塞俄比亚军队坚持抵抗,击毙、击伤意军数千人,粉碎了墨索里尼的速决战计划。11月3日,意军向马卡累-多洛发起进攻,经过五天激战,于11月8日占领这个城市,但因伤亡惨重,失去继续推进的能力。久攻不下,墨索里尼迁怒于意军总司令德·博诺,撤他的职,改任巴多里奥为总司令。到1936年1月,侵埃意军已达到40万人。

国联对意大利的制裁 1935年10月5日,国联行政院决定成立一个六国委员会,负责研究形势的发展。10月7日,行政院会议一致(意大利除外)通过六国委员会的报告:"意大利政府无视它根据国联盟约第12条所定的契约,诉诸战争。"10月9—11日,国联大会举行。在出席会议的54个会员国中,有50个赞成行政院的决议。它们组成了一个协调委员会,在其下又设立了一个18国委员会(通称制裁委员会),实际负责组织制裁的工作。对意大利的制裁包括武器禁运、财政制裁、禁止进口意大利货物和禁止向意大利输出某些货物。由于英、法的主张,禁止向意大利输出的物资,不包括石油、钢和铁的制成品、铜、铅、锌、煤等重要战略物资。这种软弱无力的制裁只能起激怒意大利的作用,却不能真正制止侵略战争,而且由于英、法的阻挠,制裁到11月18日才开始实行。特别重要的是:石油制裁问题一拖再拖,直到埃塞俄比亚灭亡,也未实施。后来在慕尼黑会议前夕,墨索里尼对希特勒说:"如果国联……把经济制裁扩大到包括石油在内,我就不得不在一个星期内撤出阿比西尼亚。这对我将是个无可估量的灾难。"

美国的中立法 1935 年 8 月 31 日,在孤立主义的强大压力下,美国国会通过了中立法。中立法规定对交战国实行武器禁运,但授权总统确定禁运武器的项目和实行武器禁运的时间;禁止美国船只向交战国运送武器。10 月 3 日意大利侵入埃塞俄比亚后,美国于 10 月 5 日宣布对交战双方都实施中立法,但 1935 年中立法并不禁止向交战国输出石油等重要的战略物资。虽然美国国务卿赫尔在 11 月 15 日发表了所谓"道义禁运"的声明,说运送石油、铜、卡车、废钢铁等都是违反美国政府的政策的,并且是违反最近通过的中立法总的精神的,但美国商人对此不仅置若罔闻,反而增加向意大利出售它所急需的原料。10 月间,美国对意大利的石油出口比平时增加了一倍,11 月增加了两倍。美国的商界对禁运发动攻击,说只要美国与意大利保持外交关系,他们就可以在法律的范围内出售意大利人所能购买的货物,不论是什么货物,也不论数量多少。在意埃战争中,美国中立法所起的作用并不是中立,而是援助了侵略者,打击了被侵略者。

霍尔—赖伐尔协定 1935 年 12 月 7—8 日,霍尔与赖伐尔在巴黎会谈,拟定了"意大利——埃塞俄比亚冲突的共同解决提纲"(通称霍尔—赖伐尔协定)。按照这个协定,埃塞俄比亚把欧加登省和提格雷省的一部分土地割让给意大利;埃塞俄比亚还应将南部划为意大利经济发展和居留的地区。作为补偿,埃塞俄比亚接受意属厄里特里亚的一条狭小的沿海地带及一个出海口阿萨布港。就连坚决主张对意大利让步的英国外交部常务次长范西塔特也不得不说,这样的条件是"侵略者得到的东西比他已经得到的还要多一些,虽然比他希望得到的要少一些。"但是,消息走漏,英法报纸在 9 日披露了协定的内容,舆论哗然。英国内阁决定牺牲霍尔,12 月 18 日霍尔辞职。赖伐尔不久也下了台。

埃塞俄比亚的陷落 埃塞俄比亚面对远比自己强大的意军,本应利用本国特有的地理条件,充分运用游击战术,打击敌人。但是,他们却采取集团作战的方式,坚持阵地战,以致损失惨重。1936 年 3 月 31 日,埃皇海尔·塞拉西在阿西安季湖的梅丘地区集结主力部队向意军发起猛烈进攻。经过四天的血战,侵略者虽然遭到沉重打击,埃军也战死 9 000 多人,损失之大为开战以来所未有。4 月 15 日,意军占领了埃军大本营所在地——德赛城。5 月 1 日,海尔·塞拉西一世离开埃塞俄比亚,流亡到英国。5 月 5 日,意军攻占首都亚的斯亚贝巴。5 月 9 日,意大利国王自封为埃塞俄比亚皇帝。

1936 年 7 月 1 日,英国外交大臣艾登(1935 年 12 月 22 日继霍尔出任此职)在国联建议取消对意制裁。7 月 4 日,国联大会以 44 票赞成、1 票反对、4 票弃权通过终止制裁。7 月 6 日,协调委员会决定制裁应于 1936 年 7 月 15 日终止。至此,英、法演完了牺牲埃塞俄比亚的最后一幕。

英法绥靖意大利的后果　英、法推行绥靖政策,纵容意大利吞并埃塞俄比亚的后果是十分严重的。

第一,它使意大利向德国靠拢。英、法参加经济制裁是迫不得已的,但仍然激怒了意大利。德意之间在奥地利问题上本来有很大矛盾。意大利陷入侵埃战争后,力量严重削弱,不得不把奥地利放弃给德国。德国方面则在 1936 年 7 月很快地承认了意大利对埃塞俄比亚的吞并。德意都有利用对方的需要,又见到英法软弱可欺,遂结成了罗马—柏林轴心,墨索里尼于 1936 年 11 月 1 日在米兰予以宣布。

第二,助长了德国的侵略野心。希特勒始终注视着意埃战争的进程。正如艾登所说:"我们对墨索里尼无可奈何,一定使他(指希特勒)增强了信心。"1936年 3 月德军开进莱茵非武装区,西方国家不过发出有气无力的抗议而已。

第三,摧毁了集体安全体系,使欧洲的一些小国不能不到国联以外去寻找出路。欧洲的一些小国本来是大力支持国联的,因为如果国联能够保护埃塞俄比亚抵抗意大利,那么将来国联也一定能够保护它们抵抗其他的侵略者。但是英法的对意妥协,使它们大失所望。1936 年 5 月,希腊首相表示:希腊不会承认巴尔干半岛以外的任何义务。同年 7 月,斯堪的那维亚的四个国家以及荷兰、西班牙和瑞士等国的外交部长签署了一项联合声明,表示将来运用任何制裁手段,他们都不拟接受。10 月 14 日,比利时废除了与法国的军事同盟。1937 年 3 月 25日,南斯拉夫与意大利签订了互不侵犯和仲裁条约,从此与罗马—柏林轴心紧密联系在一起。

第二节　日本侵华战争的全面爆发

卢沟桥事变和中国全面抗日战争的开始　1937 年 7 月 7 日,日本帝国主义挑起了卢沟桥事变。在此以前,意大利于 1936 年 5 月吞并了埃塞俄比亚;1936年 7 月,西班牙内战爆发,德、意出兵进行干涉,支持佛朗哥叛军。法西斯的侵略战火从而蔓延到欧、亚、非三大陆。但中国是一个地大物博、人多兵多而又存在着比历史上任何时期更为进步的因素的大国,中国不是埃塞俄比亚,也非西班牙。日本帝国主义不可能迅速征服中国,抗日战争也不可能局部化,它必然要牵动世界全局,第二次世界大战的序幕必不可避免地要从此揭开。

日本发动全面侵华战争时,日本统治阶级普遍认为只消"对支一击",便可凯旋班师。陆相杉山元上奏天皇说,事变能在一个月左右解决。但是,他们没有料到,由于中国共产党的努力推动,在中国已经出现了抗日救亡的高潮,已经初步形成了并正在加强着抗日民族统一战线。日本帝国主义面临的对手不是有如一盘散沙的中国,而是由 4 亿多人民组成的坚不可摧的铜墙铁壁。在历时三个月的淞沪战役(1937年8月13—11月12日)中,中国军民英勇抗敌,日本不得不一再增兵,参战兵力超过20万,伤亡4万多人。八路军出师大捷,在9月的平型关战役中,歼灭日本板垣师团1 000余人,这是中国抗战开始以来的第一个大胜仗,打破了"皇军不可战胜"的神话,鼓舞了中国军民的斗志。到1937年底,日本一共向中国战场派遣了16个师团,约60余万人,相当陆军总兵力24个师团、95万人的2/3。

1937年12月13日南京失守后,日军进行了灭绝人性的血腥大屠杀,中国军民遇害者约30万人。1938年1月16日,日本首相近卫狂妄地声明:"帝国政府今后将不以国民政府为对手"。但在3月23日至4月6日的台儿庄战役中,日军遭到重创,死伤达2万人以上。矶谷师团的大部分和板垣师团的一部分被歼灭。台儿庄大捷不仅在国内外产生了巨大影响,也使日本侵略者为之丧胆。秋季,日本妄图一下子结束战争,又发动了武汉和广州战役。在8月22日至10月26日的武汉会战中,日军投入兵力近38万人,这是在整个抗日战争中日方动用兵力规模最大的一次战役。到10月下旬武汉、广州两个战役结束时,日本投入中国的兵力已达24个师团,100万人以上,国内本土只剩下1个师团(近卫师团),可谓倾巢而出了。此后,日军被迫停止对正面战场的战略进攻,转取以保守占领区为主,因而中国抗日战争开始由战略防御阶段转入战略相持阶段。

中国战场是由正面战场和敌后战场两个战场组成的。全国性抗日战争爆发后,日军长驱直入,造成后方空虚。国民党军迅速撤退,大片国土沦陷,中国共产党领导的抗日武装抓住有利时机,深入敌后,广泛开展游击战争。到广州、武汉失守,八路军、新四军已在华北、华中开辟了广阔的敌后战场,创建了十几个抗日根据地,消耗和牵制日军大量兵力,与正面战场友军在战略上构成对日军的夹击态势。在华北战场上,战斗异常艰苦而频繁。仅全国性抗战第二、第三周年,日本对华北,千人以上的"扫荡"有109次之多,使用兵力在50万左右。其中1万人到2万人的大"扫荡"7次,3万人以上的大"扫荡"2次,还有一次6万人以上的特大"扫荡"。日本侵略军对于中国共产党领导的抗日游击战争感到极难对付,1939年12月日本华北方面军参谋长笠原幸雄中将在情报主任会议上惊呼:"华北治安之癌是中国共产党和他的军队"。

侵华战争给日本经济带来了严重困难。1937年军费支出327 100万日元,1938年增至596 200万日元,1939年再增至615 600万日元,军费支出在岁出总额中所占比重分别为68.9%、73.7%和68.5%。1939年1月近卫内阁制定的扩充国防工业及基础产业生产能力的计划(至1941年度)不能如数完成。国力匮乏使日本军部的头子们十分头痛,1939年10月就任参谋次长的泽田茂中将对当时的形势感到一筹莫展。他说:"我作为参谋次长,首先从各方面了解因中国事变的拖延,日本的力量究竟还剩下多少。我认为,从外表看日本是强大的,但恰好像水果从内部腐烂那样,所以是不能长久的。"

英、美的对日绥靖 日本发动侵华战争后,中国政府于 1937 年 9 月 12 日正式向国际联盟提出申诉的照会。10 月 6 日,国联大会通过了远东顾问委员会的两个报告书和一个决议。第一报告书虽然指出了日本对中国的军事行动违反了九国公约和巴黎公约,但未明确宣布日本是侵略者。第二报告书建议九国公约签字国举行会议,并与其他在远东有特殊利益的国家合作,共同讨论解决办法。决议要求各国联成员国应各自考虑它所能对中国提供的援助,但没有实际的措施,不过口惠而已。

召开九国公约会议的建议是英国代表提出来的,其目的在于将责任推卸给美国。作为当年华盛顿会议的发起国,美国不能拒绝参加会议,但决不带头。英、美、法几个大国都不愿在自己国家召开会议,好不容易才说服比利时充当东道主。在比京布鲁塞尔召开的会议从 1937 年 11 月 3 日开始,到 24 日无限期休会。与会者 19 国,日本拒绝参加。会议最后通过的宣言只是重申九国公约的原则,并要求停止战争行动。日本是发动战争的侵略一方,中国是被迫抵抗的受害一方,会议甚至对这种最基本的区别也未敢指出。中国没有得到任何援助,日本也没有得到任何制裁,会议便草草收场了。

布鲁塞尔会议的无所作为,一个原因是英美都认为坐观成败是最聪明的办法。鹬蚌相争,可以坐收渔人之利。英国外交大臣艾登写道:"我在布鲁塞尔会议上发现,许多人认为日本将重演'1812 年'故事。也许不会如此,但我们应着意使其成为可能。"另一个原因是英美都认为自己的在华利益虽在一定程度上受到损害,但日本在经济上终归要依赖它们,暂时不利的局面不难挽回。因此,不应刺激日本,以免它进行报复。美国对日贸易,有相当的利益可图。1937 年,美国对日出口总值 28 900 万美元,其中石油、精炼油、废钢铁、原棉四项战略物资就值 14 200 万美元,约占 1/2。会议期间,美国务院顾问霍恩贝克对中国代表顾维钧说:美国不能对日实行经济制裁,"在对日贸易上感兴趣的人们认为,如果与日本交战,生意就做不成了。南方棉花种植者害怕禁止棉花输日会使他们倾家荡产。"会议前夕,英国商会联合会主席克拉克断然反对制裁,认为这对贸易是无益而有害的。

布鲁塞尔会议是一次彻底失败的会议,是一次开比不开还要坏的会议。如果不开,至少日本还不能完全肯定欧美列强的态度到底如何。开了以后,它们的相互推诿,软弱无力,甚至讨好日本,就都暴露得清清楚楚了。

布鲁塞尔会议后,英美继续沿着绥靖日本的道路走下去,但英国走得更远一些。1938 年 5 月 2 日,英日非法签订了关于中日海关的协定,规定日本占领区各海关所征一切关税、附加税及其他捐税,均存入日本正金银行;还规定自 1937 年 9 月起停付的日本部分庚子赔款,应即付给日本政府。这一协定严重损害了中国的主权,并使中国关税收入遭到很大的损失。

慕尼黑协定签字后,日本看清了英国的虚弱,野心更加膨胀。1938 年 11 月 3 日,日本宣布:帝国要"建设确保东亚永久和平的新秩序",还要各国"适应东亚的新形势"。12 月 22 日,近卫政府又声明:"日满华三国应以建设东亚新秩序为共同目标而联合起来"。日本现在所要侵占的不仅是全中国,而且是整个东亚了。1939 年 4 月 9 日,汉奸官员程锡庚在天津英租界被刺。日本抓住这个机会,以英国拒绝引渡四名中国人为借口,封锁了天津英租界。7 月 15 日,英国驻日大使克莱琪同日本外相有田八郎在东京开始谈判,24 日双方宣布了如下的协议:英国完全承认"在华日军为了保障其自身的安全和维护其控制地区的公共秩序,有其特殊的需要","他们必须镇压或消灭任何将妨害他们或有利于他们敌人的行动或起因"。英国政府保证,"无意鼓励任何有损于日本军队达到上述目的的行动或措施",并将要求英国在华当局和英国侨民不得采取此类行动和措施。有田—克莱琪协定实际上承认了日本侵略中国的合法性并承诺不援助中国抗日。但中国不是捷克斯洛伐克,有田—克莱琪协定也无法起到慕尼黑协定的作用。中国人民坚决抗战,粉碎了远东慕尼黑阴谋,使中国得以保存下来,成为同盟国的最重要的抗日基地。

苏联援华 七·七事变后,只有苏联一国给中国以巨大援助。1937 年 8 月 21 日,中苏互不侵犯条约签订,这是苏联对中国抗战在政治上的重大支持。从 1938 年 3 月到 1939 年 6 月,苏联先后给予中国政府三笔贷款,共 25 000 万美元,以供向苏联购买军火和其他物资之用。强大红军的存在,还使日本不得不在中国东北配备重兵,从而便利了中国的抗战。1939 年 9 月 22 日,蒋介石在致斯大林的电报中说:"自中国抗战以来,日本之未敢以全部兵力加诸中国者,实由贵国在我东北边境牵制之力为多"。

中国人民的坚强抗战,反转过来也大大减轻了日本对苏联的压力。1938 年 7 月 14 日,日军挑起张鼓峰事件,遭到苏军的痛击。日本的失败固然由于红军的强大,但也和日军主力正在准备汉口战役有关。张鼓峰事件爆发时,日本在中国东北的兵力只不过 6 个师团,面对多达二十几个师的远东苏军,显然居于劣势。1938 年 8 月,正在张鼓峰作战的日军向东京告急,要求供以反坦克弹药,但陆军省予以驳回,因为甚至当年 11 月的弹药生产额都已预先分配给汉口战役了。1939 年 5 月 11 日,日本关东军又侵入诺门坎。在三个多月的战斗中,日军伤亡惨重。8 月 30 日,日参谋总长载仁亲王向关东军司令官植田谦吉下达大陆命令第 343 号:"大本营的意图是在处理中国事变期间,以帝国军队的一部分在满洲防备苏联,维持北方的平静。为此在诺门坎尽力不扩大作战,筹划迅速结束之。"这又一次证明中苏两国在军事上是互相支援的。

中国 30 年代抗日战争的国际贡献 1937—1939 年是中国孤军奋战的时

期。中国抗日战争的国际条件以这一阶段最为不利。只有苏联一国援华,苏联也因而深受其利。英美目光短浅,看不到大祸行将临头,反而助纣为虐,一个大搞远东慕尼黑,另一个大做其军火生意。中国抗战的国际条件尽管如此不利,但仍以极大勇气和毅力坚持下来,挡住了日本百万大军的进攻,从而为日后同盟国反法西斯的共同事业奠定了坚实的基础。不难设想:如果中国大陆完全被日本征服,那么到第二次世界大战全面爆发时,日军或可直驱西伯利亚,与德国会师欧陆,或可南下印度洋,占领印度,与德国会师中东。同盟国虽终将取得胜利,但要付出更多的代价与牺牲。

第三节　西班牙内战及意、德的武装干涉与英、法的"不干涉"政策

一、从共和国的建立到内战的开始

共和国的建立　20 世纪初,西班牙是一个经济上贫穷、政治上落后的半封建农业国家。经济上,农村盛行半封建的大庄园制,1 444 户大地主占有土地约 300 万公顷,等于 800 万户贫农所占的土地。工业很不发达,全国 70% 以上的人口从事农业。政治上,实行君主立宪制度,贵族、上层僧侣、大资产阶级和军官们统治着国家。天主教是国教,教会拥有很大的势力和影响,不仅控制着人们的精神生活,而且本身拥有巨大的财产。1923 年 9 月,普列莫·德·里维拉将军在取得国王阿方索十三世的同意下,发动政变,从此在西班牙建立了军事独裁制度。他和国王的关系,类似墨索里尼与意大利国王埃马努埃莱三世的关系。里维拉的军事独裁越来越不得人心。严格的出版检查制度,激起了知识分子的反抗。废除炮兵部队中按资历晋升的传统办法而改为按功绩晋升,引起了一部分军官的恶感。拥护共和政体的资产阶级也反对里维拉。加泰罗尼亚的民族自治运动在继续加强。在这种情况下,国王决定换马,迫使里维拉于 1930 年 1 月辞职。

贝伦格尔将军奉命组织新政府。但他也无法继续统治下去。对君主政体和整个现状的抨击日益激烈,罢工运动从 1930 年夏季起明显加强,而且几乎所有的大罢工都是在共和口号下进行的。1931 年 2 月 8 日,国王不得不宣布恢复宪法并规定在 3 月举行议会选举,但不料却遭到群众的抵制。几乎所有反政府的团体都宣布,除非举行立宪会议的选举,它们决不参加恢复 1876 年宪法的选举。① 于是,贝伦格尔政府只得于 2 月 14 日辞职。2 月 18 日,以阿斯纳尔为首

---

① 参加恢复 1876 年宪法的选举,等于继续维护君主制度,故共和派予以抵制。

的新政府组成,并颁布了将于4月12日举行市政选举的法令,然后再举行全国选举。结果,共和派获得压倒性胜利,4月13日阿斯纳尔辞职。国王看到形势对己不利,于4月14日逃离西班牙,但未宣布退位。同日,自由共和党领袖阿尔卡拉·萨莫拉组成临时政府,宣布共和国成立,并自任临时总统。

共和国成立后,于1931年6月28日举行了立宪会议的选举。共和党派和社会党的联合阵线获得绝大多数议席。1931年12月9日,通过了新宪法,规定实行普选制,设立一院制的议会,每四年选举一次。政府对议会负责。宪法还规定宗教信仰自由和政教分离;教育世俗化;保证言论、出版、集会自由;加泰罗尼亚享有地方自治权。在制宪过程中,宪法第44条曾引起激烈的争论。这一条规定:"为了社会公益,各种财产所有权在合理补偿的前提下均可成为强制剥夺的对象"。总起来看,这是一部比较进步的资产阶级宪法。12月10日,萨莫拉当选为共和国总统。12月12日,临时政府解职,左翼共和派、共和行动党领袖曼努埃尔·阿萨尼亚经总统批准,成立了西班牙共和国第一届立宪政府,这是由左翼共和派和社会党人组成的执政联盟。立宪会议决定自己作为第一届议会而继续存在下去。

共和国的初步成就 从1931年4月宣布共和国成立到1933年11月议会选举,是西班牙共和国历史上的第一个时期,即执行左翼共和派政策的时期。在此期间,共和国取得了一些初步成就。1932年9月9日,通过了土地改革法,规定大地产集中的地区可以局部地重新分配地产。这些地区超过一定限度土地的地产应予剥夺,但须给以补偿。尽管是用赎买的办法剥夺部分地产,而且实际上推行缓慢(在第一年基本上只进行了清点地主土地的工作),大地主对此仍然十分仇视。另一项成就是1932年9月25日颁布的加泰罗尼亚自治宪章。根据宪章,加泰罗尼亚设有自己的总统、议会和政府,享有广泛的征税权和其他权力,加泰罗尼亚语定为官方语言。这是加泰罗尼亚和西班牙民主力量的巨大胜利。1933年5月17日通过的宗教团体法,规定将全部教会财产收归国有,但教会可根据实际用途使用;禁止宗教团体经营工商业;废除教会学校并禁止宗教团体从事任何世俗教育。宗教团体法沉重地打击了天主教会的势力,西班牙主教团和罗马教皇都提出了强烈抗议。

共和国从成立之日起,就遭到了各种保皇势力和反动势力的反对。1932年8月9日晚,何塞·桑胡尔霍将军在马德里和塞维利亚两地发动叛乱,但很快被忠于共和政府的军队平定下去。各种反动保守势力不甘心失败,1933年2月28日—3月5日,右翼各党派在马德里召开代表大会,成立了以天主教行动党为核心的西班牙自治权利同盟(缩写为CEDA),简称西达党,领导人有希尔·罗夫莱斯等。西达党的政治势力日益发展,迅速成为右翼阵营中最大的政党。不久,在1933年10月29日,前独裁者德·里维拉的儿子何塞·安东尼奥·普里莫·

德·里维拉建立了法西斯政党——西班牙长枪党。它的纲领是极端民族主义和极权主义的,但也同纳粹党的党纲一样,有不少蛊惑性的条款,诸如"摈弃资本主义制度"、"反对大金融资本、投机者和放债人的胡作非为"等等。

另一方面,工农劳动群众对执行过于缓慢的社会改革表示不满。1933 年举行了 1 127 次罢工,参加人数达 843 000 人之多。土地改革法颁布后,两年期间只分配了 374 000 公顷土地,农民没有得到多少实惠。在新生的共和国中,充满了各个党派、各种社会力量之间的激烈斗争。

黑暗的两年 1933 年 11 月 9 日,西班牙举行了第一次正规的议会选举。在竞选过程中,由于左翼共和党派和社会党未再组成联盟,分散了力量;由于右翼党派对选民,特别是对农村选民,进行了收买和恫吓,结果右派联盟共获 216 席,其中西达党 115 席;中派共和派 152 席,其中激进党 100 席;左翼共和派 40 席;社会党 58 席,等等。随后,在 12 月组成了以亚·莱鲁斯为首的新政府,其核心是 8 名激进党的部长。西达党由于自己暂时还不能掌权,采取了支持莱鲁斯政府的政策。从 1933 年 11 月起到 1936 年初,历届政府采取了反改革的政策,后人称之为"黑暗的两年"。

第一项重大的反改革措施是 1934 年 4 月 4 日议会通过的宗教界财产法,它废除了 1933 年的宗教团体法的主要规定。随后,4 月 20 日议会又通过了大赦法令,对桑胡尔霍案件的全部罪犯实行大赦。社会党人和左翼共和党派在国家机关中的领导职务被撤销,而代之以右派政党的代表和激进党人。土地改革实际上被停止,企业主企图修改在前一时期签订的劳动合同。

1934 年 10 月 4 日,3 名西达党人参加政府,分别担任农业部长、司法部长和劳工部长。在左派看来,西达党的参加内阁预示着法西斯统治的即将到来。10 月 5 日,全国举行了总罢工,一些地区的罢工转变为起义。阿斯图里亚的起义发展得最快。10 月 6 日,加泰罗尼亚总统宣布加泰罗尼亚独立,但到 10 月 7 日就被政府军镇压下去了。加泰罗尼亚失败后,全国的运动很快停息下来,只有阿斯图里亚的斗争在继续进行。领导阿斯图里亚起义的是 5 名社会党人、2 名无政府主义者和 2 名共产党人组成的革命委员会。矿工们进行了英勇的斗争,把起义一直坚持到 10 月 18 日。

人民阵线的组成及其胜利 十月起义虽然失败了,但它却推动了反法西斯人民阵线的建立。政府方面在镇压起义后采取了高压手段,把左翼共和派和左翼社会党人之间的分歧推到了次要地位。西班牙共产党与社会党之间的联系也在加强。1934 年 12 月,在两党之间成立了全国联络委员会。社会党左派领袖弗·拉尔哥·卡瓦列罗主张与西共结成全面的同盟。1935 年 8 月召开的共产国际第七次代表大会关于建立工人阶级统一战线和人民阵线的决议,不仅在工人阶级中,而且在西方整个左翼运动中产生了良好的反应。左翼共和派对西共的不可调和的态度消失了。1936年1月15日,共和党左翼、共和联盟、社会党、共产党、工团主义党、马克思主义统一工党、劳工总会、社会主义青年联盟等党派团体的代表们签订了人民阵线公约。人民阵线把工农群众、绝大多数小资产阶级、知识分子和一切自由民主力量联合起来了。

人民阵线的纲领规定:大赦1933年11月后被捕的政治犯;恢复民主自由;降低赋税和消灭高利贷;减少地租,提高农产品的收购价格;改善佃农状况,分配土地给农民和佃农;提高劳动者的工资。为了保护民族工业,实施保护关税,并采取必要的措施扶助小工商业,等等。人民阵线的纲领是温和的,目的在于捍卫共和国和维护民主制度,防止法西斯夺取政权。

1936年2月16日举行大选。人民阵线的代表获268个议席,右派和中派政党获205个议席,人民阵线取得了巨大胜利。2月19日,组成了以曼努埃尔·阿萨尼亚为首的左翼共和党—共和同盟联合政府,社会党人、共产党人和工团主义者都暂未入阁。4月10日,议会罢免了萨莫拉的总统职务。5月10日,阿萨尼亚当选总统。此后,由基罗加领导政府。

阿萨尼亚政府采取了一系列社会改革和促进民主的措施。恢复了1934年1月1日以后所有因政治理由而被解雇者的工作;停止给大地主偿付所没收土地的补偿费,并禁止强迫农民迁离他们所承租的土地;开始实行1932年通过的土地改革法,从1936年2月至7月五个月内就分配给农民71.2万公顷土地。劳动人民开始更广泛地享有言论、集会和示威游行的自由。还恢复了加泰罗尼亚的自治,并宣布西班牙一切民族都享有自治权利。

武装叛乱的开始 人民阵线政府的一系列进步措施,受到广大人民的拥护。反动派意识到通过合法手段已无法扭转西班牙的民主发展,便决定使用暴力手段,去推翻共和国。大地主、上层教士、金融资本家都拥护武装叛乱,反动将领则是他们依靠的打击力量。

武装叛乱的阴谋发动者积极寻求意大利和德国法西斯的援助。早在1934年3月,西班牙君主主义者的代表就曾去罗马,向墨索里尼求援。叛乱前夕,1936年2月桑胡尔霍将军访问柏林,商洽购买军事装备。

1936年7月17日,武装叛乱从西属摩洛哥开始,次日蔓延到西班牙本土各驻军城市。叛军的首领是弗朗西斯科·佛朗哥将军。

二、保卫共和国的斗争 外国的干涉与"不干涉"

意大利和德国的武装干涉 叛乱分子原来打算在几天内就取得胜利。首先占领西属摩洛哥,然后夺取各省会,最后推翻马德里政府。但是忠于共和政府的部队和广大工农群众以及小资产阶级奋起抵抗,粉碎了叛军速胜的企图。

佛朗哥急于把叛乱部队从摩洛哥运往西班牙,但海峡为共和政府掌握的海军所封锁,于是赶快向德国和意大利请求援助。7月28日,30架容克运输机到达摩洛哥,把大批叛军和军需品运到西班牙本部。为了支持佛朗哥,德国组织了秃鹰军团,于1936年11月到达西班牙。德国共派去了大约16 000人的支援部队,600多架飞机,200辆轻型坦克,援助总值约合5亿帝国马克。与意大利相比,德国援助的规模较小,但部队的作战能力和装备的先进程度却要远远超过意大利。德国之所以站在叛乱分子一方,当然是因为不能容忍有共产党参加的人民阵线在西班牙取得胜利。此外,还有一些重要原因:(1)德国企图把英、法的注意力吸引到西班牙,从而可以放手重整军备;(2)加剧法国内部的冲突,削弱法国;(3)使意大利更加靠拢自己。埃塞俄比亚危机后,英、法企图与意大利修好,意大利如陷在西班牙,则势必依靠德国,而再无同英、法联合的可能,并在将来德国吞并奥地利时不再干涉;(4)获取经济利益,如西班牙北部的铁矿、南部的铜;(5)把西班牙作为德国新式武器的试验场所。德军将领赖歇瑙说:"西班牙对德国来说是战争的高等学校","比在和平条件下训练十年"更有益处。为了达到以上目的,德国并不希望佛朗哥迅速取得胜利。希特勒说:"从德国方面看,佛朗哥的百分之百的胜利并非令人称心如意的。我们对继续战争和保持地中海的紧张局势更感兴趣。"

为了控制地中海通往大西洋的咽喉直布罗陀海峡,切断英国通过中东和印度的海上通道;为了使法国处于三面受敌(德国、意大利和佛朗哥统治下的西班牙)的不利战略地位,墨索里尼政府在叛乱分子一方下了很大的赌注。到1937年2月,已有49 000名意大利军队在西班牙作战。当速胜的希望破灭后,墨索里尼不能不继续增援叛军,因为如果人民阵线政府获胜,则法西斯政权在意大利的统治地位势必动摇。在整个战争中,意大利共派出官兵73 000人左右,还提供给叛军700多架飞机、700多辆坦克以及火炮、机关枪等等。军援的总值约120—140亿里尔,等于意大利一年军事预算的两倍。① 没有意大利和德国的支援,叛乱分子是绝对不可能获胜的。

英、法的"不干涉"政策　正当意大利和德国直接参加叛乱分子一边作战时,法国和英国却采取了一种危害西班牙共和国的"不干涉"政策。7月20日,法国总理勃鲁姆接到西班牙共和国总理吉拉尔的一封信,说西班牙发生了军事政变,请求立即给以武器和飞机的援助。勃鲁姆开始曾打算接受吉拉尔的请求,但很快就屈服于国内外反对援助的势力,改变了初衷。7月24日,英国外交大臣艾登对在伦敦开会的勃鲁姆说:"这是你们的事情(指援助共和政府),但是我要求你一件事,要谨慎。"25日,法国总统勒布伦和国民议会议长赫里欧都坚决

---

① 关于意大利和德国对佛朗哥的军事援助,各种统计数字相差很大。意大利出兵的数字多至15万,少至5万。对德国投入兵力的估计,多至5万,少至5 000~6 000人。

要求布鲁姆内阁不要向共和国政府输送武器。26日,英国首相鲍尔温明确指示艾登,决不可以为了法国人或者什么其他的人,使英国站在俄国人方面作战。这时,西班牙共产党的影响还很小,而援助共和政府更谈不上是为苏联而战,鲍尔温这样提出问题,足以证明英国统治者从一开始就是怀着对共产党,对社会主义国家的敌视和阶级偏见来看待西班牙问题的。

8月8日,法国内阁经过激烈争论后,最后决定对西班牙停止一切武器输出。次日,法国武器禁运开始生效。这时,虽然德、意仍在继续援助佛朗哥叛军,但勃鲁姆政府已经迫不及待地单方开始执行"不干涉"政策。8月15日,法国政府向英国驻法大使发出照会,声明"法国政府禁止将一切武器、弹药、军用物资以及一切装配的或拆散的航空器和一切作战船只直接或间接输出、再输出和运至西班牙、西班牙属地或摩洛哥西属地区的某一目的地";"此项禁令适用于正在履行中的契约。"同日,英国驻法大使将本国照会递交法国外长德尔博斯,内容与法国照会基本相同。19日,英国外交大臣艾登宣布,英国将不等待其他国家就实行对西班牙的武器禁运。以后陆续参加"不干涉"协定的国家有意大利(8月21日)、苏联(8月23日)、德国(8月24日)等,总计27个国家。9月9日,实施关于不干涉西班牙协定的国际委员会在伦敦召开了第一次会议。有了这个委员会,英、法两国政府既可借以掩饰自己剥夺西班牙政府购买武器的合法权利的行为,又可借以掩饰德、意武装援助叛军的行为。法国航空部长科特说,不干涉政策实际上是对西班牙事件的干涉,因为它"拒不允许合法政府行使它购买武器的权利"。而意大利和德国虽然名义上参加了"不干涉"协定,但根本不予执行。1939年4月20日,不干涉委员会解散。

英、法统治阶级之所以推行"不干涉"政策,首先是因为他们对西班牙人民阵线政府的出现十分反感,而且由于他们对共产党和社会主义国家素怀疑惧,于是便把前者的兴起归咎于后者的操纵,更加决心扼杀西班牙人民阵线政府。正由于此,佛朗哥反倒成了英、法统治阶级的宠儿。英国第一海务大臣查特菲尔德盼望佛朗哥获得胜利,说"他比赤色分子有高贵得多的目标"。法国大多数反动派,甚至许多温和的保守派都把佛朗哥看作"捍卫秩序的战士"。英、法统治阶级还怕西班牙人民阵线政府取得胜利后,影响法国的政局,法国可能随之"布尔什维克化"。其次,英、法这时都想绥靖德国和意大利,缔结新的洛迦诺公约,因而力求避免在西班牙问题上与德、意发生冲突。1936年7月20日,英国内阁秘书兼国防委员会秘书汉基爵士主张:"在欧洲的目前情况下,由于法国和西班牙都受到布尔什维主义的威胁,不久以后与德国和意大利共命运可能对我们是有利的"。同年12月23日,法国外长德尔博斯向德国驻法大使提出建议:"在隔绝和消灭西班牙战火方面合作";"讨论和满足德国的愿望,并在同时解决洛迦诺问题"。

美国没有参加不干涉委员会,但实际上也实行了"不干涉"政策。1937 年 1 月 8 日,美国参众两院通过联合决议,禁止从美国或美国属地向"西班牙敌对双方中之任何一方"输送武器。但美国的中立是虚伪的,叛军所需的石油 75% 以上是美国石油公司供给的。

苏联和国际纵队对共和国的支援　西班牙共和国所进行的反对叛乱分子和德、意法西斯武装干涉的正义斗争,得到了苏联和世界上一切进步人士的同情与支援。1936 年 10 月,苏联的第一批援助到达。从 1936 年 10 月到 1938 年 8 月,苏联向共和国提供了 648 架飞机、347 辆坦克、1 183 门火炮以及其他一些武器。苏联的志愿人员大约有 3 000 名,主要是军事顾问、飞行员和坦克手。1938 年以后,苏联的援助基本停止。

还有来自世界各个国家的志愿人员组成"国际纵队",支援共和国的正义事业。1936 年 10 月 22 日,共和国政府批准成立国际纵队,同年 11 月 8 日,第一批队员走上前线。国际纵队包括 54 个国家的共产党人、社会党人、自由主义者、无政府主义者以及其他无党派人士和天主教徒,他们当中有工人(占 50% 以上)、农民、职员、军人和知识分子,总计约 4 万人左右。① 在保卫马德里以及其他一些战役中,国际纵队发挥了重要的作用。1938 年 10 月,根据国际不干涉委员的规定,共和国政府通过了一项从西班牙撤出志愿军的决议。10 月 28 日,国际纵队在巴塞罗那举行了告别检阅。当检阅的队伍通过街道时,满面流泪的群众拥抱他们,激动地说永远不会忘记他们。光荣地牺牲在西班牙土地上的国际纵队战士,大约有 7 000 人。

马德里保卫战　从战争的最初几个月起,叛军的进攻目标就是共和国首都马德里。1936 年 9 月 4 日,叛军占领了塔拉韦腊,距马德里只有 70 公里,共和国面临着巨大危险。在这种情况下,以左翼社会党人拉哥尔·卡瓦列罗为首组成了第一届人民阵线政府,包括共产党在内的各个党派都参加进来。新政府在 10 月 7 日颁布法令,没收共和国公敌的地产,把 542 万公顷的土地分配给 38 万户雇农和农民。10 月 8 日,批准巴斯克族各省实行自治,从而解决了西班牙最尖锐的内政问题中的一个。还实行了其他一些民主改革,如颁布了关于劳动保护、提高工资、限制童工、规定 8 小时工作制的法律。1937 年 2 月 5 日颁布的男女平等的法令具有重大的意义,妇女从此更加积极地参加保卫共和国的斗争。由于采取了这些措施,共和国的力量大大增强。从 1936 年 9 月到 1937 年 3 月,共和国军民击退了叛军的四次大规模进攻,胜利地保卫了马德里。1936 年 11 月,共和政府迁往巴伦西亚。11 月 18 日,德国和意大利承认佛朗哥政府。

瓜达拉哈拉之战,是共和国取得的一次辉煌胜利。1937 年 3 月 8 日,在德

---

①　佛朗哥方面的夸张说法,是 12.5 万人。

国飞机、坦克和大炮的支援下,4个师的意大利正规军在距马德里50公里的瓜达拉哈拉地区发动了进攻。3月18日,共和军转入反攻,大败意军,意军伤亡数千人、被俘1 000人。在打败意大利法西斯侵略者的共和国军队中,恰恰有国际纵队的意大利反法西斯战士,这使墨索里尼尤为沮丧。

三、共和国的灭亡

涅格林政府 1937年3月以后,有一段时间两军对峙,互有胜负。5月初,无政府工团主义分子和托派分子在巴塞罗那掀起反共和政府的叛乱。平定叛乱后,卡瓦列罗拒绝共产党人关于解散托派组织的要求,于是两名共产党部长辞职,卡瓦列罗企图组织没有共产党人参加的新内阁,未果,他被迫辞职。5月17日,社会党领袖胡安·涅格林组成了第二届人民阵线政府。10月21日,叛军占领希洪,完成了对西北地区的占领。10月28日,共和政府从巴伦西亚迁至巴塞罗那。

1938年4月30日,涅格林政府发表了关于战争目的的宣言,又称"十三条纲领"。战争的目的是:保证西班牙的绝对独立和完整;把领土从外国侵略军手中解放出来;尊重各地区的自由,而不损害西班牙的统一;保证公民享有私人生活、社会生活和信仰自由的充分权利;彻底实行土地改革,以消灭旧的半封建贵族财产;实施进步的社会立法,来保证工人的权利,等等。十三条纲领受到一切反法西斯力量的热烈拥护。

加泰罗尼亚的陷落 1938年6月,叛军开始猛攻巴伦西亚。共和国军队在7月25日发动了西班牙战争中最大的一次战役——埃布罗河战役。埃布罗河战役持续四个月之久,叛军伤亡达8万多人,共和国方面也受到重大损失,它的精锐部队从此一蹶不振。12月底,叛军向加泰罗尼亚大举进攻。叛军加上意、德侵略军,约有34万人,装备着飞机、坦克、大炮等重型武器,而共和国的军队只有12万人。在多次战斗中已经元气大伤而且装备很差的共和国军再也坚持不住了。1939年1月26日,共和国军放弃巴塞罗那,加泰罗尼亚全境随即陷落。总统阿萨尼亚移居法国,他严重动摇,主张不惜一切代价结束战争。共和国只剩下了中部和东南部地区。2月27日,英、法终于摘下了"不干涉"的假面具,无条件承认佛朗哥政府。

卡萨多的军事政变 1939年3月6日,共和国中央战线司令卡萨多上校和右翼社会党人贝斯泰罗在马德里发动军事政变,成立了"国防委员会",随后便向佛朗哥请求谈判。佛朗哥要求无条件投降。卡萨多等见谈判无望,赶忙乘英国军舰逃往英国。3月28日,叛军进入马德里。4月1日,佛朗哥宣布"战争结束"。

西班牙民族革命战争的历史意义 在英勇战斗了两年零八个月以后,西班牙共和国灭亡了。共和国失败的原因,首先是由于意大利和德国的武装干涉和英国、法国名为"不干涉"的干涉。德、意直接以武装部队和大量军火支援叛军,英、法、美则以"不干涉"、"中立"的办法剥夺了共和政府从国外购买武器的合法权利。否则,叛乱是可以平定的。其次,是人民阵线内部的不够团结,缺乏坚强有力的领导。

西班牙人民所进行的战争是一场民族革命战争。它是反对外国武装干涉、维护国家主权独立的,所以具有民族战争的性质;它是反对君主制、封建大庄园制和教权制的,所以具有资产阶级民主革命的性质。西班牙共和国虽然灭亡了,但这场民族革命战争不仅在西班牙历史上,而且在世界反法西斯战争历史上写下了光辉的一页。它生动地证明了:人民的力量是多么的伟大。西班牙这样一个落后的农业国,竟然能在德、意、英、法、美列强的共同扼杀下,坚持战斗长达三年之久! 西班牙民族革命战争还牵制了德、意法西斯对其他国家的侵略活动,在某种程度上推迟了第二次世界大战的爆发。

第四节 德国吞并奥地利和慕尼黑协定

一、德国吞并奥地利

1934 年德国第一次夺取奥地利的失败 德国和奥地利都是以德意志民族为主体的国家,德奥合并的问题由来已久。第一次世界大战结束前后,德、奥两国出于不同的目的,都有实现两国合并的意图。1918 年 10 月,德军军需总监鲁登道夫写信给外交部,请他们考虑以实现德奥合并来补偿德国因"战争所带来的其他地区的损失"。奥地利临时国民议会考虑到战败及奥匈帝国的解体给奥地利带来的影响,于 11 月 12 日通过了与德国合并的决议。但协约国在建立凡尔赛体系的过程中,把削弱德国作为一项极其重要的内容,故严禁德奥合并。凡尔赛条约第 80 条和圣·日耳曼条约第 88 条都规定:奥地利之独立如非经国际联盟行政院之许可,不得变更。1921 年奥地利经济严重恶化。为了维护欧洲资本主义秩序的稳定,英、法、意、捷四国于 1922 年 10 月 4 日同奥地利签订了"关于恢复奥地利的议定书",向奥地利提供经济援助,但要求奥地利保证"不放弃其独立","避免进行旨在直接或间接危害这种独立的任何谈判或承担任何经济上或财政上义务"。此后,奥地利的独立实际上是由英、法、意三国来维持的。

20 年代,德国处于战后恢复时期,主客观条件都不允许实现德奥合并。1933 年纳粹党夺取政权后,德奥合并再次成为严重的国际问题。希特勒最初企图采用扶植奥地利纳粹党人的办法,利用他们在奥地利内部进行颠覆活动,以实现德奥合并。1934 年 7 月 25 日,一群奥地利纳粹分子突然闯入维也纳总理府,枪杀总理陶尔斐斯,另外一些纳粹分子占领了广播电台,并宣布林特伦(奥地利驻意公使)为总理。叛乱分子遭到迅速镇压,墨索里尼派出四个师陈兵勃伦纳山口,并向奥地利政府发出急电,允诺意大利支持奥地利的独立。在这种情况下,希特勒不得不否认与叛乱阴谋有任何关系,暂时收敛起来,等待时机再次实行吞并奥地利的计划。

1936年德奥协定 1936年下半年的国际形势,对德国十分有利。1935年10月意大利发动侵略埃塞俄比亚的战争,受到法、英的纵容,而且意大利本身由于陷入侵埃战争,无力再与德国争夺奥地利。1936年3月,德国重新占领莱茵非军事区,公然违反凡尔赛条约和洛迦诺公约,也未受到英、法的干涉。鉴于上述种种情况,新任总理许士尼格只得尽力避免德国的干涉,使希特勒容忍现状。1936年7月11日,许士尼格同德国驻奥公使冯·巴本签订了一项秘密协定和一份供公开发表的公报。在公报中,德国政府表示:"承认奥地利联邦的全部主权";双方互不干涉内政,包括奥地利民族社会主义问题在内;奥地利承认自己是一个德意志国家。但秘密协定则要求奥地利按照德国政府的外交政策来执行自己的外交活动;实行政治性大赦,实即大赦奥地利纳粹党政治犯;任命"奥地利的民族反对派"分担政务。通过德奥协定,德国基本上控制了奥地利的内政和外交。

希特勒吞并奥地利的最后决策 继意大利侵吞埃塞俄比亚和德军重新进入莱茵非军事区之后,德、意又于1936年7月底参加到佛朗哥叛军一方,公开进攻西班牙共和国。这一公然违反国际法的武装干涉行为仍然受到了英、法两国的纵容。1937年,希特勒认为彻底解决奥地利问题的时机已经成熟。11月5日,他召集作战部长、外交部长和三军总司令,举行了一次重要的秘密会议。这次会议由希特勒的军事副官霍斯巴赫上校担任记录,会后整理出一份备忘录,通称为《霍斯巴赫备忘录》。根据备忘录的记载,希特勒认为德国的前途完全决定于如何解决生存空间的需要。解决生存空间,首先要向欧洲发展,而不是到海外去寻找殖民地。德国的第一个目标应是夺取捷克斯洛伐克和奥地利,这就不能不动用武力。那么,列强是否会进行干涉呢?希特勒估计,英国面临重重困难,不会参与对德战争,而没有英国的支持,法国也不可能对德国采取军事行动。总之,希特勒已下定决心要吞并奥地利和捷克斯洛伐克。

意大利放弃奥地利 意大利在侵埃战争中已经消耗了很大的力量,在干涉西班牙内战中又投入了大量的兵力,而且由于共和国的坚强抵抗,不得不一再增兵,这样就再也无力与德国争夺奥地利,甚至要求助于纳粹德国了。墨索里尼继宣布罗马—柏林轴心之后,于1937年11月6日参加了德、日《反共产国际协定》,三国正式结成法西斯侵略集团。在签订反共产国际协定之际,墨索里尼对里宾特洛甫说:"他为奥地利的独立'站岗'已经感到厌倦",今天意大利对这个问题已经不像前几年那样关心,因为意大利的发展已经转移到地中海和殖民地上去了。意大利放弃奥地利,解除了德国吞并奥地利的一大障碍。

英、法的绥靖政策 德国如果实现吞并奥地利的计划,实力势必大大增加,这对法国的安全将构成很大的威胁。但是,30年代的法国左右两派的斗争异常激烈,政局不稳,内阁更迭频繁,存在只一个月的竟有好几届,因此再也无力对德国采取强硬政策,无可奈何地走上绥靖的道路。1937年11月8日,法国财政部长博内(后改任外交部长)对路经巴黎的德国驻奥大使巴本说:法国对1936年7月德奥协定签订后两国在经济和文化方面建立更密切的联系没有任何异议,并同意捷克斯洛伐克境内的德意志少数民族应享有广泛自治。随后,法国总理肖当又会见了巴本,说他自己"并不反对德国通过演化手段明显地扩大它在奥地利的势力"。

英国一直谋求全面解决与德国的矛盾,在"总解决"中,奥地利、捷克斯洛伐克、波兰都是讨价还价的筹码。1937年11月19日,英国枢密大臣哈里法克斯在伯希特斯加登拜会希特勒,明确表示"凡尔赛强制条约的错误必须加以纠正",欧洲秩序的变更问题,亦即但泽、奥地利和捷克斯洛伐克问题,迟早定会发生,英国所关心的只是"这些变更必须通过和平演变来实现"。希特勒摸到了英、法的底,知道它们对德国吞并奥地利不会进行干涉,便放手大胆去干了。

武装吞并奥地利 在德国的强迫下,许士尼格于1938年2月12日在伯希特斯加登同希特勒举行了会谈。上午,希特勒和许士尼格单独会谈了两个小时,希特勒以极其粗暴的态度对许士尼格进行谴责和威胁,甚至辱骂许士尼格是"奥地利政治的卖国贼"。午餐后,德国外交部长里宾特洛甫把一份用打字机打好的德奥议定书草案交给许士尼格,说草案提出的要求是最后要求,不许讨论。随后,希特勒再次召见许士尼格,说:"你必须在三天内履行我对你们提出的这些要求,不然我就要下令向奥地利进军。"在威逼下,许士尼格签了字。德奥议定书规定:奥地利政府应随时就两国共同关心的外交政策问题同德国交换意见,并对德国的愿望和行动从道义上、外交上和出版物上予以支持;任命赛斯-英夸特为奥地利保安部长;取消禁止奥地利民社党活动的禁令;对受到法院和警察惩罚的一切奥地利民社党人大赦;系统地交换军官100人;两国总参谋部定期举行会议,等等。实行议定书的要求,奥地利实际上将丧失独立。

许士尼格13日回国后,立即谒见总统米克拉斯。为了强迫奥地利在三天内作出明确而有约束力的答复,希特勒命令德军在德奥边界采取模拟式军事行动。在武装入侵的威胁下,米克拉斯于2月16日宣布大赦纳粹罪犯,并任命赛斯-英夸特为内政部长。但是,希特勒并不因此而满足,他于2月20日在德国国会发表演说,宣称在奥地利和捷克斯洛伐克居住着1 000万德意志人,德国有责任使他们获得政治上和精神上的自由。奥地利的纳粹党徒也不断举行示威,要求德奥合并。在国家生死存亡的关头,在意、法、英的外援都已不可指望的情况下,许士尼格打算用公民投票的方式,决定国家的前途。3月9日,他宣布将于3月13日举行公民投票,由奥地利人民决定是否赞成一个自由的、独立的、社会的、基督教的和统一的奥地利。

希特勒闻讯大怒。3月11日,他下达了代号为"奥托"的军事行动方案的第一号指令,命令德国陆军和空军必须准备好在1938年3月12日入侵,至迟不得晚于12点钟。11日,戈林整天不断通过电话,指示赛斯-英夸特和德国驻奥使馆官员,要求许士尼格立即辞职,奥地利总统必须立即委任赛斯-英夸特组织新内阁。否则,驻扎在德奥边境上的德军将于11日晚全线开入。3月11日夜,米克拉斯终于屈服,委任赛斯-英夸特组阁。3月12日凌晨,德军开进奥地利,3月13日,希特勒和赛斯-英夸特签署了《关于奥地利和德国重新统一法》,独立的奥地利灭亡了。

德国吞并奥地利后,不仅增加了700多万人口,而且从三面包围了捷克斯洛伐克,大大改进了它的战略地位。英、法坐视奥地利灭亡而不问,使希特勒进一步看清了它们的绥靖外交,于是便有恃无恐地对捷克斯洛伐克下手了。

二、慕尼黑协定

苏台德问题和五月危机 捷克斯洛伐克位处欧洲中心,战略地位十分重要。德国如能占领捷克斯洛伐克,则向东进攻苏联时,可用它作为桥头堡;向西进攻法国时,可无后顾之忧。而且,侵吞捷克斯洛伐克后,还可占有它的发达的工业和丰富的人力物力资源。希特勒对捷克斯洛伐克垂涎已久,他企图利用苏台德问题作为入侵的突破口。

捷克斯洛伐克是一个多民族国家,约有350万德意志人居住在西北边境的苏台德区。苏台德区战前属于奥匈帝国,从来不是德国的领土。德意志人作为捷克斯洛伐克境内的少数民族,没有受到歧视。但早在1933年10月,希特勒就唆使康拉德·汉来因,成立了苏台德德意志党,专门从事分裂活动,阴谋把苏台德区并入德国。还在吞并奥地利以前,德国作战部长兼国防军总司令勃洛姆堡根据希特勒的指示,于1937年6月24日制定了代号为"绿色方案"的突然进攻捷克斯洛伐克的计划。占领奥地利后不久,希特勒就在1938年3月28日召见汉来因,面授机宜,命令他继续不断提出"捷克斯洛伐克政府不能接受的种种要求"。根据希特勒的指示,汉来因于4月24日在卡尔斯巴德召开苏台德德意志党代表大会,提出了8条纲领,要求在苏台德区建立一个德意志区,实行完全自治;苏台德区全部官职由德意志人担任,等等。捷克斯洛伐克政府深知对汉来因无论做出多大让步,也不能使他的主人希特勒满意,但在英法的压力下还是在相当大的程度上满足了苏台德德意志党的要求,可是汉来因分子仍以政府拒绝苏台德区完全自治为借口中断了谈判。

5月18日,捷情报机构报告谈德军正在边境集结。5月19日,莱比锡的一家报纸登出了德军调动的消息。鉴于奥地利被突然占领、汉来因分子无理中断谈判,现在又传来德军集结的消息,捷克斯洛伐克政府于5月20日宣布局部动员,征召后备役人员和某些技术人员入伍。战争大有一触即发之势,形成了所谓的"五月危机"。

事变突然发生,出乎英法意料之外。它们不能允许未经交易就由德国自行占领捷克斯洛伐克。5月21日,法国外交部长宣称,如果德军越过德捷边界,法国将履行1924年《法捷同盟友好条约》的义务。同日,英国也声明,如果法国履行法捷条约的义务,英国不能保证在事件的压力下自己不会介入。五月危机期间,苏联政府多次声明,要同法国和捷克斯洛伐克一起采取一切措施保证捷克斯洛伐克的安全。

纳粹德国当时尚未做好战争的准备。在捷克斯洛伐克决心抵抗入侵和国际社会的压力下,不得不暂时收敛一下。5月23日,希特勒指示德国外交部通知捷驻柏林公使,说德国没有侵略捷克斯洛伐克的企图,德军在边境集结的传闻是毫无根据的。"五月危机"得以克服的事实说明:只要捷克斯洛伐克自己坚决抵抗,又有国际社会的援助,纳粹德国的侵略行为是完全可以制止的。

伯希特斯加登和哥德斯堡会谈 希特勒在"五月危机"后,继续全力推行他侵占捷克斯洛伐克的计划。1938年5月30日,他下达了关于"绿色方案"致三军总司令的命令。命令说:"在最近的将来用军事行动去粉碎捷克斯洛伐克,是我的不能变更的决定。"命令指出,就军事行动来说,应充分利用突然袭击,"办法是在和平时期就采取适当的准备措施,并以意料不到的速度发动进攻。"

英、法在"五月危机"中的表现,表面上看来是很坚决的,实则不然。5月22日晚,英国驻巴黎大使菲普斯往见法国外交部长博内,向他宣读了英国外交大臣哈里法克斯的来电,内称:"一旦捷克斯洛伐克问题未能获得和平解决,法国政府不应对英王政府的态度抱有任何错误的幻想。"电报强调说,法国政府不应根据英国政府5月21日的声明,就以为英国会立即与法国采取联合一致的军事行动来保护捷克斯洛伐克免遭德国的侵略。特别值得注意的是:电报认为当时的军事形势是:"法国和英国,即使再加上可望来自俄国的援助,也不足以阻止捷克斯洛伐克免遭德国蹂躏。"英国的这种态度正是法国绥靖派所欢迎的,以后他们多次以英国不肯援捷为理由,来为自己拒绝履行法捷条约的义务的行为作辩解。

为了使捷克斯洛伐克尽早屈服,7月26日张伯伦在英国下院宣布:英国议员伦西曼将"应捷克政府之请"去布拉格,"仅仅以他个人的身份"充当捷政府与苏台德区德意志党人之间的"调解人"。其实,伦西曼的布拉格之行并非出自捷方的邀请,而是英国为了便于自己直接插手,硬逼出来的。伦西曼在他的"调解活动"中,完全站在德国和汉来因分子一方,公然主张把苏台德区割让给德国。

在德国和英、法的压力下,捷克斯洛伐克总统贝奈斯于9月4日召见苏台德德意志党的头目,几乎全部接受了"卡尔斯巴德纲领",同意给他们广泛的自治权利。但是,希特勒的根本目的是吞并捷克斯洛伐克,苏台德问题不过是一个借口而已,因而捷方的让步并不能使他就此罢手。9月7日,希特勒指示汉来因中断同政府的谈判。9月12日晚,他在纳粹党代表大会上,大骂捷克斯洛伐克和贝奈斯总统,叫嚣不能容忍捷克的现状继续下去。与此同时,英法的报刊极力渲染世界大战迫在眉睫,绝对不能为捷克斯洛伐克的边界而冒大战的风险。

战争恐怖的气氛已经造成。张伯伦认为牺牲捷克斯洛伐克、实现英德谅解的时机已经成熟,于是在9月13日晚急电希特勒,建议立即与他商讨"寻求和平解决的办法"。得到希特勒的同意后,9月15日,69岁高龄的张伯伦生平首次乘飞机到达德国慕尼黑,遂即前往伯希特斯加登会晤希特勒。在会谈中,希特勒表示将不惜一切代价使居住在捷克斯洛伐克的300万德意志人回归德国。为此,他将面对任何战争,甚至冒世界大战的危险。不论世界上其他国家如何行事,他将寸步不让。张伯伦表示,他不能代表整个英国政府发表明确的声明,但就个人的看法而言,他承认苏台德区分离的原则,并希望回国后取得政府的批准。

张伯伦回国后,同法国政府共同起草了对捷克斯洛伐克政府的声明,于9月19日交给捷方。声明认为应将苏台德德意志居民超过50%的地区立即直接让渡给德国,否则"和平的维护和捷克斯洛伐克切身利益的安全,便不可能获得切实的保障。"声明还表示,英国首相必须于9月21日以前同希特勒重开谈判,因此希望尽快予以答复。英、法政府的声明引起了捷克斯洛伐克举国一致的愤慨,捷政府理所当然地拒绝了这份实质上等于最后通牒的外交照会。但是英、法政府训令它们的驻捷公使,以极其强硬的措词表示:"捷克斯洛伐克共和国如果作否定的答复,就得负挑起战争的责任。"如此,英国将"置身事外","法国将不参加在这种情况下发生的战争,即不履行条约。"英、法公使还要求"必须尽速回答和无条件地接受"。英、法竟然要一个遭到侵略威胁的小国把自己的领土拱手让给侵略者,否则就要负挑起战争的责任,这实在是蛮横达于极点的强盗逻辑。9月21日,捷克斯洛伐克政府被迫接受了英、法两国的建议。

9月22日,张伯伦再次飞往德国,在哥德斯堡和希特勒举行了第二次会谈。张伯伦以为英、法的建议这次可以使希特勒满足了,不料希特勒说形势已变,又提出了新的要求,即德意志族占居民50%以上的地区由德国进行军事占领;德意志族不占居民多数的地区,由公民投票决定其归属。同时还要满足匈牙利和波兰对捷克斯洛伐克提出的领土要求。9月23日,希特勒把一份备忘录和标有捷克斯洛伐克新国界的地图交给张伯伦,限期捷方在9月28日交出苏台德区,后来又假惺惺地做了一点让步,容许把交接日期宽延到 10 月 1 日。

慕尼黑协定的签署 对于纳粹德国的暴力威胁,捷克斯洛伐克人民义愤填膺,全国掀起了抗议浪潮,要求抵抗侵略。9 月 25 日,捷驻伦敦公使把拒绝哥德斯堡条款的照会交给了英国。9 月下旬,苏联政府多次声明,将根据《苏捷互助条约》立即给予捷克斯洛伐克以有效援助。苏联还把 30 个步兵师调往西部边境地区,空军和坦克部队也已处于充分戒备状态。但是,贝奈斯政府一味依赖英法,而不积极谋求自救之策,更不敢接受一个社会主义国家的援助。9 月 27 日,张伯伦发表广播演说,公然表示:"我们对一个在强大邻邦压境下的小国不论抱有多大同情,但总不能仅仅为了它而不顾一切地使整个不列颠帝国卷入一场战争。"这篇演说进一步给希特勒壮了胆。28 日,张伯伦分别写信给希特勒和墨索里尼,建议由英、法、德、意、捷五国举行会议,讨论领土割让事宜。同日,希特勒同意召开国际会议,向英、法、意三国发出邀请,但不让捷克斯洛伐克派代表参加。

9 月 29 日,张伯伦第三次飞往德国,在慕尼黑同达拉第、墨索里尼、希特勒举行会议。30 日凌晨,四国签署了《关于捷克斯洛伐克割让苏台德领土给德国的协定》。协定规定苏台德区以及捷南部与奥地利接壤的地区割让给德国,捷方应于 10 月 1 日至 10 日间从上述领土撤退完毕;上述地区的任何设备都不得损害,无偿交给德国。协定的附件规定,英、法将保证捷克斯洛伐克新国界不受无端侵略;德、意则在捷克斯洛伐克境内的波兰和匈牙利少数民族问题已告解决时,才给予保证。

捷克斯洛伐克虽然是当事国,但它的两名代表未被允许参加会议,仅在会议结束后,才被带到举行会议的大厅。张伯伦把协定的文本交给捷方代表马斯特尼去宣读;毫不掩饰他的困倦,不停地打呵欠,没有一点窘迫的神色。法国外交部秘书长莱若蛮横地说,英、法不再等待捷方的答复,认为这个计划已被接受。

慕尼黑会议把英、法的绥靖政策推到了顶峰,它不是像张伯伦所吹嘘的那样,带来"我们时代的和平",而是加速了世界大战的爆发。《慕尼黑协定》不仅大大增强了德国的经济和军事实力,而且提高了希特勒在国内的威望,巩固了他的统治地位。英法只图苟安一时,以为借牺牲捷克斯洛伐克,便可缓和它们自己与德国的矛盾,英国甚至妄想在德奥合并、苏台德区割让和但泽问题解决后,即可实现英德之间的"总谅解",保住大英帝国的既得利益。但是,英法越是退让,希特勒越是看不起它们,轻蔑地把他的对手叫做"一批可怜虫",越是敢于放手发动侵略战争。慕尼黑会议后不到半年,德国便灭亡了捷克斯洛伐克。

第五节　大战的迫近

德国吞并捷克斯洛伐克　慕尼黑协定签字后,希特勒立即着手吞并整个捷克斯洛伐克。在德国的策动下,1938 年 10 月 7 日,斯洛伐克成立了"自治政府"。1939 年 3 月 14 日,斯洛伐克总理提索发表了由德国起草的"独立宣言"。3 月 16 日,提索致电希特勒,"要求保护",德国军队随即开入斯洛伐克。

至此,原来的捷克斯洛伐克只剩下波希米亚和摩拉维亚了。3 月 14 日,希特勒召见捷克斯洛伐克总统哈查,强迫他在德国已经拟好的《德捷协定》上签字。3 月 15 日,德军进驻波希米亚和摩拉维亚。16 日,希特勒宣布成立"波希米亚—摩拉维亚保护国"。吞并捷克斯洛伐克,大大增强了德国的力量。捷克斯洛伐克的装备精良、训练有素的 40 个师不再与德国为敌了。闻名欧洲的斯科达兵工厂,也落入德国的手中。它在 1938 年 8 月到 1939 年 9 月间的产量,几乎等于同期英国各兵工厂产量的总和。

波兰危机与英国的对波保证　吞并捷克斯洛伐克之后,德国的下一个侵略目标是波兰。侵占波兰,对于德国发动世界大战具有重大的作用。征服波兰后,一旦同西方发生冲突,就可消除东西两线作战的威胁;如要向东进攻苏联,也必须以波兰作为前哨阵地。在经济上,波兰的粮食和劳动力,对德国进行战争也是非常需要的。

纳粹德国首先从但泽(今格但斯克)和波兰走廊问题下手。慕尼黑协定签字后不到一个月,德国就于 1938 年 10 月 24 日向波兰提出要求:归还但泽自由市,并在波兰走廊修筑一条铁路和一条高速公路,二者都享有治外法权。波兰拒绝了德国的这些要求。1939 年 3 月德国吞并捷克斯洛伐克后,以越来越强硬的态度重新提出对但泽的领土要求。

英国签订慕尼黑协定时,原指望从此可以达成英德之间的谅解与合作,但慕尼黑会议后不到半年德国就吞并了捷克斯洛伐克。1939 年 3 月 15 日下午,当德国军队正在长驱直入波希米亚和摩拉维亚时,张伯伦在下院竟然发表了一篇仍然充满"慕尼黑精神"的演说。他以斯洛伐克宣告"独立"为借口,说什么"由于这一宣告,结果使我们曾建议担保其边界的那个国家,因内部分裂而消灭了",因而"英王陛下政府也就不再受该项义务的约束。"张伯伦没有料到这篇讲话在工党、自由党,甚至保守党内部引起强烈不满,英国的社会舆论也纷纷谴责德国的暴行和政府的绥靖政策。在这种形势下,张伯伦不得不在 3 月 17 日于伯明翰发表演说,表示要纠正 3 月 15 日讲话引起的"误解"。他以大量的篇幅为他的慕尼黑政策进行辩护,同时也作出强硬姿态,说:"如果以为我国认为战争是一件愚蠢而残酷的事情因而已失尽血性,以致在受到挑战的时候也不会尽其全力予以抵抗，那就大错特错了。"这篇演说被西方誉为宣布了英国的"外交革命"，其实并无实际的重要内容，因为张伯伦就在这段听来激昂慷慨的话的前面，还强调说："不准备在无法预见的形势下使我国承担新的不明确的义务"。

1939年3月22日，德国占领默麦尔。3月23日，罗马尼亚与德国签订经济协定，沦为德国的农业附庸。从3月27日起，英国报刊上不断披露有关德国调动军队和即将入侵波兰的惊人消息。3月28日，德国报纸对波兰猛烈攻击，大骂波兰虐待境内的德意志少数民族，这被许多人看作德国即将入侵波兰的先兆。形势日益恶化，而张伯伦政府依然无所作为，艾登集团和丘吉尔等36名议员（除3人外均为保守党员）遂在下院提出议案，要求成立由保守党、自由党和工党联合组成的国民政府。这个提案反映了保守党内反对派不满情绪的加剧，甚至意味着准备更换首相。另一方面，匈牙利于1939年3月16日宣布合并喀尔巴阡乌克兰。喀尔巴阡乌克兰位于捷克斯洛伐克的东端，德国如占有此地，就能据以进一步侵入苏联乌克兰。但现在它把如此重要的一块地方让给匈牙利，这显然表明德国不打算立刻与苏联发生冲突。鉴于德国不会立刻与苏联发生冲突，张伯伦政府便企图联合波兰，组成"东线"，造成东西夹击的态势，以"威慑"德国，使之不敢首先西进。这样做，也可应付上述的国内压力，渡过政治难关。于是，张伯伦于1939年3月31日在下院宣布："如果一旦发生任何明显地威胁到波兰独立的行动，而波兰政府因此也认为亟须动员全国力量进行抵抗时，英王陛下政府将认为自己有义务立即给波兰政府以全力支持。"

1939年4月6日，在波兰外长贝克访英后，发表了英波会谈公报："双方同意准备着手制订一项永久性互惠协定，以代替目前英王陛下政府对波兰政府的临时性单方面保证。"但在此后，英国在经济上和军事上都未给波兰以实际的援助。因此，英国的对波保证绝不表示绥靖政策的终结，而只说明它在对德外交方面发生了某种策略上的变化。这种新策略就是一面公开地作出强硬姿态，给德国以警告，另一方面则在暗地里（有时也公开地）继续推行绥靖政策，让德国知道：英国不能再毫无代价地送掉波兰，但是如果英德合作的大目标能够实现，波兰也不是不可以牺牲的。

纳粹德国对于英国的"威慑"并不害怕。1939年4月3日，希特勒批准了侵略波兰的"白色方案"，命令必须做好准备，"能在1939年9月1日以后的任何时间内发动军事行动"。1939年5月22日，《德意友好同盟条约》签订（即所谓"钢铁同盟"）。这个德意法西斯的军事同盟条约赤裸裸地宣布，两国"决心为保障它们的生存空间……而共同奋斗"。如缔约一方同一国或数国发生战争时，另一方应立即以自己的陆海空军力量予以援助。新的世界大战到了一触即发的关头。

英、法、苏三国谈判 在战云密布的紧急关头，稍有头脑的人都清楚，英、法只有同苏联联合起来,才能制止纳粹的侵略,防止世界大战的爆发。一些著名的政界人士如英国的劳合·乔治、丘吉尔,法国的赫里欧等,都主张同苏联结盟。以张伯伦、达拉第为首的英、法政府由于他们推行的绥靖政策屡遭失败,在舆论的压力下,也不得不稍稍改变拒绝与苏联实行任何联合的顽固态度。

苏联虽因慕尼黑勾结增加了战争的危机感和对英法的不信任,但仍未放弃同英法组成反法西斯同盟的企图。经过一段互相试探以后,从1939年4月到8月,英、法、苏三国进行了关于缔结互助条约的谈判。4月14日,英国外交大臣哈里法克斯训令英国驻苏大使向苏联提出建议,说明英、法两国已经向波兰和罗马尼亚提供了安全保证①,因此希望苏联政府能主动地发表一项公开声明:"一旦苏联的任何欧洲邻国遭到侵略并进行抵抗时,如果希望得到苏联的援助,苏联将随时援助他们。"同日,法国外交部长博内把法国的建议交给了苏联驻法大使,即两国以互换信件形式补充1935年的法苏互助条约,规定苏法双方中的任何一方因援助波兰或罗马尼亚而同德国发生战争时,对方"将立即予以援助和支持"。英国的建议要求苏联对它的任何欧洲邻国都提供安全保证,而英、法却只对波兰和罗马尼亚负有援助义务,这是很不平等的,法国的建议则至少在原则上是对等的。

4月17日,苏联提出了自己的反建议8点,主要两点是:英、法、苏缔结为期5至10年的盟约,彼此承担义务,在欧洲一旦发生针对任何一个缔约国的侵略时,立即互相给予一切可能的援助,包括军事援助在内;英、法、苏约定,在发生针对分布于波罗的海与黑海之间同苏联接壤的东欧国家的侵略时,给予这些国家以一切可能的援助,包括军事援助在内。法国由于直接受到德国的威胁,对苏联的建议持比较肯定的态度,认为"在很大程度上是有益的"。英国拖到5月8日才给以答复,仍然要求苏联政府声明:如果英国和法国因履行它们对波兰、罗马尼亚、希腊等国的义务而卷入军事行动,苏联政府一定立即给予所需要的帮助。这仍然是对苏联的单方面要求,自然为苏联所拒。以后双方又提出了一些建议,仍然未能达成协议。

苏联为了打破谈判僵局,于7月9日建议不等政治谈判取得结果,立即开始同时进行军事谈判。英法虽然接受了苏联的建议,但并无紧迫感,它们的代表团乘船而不是乘飞机前往苏联。苏联代表团团长是国防人民委员伏罗希洛夫元帅,地位很高,并拥有签订军事协定的全权证书。法国代表团团长杜芒克将军有本国政府的授权,但在法国军界的地位不高。英国代表团团长德拉克斯是一名

① 1939年4月13日,英国政府发表了保障希腊和罗马尼亚的声明。同日,法国政府发表了保障希腊、罗马尼亚和波兰的声明。

退役的海军上将,他甚至连签约的授权都没有。①

　　谈判从 8 月 12 日开始,到 8 月 21 日结束。关键是当德国对波兰、罗马尼亚、法国发动侵略战争时,苏军是否有权通过波兰和罗马尼亚的领土给德国以打击。苏方认为,由于苏德没有共同边界,"过境权"的问题如不解决,苏联就无法给波、罗、法、英以援助,军事谈判也就必然遭到失败。但是,波兰和罗马尼亚坚决不同意苏军过境,英、法也未对它们施加足够的压力。8 月 21 日,伏罗希洛夫声明,由于苏军通过波兰和罗马尼亚的问题未获解决,建议长期休会。

　　1939 年 8 月英法苏军事谈判是第二次世界大战爆发前夕英法资产阶级民主国家同社会主义国家苏联结成反法西斯同盟的最后一次机会。这时,苏联虽然断断续续地同德国进行了若干次外交接触和谈判,但仍然没有最后放弃联合英法共同抗德的计划,因为直接威胁苏联的毕竟是纳粹德国。英法方面,特别是张伯伦政府,在德国吞并捷克斯洛伐克以后仍然没有清醒地认识到希特勒已决心发动世界大战。它们虽然参加了军事谈判,但只想利用军事谈判来"威慑"德国,以达到避免战争的目的,而不是真想用英法苏军事同盟来打击德国。它们还企图用军事谈判来牵制苏联,哈里法克斯对英国内阁外交政策委员会说:"只要军事谈判正在进行,我们就能阻止苏俄加入德国阵营。"苏联看到英法方面缺乏诚意,又对慕尼黑会议排斥苏联参加记忆犹新,深恐出现一次新的慕尼黑勾结,遂决意中断与英法的谈判,转而与德国签订互不侵犯条约。

　　苏德互不侵犯条约的签订　希特勒始终怀有消灭苏联的打算。但由于英、法不断推行绥靖政策,希特勒认为它们软弱可欺,便决定首先攻占波兰,解除后顾之忧,然后挥师西下,打败法国后再与苏联决战。为了在进攻波兰时使苏联保持中立,德国加紧了与苏联的谈判。1939 年 6 至 7 月,德国通过各种渠道多次向苏联表示,"希望两国关系正常化",苏联方面则提出要有安全保证。在获悉英法苏正在酝酿军事谈判后,德国外长里宾特洛甫于 8 月 3 日向苏联驻德临时代办声明,苏德之间在黑海到波罗的海的整个地区没有不可解决的问题,建议两国就所有这些问题达成协议。8 月 12 日,苏联驻德临时代办通知德国外交部,苏联政府同意对报刊问题、波兰问题以及旧的德苏政治条约等问题逐步地进行讨论,并建议以莫斯科为谈判地点。英法苏军事谈判开始后,德国更加急迫地希望与苏联达成协议。8 月 19 日苏德经济协定在柏林签字。8 月 20 日,希特勒亲自致电斯大林,要求最迟到 8 月 23 日允许里宾特洛甫访苏,21 日斯大林复电表示同意。

　　1939 年 8 月 23 日,里宾特洛甫抵达莫斯科,随即与斯大林、莫洛托夫举行会谈。当晚,莫洛托夫和里宾特洛甫代表两国政府签订了为期十年的《苏德互

---

　　① 德拉克斯的全权证书于 8 月 21 日寄到,但这一天会议实际上已经结束。

不侵犯条约》。条约规定:缔约双方保证不单独或联合其他国家彼此间进行任何武力行动、任何侵略行为或者任何攻击;如果缔约一方成为第三国敌对行为的对象时,另一方不向该第三国提供任何支持;缔约任何一方不加入直接或间接旨在反对另一方的任何国家集团。

《苏德互不侵犯条约》还附有《秘密附属议定书》,它划定了两国在东欧的势力范围:在属于波罗的海国家(芬兰、爱沙尼亚、拉脱维亚、立陶宛)的地区发生领土和政治变动时,立陶宛的北部疆界将成为德国和苏联势力范围的界限;属于波兰国家的地区如发生领土和政治变动时,德国和苏联的势力范围将大体上以纳雷夫河、维斯杜拉河和桑河一线为界。此外,在东南欧方面,苏联关心它在比萨拉比亚的利益,德国则宣布它对该地区在政治上完全没有利害关系。

慕尼黑协定后,苏联时刻警惕着出现新的慕尼黑勾结。当英法苏军事谈判看来无成功希望而德国又竭力靠拢时,苏联政府为了维护自身的安全,便与德国签订了互不侵犯条约。这一条约杜绝了英法德结成反苏阵线的任何可能,使苏联不致首先与德单独作战,并赢得了一段喘息时间,以加强战备。但条约的签订也使德国得以按既定计划发动对波兰的进攻,并避免了东西两线作战,第二次世界大战终于爆发。根据秘密议定书,苏联同纳粹德国划分了势力范围,宰割弱小国家,这玷污了社会主义国家的对外政策,是尤其错误和可耻的。

第十章　第二次世界大战

第二次世界大战是由德、意、日三个法西斯国家发动的。1937 年 7 月 7 日，日本发动侵华战争，第二次世界大战爆发。1939 年 9 月 1 日，德军入侵波兰，第二次世界大战全面开始。

第二次世界大战是人类有史以来规模空前的一次战争，卷入的国家有 60 多个，占世界总人口的 4/5；战火遍及欧洲、亚洲、非洲，以及大西洋、太平洋和地中海，是一场真正的世界性战争。

1945 年 9 月 2 日，日本签署投降书，第二次世界大战终于以反法西斯国家的胜利而宣告结束。中华民族长期以来的抗日斗争，也取得了完全彻底的胜利。

第一节　第二次世界大战的全面开始

德国入侵波兰　1939 年 9 月 1 日凌晨 4 时 45 分希特勒按照准备已久的侵略计划（"白色方案"），向波兰发动突然袭击。8 月 31 日晚，一群穿着波兰军服的德国党卫队员"袭击"了德国边境城市格利维策（今格莱维茨）的电台，并用波兰语作"反德"广播，在离开现场时，还丢下身穿波兰军服但实际上是德国囚犯的尸体，充作被"侵犯"的证据，以此制造借口，混淆视听。希特勒宣称德国遭到"侵略"，随即下令以"武力对付武力"，进行"反攻"。9 月 1 日拂晓前，事先停泊在港口城市但泽（今格但斯克）进行"友好访问"的德国军舰，首先向当地的波军基地开炮轰击，约半小时后，德军以 160 万兵力，2 000 多架飞机和 2 800 辆坦克，陆空配合，从西南、西北和北部三路侵入波兰。英法两国政府向德国提出停止军事行动的照会遭到拒绝，在国内外舆论的压力下，不得不根据以前同波兰签订的条约，于 9 月 3 日先后对德宣战，第二次世界大战在欧洲爆发。

本来就已三面受敌、兵力分散又缺乏纵深防御的波军，犹如处于上下颌之间的舌头。面对采用装甲机械化部队和空军联合作战新战术的德军，波兰当局却仍把匆忙动员起来的 70% 的军队都部署到 1 600 公里长的国境线上。这种布局无异于将其大部分军队放在舌尖上，形成挨打的局面。在德军快速突进的闪击战打击下，波军主力被分割包围。尽管指挥不当、装备落后，波军仍进行了英勇顽强、可歌可泣的战斗。

此时在西线与法英对峙的德军，开始只有 23 个师，而法军则超过 80 个师。德军统帅部长官凯特尔认为，"假使法国发起进攻，他们所遇到的将是德国的一道军事纸屏，而不是真正的防御"。由于英法的宣战是被迫的，加上长期以来绥靖政策的影响,英法没有做好和德国作战的准备,不想也不敢真打,所以行动不力,坐视波兰败亡。

波兰政府于 9 月 17 日晚流亡国外,首都华沙四面被围,又遭狂轰滥炸,终于在 28 日沦陷。波兰之战共进行了 35 天。军队有组织的抵抗虽在 10 月 5 日结束,但波兰军民反侵略的斗争并没有停止。

苏联建立"东方战线" 战争爆发后,苏联为了自保和防止战火东延,着手在西部边境采取一系列行动,从波罗的海到黑海建立一道阻抗德军向东挺进的壁障——东方战线。

1939 年 9 月 17 日,当波兰濒临败亡之际,苏军进入波兰境内的西乌克兰和西白俄罗斯地区,借口是波兰出现的局势构成了对苏联的威胁,必须保护上述两个地区的同胞。10 月,这两个约占波兰面积一半、近 20 万平方公里、人口约 1 300 万的地区,分别加入苏联的乌克兰和白俄罗斯两个加盟共和国。

早在 1938 年 4 月,苏联就以距苏芬边界只有 32 公里的列宁格勒(今圣彼得堡)的安全为理由,多次向芬兰政府提出要求割让、租借或交换领土等各种方案。两国谈判自 1939 年 10 月开始,但无结果。苏联在 11 月 28 日单方面废除了《苏芬互不侵犯条约》,并召回外交人员。30 日,苏军侵入芬兰,史称苏芬战争。经过近三个半月的激战,芬兰战败。1940 年 3 月 12 日,苏芬签订和约,苏联获得近 42 000 平方公里的新领土(约占芬兰国土 11%),从而将苏芬边界向北推进了 150 公里;苏联并以 30 年的期限租借了芬兰的汉科半岛及其附近岛屿作为军事基地。

1939 年 9、10 月间,苏联又分别与波罗的海沿岸的爱沙尼亚、拉脱维亚和立陶宛三国签订互助条约,规定苏联在三国境内有驻军、建筑军港和空军基地的权利。1940 年 6 月苏联政府进而分别照会三国政府,指责他们对苏联和苏军不友好,提出三国应改组政府并让苏军自由通行等要求。三国政府被迫立即接受苏联的全部要求。8 月初,这三个面积总计 174 000 平方公里,人口总共 586 万的小国也被分别"接纳"作为苏联的加盟共和国。

苏联建立"东方战线"的最后一个行动是 1940 年 6 月 26 日照会罗马尼亚,要求归还比萨拉比亚;并同时"移交"乌克兰人占多数的北布科维纳给苏联,作为罗"占领"比萨拉比亚 22 年的"赔偿",两地面积共达 51 000 平方公里,人口约 400 万。6 月 27 日苏联又照会罗马尼亚,限期罗军在四天内撤出上述地区。罗政府不得不同意。苏军在 6 月 30 日进驻完毕。8 月 2 日,苏联宣布在比萨拉比亚地区成立摩尔达维亚苏维埃社会主义加盟共和国(今摩尔多瓦共和国);北布科维纳并入乌克兰。

从 1939 年 9 月 17 日到 1940 年 8 月 6 日,苏联政府建立的这条"东方战线"使领土自北到南向西推进了二三百公里。但是后来的事实证明,这道防线并没有起到预期的作用。相反,在法西斯进行侵略的二战之初,苏联政府用军事行动和武力威胁扩大疆界的大国沙文主义的行为,损害了自己在世界上的形象。

西线战争和法国崩溃 英法对德宣而不战。从 1939 年 9 月 3 日到 1940 年 5 月 9 日,在德国西部边境的英法联军与德军隔壕相峙,没有采取过重大军事行动。据德军最高统帅部 10 月 18 日宣布,德军在西线的总损失是:阵亡 196 人,受伤 356 人,失踪 144 人。在此期间法国被俘者有 689 人。驻法英军到 1939 年 12 月 9 日才阵亡 1 人。这种战争史上的奇特现象,被称为"静坐战"、"假战争"或"奇怪的战争"。其实,"奇怪的战争"并不奇怪。由于英法并没有完全放弃绥靖政策,他们还指望希特勒会继续东进。这样,就使德国法西斯又一次坐大。希特勒占领波兰,解除了后顾之忧,随即挥师反戈西进。绥靖政策的结果是英法搬起石头砸了自己的脚。

在第一次世界大战中,德国深受英国海军封锁之苦。鉴于历史经验,希特勒决定西进之前,先拿下对控制北海和波罗的海具有重要战略地位的挪威和丹麦,这两国既是英德双方的侧翼,又是瑞典铁矿砂运往德国的交通要道。抢先占领此地,既能保护德国侧翼的安全,又能保障占德国钢铁生产所需半数以上的铁矿砂的供应,还可以把挪威作为对英国进行反封锁和海空进攻的基地。1940 年 4 月 9 日凌晨,德国陆海空三军入侵丹麦和挪威,在进攻中第一次使用了伞兵。丹麦半天就被占领。挪威军民面对德军的袭击,进行英勇抵抗,给德国海军以迎头痛击。但因挪奸、前国防部长吉斯林的策应,当天傍晚首都被占。英法为了争夺这块战略要地,也派出军队在挪威登陆作战,英德海军在挪威沿海几次交锋,德舰被击沉多艘,但对整个战局已无补于事。两个月后,德军占领了挪威全境。德军无视英国的海上优势,在空军掩护下对 1 200 海里外的挪威北部进行远程海空袭击,第一次显示了空军对争夺制海权的重要意义,这也是第二次世界大战中的第一次海上登陆作战。

攻占北欧是希特勒的西进序曲,当他在挪威基本取胜后,不等战役结束就向西欧大举进攻。

早在 1939 年 10 月德军侵占波兰后,希特勒就密令制订进攻荷兰、比利时、卢森堡和法国的军事计划,代号为"黄色方案"。初案与第一次世界大战时德国进攻法国的"施里芬计划"相似,主攻方向也在右翼。德方有人认为旧调重弹,易被对方料及,达不到进攻的突然性,难以取胜。为此,提出了一个新的作战计划:把"黄色方案"中的主攻方向改为引诱英法联军主力出击的助攻,而把真正的主攻方向放在中段的阿登山区。这里林密路窄、地形复杂,缺乏铁路和公路网,又与宽阔的马斯河相接,被公认是机械化大部队难以通过的天险。然而,难以通过不等于不能通过,何况这里正是法军设防的薄弱环节。如能隐蔽地集中兵力,并掌握制空权,就可出其不意,抢先通过险区,强渡马斯河,突入法国平原地区,拦腰切断联军南北两个重兵集团之间的联系,直趋英吉利海峡,兜底包抄,截断联军退路,取得决定性胜利。这个抓住对方设防漏洞、出奇制胜的新方案被希特勒采纳,并以倡议人的姓氏定名为"曼斯坦因计划"(或称修正的"黄色方案")。

按照这个计划,德军把136个师(其中10个坦克师、7个机械化师)编为3个集团军群。右翼以29个师(其中3个坦克师、2个机械化师)进攻荷、比、卢,吸引联军主力。左翼19个师(其中1个机械化师)部署在马奇诺防线的正面,牵制法军使其不能北上增援。中路为德军主力,以45个师(其中7个坦克师、3个机械化师)越山渡河、中间突破,直指英吉利海峡。还有43个师(其中1个机械化师)作为战略总预备队,在莱茵地区待命。

5月10日凌晨,希特勒打破了"西线无战事"的局面,开始全面进攻,绥靖政策的制定人张伯伦在一片谴责声中被迫辞职,由坚持抗德主张的丘吉尔出任首相,组织英国战时内阁。

英、法、比、荷的总兵力在数量上与德军相当,是应该能够坚持抵抗的。但由于法国统治集团认为南段可以依靠马奇诺防线以逸待劳,先与德国打消耗战,然后再动员也为时不晚。至于中段,即防线北面的法比边界南端,有天险阿登山区和马斯河可恃,德军大部队难以逾越,只配置少数兵力监视。北段是法比边界北端,按照上次大战经验,是兵家必争之地,法军主力在此迎敌,就可挡住德军进攻。可见,法军统帅部的战略思想墨守成规,准备也不认真,部署早在对方意料之中,大战未起,先着已失。

德军的进攻从右翼开始,先对荷、比和法国北部的机场猛烈轰炸,夺取制空权。同时,空降部队在荷、比后方空降,夺取机场、桥、梁、渡口和一些战略据点。5月14日,德军攻占鹿特丹。15日,荷兰投降。17日,德军占领布鲁塞尔。28日,比利时投降。法军统帅部以为德军主攻方向果然不出所料,和上次一样,还在北面。于是把主力开进比利时,造成后方空虚,正中"曼斯坦因计划"的圈套,为德军中路突破创造了有利条件。这时,担任主攻的德军装甲机械部队快速穿过100多公里长的阿登山区。卢森堡国小力弱,无军事力量可言,当天不战而亡。德军前锋于12日晚抵达马斯河,比计划提前48小时。13日下午,在空军掩护下强渡过河。法军统帅部此时才觉察上当,但手中却无预备部队可调。15日,大批德军坦克部队突入北法平原,乘虚而入,直逼英吉利海峡。英、法、比联军约40万被围困在敦刻尔克海岸地区。

希特勒和德国统帅部对中路装甲部队竟能如此迅速挺进,由意外转为不安,惟恐孤军深入,遭到侧翼拦击,因此指挥迟疑不决,几次下令暂停前进,遂使联军绝处逢生。英国政府抓住这一良机,从5月26日晚到6月4日中午,不顾德军轰炸和追击,在9天之内全力以赴组织渡海营救,终于将包括约22万英军在内的 336 000 多联军撤到英国(其中 5 万由法国海军撤运)。尽管装备辎重几乎丧失殆尽,担任后卫的 4 万法军也当了俘虏,但是这些撤到英国的部队却成为日后反攻的基干。这就是著名的敦刻尔克大撤退。

6 月 5 日,德军按照第二阶段的作战计划移师南下,全面突破法军防线,兵临巴黎城下。6 月 10 日,墨索里尼认为德军胜局已定,就趁火打劫,从阿尔卑斯地区向法国进攻,在背后捅了一刀。6 月 13 日,巴黎被宣布为"不设防城市"。次日,德军不费一弹占领法国首都。15 日,马奇诺防线被突破。17 日,刚成立的贝当政府向德军请求停战。另一批总数约 15 万多的英军(内含 2 万波兰军队)又一次开始大规模撤退。18 日下午,最后一批英军撤离瑟堡。至此,作为整体,英军全部撤出法国。在法国宣布停止抵抗后,德军并未停火,只是在马奇诺防线内外的 50 多万法军被合围后,才同意与法谈判。6 月 22 日,法德停战条约签订。根据希特勒的指令,受降仪式在康边森林的一节火车车厢里举行,这里就是第一次世界大战结束时德国签署投降书的所在处,如今景物犹存,但胜败双方却换了位置。投降协定规定:法国北部和西部约占全部领土 3/5 的主要工业区、巴黎以及海峡和大西洋沿岸均为德国占领区;法国负担占领军的全部费用;在西南部的非占领区则由贝当政府统治,政府所在地设在维希。整个法国实际上处于德国的控制之下。在此之前,法国国防部副部长戴高乐将军出亡伦敦,在英国支持下,组织了"自由法国"运动,开展抗德斗争。1943 年 5 月,成立了包括法共在内的"全国抵抗运动委员会",并组建成"内地军"进行抗战。

不列颠之战 希特勒在打败法国后,曾提出愿与英国在瓜分世界的基础上和谈。当时英国处境虽然十分困难,但丘吉尔内阁断然拒绝。在诱和目的没有达到后,希特勒准备用武力入侵英国。

1940 年 7 月 16 日,希特勒签署第 16 号指令,要参谋总部制订在英国登陆的"海狮"作战计划。入侵英国先要横渡英吉利海峡。德国海军不如英国,空军却强于英国。必须首先取得制空权,把英海军赶出海峡,德军渡海登陆才有可能实现。因此,争夺制空权的空战就成为当时英德双方作战的主要特点。德国集结了约 2 400 架作战飞机,于 7 月 10 日开始连续不断地大规模空袭英伦本土。英国战斗机起初不到 700 架,与德国空军力量对比相距悬殊。由于英国军民同仇敌忾、斗志高昂,又有包括 1 800 门高射炮和沿东海岸设立的一系列雷达站、观察哨等防空设施,加上破译了德方的通讯密码,使德国的"空中闪击战"一开始就未奏效。8 月 15 日,德国出动 1 786 架飞机对英国轮番轰炸,英国出动 974 架次飞机迎战,空战十分激烈,德机损失超过英国一倍多。德方意识到短期内不易赢得全面制空权,9 月上旬,转而对伦敦等城市不分昼夜狂轰滥炸,企图瓦解英国人民的斗志,逼英就范。9 月 15 日空战中,双方又各出动飞机上千架次,德国轰炸机被击落约 1/4。至此,希特勒感到已无法取胜,9 月 17 日被迫下令不定期推迟实施"海狮计划"。10月12日他又下令推迟至来年春天。此后,空战虽然时断时续,但入侵登陆的"海狮"计划却不了了之。攻英不克,希特勒的视线转向东方,准备在1941年春入侵苏联。英国渡过了1940年9月这个存亡攸关的时期。从7月10日到10月底,德国损失飞机1 733架,英国损失915架,双方飞行员损失约为6:1。

在空袭和反空袭的不列颠之战中,英国死伤约86 000多人。被炸毁的建筑物超过100万栋。但是,英国人民坚韧不屈,在生死存亡的搏斗中赢得了第一个回合,使希特勒的侵略计划第一次未能得逞,为反法西斯的第二次世界大战历史谱写了光荣的一页。

空战受阻,希特勒把切断英国的运输线作为继续作战的关键。因为英国是个岛国,它所需要的粮食和资源约有一半依靠海路输入,所以海上运输线成了它的生命线,英国能够继续生存并进行战斗,皆取决于此。为此,德国海空配合,以潜艇为主,集中攻击英国海上运输船队,用消耗英美船舶的"吨位战"来实施围困封锁英国的"慢性绞杀战",迫英屈服。由此,破坏和保护运输线的海上斗争激烈展开。德国潜艇横行于大西洋、地中海,还一度逼近美国东海岸和巴拿马运河。1942年英美两国的船舶损失超过他们造船总吨位的10%,6月和11月两个月的损失,竟为当时英国月造船能力的三倍多。英国的物资输入,不到战前的一半,以致从1942年下半年到1943年上半年,英国本土又一次面临困境。丘吉尔说过:战争中惟一使他真正害怕的是德国潜艇的威胁。以后,由于美英造船工业的迅速发展,使新造舰船超过被击沉舰船的总吨位;加上新技术,如短波雷达和舰载短波测向器等运用于海空配合的护航反潜作战,以及对德无线电密码的破译等因素,到1943年5月,战局开始扭转。英国在美国的支持下,终于打赢了这场举足轻重的大西洋之战。在这场几乎与大战同步进行,时起时伏的海上持久争夺战中,盟国商船损失约2 300多万吨,其中被德国潜艇击沉的就超过1 450多万吨,占盟国商船总损失的62%以上,人员损失达20万。德国潜艇损失也超过65%,潜艇作战人员损失高达80%以上。

德意日军事同盟的建立和德国入侵巴尔干与北非 1937年11月,德、意、日通过《反共产国际协定》,三国轴心正式形成。为了加快对外扩张侵略的战争步伐,三国需要把政治同盟发展为军事同盟。由于德国计划先打法英,日本打算北侵苏联,双方战略目标不一,没有达成协议。随着德国在西线得手,日本认为夺取已无还手之力的英、法、荷等国在远东、太平洋地区的殖民地,正是大好时机,便急于南进。德国也需要日本在亚洲、太平洋地区发动攻势,牵制英美力量。意大利则企图依仗德日的实力和影响,称霸地中海和非洲,重振罗马帝国昔日雄风。1940年9月27日,三国在柏林签署《德意日三国同盟条约》,正式结成军事同盟。条约规定:日本承认德、意在建立欧洲"新秩序"中的领导权,德、意则承认日本在建立东亚"新秩序"中的领导权。

在此期间,希特勒又把矛头指向巴尔干地区。其目的:一是夺取扩大战争所需要的资源、粮食等战略物资,特别是罗马尼亚的石油;二是占领巴尔干地区就可以控制东地中海,影响中东,腰斩大英帝国;三是取得从南翼包围苏联的前进基地。

希特勒用制造政治纠纷和军事入侵相结合的办法插手巴尔干。第一个目标是盛产石油又与苏联接壤的罗马尼亚。他先利用罗马尼亚与匈牙利、保加利亚历史上的领土纠纷,支持匈、保向罗马尼亚提出领土要求,希特勒则以"仲裁者"的身份迫使罗马尼亚将特兰西瓦尼亚北部割让给匈牙利,将多布罗查南部给保加利亚。当罗马尼亚国内因不满和愤慨引起政治危机时,希特勒乘机介入,支持罗马尼亚法西斯头目安东尼斯库发动政变,夺取政权。接着安东尼斯库聘请德国"军事代表团"和"教导队"来罗协助罗军现代化,德国武装部队借此为名,在10月下旬进驻罗产油区和战略要地。匈牙利因仗德国之势,从捷、罗获得了新领土而进一步投靠希特勒,同意德军假道去罗。保加利亚因还想靠德从希腊得到进入爱琴海的通道,也与德签订了让德军过境的协定,使兵临边境的德军跨过多瑙河,到达南、希边境。此后,匈、罗、保三国在 1940 年 11 月 20 日、23 日和 1941 年 3 月 1 日,分别加入德意日三国军事同盟,成为法西斯集团的附庸。在大军压境的形势下,原来的小协约国中最后一个成员国南斯拉夫在 3 月 25 日也被迫加入三国军事同盟。对此,南斯拉夫人民强烈反对,亲英法的军队发动政变,推翻亲德政府,废除协定。希特勒恼羞成怒,立即宣布与南斯拉夫断交,并在 4 月 6 日出兵侵南。意、匈、保也参与了这次入侵。南首都贝尔格莱德在德机狂轰滥炸后,于 4 月 12 日陷落,政府流亡英国,但人民在共产党领导下开展了英勇的游击战。

历来将巴尔干看做是自己势力范围的墨索里尼,当希特勒侵捷得手后,就在 1939 年 4 月 17 日出兵侵占阿尔巴尼亚。1940 年 10 月德军进入罗马尼亚,墨索里尼对希特勒不顾意大利的"权利",事先不经商量,就要他面临既成事实的行为,深感不满。为了摆脱当配角的地位,墨索里尼需要显示实力,抢先向巴尔干下手,所以不和希特勒商量,于 10 月 28 日,从阿尔巴尼亚入侵希腊。在希腊军民给予迎头痛击后,退至阿境的意军 27 个师反被希军 16 个师围困。实力显示不成,反而破绽百出,墨索里尼不得不向希特勒低头求援。

希特勒对墨索里尼的擅自行动虽然非常生气,但是为了巩固法西斯集团在巴尔干的影响,他还是接受请求,决定在出兵"惩罚"南斯拉夫的同时,另派一支部队进攻希腊。由于希军大部分在阿作战,不及回防,5 月 27 日首都雅典陷落,希腊政府和援希英军撤往东地中海的克里特岛。针对只有舰队掩护而几乎没有飞机、坦克和其他重武器的守岛部队,德军先从防线侧后伞降,夺取机场,然后空运大批机降部队增援。从5月20日开始的12天海空激战中,缺少空中支援的英国地中海舰队遭到很大损失,其中惟一的一艘航空母舰也受到重创。守岛部队在损失过半后撤往埃及。以空中进攻为主的大规模立体闪击跨海作战的克里特战役,对第二次世界大战中的空降作战产生重要影响。一方面希特勒鉴于攻占克里特岛时德国伞兵部队伤亡惨重,认为伞兵作战的时代已经结束,决定以后不再进行大规模空降作战。另一方面,英美军方却由此得出相反的结论,加强组建空降师,并在以后近距离协同的地面进攻和登陆战中不止一次地实施大规模空降作战。6月1日,随着克里特岛战役结束,希腊全国沦亡,政府流亡英国,巴尔干战事告一段落。

南、希两国军民的英勇抵抗,打乱了希特勒的部署,使他把原定在5月15日进攻苏联的时间推迟了38天,这对以后的战争进程是很有影响的。

同时,德、意还在非洲抢夺英国的殖民地。当英国固守本土,面临入侵之际,墨索里尼认为建立新罗马帝国的机会已到,于1940年7—9月从东非的阿比西尼亚(今埃塞俄比亚)和北非的利比亚向英属索马里、肯尼亚、苏丹和埃及进攻。最初,意军进展顺利。到年底,英军集中兵力在东非展开反击,意军就接连败北。1941年4月6日,在阿比西尼亚游击队支持下,英军进入阿首都亚的斯亚贝巴,非洲古国光荣复国。5月中旬,东非意军向英军投降,损失20余万。意大利在东非的势力被肃清,非洲战局集中于地中海南畔的北非地区。北非意军从1940年12月上旬到1941年2月上旬也屡遭失败,仅被俘就达13万人之多。希特勒为了维持轴心国影响并保持北非这块战略要地,1941年2月,派隆美尔先率领两个师的"非洲军"去利比亚,统一指挥北非的德意军队。3月31日,隆美尔发起攻势,逼近埃及边境,只用两周时间就使英军两个月的战果丧失殆尽。由于希特勒忙于准备进攻苏联,不能对"非洲军"及时增援补充,北非战线就在利、埃边界附近形成拉锯局面。

第二节　战争的扩大和国际反法西斯联盟的建立

德国发动侵苏战争　消灭苏联是希特勒的基本方针,也是他妄图称霸欧洲和世界的决定性步骤之一。同苏联签订互不侵犯条约,只是为了避免两线作战的权宜之计。德军在西线获胜后,希特勒在1940年7月21日下令开始准备对苏作战,不久又要参谋总部制订在1941年春进攻苏联的方案。他认为英国之所以坚持不屈,是寄希望于美苏两国,如果苏联被摧毁,英国的最后希望就会破灭。这就是希特勒在侵英未遂就挥师东向进行军事冒险的主导思想。12月18日,他批准了代号为"巴巴罗萨"的侵苏作战计划,指令"在对英作战尚未结束之前,德国三军即应准备用速战速决方式来击败苏联"。

为了使进攻具有突然性,德国统帅部在进攻英国的烟幕下部署侵苏行动。如:印发大量英国地图,给部队配备了许多英语翻译;在英吉利海峡沿岸集中了大量渡海登陆器材,举行登陆作战演习;部队东调宣称是演习、换防、休整、就食波兰解决给养供应、反空袭疏散等等。加上当时又恰遇对巴尔干的军事入侵行动,从而秘密完成了战争史上最大的侵略伪装。

苏联在德国进攻前也曾作过不少备战工作,如在西部边境建立"东方战线";在东面与日本缔结《苏日中立条约》,以避免两线作战;加紧东部地区的经济建设,有计划地将西部一些国防工业东迁;也作了一定的军事部署和动员。但是,苏联领导人对希特勒的冒险性估计不足,认为德国在进攻英国的同时,不可能立即移师东侵。因此,对来自各方面提供的关于希特勒即将进攻的情报,看做是帝国主义的挑拨,置之不理。还需要指出的是:苏联的"肃反"殃及大批军队指挥人员,严重削弱了军队的战斗力。此外,对德国闪击战认识不足;对德军主攻方向的错误判断;由于国境线的推进,使旧防线废弃而新防线构筑尚未就绪等因素,都使苏联的战备远远落后于形势,因而处于非常不利的被动挨打地位。

1941 年 6 月 22 日(星期日)拂晓,德国法西斯对苏联发动突然袭击,过了一个半小时才向苏联宣战。意大利、罗马尼亚、匈牙利和芬兰也相继参加了侵苏战争。法西斯在北、中、南三个战略方向投入了 190 个师(其中德军 153 个师),4 300 辆坦克,近 5 000 架飞机,总兵力为 550 万人。

战争一开始,德军首先对苏联西部各重要城市、交通枢纽、军事据点以及正在调动中的苏军进行猛烈轰炸和炮击,随后以坦克和机械化部队为先导,从波罗的海到黑海约 1 500 公里的战线上全面突进。一天内,苏联就损失了约 1 200 架飞机,其中有 800 多架还来不及起飞就在地面上被击毁。苏军损失惨重,边战边退。9 月间,北路德军包围了列宁格勒,中路推进到离莫斯科约 400 公里处的斯摩棱斯克,南路占领了基辅。德军伤亡虽然超过 55 万(约占侵苏德军总数的 15% 以上),但兵力和装备仍占优势;苏联面临的形势极为严峻。

莫斯科保卫战的胜利 9 月 30 日,中路德军集中兵力约 78 个师(包括 14 个坦克师、8 个机械化师,约占东线装甲机械化部队的 60% 以上),180 万人,坦克 1 700 辆、飞机近 1 390 架,实施进攻莫斯科的"台风"行动。10 月 15 日开始,苏联政府的部分机构和外交使团撤往 800 公里外的古比雪夫。此后,首都宣布戒严,全市人民在 3 天内动员起来,有 12 万人组成民兵师和巷战小组,约有 45 万人(其中主要是妇女)参加修筑防御工事。在苏军顽强抗击下,法西斯攻势受阻。11 月 7 日,莫斯科照常举行传统的阅兵式,斯大林等领导人检阅了经过红场列宁墓前直接开赴前线的部队,增强了苏联军民争取胜利的信心。11 月 15 日,德军再次向莫斯科发动进攻。27 日夜,前锋离莫斯科不到 25 公里,当晚还在西北地区渡过莫斯科—伏尔加运河。12 月 2 日,德军一个侦察营突入市郊的希姆基,用望远镜已可看到克里姆林宫的尖顶。由于苏联军民的奋勇抗击,加上希特勒和德军统帅部原来以为在冬季到来之前就可以打败苏联,所以大部分德军没有御寒装备。当严寒来临时,德军冻伤人数超过了战斗伤亡,飞机、坦克和汽车也难以发动。仅自 11 月 16 日至 12 月 5 日,德军就伤亡 15.5 万人,损失坦克 777 辆。中路德军指挥官向陆军参谋长报告,攻势"已经到了山穷水尽的地步"。苏军抓住战机,乘德军预备队用尽不得不转入防御而又立足未稳之时,于 12 月 6 日开始大举反攻,战场主动权易手。尽管希特勒撤换前线指挥官,并亲自接任陆军总司令,到 1942 年 1 月 7 日,中路德军仍被击退 100 ~ 150 公里。莫斯科之战是德国陆军在第二次世界大战中遭到的第一次沉重打击,它标志了闪击战的破产,摆在希特勒面前的只能是一场持久的两线作战。莫斯科保卫战的胜利也促进了国际反法西斯联盟的建立。

欧战爆发后的中国战场 德国侵略波兰后,世人的注意力大都集中于欧洲战场,其实中国战场的地位仍然很重要。在正面战场,陆续进行了第一次长沙会战、桂南战役、枣宜战役、豫南战役、中条山战役、第二次长沙会战等,抵抗了日军的疯狂进攻。在敌后战场,1940 年 8 月 20 日至 12 月初,八路军总部在华北发动了一次大规模的对日军的进攻,陆续参战的部队达到 100 多个团,约 20 余万人,被称为百团大战。百团大战共进行大小战斗 1 824 次,毙伤日、伪军 25 000 余人,破坏了河北与山西的交通动脉,消灭了将近 3 000 个敌伪据点。中国共产党领导的游击战争日益深入和发展。据日方统计,仅 1940 年一年,华北方面军就进行了 20 123 次战斗,足见游击战争给了日军多么频繁的打击。1940 年 12 月 1 日,日本天皇忧心忡忡地对参谋总长杉山说:"侵入莫斯科的拿破仑就是败在消耗战与游击战上,日本军在中国是否感觉到无法对付了?"

1939 年 9 月到 1941 年 12 月太平洋战争爆发这一阶段的中国抗日战争,在整个反法西斯战争中占有重要的地位,它所起的作用要远远超过英法等国家。中国军民的主要国际贡献是:第一,使苏联避免了两线作战,能集中兵力对付德国。苏联从 1939 年 8 月 23 日同德国签订互不侵犯条约到 1941 年 6 月 22 日德国发动侵苏战争,力图避免两线作战。在欧洲,它警惕地注视着德国的动向,务求不要卷入欧战;在亚洲,它继续援助中国,以牵制日本。1940 年底,崔可夫率军事代表团启程来华,行前斯大林指示他:"您的任务,我们驻华全体人员的任务就是要紧紧束缚日本侵略者的手脚。只有当日本侵略者的手脚被捆住的时候,我们才能在德国侵略者一旦进攻我国的时候避免两线作战。"苏德战争爆发后,日本从 6 月 25 日到 7 月 1 日,连续召开了 6 次政府和大本营的联络恳谈会,就北进还是南进的问题展开了讨论。外相松冈力主先北进而后南进,但多数人反对,理由是日本的大部兵力正用于中国,北进实际上办不到。日本之所以未能配合德国,夹击苏联,固然由于红军的强大使日本不敢轻举妄动,但中国抗战的影响显然也是十分巨大的。苏联得到日本放弃北进的情报后,便从远东调兵到西部,在莫斯科保卫战的关键时刻发挥了作用。

第二,推迟了太平洋战争的爆发,并使日本在最终发动战争时兵力不足,不能全力以赴。欧战爆发后,日本阿部内阁采取观望风向的态度,发表声明:"帝国不介入,专注于中国事变。"1940 年 5 月 10 日,德军入侵法国荷兰、比利时和卢森堡。6 月 22 日法国投降,号称欧洲陆军第一强国的法兰西在六个星期内就一败涂地了。德国令人眼花缭乱的胜利,使日本估计欧战将很快结束,必须利用德国的胜利,抓紧时间南进,"不要误了公共汽车"。南进的目的既是为了抢夺南方的丰富资源,也是为了切断英美援华的补给线,迫使中国投降。1940 年 7 月 27 日,在大本营和政府的联席会议上决定了《适应世界形势演变的时局处理纲要》,具体地规定了南进的方针和政策。抗日战争正在进行,日本的兵力本来所余无几,因此《处理纲要》不得不把情况分为两种:一种是"在中国事变大体处理完毕时",为了解决南方问题,可以行使武力;第二种是"在中国事变尚未处理完毕时,应在不至于同第三国开战的限度内采取对策",但如内外形势对日本特别有利,为了解决南方问题,也可以行使武力。

日本在 1940 年 7 月虽然已决定南进,但到了 1941 年 4 月 17 日,大本营陆海军部又作出了《对南方施策纲要》的新决定。《纲要》认为只有在美、英、荷的对日禁运威胁到日本的生存以及美国单独或与英、荷、中共同对日本加重军事压迫时,才能对南方行使武力。日本推迟向南方进军的原因,一是海军方面认为对南方行使武力就是对美国行使武力,现在尚未做好准备。二是"中国事变"没有解决。《纲要》的附件规定:"昭和十五年七月决定的《适应世界形势演变的时局处理纲要》中,有关南方施策事项,在'中国事变'尚未处理完毕时,按本施策纲要处理。""如果中国事变已经处理完毕或世界形势已发生了急遽变化,对南方施策届时将另行决定。"可见,由于中国的坚决抗战,日本不得不放慢南进的速度。1941 年 7 月,美国联合局第 355 号文件指出:"中国人继续积极作战,对于阻止日本向南方扩张陆海军行动,是大大值得欢迎的。"

从 1939 年 9 月到 1941 年 12 月这段期间,英、法、苏虽已先后参战,但在亚洲和太平洋地区,仍是中国孤军奋战的局面。尽管如此,中国军民继续给日本侵略者以沉重打击,拖住了日军的主力。太平洋战争爆发时,日本投入南方战线(即东南亚和太平洋战场)的兵力只占陆军总兵力的二成,其余一成留在本国,三成配置在朝鲜和中国东北,四成配置在东北以外的中国其他地区。配置在朝鲜和中国东北的军队,负有确保中国内陆作战的任务,故陆军总兵力的七成仍用于侵华战争。如果不是由于日军主力陷在中国大陆,太平洋战争初期英、美、荷的失败还要惨重得多。印度和澳大利亚的失守不是没有可能的。

日本南进与太平洋战争的爆发 1940 年 7 月日本决定南进后,于 9 月 23

日派军队进驻法属印度支那北部。印度支那的战略地位非常重要,是侵入泰国、缅甸、马来亚(今马来西亚和新加坡)和菲律宾的桥头堡。9月26日,美国给以还击,宣布对日本实行钢铁禁运。为了南进,日本一方面于9月27日与德、意缔结同盟条约,相互呼应,以德制美,共同对付英美;另一方面,又于1941年4月13日在莫斯科签订了《日苏中立条约》,以此调整关系稳住苏联。需要指出:为了保障苏联东部安全的这个条约,规定缔约双方互相保证在中国的势力范围,其中包括苏联承认伪"满洲国",严重损害了中国的主权。苏德战争爆发后,日本认为当务之急还是夺取南方丰富的战略资源以解决中国战场问题,西伯利亚则待苏联战败时再去侵占。1941年7月2日御前会议确定首先南进。24日,日本进军印度支那南部,作为南进的桥头堡。对此,美国立即作出反应,冻结日本在美资产,并对日禁运石油等战略物资。英、荷与美采取一致行动。日本也冻结了美、英在中国沦陷区的资产,作为反制裁。双方关系行将破裂,已如箭在弦上。

禁运对缺乏资源,特别是库存石油只够维持一年半战争消耗的日本,是个极其沉重的打击。日本军方认为美国太平洋舰队是威胁日本南进的最大障碍,摧毁它才能解除南进时侧翼和后方的威胁,在西太平洋地区取得战略主动。因此主张对太平洋舰队的基地珍珠港发动远洋袭击,以此确保顺利攻占东南亚这个主要目标的实施。10月,日本主战派代表东条英机出任首相,决心在12月初对美、英、荷开战,加速战争准备。为了麻痹美国,日本还加派"和平特使"赴美协助谈判,一直拖到开战。

1941年12月7日(夏威夷时间星期日)清晨7时55分,秘密航行12昼夜、行程约3 500海里的日本舰队,在联合舰队司令山本五十六的指挥下,用舰载机对珍珠港发动突然袭击,炸沉炸伤太平洋舰队近20艘大型舰只,其中包括8艘战列舰,击毁飞机约230余架,美军死亡约2 334人,在港内的美国太平洋舰队几乎覆没。日本只损失飞机29架,大小潜艇6艘,死亡约100人。这是二战中继德国进攻苏联后又一次举世震惊的突然袭击。它宣告了太平洋战争的爆发。偷袭珍珠港,激发了美国人民的爱国主义和反法西斯的热情,孤立主义在美国一夜之间销声匿迹。第二天,美英对日宣战,荷兰、英联邦及拉丁美洲的一些国家相继对日宣战。12月9日,中国政府也正式对日、德、意宣战。从此,亚洲太平洋地区的对日作战有了两个主战场,即除了单独抗日十年之久的中国战场外,又有了另一个包括东南亚战区在内的太平洋战场。12月11日,德、意也对美宣战。至此,全世界约4/5的人口卷入了这场空前的大搏斗,战争的范围达到了真正的世界规模。

在袭击珍珠港前后,①日本还兵分五路出动海空军和陆军11个师,向东南

---

① 在突袭珍珠港前约1小时25分,日军已在马来半岛北部的哥打巴鲁东岸登陆。

亚和西南太平洋地区进攻,重点目标是英国在远东的海军基地新加坡和美国的殖民地菲律宾。由于占有空中优势,日军摧毁了菲律宾的美国海空军基地,并在马来海面炸沉英国远东舰队主力"威尔士亲王"号和"反击"号之后,1942年2月在爪哇海海战中几乎全歼荷、美、英、澳四国的联合舰队,4月又在锡兰(今斯里兰卡)海面重创英国远东舰队,并将其驱至东非。到1942年5月,日军已占领了泰国、香港、马来亚、菲律宾、缅甸、荷属东印度(今印度尼西亚),以及太平洋和大洋洲的许多岛屿,打开了通向印度洋的通道。日本用很小的代价,在不到半年内占领了人口约15 000万、总面积达386万平方公里的土地和大片海域。连同它已经侵占的中国领土和朝鲜、印度支那,共控制了约700万平方公里的土地和约4亿人口。在北起阿留申群岛,南至澳大利亚,东到吉尔伯特群岛,西迄印度洋的广大地区,日本与美英展开激烈争夺。从军事上看,战争初期,日本冒险得逞,战果赫赫。但从政治和战略上看,日本以蛇吞象,重兵陷在中国战场不能自拔,却又四面树敌。日本意图以战养战,结果是饮鸩止渴,先赢一着,输了全盘。

反法西斯联盟的建立　苏德战争和太平洋战争的爆发终于促使被侵略国家联合起来,结成反法西斯联盟。但是它的建立有一段曲折、复杂的历程。

欧战爆发前,中国人民孤军奋战,抗击着日本百万大军,而英、法、美却在亚洲和欧洲推行绥靖政策。苏联由于倡议集体安全政策受到英法破坏,为了避免引火烧身,后来反而与德国签订了互不侵犯条约。英、法、苏未能及时建立欧洲反法西斯统一战线,使希特勒避免了一开始就会陷入两线作战的境地。

随着法西斯势力的日益扩大,美国认定德国是最危险的对手,为了遏制和反对法西斯,有利于自己的安全及其在世界的地位,在1939年底修改《中立法》。规定允许出售军火,但要现款自运,实际是为海军和海运力量远远超过德国的英法购买军火开了绿灯。希特勒在西线得手后,美国鉴于唇亡齿寒,又进一步支持英国。1941年3月美国国会通过《租借法案》,授权总统以70亿美元向"对于美国防务至关重要"的国家提供各种援助。接着,美英两国军方秘密制定首先打败德国,然后解决日本的"先欧后亚"联合作战方针。以后,美国海军又为援英物资的输送对大西洋西部航线实行全面护航。这样,美国实际上已同英国站在一起,介入了大西洋之战。

苏德战争爆发,英美当局认识到德国法西斯入侵苏联是称霸世界的前奏,苏联如被灭亡,他们自身也难保全。因此,英美立即宣布支持苏联,把"粉碎希特勒"作为"首要任务",呼吁齐心协力打击法西斯。7月12日,苏英签订关于在对德作战中共同行动的协定。美国也决定对苏联进行军事、经济援助。8月14日,罗斯福和丘吉尔在北大西洋纽芬兰附近的一艘军舰上会谈后,发表了《大西洋宪章》,宣称两国不承认法西斯国家通过侵略所造成的领土变更,表示了反对纳粹暴政的决心。苏联也发表声明支持。9 月 29 日至 10 月 1 日,苏、美、英在莫斯科签订了关于美英以武器装备供应苏联的第一个议定书。这是三国在反法西斯战争中采取的联合行动,表明已参战的苏联和尚未参战的美国,在政治、经济和军事领域内的逐渐联合。太平洋战争爆发后不久,1942 年元旦,26 个国家在华盛顿举行会议,签署了《联合国家宣言》。签字国保证运用自己全部军事和经济资源,反对德、意、日轴心国及其附庸;保证互相合作,不单独同敌人缔结停战协定或和约。《宣言》的发表,标志着国际反法西斯统一战线经过战争的洗礼,终于形成。中国人民在此之前,坚持抗战十年多,为国际反法西斯事业作出了重大贡献,理所当然地得到了应有的国际承认。《宣言》由美、英、苏、中四国领衔首签,其余 22 个国家则按国名的英文字母顺序依次排列,就是最好的历史证明。

反法西斯联盟在人口、资源、生产能力、人心向背和团结互助方面,都比德、意、日集团占明显的优势,为以后战胜法西斯奠定了坚实的基础。在联盟内部,各国的社会制度和意识形态并不一致,作战目的也不尽相同,虽然不时产生各种矛盾和斗争,但摧毁法西斯是他们的共同目标。正是这种根本利益使它们团结起来,互相配合支援,①直到战争取得最后胜利。所以,反法西斯联盟的建立使战争的形势发生变化,是反法西斯战争取得最后胜利的决定性因素之一,并为"联合国"的成立奠定了基础。

第三节　战争的根本转折

斯大林格勒会战和库尔斯克战役　莫斯科一仗,苏军虽胜,但亟须休整,无力继续反攻;德军虽败,也未全线崩溃。双方都在加紧准备,以夺取下一阶段的战略主动权。1942 年春,苏军多次反攻均未奏效,反而因损失较大使局势恶化。德军又开始了第二次夏季进攻。与 1941 年全面进攻不同的是:由于力量不足,希特勒决定先集中兵力于南线,兵分两路,一路进攻斯大林格勒,另一路指向高加索。

斯大林格勒(今伏尔加格勒)位于苏联内河航运干线伏尔加河下游西岸,是连接苏联欧洲部分南北水陆交通的枢纽,也是重要的军事工业基地。德军一旦占领此地,就能切断苏联中央与南方重要经济区高加索的直接联系,进而夺取巴

---

① 仅就经济方面互相支援而言,美国向其他盟国提供了总额近 500 亿美元的租借援助物资。英国得到最多,近 300 亿;苏联其次,约 111 亿,包括卡车约 45 万辆(占苏军车总量 50% 以上);中国约 16 亿。美国也从包括中国在内的其他盟国提供军需、设施、劳务、资源等得到"逆租借"达 78 亿美元,其中约 67 亿来自英国和英联邦。此外苏联还得到英国近 20 亿美元的物资援助。

库的石油和库班的粮食,以战养战。然后,溯伏尔加河北上,迂回莫斯科;或由高加索南下,切断英美经伊朗向苏输送物资的供应线;还可进一步染指中东、印度洋,打开德日联系的通道。斯大林格勒的战略地位如此重要,得失将会影响整个战局,双方在此激烈争夺乃势所必然。

由于苏联最高统帅部对德军进攻方向再次判断错误,加上苏军在南线作战失利,苏联又一次面临险境。7月中旬,德军进抵距斯大林格勒仅60公里的顿河河曲,举世闻名的斯大林格勒会战由此开始。战役可分为两个阶段:1942年7月17日至11月18日是苏军防御阶段;1942年11月19日至1943年2月2日是反攻阶段。战役之初,德军精锐部队第六集团军以27万兵力,在1 200架飞机配合下发动进攻,遭到苏军的坚决阻击。希特勒又从高加索方面把第四坦克集团军调回投入战斗。8月23日,德军进行了侵苏以来第二次规模最大的空中攻击,一昼夜出动了2 000架次飞机狂轰滥炸,全市成为一片火海。9月13日,17万德军在近500辆坦克和1 700门火炮的掩护下攻入市区。双方短兵相接,逐街逐屋反复争夺。例如在马马耶夫高地和一号火车站附近展开激战,一星期中车站易手13次;又如巴甫洛夫中士等24名战士在一幢楼房里,顶住一个师德军在58天内的反复冲击,守住了大楼。10月,德军占领城市的大部分,在有的地区甚至推进到伏尔加河边。苏军背水奋战,寸土必争。11月下旬,高加索方面德军的攻势也因兵力不足而被阻止。希特勒既没有拿下斯大林格勒,又没有占领高加索,反而因兵力分散,捉襟见肘,不得不把斯大林格勒战线侧翼交给战斗力不如德军的意、罗、匈等国的军队去掩护,暴露了自己的薄弱点。

在鏖战正激的9月13日,苏联最高统帅部就开始考虑抓住战机,反攻歼敌的设想。此后,开始隐蔽地调集了约110万兵力,近1 500辆坦克、15 000多门火炮和1 350架飞机。经过周密准备,11月19日,苏军发起反攻,从南北两侧进行强大的钳形攻势,包围了德军约30万。在击退德方援军后,苏军再次发动进攻。1943年2月2日,德国第六集团军全军覆没。除被击毙约14万人外,包括司令鲍鲁斯元帅以下的24名将军、2 500名军官在内的9万多残敌投降就俘。入侵高加索的德军为了避免重蹈覆辙,丢弃已经占领的部分油田,仓皇撤退,希特勒的南线作战计划彻底破产。举世瞩目历时200天的斯大林格勒大会战,是苏德战争中历时最长、最为激烈的一次战役。它不仅是苏德战场根本转折的开始,而且对第二次世界大战的进程也产生具有决定意义的影响,是第二次世界大战中的关键性战役。

希特勒为了挽回颓势,实行全国总动员。他乘西线还没有开辟第二战场,调集东线的精锐部队,配备了新型武器、大量弹药和装备,并委任了经验丰富的优秀指挥官(曼斯坦因等),于1943年7月在苏德战场上发动了第三次夏季攻势。德军在库尔斯克100多公里长的狭窄地段,以90万兵力,配备了包括新式的"虎

256

型"、"豹型"坦克和"裴迪南"自行火炮在内的近 2 700 辆坦克,上万门火炮和 2 000 多架飞机,实行重点进攻,从南北夹击在库尔斯克突出部的苏联两个方面军,企图来一个"德国的斯大林格勒",再次夺回战场主动权。由于 1943 年夏季苏军在兵员和装备的数量和质量上已占优势,事前又获悉了德军的意图和可能进攻的具体时间,所以不像在莫斯科和斯大林格勒那样被迫应战,而是先敌行动,调集了约 133 万兵力,3 400 多辆坦克,近 2 万门火炮和 2 100 多架飞机,还在后方集中了大量预备队待命。这是苏军预先计划好的一次以逸待劳后发制人的防守反击战。

战役从 7 月 5 日开始到 8 月 23 日结束,大体分为两个阶段。7 月 5 日至 11 日是苏军防御阶段,7 月 12 日至 8 月 23 日是反攻阶段。7 月 12 日在普罗霍罗夫卡发生了二战中最大的坦克战,双方投入了约 1 200 辆坦克。德军损失惨重,战役由此转折。苏军经过 50 天浴血奋战,歼灭德军约 12 万,坦克师和机械化师约 1/3。经过莫斯科、斯大林格勒和库尔斯克三次鏖战,德军一蹶不振。第三次夏季攻势也是它在苏德战场上最后一次攻势。库尔斯克战役标志苏德战场转折的完成。从此,苏军完全掌握了战略主动权,并展开全线反攻。

盟军在北非的胜利和意大利投降 部队在北非沙漠地带作战,连水都要靠后方供应。保障后勤补给就成为胜败存亡的关键。这就决定了北非战争的特点:谁掌握了地中海的制空权,就控制了由欧洲到北非的海陆交通运输线,部队得到给养补充,才谈得上继续作战或发动进攻。如果丧失了制空权,得不到及时的供应补给,或因战线过长,后勤跟不上,战场上就会风云骤变,胜败易位。这就是英国和德意的作战都不能离开港口和交通干线,双方在北非沿海宽不过 100公里,长却达 2 000 公里的狭长地带反复拉锯的原因。

1942 年 6 月,隆美尔率部攻克了号称"不屈的要塞"托布鲁克后,7 月初进逼离亚历山大港仅 100 公里的阿拉曼,开罗告急,伦敦为之震动。但是由于战线太长,德意军队的给养补充不上,攻势停顿下来。相反,英军经过上百天的准备,在蒙哥马利指挥下,于 10 月 23 日晚,对阿拉曼以西的德意军队发起反攻。双方投入的兵力虽各为包括 4 个坦克师在内的 12 个师,但实际上英军约有 23 万,坦克 1 400 多辆、火炮 2 000 多门、飞机 1 200 架,而德意军队约为 10 万(其中德军不到半数),仅有坦克 558 辆、火炮 1 200 多门、飞机 350 架。在英军地空协同的装甲机械化部队进攻和侧翼纵深迂回后,德意军队因补给不足,燃料只有正常需要量的 1/10,兵力难以机动无法持久而遭败北。这场第二次世界大战中规模最大的沙漠消耗战,到 11 月 4 日结束。隆美尔的副手和 9 名意军将领被俘,部队损折过半,只剩下 12 辆坦克。非洲军残部西撤 1 200 公里,才幸免全军覆没。在这次战役中,"战斗法国"的军队也参加了战斗,他们不怕牺牲,以一个旅的兵力牵制了德军一个坦克师,打得十分出色,也为胜利作出了贡献。

阿拉曼战役与二战中某些著名战役相比,规模和战果并不显赫。然而,衡量一个战役的历史作用,主要应以它对战争的总进程和对全局的影响而定。地中海南畔的北非、西亚地区合称中东。其战略地位的重要,不仅因为与“战争血液”——石油有关,而且是大英帝国得以维系的生命线和“腰带扣”。英国把它看作仅次于本土的第二个战略重点地区。阿拉曼之战的胜败,不仅关系到大英帝国可能会遭腰斩而解体,计划中的美英联军在西北非登陆后东西夹击非洲军的前提能否实施,也关系到北非的德军可能越过苏伊士运河进入西亚,与自高加索南下的德军会师于海湾,以致德、日法西斯在印度洋会师。而且还关系到苏联与英美的陆路联系能不能保持。所有这些,都将严重影响国际反法西斯斗争大业。足见阿拉曼之战确实是举足轻重、牵动全局的一仗。所以丘吉尔把它看做是大英帝国“命运的关键”。阿拉曼战役的胜利使北非战局呈现转折。此后的事实证明,轴心国再也无法在北非发动进攻了。

继英军在北非东线胜利后,11月8日,艾森豪威尔指挥下的11万美英联军第一次渡海在西北非的卡萨布兰卡、奥兰和阿尔及尔登陆。维希政府在当地的20万驻军纷纷倒戈。联军由西向东,直指突尼斯,与自东向西的英军遥相呼应。对此,希特勒一方面立即派德军进入法国南部,占领法国全境;另一方面,为了稳住意大利,他又派部队从海空两路火速增援突尼斯。1943年初蒙哥马利指挥下的英军也逼近突尼斯,被压缩在突尼斯北部的德意军队处在东西夹击之下。3月下旬,总数约60万的两路盟军会师。被围在比塞大的25万德意军队(德军占半数以上),前临大海,后有追兵、即将粮绝弹尽又无路可走,成为瓮中之鳖,在5月13日全部投降。自1940年7月初从东北非开始,历时2年零10个多月的非洲战事,终于在西北非结束。德意军队的总损失约95万,飞机8 000架,船舰约240万吨。这就从根本上改变了地中海战场的局势,并为盟军以后从南面进入欧洲准备了基地和跳板。突尼斯之战的胜利和阿拉曼战役一起,彻底扭转了北非和地中海战场的形势。这是反法西斯阵营继斯大林格勒战役之后的又一重大胜利,也是第二次世界大战中的战略转折之一。

北非的法西斯势力被肃清后,意大利就暴露在盟军的攻击之下。盟军为了彻底夺取地中海的制海权,重返欧洲大陆,于7月10日在地中海航线中端,与意大利本土隔海仅3公里的战略要冲西西里岛登陆。守军中占多数的意军作战不力,边战边退。到8月17日,盟军攻占全岛,歼敌约165 000人(其中被俘人数占4/5),残敌10万(德军约4万)撤往意大利半岛。

意大利自参战以来,在巴尔干、地中海和非洲屡战屡败,士气不振。加上连年战争,本土屡遭轰炸,生产日降、食品奇缺、物价飞涨、经济濒于崩溃,致使人民反战情绪日益高涨,北部工业城市工人不断罢工。面临军事、经济和政治危机的意大利已无力继续进行战争。当战火燃及西西里时,统治集团内部就密谋推翻墨索里尼,连他的女婿、外交部长齐亚诺也参加了这一行列。7 月 25 日,意大利发生政变,墨索里尼成为阶下之囚。国王任命总参谋长巴多里奥元帅组成新政府,并和美英秘密谈判,9 月 3 日在西西里签字投降。为了避免德军报复,此事直到 8 日盟军即将在意大利南部登陆前才公之于世。但希特勒对此早已察觉,事前从西欧调来大批精锐部队,10 日迅速占领罗马和意大利北部。12 日,德伞兵机降小分队又劫走被拘禁在意大利中部一个山顶旅馆中的墨索里尼,让他组织所谓"意大利社会共和国"的傀儡政府。意王与巴多里奥政府出逃到盟军占领区,并于 10 月 13 日对德宣战。美、英、苏三国同时宣布承认意大利为共同对德作战的"参战友国"。意大利倒戈的政治意义大于军事价值。轴心三鼎足先折其一,标志着法西斯集团开始解体和反法西斯阵营的重大胜利。然而,由于德军已经占领了意大利的战略要地,据险顽抗;盟军也正集中主要力量于第二战场,意大利全境直到 1945 年 5 月才得以解放。

太平洋战局的变化 英美根据"先欧后亚"的战略总方针,宣战后在远东太平洋对日本只进行牵制作战。日本原先计划在太平洋战争初战取胜后就采取守势,巩固既得战果。可是当它出乎意料轻取制胜后,低估了对手的力量,认为美国要到 1943 年年中才有反攻能力。为了保持战略主动权,海军方面一改初衷,主张连续进攻,企图迫使美国在不利的条件下应战,消灭其海上有生力量,特别是美国的航空母舰。山本五十六认为进攻美国太平洋舰队的前哨基地和珍珠港的屏障中途岛,就能诱使对方为争夺这个非保不可的据点而被迫应战,日本即可凭借当时的海上优势进行决战,聚歼美太平洋舰队,并切断美国和澳大利亚之间的联系,确保自己在太平洋上的有利地位。但日本军方意见并不一致。陆军认为,获得了石油等战略资源,"南进"的主要目的已经达到,就不能再扩大作战区域。因为日本陆军的 2/3 以上(包括关东军 13 个师)陷在中国战场,已调不出机动兵力再进行新的大规模陆上进攻作战。4 月 18 日,从美国航空母舰上起飞的 16 架 B-25 型飞机轰炸了东京、横滨、名古屋和神户等城市,日本举国震动。为了杜绝今后的空袭,军方统一了意见,决定向西南太平洋和中太平洋两个方向同时并进,摧毁美国舰队,扩大日本本土"防御圈"。这就导致了珊瑚岛、中途岛和瓜达尔卡纳尔岛之战。

1942 年 5 月 7 日至 8 日,日本与美英舰队在西南太平洋的珊瑚海交锋,双方力量大体相当,损失也相差无几,但却阻止了日军对澳大利亚的进攻。这是太平洋战争以来,日军侵略锋芒首次受阻。这次海战,双方舰艇都在对方视距以外,并未交火,战斗由航空母舰上的舰载机进行,这是世界战争史上第一次由航空母舰之间进行对抗的海战。

珊瑚海之战虽未得手,日本舰队仍按原计划远距离转移到中太平洋,准备再来一次珍珠港式的突然袭击,主攻目标是中途岛。为了打好这一仗,日本集结了包括 8 艘航空母舰在内的 200 多艘军舰,还配备了约 700 架飞机和 7 500 人的登陆部队,组成日本海军史上最庞大的一支舰队。由于美军破译了日军密码,事前了解到日本舰队的动向,虽然美国所能集结的兵力在数量和质量上都不如日本,但因掌握敌情,准备及时,在主要作战海域集中力量,张网以待,对日本的突然袭击进行了反伏击。6 月 4 日至 5 日,双方舰队在中途岛海面展开了又一次海空大战。日军损失 4 艘航空母舰、1 艘巡洋舰、322 架飞机。美方损失航空母舰和驱逐舰各 1 艘、飞机 147 架。开战以来,日本赖以取胜的航空母舰以及训练有素的舰载机飞行员,在中途岛海战中,损失惨重。在现代海战中,制空权是掌握制海权的前提,日本从此丧失了中太平洋的战略主动权,太平洋战争出现转折。

1942 年 8 月,美军开始主动出击,在西南太平洋日军控制的瓜达尔卡纳尔岛登陆。瓜岛战略地位十分重要,日军据此,就可切断美澳之间的联系,进逼澳大利亚;美军占此,则可遏制日军南下,确保西南太平洋的反攻基地澳大利亚。对于瓜岛,美军志在必得,山本五十六又急于伺机报仇,于是一场几乎与斯大林格勒保卫战同步进行的瓜岛争夺战激烈展开,从 1942 年 8 月 7 日到 1943 年 2 月 7 日,打了整整半年。除了在岛上争夺以外,双方还在附近海域进行了六次较大规模的海战,其中四次是传统的水面舰艇之间的交战。这是一场陆海空军协同进行的岛屿争夺战,也是围绕着争夺战区制空权的一场消耗战。在这次战役中,日军损失了包括最精锐的陆军第二师在内的 2 个师。最后,只得把粮绝弹尽,濒临饿死的残余部队撤离瓜岛。这是日本陆军在太平洋战争中遭到的第一次惨败。这一仗,联合舰队也损失过半,飞机损失约 900 架,飞行员损失是中途岛海战的约 10 倍。罗斯福认为瓜岛一仗打断了联合舰队的脊梁骨。太平洋战争也是一场岛屿争夺战,在争夺中,制空者制海,掌握了制海权就为岛屿争夺战中获胜准备了条件。经过瓜岛之战,盟军在西南太平洋也取得了战略主动权,它标志着太平洋战场局势转折的完成。从此,盟军转守为攻。1943 年 4 月 18 日,山本五十六在出巡途中,座机遭到伏击身亡。

开罗宣言与德黑兰会议 1943 年是第二次世界大战的转折之年。在这一年中,召开了几次重要的国际会议。1943 年 1 月 14—24 日,罗斯福和丘吉尔在摩洛哥的卡萨布兰卡(今达尔贝达)会谈结束时,罗斯福宣布了要德、意、日"无条件投降"的原则。以后,在苏联、北非地中海和太平洋等各个战场上,反法西斯联盟都扭转了战局。攻占西西里和意大利投降,充分显示了同盟国已经完全掌握了战略进攻的主动权。在这种形势下,美、英、苏三国商定于 11 月底在伊朗首都德黑兰举行政府首脑会议,商讨加速战争进程和战后共同关心的问题。

德黑兰会议前,美、英、中三国政府首脑罗斯福、丘吉尔、蒋介石于 11 月 22 日至 26 日在开罗举行会议,签署了《开罗宣言》。德黑兰会议期间,苏联政府对《宣言》也表示同意。《开罗宣言》于 12 月 1 日德黑兰会议结束时公布于世,庄严宣告,日本所窃取于中国之领土,例如:满洲、台湾、澎湖群岛等,归还中国。中国收复领土的神圣权利得到国际公认,这是中国人民坚持抗战的结果。《宣言》还规定了战后"使朝鲜自由独立"。

11 月 28 日至 12 月 1 日,斯大林、罗斯福、丘吉尔在德黑兰举行战时第一次苏、美、英三国首脑会议。主要议题是关于在西欧开辟第二战场。经过反复磋商和争论,由于苏美意见一致,英国只得放弃在地中海发动主攻的作战方案。最后商定,美英军队将于 1944 年 5 月从法国北部登陆开辟第二战场。

三国首脑还就战后处置德国、波兰疆界的变迁、成立国际组织,以及苏联参加对日作战等问题交换了意见。会议最后通过了《德黑兰宣言》,表示三国将在对德作战中一致行动并在战后继续合作。

《开罗宣言》和德黑兰会议,对于维护、巩固反法西斯联盟的团结和加速反法西斯战争的胜利,起了重大作用。但是,德黑兰会议也反映出大国主宰国际事务的意向,对以后的国际形势产生了影响。

第四节　世界反法西斯战争的胜利

欧洲第二战场的开辟　苏德战争爆发后,苏联就向英国提出开辟第二战场的要求。美国参战后,苏、美、英三国政府多次商讨这个打败德国法西斯的首要战略问题,它们之间意见分歧,矛盾迭起。一是在苏联和英美之间,主要表现为在什么时间开辟;另一是在英美之间,比较集中地反映在什么地点开辟。有时两者又交织在一起,错综复杂,争论激烈,甚至因难于协调而有动摇反法西斯联盟的危险。这些分歧是苏、美、英之间不同国家利益的反映,也在一定程度上反映了两种不同制度的矛盾。然而,大敌当前,又促使它们在几经周折后求同存异,互相妥协。正是这种根本利益的一致和共同努力,使第二战场经过 1942 年、1943 年和 1944 年 5 月几次延期后终于开辟。

为了准备这次战争史上规模最大的两栖登陆作战行动,由艾森豪威尔指挥的盟军在英国本土集中兵力近 288 万、飞机 15 700 多架和舰艇 6 000 多艘,准备了由 37 万立方米混凝土和 300 吨钢材制造的几百个空心钢筋混凝土沉箱构成的两座人造码头和一条海底输油管。此外,还计划从地中海向法国南部进行另一次有 10 个师兵力登陆的配合作战;在美国还有约 41 个师整装待发。为了迷惑敌人,盟军在英吉利海峡最窄部分制造主攻的假象。

1944 年 6 月 6 日 1 时 30 分,盟军 3 个空降师先在诺曼底的德军防线后方空降。经海空炮火猛烈轰击后,清晨 6 时 30 分,先头部队 5 个师也分别向 5 个滩头登陆。参加这次突击的作战飞机达 1 万多架,运输机约 2 000 架,各类舰艇 4 000 多艘。德军统帅部对盟军的主攻方向判断失当和指挥错误,没有及时投入援军,使登陆的盟军站稳了阵脚。到 6 月 12 日各滩头阵地连成一片,登陆的盟军已达 326 500 多人,超过了德军投入战斗的 14 个师。

诺曼底战役分为两个阶段:第一阶段(6 月 6 日到 7 月 24 日),双方争夺滩头阵地和集结必要的后备部队;第二阶段(7 月 25 日到 8 月 25 日),盟军发动大规模进攻并解放巴黎。从整个战役,特别是从第一阶段的进程来看,战斗十分激烈,盟军进展并不顺利,原计划在登陆后 5 天内要占领的地段,因德军顽强抵抗,直到第 50 天才大体完成。原定与诺曼底战役同时进行的法国南部登陆作战,因准备不及而推迟到 8 月 15 日。当这支由 50 万兵力(其中半数以上是法军)、1 000 辆坦克、1 500 架飞机和 1 300 多艘舰艇所组成的部队,在土伦和戛纳之间登陆后,与诺曼底滩头出击的盟军形成南北呼应之势时,战局已定。德军为了避免覆没,仓皇后撤,持续了近 2 个半月的诺曼底战役,终于以法国首都巴黎的光复而胜利结束。

在诺曼底战役中,德军损失兵员约 40 万(其中半数被俘),坦克 1 300 辆、火炮 2 000 门、飞机 3 500 架和各种车辆 20 000 辆。盟军伤亡高于德军,约 21 万。这次战役计划周密,规模宏大,行动巧妙,是反法西斯战争中光辉的一页。

第二战场开辟后欧洲反法西斯联盟的武装力量就从东西南三个方面向法西斯收缩罗网,使战争进入了粉碎纳粹德国的最后决战阶段。但这并不意味着德国法西斯立即崩溃。面对盟军的攻势,希特勒又进行总动员,增强了西线的防御力量。不仅如此,他还乘 10 月以后东线战事暂时的相对平静,把原来打算用来对付苏军冬季攻势的预备队——精锐的党卫军第六装甲集团军作为主力,集结了一支约 28 个师的突击力量,在阿登地区进行孤注一掷的反扑,指望突破美军防线中的薄弱地段,强渡马斯河,夺取安特卫普,重演四年半前的历史,再次把盟军赶下海去。然后回过头来再对付东线苏军以扭转战局。12 月 16 日,德军兵分三路,突然出击,一举突入盟军防线纵深约 90 公里,给盟军造成了相当大的混乱。但是此时的德军已有无法克服的根本弱点——兵力和装备不足。圣诞节(12 月 25 日)前后,德军前锋在距马斯河 4 公里处被迫停顿,战局开始稳定。为了免遭来自南北两路盟军的反攻夹击,1 月 10 日希特勒无可奈何地下令将党卫军第六装甲集团军撤出战场。1 月 12 日,苏军在东线发动规模空前的维斯瓦河—奥得河战役支援盟军。16 日反攻的盟军会师,28 日终于恢复了原来的战线。在西线这次最大的阵地战中,德军损失约 8 万多人,希特勒消耗了他仅存的战略预备队。盟军死伤也近 8 万人,原来的进军计划因此推迟了 6 个星期。希特勒用拆东墙补西墙的办法,在西线的冒险未能得逞,却加速了他在东线的失败,而东线的惨败又促使德军在西线迅速崩溃。可见,第二战场开辟后,反法西斯联盟东西配合,互相支援,使德军腹背受敌,无所适从,屡战皆北,终至败亡。

苏军解放沦陷国土 1943 年底,苏军已收复沦陷国土约 2/3,作战经验和指挥艺术更加成熟。日本处于困境,苏联已无后顾之忧,可投入战场的兵力和兵器装备占有明显的优势。实施大规模战略进攻的条件已经具备。

苏军从1944年1月起,在巴伦支海到黑海的战线上,集中兵力连续不断逐次实施几个相互联系的大规模进攻战役,即在一次进攻战役尚未结束时,就发动另一次进攻。在有的战役中,还同时实施几个方面的突击,使德军难以判断苏军的主攻方向,不能及时做出有效反应,顾此失彼,而苏军始终处于主动地位,进攻一个接一个,使德军疲于奔命,几乎没有喘息的机会。这就是1944年著名的十次突击。

十次突击分两个阶段实施。从1944年1月至5月是第一阶段,在北南两翼进行了三次突击。其中第一次是列宁格勒战役,这座艰苦卓绝奋战了900天的英勇城市终于解围,赢得了胜利。经过三次战役,德军两翼被削弱,使白俄罗斯境内的德国"中央"集团军群处于翼侧暴露的不利地位。从夏季到年底是第二阶段,又进行了七次突击,其中规模最大、最著名的是从6月23日开始的第五次突击,即白俄罗斯战役。苏军投入约140万兵力,还有14万游击队员配合作战。由于德军统帅部对苏军打击方向的判断失误,把预备队中4/5的坦克和机械化师集中在苏联南部,因此中路德军在苏军打击下溃不成军,被歼约35万人。7月17日投降的57 600名德军俘虏,20人一排,被解押列队经过莫斯科市区,被讽称为战争期间"进入莫斯科的第一批德国人"。这次辉煌的胜利是德军在东线末日的开始。第二阶段的突击是在欧洲开辟第二战场后进行的,处在夹击中的希特勒认为西线离德国更近,形势更迫切,不得不抽调部分兵力去那里作战。这样,苏军前进的速度就更快了。到1944年底,收复了几乎全部国土,并解放了罗马尼亚、保加利亚和波兰、捷克斯洛伐克、南斯拉夫、匈牙利、芬兰、挪威的部分国土。芬、罗、保、匈退出了战争。1944年是苏军取得决定性胜利的一年,欧洲人民反法西斯奴役的斗争也空前高涨。

欧洲的抵抗运动 德国法西斯对被占领的欧洲各国实行最残暴、最黑暗的统治,约有2 000万人(半数是苏联平民和战俘)被大规模屠杀,其中1 100万人是在奥斯威辛、布痕瓦尔德、达豪和索比堡等上万个集中营内被惨绝人寰地杀害和折磨致死。希特勒对犹太人实行灭绝种族政策。当时在德国控制和占领地区的犹太人约有1 000万,惨遭杀害的就有约600万人(其中儿童1/6)。此外还有约800多万(其中妇女1/4)平民和战俘被押到德国做苦工。

欧洲各国人民在非常困难的条件下,积极组织武装斗争,开展抵抗运动。

波兰人民在欧洲最早起来与德国法西斯进行顽强斗争。游击队人数超过50万,仅次于苏联和南斯拉夫。震惊世界的1943年4月华沙犹太人起义和1944年8月的华沙起义,都谱写下可歌可泣的篇章。战争最后阶段,在波兰共产党领导下与苏军并肩作战的波军有40多万,是除苏军外唯一参与攻克柏林,并把国旗插上布兰登堡大门的军队。在西方盟军中参加作战的另外约 20 万波兰军队,与盟军一起转战了几乎所有的西欧和地中海战场。同时,还有几万波兰人参加了欧洲其他国家的抵抗运动。在战争期间,波兰牺牲了 600 万人(半数以上是犹太人),超过全国总人口的 1/6,按人口比例计算是二战中遭受损失最大的国家。

南斯拉夫军民自德、意入侵后,在共产党领导下,把武装斗争和政权建设结合起来。1944 年 10 月 20 日在苏军配合下,收复了自己的首都贝尔格莱德,继而解放全国。到战争结束时,南斯拉夫解放军已发展到约 80 万人,其中 1/5 是妇女。

阿尔巴尼亚共产党于 1941 年 11 月 8 日成立后,领导人民不屈不挠地展开山地游击战,抗击德意法西斯。到 1944 年 10 月,民族解放军已发展到 7 万人,并于 11 月 29 日解放了全部国土。

罗马尼亚和保加利亚两国人民当苏军进入国境后,在共产党参与或领导下,进行了武装起义。罗马尼亚共产党与各爱国力量一起组成了全国军事委员会,策动军队倒戈,于 8 月 23 日推翻了安东尼斯库政府。同年 9 月 9 日,保加利亚共产党领导 2 万多游击队和工农群众,从首都到地方占领城乡,建立了新政权。两国的武装力量(罗 52 万、保约 20 万)与苏军一起作战,一部分还越出国境,追击德军。

法国国内各派抵抗力量在 1944 年 3 月建立了由戴高乐委派总司令的内地军,在第二战场开辟后,发展到 50 万人,其中由共产党领导的约占半数。盟军在诺曼底战役中就得到了相当于 15 个师的法国内地军的配合支援。8 月 19 日,巴黎人民起义,25 日在戴高乐指挥下的装甲部队协同下,解放了自己的首都。

意大利投降后,德军占据意大利北部,负隅顽抗。1943 年 9 月 9 日,中央民族解放委员会在罗马成立,意大利共产党在北部山区建立了"加里波的"游击队,人数发展到 15 万多,并与其他抵抗组织共同建立了"自由义勇军",总兵力近 26 万。德军不得不从前线调回 1/3 的兵力来对付游击队。1945 年 4 月 23 日,民族解放委员会发出总罢工、总起义的号召,解放了米兰、都灵、热那亚和威尼斯等城市,并在 4 月 28 日处决了企图逃往瑞士的墨索里尼,基本上解放了北部国土。

欧洲其他各国人民也都开展了各种抵抗运动。希腊、比利时、荷兰和捷克斯洛伐克等国,都有人民武装在与法西斯战斗。挪威抵抗战士就曾在 1943 年 2 月和 1944 年 2 月两次深入虎穴,破坏了德国制造重水的设备,粉碎了希特勒抢先制造原子武器的企图。需要指出的是德国人民也与法西斯进行过长期的殊死斗争,约 100 万人先后被投入集中营。1944 年 7 月 20 日,以德国国防军部分军官为主的不同政见者,为推翻纳粹,也发动了谋刺希特勒的未遂军事政变。

雅尔塔会议 当德国败局已定时,罗斯福、丘吉尔和斯大林于 1945 年 2 月 4 日至 11 日,在苏联克里米亚半岛的雅尔塔再次会晤。在这次极其重要的会议上,主要讨论以下四个问题。

第一,关于德国。决定在德国投降后,由苏、美、英、法分区占领,并在柏林设立管制委员会。德国必须赔偿盟国的损失,并实行非军国主义化。

第二,关于波兰的疆界和政府的组成。苏联与英美在会议期间讨论得最多,争论最为激烈,几经较量,才达成协议。

第三,关于联合国。为了确保战后世界的和平与安全,决定成立联合国。联合国有 6 个主要机构,最重要的是安全理事会。安理会由中、法、苏、英、美五个常任理事国和六个非常任理事国组成。任何实质性问题(程序问题除外),均须经五个常任理事国一致同意,即五大国拥有否决权。

为了成立联合国,会议还决定于 1945 年 4 月 25 日在旧金山召开联合国家会议。

第四,关于苏联参加对日作战。早在 1943 年 10 月和 1944 年 12 月美苏会谈中,就涉及德国战败后苏联参加对日作战的问题及具体条件。美国估计,苏联参战至少可以减少美国对日作战约 20 万人的伤亡。根据秘密缔结的雅尔塔协定,苏联承诺在德国投降后的两三个月内,参加对日作战。条件是:(1)外蒙古(今蒙古人民共和国)的现状须予维持。(2)由日本在 1904 年日俄战争中,从沙俄手中夺取的"权益"须予恢复,即:甲. 库页岛南部及邻近一切岛屿须交还苏联;乙. 中国的大连商港须国际化,苏联在该港的优越权益须予保证,苏联租用旅顺港为海军基地须予恢复;丙. 中东铁路和南满铁路由中苏共同经营。(3)千岛群岛须交予苏联。

雅尔塔会议是二战期间一次极其重要的会议,它对协调盟国在最后战胜德、日法西斯的步伐,使胜利早日到来,以及对联合国的建立都起了一定的积极作用。但是,必须指出:三国首脑,主要是美苏首脑竟背着中国签订了以中国的领土主权作交易的秘密协定,直到 6 月 14 日才由美国政府将内容通知中国当局,以既成事实迫使中国同意。中国为反法西斯战争作出了重大牺牲和巨大贡献,是四大盟国之一。但是这项协定却是在没有中国参加的情况下作出的,严重损害了中国的主权。仅此一点,已足见雅尔塔秘密协定具有明显的大国强权政治色彩,是美苏为划分战后势力范围两分天下的产物。会议对战后国际关系格局的形成具有深远影响。①

---

① 二战期间,在以雅尔塔会议为代表的一系列重要国际会议上,美、英、苏三国所达成的关于战后世界安排的各种宣言、公告、协议和谅解等,被统称为雅尔塔体制,其实质是美苏安排战后世界,两分天下。

攻克柏林和德国投降 1945年2月,德军已被压缩在东面的奥得河和西面的莱茵河之间。3月7日,中路盟军首先在雷马根夺取了德军来不及破坏的鲁登道夫大桥,到达莱茵河东岸,其他各路也分别于3月下旬强渡莱茵河。鲁尔地区的近32万德军,在被围半个多月以后于4月18日投降。至此,西线德军的防御基本瓦解。此后,由艾森豪威尔指挥的盟军分两路挺进,一路在易北河和捷克斯洛伐克境内与苏军会师,一路向南挺进,渡过多瑙河进入奥地利,与亚历山大指挥下从地中海战区意大利北上的盟军会师。

此时,由艾森豪威尔和亚历山大分别指挥的盟军总兵力已增加到600万人以上,拥有16 000多辆坦克和16 000多架飞机。

1945年初,拥有12 000多辆坦克和15 000多架飞机的700多万苏军,自1月至4月,突破德军纵深600公里的七道防线,解放了波兰、匈牙利的全部国土,以及捷克斯洛伐克、奥地利的部分国土,推进到离柏林仅60公里的奥得河畔。

柏林战役是苏军对德国法西斯的最后一击,规模也最大。苏军投入了包括波兰军队在内的兵力250万、坦克6 250辆、飞机7 500架和各种火炮42 600门,直捣德国首都。希特勒也集中了百万余众,1 500辆坦克、3 500架飞机和上万门火炮,构筑了三道防线,负隅顽抗,垂死挣扎。

为纪念即将到来的列宁诞辰75周年,苏军在4月16日发起进攻柏林的战役。经过激战,三路苏军先后强渡奥得河,逼近市郊。25日,苏军在波茨坦以西包围了柏林,并且在当天中午在柏林西南易北河畔的托尔高地区与美军胜利会师,德军防线和整个德国被切成南北两半。26日,苏军猛攻柏林。27日,突入市区,巷战激烈。30日,希特勒自杀身亡;傍晚,苏军攻入德国国会大厦,经过逐屋争夺,胜利的红旗终于在5月1日清晨飘扬在国会大厦主楼圆顶上。5月2日,柏林守军投降,历时16个昼夜的柏林战役结束,其他各地的德军也纷纷投降。

在柏林战役接近尾声时,苏军分兵向布拉格挺进,5月9日同起义人民一起肃清了市内的德军。11日,苏、美、英军队在卡罗维发利和克拉托维会合,捷克斯洛伐克全境解放。

5月7日,德国代表在西方盟军司令部所在地巴黎附近的兰斯,在艾森豪威尔主持下签署了无条件投降书。对此,苏联持有异议。德国代表又于5月8日午夜在柏林苏军司令部由朱可夫主持再次签署投降书,5月9日零时开始生效。至此,欧洲战场的反法西斯战争胜利结束。

波茨坦会议和《波茨坦公告》 1945年7月17日至8月2日,苏、美、英三国首脑在柏林附近的波茨坦举行了战争期间第三次,也是最后一次会议。(7月26日、27日因丘吉尔回国参加大选,休会两天)代表美国出席的是继罗斯福(1945年4月12日去世)出任总统的杜鲁门;代表英国出席的是首相丘吉尔,英国大选工党获胜后,新任首相艾德礼于7月28日接替丘吉尔出席;代表苏联出席的仍是斯大林。

会议着重讨论了战后世界的安排。对德国和波兰问题,在雅尔塔会议的基础上加以具体化。如初步确定波兰西部国界以奥得河—西尼斯河为界,前自由港但泽和东普鲁士南部划归波兰;东普鲁士的哥尼斯堡(今加里宁格勒)及其邻近地区划归苏联。对赔款问题,黑海海峡,以及对意、罗、保、匈、芬等国的政策,也作了规定。决定设立美、苏、英、中、法五国外长会议,负责与战败国签订和约的准备工作。《苏美英三国柏林(波茨坦)会议议定书》就是上述结果的体现。

会议还讨论了对日作战问题,苏联重申在欧战结束三个月后参加对日作战。7月26日发表《波茨坦公告》。中国虽未参加会议,但这份由美国起草的《美、中、英三国促令日本投降之波茨坦公告》,在发表前已征得中国的同意。《公告》敦促日本立即无条件投降,重申《开罗宣言》的条件必须实施。同时宣布盟国占领日本后,将实施非军事化和民主化等基本原则。苏联对日宣战后,也签署承认《公告》。

这次会议是在德国法西斯已被摧毁,日本军国主义虽然日暮途穷,但仍负隅顽抗;美国的原子弹虽然试爆成功,但实战效果尚难预卜;美、英、苏之间新的纠纷不断出现之际召开的。尽管如此,与会三国在这次战争期间开得时间最长的一次首脑会议上,对一些重大问题仍然达成了协议,使三国的战时联盟得以继续维持,这对于加速反法西斯的第二次世界大战的彻底胜利具有积极意义。但是随着战争接近尾声,英美和苏联的分歧和争执也日趋激化。

盟军在太平洋和东南亚的反攻 1943年,盟军在太平洋战场建立了两个作战区:一个是由美国海军上将尼米兹指挥的中部战区;一个是由美国陆军上将麦克阿瑟指挥的美、澳、新、英、荷等五国部队组成的西南部战区。此外,盟军在印缅边界地区,还成立了独立的东南亚司令部。

日军在瓜岛战败后,转攻为守,在盟军进攻的路线上,层层设防,死拼硬打,企图用外围的逐岛争夺把盟军牵制在辽阔的太平洋地区,拖延时日。逐岛战使盟军处处打硬仗,但进展缓慢。

1943年8月中旬,西南部战区的盟军,采取越岛进攻的新战术,对所罗门群岛的日本海空军重镇腊包尔严密封锁,围而不攻,主力越过该地,继续北上,使12万日军准备据险死守的重点设防,成为一着"死子"。盟军则凭借海空优势,避实就虚,打主动仗,打乱了日军的防御部署,加快了反攻的进程。

1944年盟军在太平洋上已发展为全面进攻。中太平洋离日本本土近,又无大岛,易被封锁和各个击破。因此,盟军两面合击,以中路为主要反攻方向。欧洲第二战场开辟后,盟军在太平洋上也发动了四次具有重要战略意义的战役。其中有三次发生在中太平洋,即塞班岛、硫磺岛和冲绳岛等战役;另一次是在西南太平洋的菲律宾之战。

在参谋长联席会议批准越岛作战后,中部战区的美军绕过被日军称为太平洋上直布罗陀的特鲁克,一跃千里,出敌不意,于 1944 年 6 月 15 日在日本"绝对国防圈"的重要据点塞班岛登陆。同时,在附近海域也展开了一场第二次世界大战中规模最大的航空母舰之间的马里亚纳海空大战。日本参战的 9 艘航空母舰,被击沉 3 艘、击伤 4 艘,450 架舰载机只剩下 35 架,还损失了在瓜岛战役后训练出来的绝大部分舰载机飞行员,使力图重整旗鼓的联合舰队机动部队一蹶不振。直接指挥珍珠港和中途岛作战的南云忠一兵败自杀。而美国参战的 15 艘航空母舰,仅 2 艘被击伤;890 架飞机,损失不到 130 架。从此,美国完全掌握了太平洋战争的制空制海权。这一仗对日本震动很大,东条内阁因此垮台。美军占据塞班岛后,以此为基地,对日本开始了大规模战略轰炸。

1944 年 10 月中旬,以西南战区部队任主攻的两路盟军进攻菲律宾。日本为了得到石油,必须守住菲律宾,才能使联合舰队不被分割,本土与东南亚之间的联系不致中断。因此,集中了残存的海空军力量,孤注一掷在此抗争。

10 月 23 日至 26 日,在盟军登陆地点莱特湾附近,双方进行了战争中规模最大的水面舰艇之间的决战。日本海军被打得溃不成军,从此不再成为一支战略力量。在菲律宾抗日人民军的支持下,盟军于 1945 年 2 月 25 日解放马尼拉。7 月 5 日,菲律宾基本解放,但残余的 13 万日军直到日本宣布投降后才全部出降。

菲律宾海战中双方参战兵力及其损失情况的对比表

	航空母舰		战列舰		巡洋舰		驱逐舰		飞机	
	参战	损失	参战	损失	参战	损失	参战	损失	参战	损失
盟军	34	3	12	0	24	0	144	3	1 400	100
日军	4	4	9	3	19	10	35	11	416	150

日军在东南方向两战俱败,它的海空军主力基本被消灭,战争的命脉石油供应也被切断。1945 年初,战场已靠近日本本土,盟军开始向日本的内防御圈发动进攻。

位于日本本土和马里亚纳群岛之间各约 1 200 公里的硫磺岛,是日本对美机空袭本土进行预警和拦截的前哨据点,美军一旦占领该岛,便可得到战斗机护航出击和轰炸机因故紧急着陆的基地,增加对日本轰炸的效果。对这个航空中继站,双方势在必争。从 1945 年 2 月 19 日开始,在面积仅约 20 平方公里的小岛上,23 000 名日军依托坑道工事,对十倍于己的美军拼死顽抗,使美军预期 5 天就解决的战斗,打了 36 天。这是美国海军陆战队有史以来进行得最激烈、最艰苦、伤亡最高的一次战斗。此后,日本本土就处于美军战斗机作战半径之内。美军有 2 400 架轰炸机曾先后在岛上作过紧急着陆。

4月1日,盟军以包括东调的英太平洋舰队在内的各类航空母舰59艘,战列舰22艘、巡洋舰36艘、其他舰艇上千艘、飞机2 500多架在内的55万兵力,进攻距日本本土仅600公里的冲绳岛。为了拒敌于国门之外,日本除以驻军10万死守外,还组织了所谓海空特攻战。一是将残存的10艘大型舰只,以当时世界上最大的64 000吨的超级战列舰"大和"号为旗舰,组成"海上特攻队",没有任何空中掩护,只装载供单程航行的燃料,向盟国海军作自杀性攻击。但出航不久,就遭到386架美机的轮番袭击,包括"大和"号在内的6艘军舰和3 700多人都葬身海底,剩下的4艘驱逐舰只得折返港口。日本海军至此几被全歼。二是"神风特攻队",以装满炸药的上百架飞机对盟军舰艇进行十次大规模的自杀性攻击。这种攻击在战役初期还有些效果,曾击沉过盟国军舰26艘(其中最大的是驱逐舰),击伤368艘。当美舰配备了装有雷达的护航驱逐舰以后,这种自杀性攻击就逐渐失去作用。7月2日,美军占领冲绳全岛,日军除7 800人被俘外,全部战死。岛上平民在军国主义分子裹胁威迫下死亡超过10万人。美军的伤亡约为5万。

冲绳岛登陆战是第二次世界大战中最后一次登陆作战,是美日双方在太平洋岛屿争夺战中规模最大、损失最重的一次战役,双方在岛上指挥作战的战地司令官都在战斗中身亡。攻占冲绳岛后,美军从南面切断了日本本土与外界的联系。

1944年6月中旬,盟军飞机对日本本土开始大规模轰炸。1945年3月,对城市投掷大量燃烧弹,并由高空水平轰炸改为夜间低空和白天中空轰炸。这种"火攻闪击战",使大量以木质结构住房为主的日本城市变成一片火海。盟国空军同时还实施向日本内海施放水雷,切断日本本土与外界海上联系的"饥饿战役"。日本因被轰炸和封锁,终致经济瘫痪,士气受到严重影响。

早在太平洋战争爆发后,日本为了切断中国与西方联系的陆上交通线,并建立西攻印度的前进基地而入侵缅甸。应英国政府的要求,中国军队出师缅甸,开辟了连接中国战区(包括泰国和越南)和太平洋战区(包括东南亚其他地区)的滇缅战场。

1942年春,10万中国远征军由云南西部首次入缅援英抗日。在同古和仁安羌两仗中,远征军浴血奋战,给日军迎头痛击,援救了7 000多名英军,还解救了被日军俘虏的英军官兵、记者和美国传教士等500多人。由于盟军指挥不协调,远征军孤掌难鸣,在减员过半后不得不分别退至印度和云南西部休整待命。随着1943年盟军逐步展开反攻,中国远征军返缅作战提上日程。退往印度的远征军与从国内空运去的部队改编为中国驻印军,扩增到5个师。1943年10月,在美军配合下,反攻缅甸。撤回到云南西部的远征军与新增派的部队则编成滇西远征军,扩大到17个师,为策应由印入缅作战的中美联军,并减轻正在英帕尔鏖战的英军负担，这支远征军也于1944年5月强渡怒江，再次入缅作战。滇西远征军与中国驻印军遥相呼应，对缅甸日军形成东西夹击之势。1944年7月，英军在英帕尔打败日军。8月，以中国驻印军为主的中美联军又攻克缅北战略要冲密支那。到年底，中、英、美、印军队和缅甸游击队收复了缅北大部分地区，并肃清了印度境内的日军。1945年1月27日，两路中国军队在中缅边境的芒友胜利会师后，乘胜追击，在3月8日攻占了联系中、印、泰、越四国的交通枢纽腊戍，30日中英军队会师于乔梅，5月，日军向缅泰、缅马和缅越边境退却，缅甸全境基本解放。

在第二次世界大战中鲜为人知的滇缅战场上，实际上曾聚集过来自世界各大洲的上百万武装人员，在自然条件极为艰苦，山高林密蛇兽出没之地，展开了历时三年半之久的反复搏斗。中国军队两次赴缅作战，歼灭了日本缅甸方面军两个师团的大部及另两个师团的一部共5万余人，牵制了在缅日军的预备队，为盟军在缅甸的最后胜利创造了有利条件，为世界反法西斯战争作出了贡献。

亚洲各国人民的抗日斗争　中国军民自1937年起就不屈不挠地与装备上远为优越的敌人英勇斗争，牵制和吸引了包括关东军在内的约180万以上的日军。停战时，日本在中国大陆仍驻有110万左右的军队，这个数目超过了在东南亚和太平洋各岛的日军总和，大约相当于全部海外日军274万人（不包括关东军）的1/2弱。全面侵华八年，日军在中国战场伤亡130余万，居第二次世界大战中日军在各个战区伤亡人数之首。日本用于侵华的战费约121亿美元，相当它全部战费的35%。中国是在亚洲大陆上反对日本侵略者的主力。在太平洋战争前，日本陆军3/5以上的兵力和约半数的陆军航空兵，被牵制在中国战场上。中国抗战不仅推迟了日本发动太平洋战争的时间表，而且在战争爆发后，使日军统帅部只能投入陆军基干兵力的约1/5和不到1/2的陆军航空兵，协同海军作战。由于兵力不足，日本不能全力南进，从而减轻了对美、英的打击，澳大利亚、夏威夷、印度和锡兰（今斯里兰卡）等地才得以保存，为太平洋战区的盟军反攻创造了条件。这是中国坚持抗战为盟军取得最后胜利所作出的重大贡献。同样，日本陆军的主力，由于陷于中国战场而不能自拔，即使在苏联卫国战争最艰难的时期，日本仍不敢贸然北犯苏联，因此苏联才得以把近70万部队、5 000多门火炮和3 300多辆坦克陆续从远东西调，全力与德国法西斯进行决战。曾任苏联驻华武官和蒋介石总军事顾问的崔可夫指出：甚至在我们最艰苦的战争年代里日本也没有进攻苏联，却把中国淹没在血泊中。这就是中国持久抗战对苏联伟大卫国战争所作出的重大支援。还需要特别指出：正是由于中国人民的坚决抗战，才使反法西斯联盟"先欧后亚"的战略方针得以实施。中国在反法西斯的第二次世界大战中既作出了不可磨灭的国际贡献，也付出了极大的代价。中国军民的伤亡人数超过2 100万，财产损失和战争消耗达1 000亿美元。

经过八年全民族抗战,中国共产党领导的抗日武装,主力已发展到100多万,民兵约200多万,解放区人口超过1亿,面积超过100万平方公里,对日反攻的战略形势逐步形成。1945年8月9日,毛泽东发表了《对日寇的最后一战》的声明,号召举行全国规模的大反攻。

抗日战争是一百多年来中国人民反对资本帝国主义侵略第一次取得完全胜利的民族解放战争,洗雪了鸦片战争以来的民族耻辱,成为中华民族由衰败到重新振兴的转折点,为中国的独立和解放奠定了基础。

与此同时,亚洲各国人民,也以各种形式与日本侵略者作斗争。

朝鲜人民和越南人民在共产党领导下,在艰苦的条件下不屈不挠地开展抗日武装斗争。1945年8月,朝鲜人民革命军在苏军帮助下解放了朝鲜北部;9月8日,美军在仁川登陆,以"三八线"为界,进驻朝鲜南部。日本帝国主义长达36年的殖民统治终于结束。越南人民在共产党领导下,举行了"八月革命"总起义,解放了河内、顺化、西贡等重要城市。9月2日胡志明宣布越南民主共和国正式成立。

马来亚、菲律宾的日本占领军,为了维持其统治并将兵力调向缅甸等其他战场,对当地人民的抗日斗争进行了极其残酷的镇压和血腥的屠杀。面对这些法西斯暴行,当地各族、各阶层人民,进行了各种形式的斗争。马来亚人民抗日军,举起了象征马、华、印三个主要民族团结合作的三星旗,进入丛林中坚持武装斗争,解放了全国半数以上的农村地区。菲律宾人民抗日军(简称民抗军),粉碎了日军多次"围剿"和诱降,坚持游击战,到1945年初,已发展到拥有战斗部队1万人和民兵3万人。解放了有100多万人口的广大地区,并在2月初,配合盟军攻克首都马尼拉。

缅甸和印度尼西亚的抗日解放斗争道路较为曲折。日本侵略者在取代英、荷殖民统治之初,曾以伪善的面目"扶助"当地人民"独立"。然而,当地民族主义者逐步认识到日本法西斯与过去的殖民统治者并无二致,甚至更为残暴。在共产党的参与下,他们秘密建立了反法西斯组织,以地下或合法形式进行反日斗争。1944年8月,缅甸共产党与人民革命党等抗日党派团体组成了"反法西斯人民自由同盟",并建立了缅甸革命军,开展武装斗争。1945年3月,举行反日武装起义。5月,革命军与英军一起解放了仰光等地区。印度尼西亚是东南亚面积最大、人口最多的国家,盛产石油、橡胶等战略物资,并有粮食、水产等丰富资源。日本占领者以欺骗和镇压的政策,大肆掠夺,这种政策促使印尼各阶层人民逐渐认清了日本的真面目,反日和民族独立的斗争随之不断高涨。1945年8月17日,以苏加诺为首的民族主义力量,在日本投降之后不几日就宣告印度尼西亚共和国独立。

值得一提的是东南亚各国有大量华人和华侨,他们在抗日斗争中为所在国的解放,也作出了巨大的贡献。如"星洲华侨义勇队"与盟军和当地人民一起,以血肉之躯抗击日本侵略军。又如"菲律宾人民抗日军第四十八支队"(以中国抗日武装新四军和八路军的"四"和"八"两字组合而成),是一支由华人组成的武装力量,他们歼敌的数目约占"民抗军"总战果的1/12。

美国投掷原子弹和苏联参加对日作战 1945年4月,铃木内阁上台时,日本的国力已到了难以维持的最后关头。在日本法西斯濒临崩溃之际,美国在7月16日试验原子弹成功。8月6日和9日立即把仅有的两颗分别投在广岛和长崎,炸死295 956人。①

8月8日,苏联根据《雅尔塔协定》对日宣战。9日零时,苏联远东军在总司令华西列夫斯基指挥下,以西路为主攻方向,分三路对侵占中国东北的日本关东军发起猛攻;同时还分别向朝鲜北部、库页岛南部和千岛群岛进军。为了准备这次战役,苏联自5月起就开始向远东秘密增兵56万,使远东总兵力达到约175万,并配备坦克5 250辆,飞机5 170架、各类火炮近30 000门,主要舰艇93艘。关东军兵力约75万,但它的精锐部队自1943年以来,陆续调往太平洋战场和国内。新编成的师团缺乏训练,武器也不足,仅有各类火炮5 000门,坦克约160辆,作战飞机约230架,实际战斗力仅为过去的1/3。经过10天战斗,8月18日,关东军司令部下令停止抵抗。在这一仗中,日军死亡约84 000人,被俘约60万,苏军损失约32 000人。②

日本投降 日本帝国主义在中国人民长期抗战的沉重打击和亚洲各国人民的抵抗下,已经遍体鳞伤,狼狈不堪。美国投掷原子弹和苏联出兵对日作战,则加速了它的崩溃。日本政府在8月14日不得不决定接受《波茨坦公告》,8月15日中午广播天皇诏书,宣布向盟军无条件投降。

1945年9月2日上午10时,日本向盟国投降的签字仪式在东京湾的美国军舰"密苏里"号上举行,中国抗日战争和反法西斯的第二次世界大战终于胜利结束。

世界反法西斯战争胜利的伟大意义 第二次世界大战是一场规模空前的战争,它给世界人民带来了巨大的灾难。据估计,死亡人数约6 000万,物资损失超过40 000亿美元。但是在这场关系人类命运和前途的搏斗中,人民最终赢得了战争,使人类文明得到拯救,世界和平得以恢复。

反法西斯战争沉重地打击了国际帝国主义,横行一时的德、日、意三个帝国主义国家被彻底打败。曾经是世界一等强国的英、法也受到严重削弱。它们虽

---

① 据1990年5月16日日本发表的数字(包括因患辐射病症而死亡的人)。

② 另据1990年5月8日塔斯社报道:苏联远东军在对日作战中,在中国牺牲8 000人,在朝鲜北部牺牲1 500人。

然打赢了战争,却失去了往日的地位。

与此相反的是社会主义越出一国范围。战后在欧亚两洲出现了一系列人民民主国家,特别是中国人民革命的胜利,使社会主义力量空前壮大,大大发展了十月社会主义革命的成果。

规模空前的反法西斯战争,使占世界人口大多数的殖民地、半殖民地人民参加了这场正义战争,从而促进了亚非拉地区民族解放运动的空前高涨。战后,殖民体系迅速瓦解,帝国主义的统治范围大大缩小。亚非拉一系列国家相继独立,加快了世界历史发展的进程。

第二次世界大战还推动了科学技术的大发展。军事上的需要,使交战各国投入大量人力、物力和财力去发展相应的科学技术,制造克敌制胜的武器。例如,在核裂变发现以后短短的六年时间里,美国就爆炸了原子弹。如果没有最迫切的军事需要,这是办不到的。随着原子弹的试制成功,才有后来的原子能的和平利用,人类从此进入了核时代。又如,1944 年德军开始使用 V-2 火箭导弹,轰炸英国。V-2 火箭的发明,标志着现代火箭技术登上了现代科技舞台,成为现代空间技术的雏形。

总之,反法西斯的第二次世界大战的胜利是一个划时代的重大历史事件,对世界历史的发展具有深远的影响。从此,世界历史进入了一个新阶段。

第十一章 20世纪前半期的 科学技术与文化

第一节 科学技术的巨大成就

在科学技术发展史上,20世纪前半期占有重要的地位。这一时期,科学技术本身发生了一系列广泛而深刻的革命性变化。19世纪末、20世纪初开始的物理学革命,带动了化学、天文学、生物学、地学等学科的发展,从而形成了以相对论和量子力学为代表的现代的科学革命。科学理论上的重大突破又带来一系列技术进步。以电力的发明和利用为标志的第二次技术革命不断深化,电力、汽车工业蓬勃发展,在第二次世界大战的刺激下,原子能技术、计算机技术和航天技术发展迅速,并成为第三次技术革命兴起的标志。20世纪前半期科学技术的重大突破又引起社会经济、产业结构、生活方式等方面的重大变化,并为战后第三次技术革命的深入发展奠定了基础。

一、世纪之交的物理学革命

20世纪的科学技术是近代科学技术的继承和发展。其间的所有重大发明都不是以经验为基础,而是由于科学理论上的重大突破而引起的。世纪之交的物理学革命是19世纪末物理学危机的产物,它为20世纪科学技术的伟大成就奠定了理论基础。

1895年德国物理学家伦琴(1845—1923)发现了 X 射线,1898年波兰出生的物理学家居里夫人(1867—1934)发现了钋、镭及其他一些元素的放射性,1897年英国物理学家汤姆生(1870—1942)发现了电子。以上这三大发现,打破了原子不可分、原子是物质始原的传统观念,这些现象是以牛顿为代表的古典物理学所无法解释的。因此,牛顿静止的、绝对存在的时空观念以及时间、空间和运动完全无关的形而上学观点受到了怀疑和挑战,古典物理学陷入了混乱与危机。三大发现把人们的研究引入原子内部的微观世界,从而开创了原子物理学。

这次物理学革命的先锋是犹太血统的德国物理学家爱因斯坦(1879—1955)。1905年,年仅25岁的爱因斯坦在以《论运动物体的电动力学》为题的论文中,提出了"狭义相对论"。其核心是论证了空间和时间的统一性,从而确立了崭新的、相对概念的时空观。牛顿力学只能解释在低速运动状态下的物质,而爱因斯坦的相对论既能解释低速运动状态下的物质,也能解释在光速或接近光速运动状态下的物质。相对论精确地揭示了空间和时间本质上的统一性，以及空间、时间与物质运动之间的联系。他还根据相对论的原理推导出能量与质量转换关系的公式，即能量等于质量和光速平方的乘积，$E = mc^2$。1915 年，他又提出了"广义相对论"，揭示了四维空时同物质的统一关系，指出空间、时间不可能离开物质而独立存在，空间结构和性质取决于物质的分布。广义相对论实质上是一种引力理论，它在更深一层的意义上否定了牛顿的时空观。

物理学革命的另一重要内容是量子力学的建立和发展。1900 年，德国物理学家普朗克（1858—1947）首先提出"能量子"的概念。物体在发射辐射和吸收辐射时，能量并不是无限可分的，其最小的、不可分的能量单位即"能量子"或称"量子"。在普朗克之后，又经过很多科学家的共同努力，到 1925 年左右才最终建立了量子力学这门学科。量子力学是研究微观世界粒子运动规律的科学。在量子力学建立的过程中，特别应该指出丹麦物理学家玻尔（1885—1962）在提出原子结构理论方面的突出贡献。玻尔是英国物理学家卢瑟福（1871—1937）的学生，而卢瑟福早在 1911 年就曾提出了有核原子的模型，玻尔在此基础上创立了原子结构的理论，大大加速了量子力学的建立。量子力学的建立，极大地加速了原子物理学的发展，为核物理学和粒子物理学准备了理论基础。

相对论和量子力学的确立是物理学革命的高潮，以物理学革命为先导，带动了化学、生物学、天文学、地学等学科的理论也都发生了革命性的突破。20 世纪的一系列重大技术成就，如原子能技术、无线电技术、电子技术、航天技术、生物工程等等，都是首先在科学理论上取得突破，继而转化为技术成果的。

二、原子能的开发和利用

30 年代，原子物理学发展迅速。1932 年中子的发现开辟了核物理学的新纪元。这一年，皮埃尔·居里夫妇的女婿和女儿约里奥·居里夫妇（Frédéric Joliot-Curie，1900—1958 和 Iréne Joliot-Curie，1897—1956）用钋（Po）的 α 粒子轰击铝，人工制造出放射性同位素。人工放射性的发现赋予原子核构造理论以新的意义。1934 年 10 月，意大利物理学家昂利克·费米（1901—1954）发现用中子轰击重元素铀，可造成铀的核裂变，产生新的"超铀元素"；同时，发现慢中子效应所产生的人工放射性更强。1938 年，奥地利女科学家丽莎·梅特内（1878—1968）和德国科学家奥托·哈恩（1879—1968）、弗里茨·施特拉斯曼（1902—　）继续费米的试验，进一步论证了核裂变的链式反应。同时，科学家们还发现铀²³⁵原子的核裂变比天然铀核裂变所获得的能量还要大。至此，欧洲科学家已经找到了人工获得原子能的途径。

获得原子能的理论准备虽然是在欧洲完成的，但在技术上获得和利用原子能却是在美国首先实现的。30 年代，法西斯主义猖獗，战争阴云密布。法西斯实施的种族主义和文化专制政策迫使许多欧洲科学家、特别是欧洲犹太人科学家流亡国外。1933年,爱因斯坦举家赴美;1938年,费米也因妻子有犹太血统而携全家赴美。丽莎·梅特内则流亡瑞典。据统计,仅德奥两国就约有2 000名科学家流亡国外,其中大部分来到美国。当时,英国的科技力量虽属世界一流,但由于财政困难,致使许多科研工作难以进行。美国遂利用这一点,通过1940年的租借法案,与英方进行军事技术合作,利用英国的尖端技术成果和人才。根据1943年美、英、加在北美建立原子工业的协议,美国吸收了75名英国优秀的科学家为其原子能计划工作。总之,战前欧洲大批优秀科学家移居美国,这是世界科技中心从欧洲转移到美国的一个重要原因。

来到美国的科学家出于反法西斯的正义感和科学家的责任心而积极工作。当他们得知纳粹德国正在加紧进行链式反应的研究后,为了赶在德国前面造出原子弹,爱因斯坦在许多科学家的倡议和支持下,于1939年8月2日致函罗斯福总统,说:"……我预料到在不久的将来,铀元素会成为一种重要的新能源。这一情况的某一些方面似乎需要加以密切注意,如有必要,政府方面还应迅速行动。"美国政府接受了他的建议,于1941年12月6日,即日本偷袭珍珠港的前一天,通过了一项大量拨款制造原子武器的决议。1942年9月,成立了由3名军政官员和两名科学家组成的军事政策委员会,领导制造原子武器的工程计划,代号为"曼哈顿工程"。1942年12月2日,在费米领导下,芝加哥大学建立了世界上第一座核反应堆,并成功地进行了人工控制的核链式反应。1943年,在加利福尼亚大学理论物理学教授奥本海默(1904—1967)领导下,在新墨西哥州的洛斯·阿拉莫斯建立了一个大规模的实验室。1945年7月16日,在该州的一片荒漠上成功地爆炸了世界上第一颗原子弹。这是一颗铀弹,其威力相当于2万吨TNT炸药,,在半径1 600米范围内的一切动植物全部死亡。这时,法西斯德国已经崩溃,日本的投降也已成定局,军事上使用原子弹已没有必要,然而,美国政府为了战后争夺世界霸权,不顾当初参加研制原子弹的科学家们的多次上书反对,于1945年8月6日和9日向日本广岛和长崎分别投掷了一枚铀弹和钚(Pu)弹,造成20多万居民伤亡。

原子能的释放是20世纪最伟大的科学成就之一,从此,人类获得了又一个重要的新能源。它本应该给人类带来更多的光明和幸福,然而,不幸的是,它却被超级大国用作争霸世界的武器。

三、电子技术的发展和第一台电子计算机的诞生

电子技术是在19世纪末电磁理论研究取得丰硕成果的基础上发展起来的。19世纪末,对电磁波发射和接收技术的深入研究,导致了无线电电子技术的兴起。进入20世纪后,发展更为迅速。

1906 年,美国的德福雷斯特(1873—1961)发明了三极电子管,这是电子学发展史上的一个重要里程碑。从此,无线电通信可以达到更远的距离。随着无线电技术的迅速发展,电子工业开始形成。1920 年,美国在匹茨堡建立起世界上第一个广播电台,到 30 年代,已在全世界普遍建立。1921 年,美国无线电有限公司成立,标志着美国电子工业的形成。由于欧美电台实现了联网,从而形成了世界性的广播体系。继电磁波传送声音成功之后,科学家们进而根据光电效应原理研究活动图像的传送。1923 年光电摄像管的研制成功,是电子技术史上的又一个关键发明。1928 年,俄国出生的美国发明家兹沃里金(1889—)研制成功电视显像管。30 年代,出现了两种电视装置,一种是机械扫描装置,另一种是全电子电视。英国发明家贝尔德(1888—1946)成功地进行了传送活动图像的实验。1929 年,英国广播公司开始试播电视;1936 年 11 月 2 日,BBC 电台每天播出两小时的电视节目,但由于机械扫描的速度有限,得不到清晰的图像,科学家们遂又加紧进行电子扫描的研究。1933 年,兹沃里金发明了电子摄像装置,研制出更为先进的摄像管,进一步促进了现代电视技术的发展。30 年代末,英美还同时进行彩色电视的研究。美国于 1941 年开始正式进行电视广播。第二次世界大战期间,电子设备厂转为生产军需品,直至 1946 年才恢复固定的电视节目,此后电视进入实用和普及阶段。

二战期间,电子技术方面的另一重要成果是雷达的发明和应用。科学家早已知道固体能反射无线电波,而无线电波有跟踪和测距能力。20 年代,英美科学家据此研制"无线电探测和定位",英文是"Radio detecting and ranging",缩写为 radar,即雷达。30 年代,二战日益逼近,美、英、德等国为了军事目的加紧研究雷达。1936 年 4 月,第一台脉冲式雷达研制成功,1938 年防空袭雷达已投入实际应用。1939 年英国成功地研制出微波信号的磁控管;二战初期,英国将这种雷达应用于投弹指挥,战争中,美英合作,使改进后的雷达的瞄准更为精确。

在雷达研制过程中出现的新电子元件和电子线路为电子计算机的诞生创造了条件。二战末期,电子技术发展中的最大成就是第一台电子计算机的诞生。1906 年电子三极管发明后,科学家们就尝试着制造电子计算机,至 30 年代末,已具备了制造电子计算机的技术条件。二战开始后,军事上遇到大量的计算和数据处理问题,呼唤着电子计算机的诞生。然而,制造电子计算机需要大量的资金和人力。1942 年 8 月,美国宾夕法尼亚大学莫尔学院电工系的莫克利(1907—1980)提出一份题为《高速电子管计算装置的使用》的报告,这实际上就是第一台电子计算机的初始方案。1943 年 4 月,美国陆军导弹研究所决定投资40 万美元支持莫克利的研制计划。莫克利于 1945 年底研制成功,定名为"电子数值积分和计算机(Electronic Numerical Integreter and Computer),简称 ENIAC。该机使用了 18 000 个电子元件,重 30 多吨,占地 170 平方米,耗电高达 150 千瓦,每秒可作5 000次加法,或500次乘法,比继电器计算机的运算速度快1 000倍。其缺点,一是存储容量太小,至多只能存20个字长的10位的十进位数;二是其程序为"外插型"的,每改变一次程序需花费大量时间,故美籍匈牙利人数学家冯·诺伊曼(1903—1957)加紧研制效能更高的"程序内存"计算机。他于1945年年中提出一个电子计算机制作方案,定名为"离散变量自动电子计算机"(Electronic Discret Variable Actomatic Computer),简称EDVAC。该机于1949年5月在英国剑桥大学数学实验室制成,又称冯·诺伊曼机。到1950年,全世界已制成15台这样的电子计算机。由于这种计算机不需外部指令即可按顺序计算,更接近人脑的工作方式,因此它的诞生标志着电脑时代的开始。

上述所有电子产品都是使用电子管,其体积、重量、功耗都太大,远不能满足军事上轻便、高效的要求。成立于1924年的美国贝尔实验室的研究人员肖克利(1910—)、巴丁(1908—)和布拉顿(1902—)遂合作研究晶体管的理论和制作。1947年底,他们用锗半导体晶体制成了具有电流、电压、放大功能的点接触型晶体三极管。这是电子科学技术发展史上又一个划时代的重大发明。从此拉开了电子技术革命的帷幕。电子计算机的诞生是第三次技术革命的重要内容和主要标志之一,它的发明、更新和普及对社会生活产生了极为深远的影响。

四、汽车、飞机与 V-2 火箭

20世纪汽车、飞机的出现和普及是继19世纪火车和轮船之后又一次重要的交通运输革命。汽油机汽车是德国的戴姆勒(1834—1900)和本茨(1844—1929)于1886年首先制成的,以后质量不断改进。至19世纪末,由于变速器、离合器、方向联轴节和充气轮胎的相继发明和采用,遂使汽车轻便耐用。1897年,德国工程师狄塞尔(1858—1913)制成柴油机,使内燃机开始广泛应用于大功率的运输工具。19世纪末,客车、货车开始分化,特别是客车发展极为迅速。据估计,1900年前各国共生产汽车11 000辆,仅1900年就生产了9 000辆。1916年世界汽车年产量比1900年增加166倍,达150万辆。1948年资本主义国家的汽车总数比1900年增加5 590倍,达5 590万辆,其中客车(小轿车)占77%。在资本主义国家,又以美国的汽车工业发展最快。

1906年,福特(1863—1947)成立福特汽车公司,进行标准化和专业化生产。该公司生产的"T"型汽车物美价廉,经久耐用,迅速打开市场。至1916年,年产量达735 000辆,接近世界产量的1/2。到20年代,汽车工业已成为美国工业经济的三大支柱之一(另两个是钢铁和建筑工业),发展极为迅速。据统计,1900年美国全国有8 000辆汽车登记在册,1910年,全国注册的小汽车达458 300辆,1920年猛增至8 131 500辆,比1910年增长了17倍多;1930年进而达到23 034 700辆,相当于1920年的2.83倍。

1935年美国通用汽车公司研制"567"型标准化的组合式柴油机成功,为柴油机货车的发展提供了良好的动力装置,不仅推动了中小型柴油机货车的发展,而且还由于1950年前后在重型柴油机货车上采用涡轮增压技术,为10—30吨的重型柴油机货车的制造创造了条件。

汽车工业的发展,使公路建设发展迅速。沥青和混凝土制成的公路,是英国人马卡达姆于上世纪末首先铺设的。30年代末,德国为了侵略战争的需要而研制高速汽车,同时开始修建高速公路。美国也继而在1939年修建了高速公路,但世界性的高速公路运输则是在1950年以后。

与汽车工业大发展的同时,航空运输业也勃然兴起。1903年12月17日,美国韦伯·莱特和奥佛·莱特兄弟驾驶着使用活塞汽油发动机的飞机在北卡罗来纳州试飞成功,从而开创了现代航空事业的新纪元。从那时起,飞机的飞行性能、稳定和操作性能、安全性能等都有很大提高。1910年,飞机时速为100公里,1921年提高到330.3公里,飞机升限的世界记录由1914年的3 500米提高到1929年的接近12 000米,航程纪录由1919年的440公里提高到1929年的7 000公里。第一次世界大战期间,各国共生产各种飞机183 877架。

英国于1911年和1919年先后开辟了国内和国际航线。1911年9月,英国开辟了从伦敦附近的亨登至欣德索尔的邮件空运业务。1919年8月又开辟了从伦敦到巴黎的国际航线。1919年以后,欧洲各主要国家都成立了航空公司,开辟了多条航线,至1930年,航线已遍及欧洲大陆及其海外领地。美国于1919年开始国内空运邮件业务,1926年开辟国内定期航线,1928年首次飞越大西洋。

第二次世界大战前后,世界航空事业又取得了重大的进展。1937—1945年,世界飞机生产总值从15亿美元增加到300亿美元;工人总数从40万人增加到600万人;年产量从2万架增至17万架。与欧洲各国相比,美国的航空事业虽起步较晚,但发展迅速。美国国内空运量至1945年已占世界空运量的60%。在第二次世界大战中,全世界共生产各种军用飞机70多万架,其中美国生产的飞机占40万架,成为名副其实的航空大国。

从第一次世界大战前后开始,科学家们就开始研制喷气式发动机了。英国和德国分别于30年代初期和末期独立地发明了涡轮喷气发动机。德国于1939年、英国于1941年先后制成涡轮喷气飞机。1950年7月;英国的第一架喷气式运输机"子爵号"从伦敦至巴黎首航成功,仅用了57分钟。此后,美苏等国都相继研制成功性能更为先进的喷气式飞机,标志着航空事业已进入了喷气机时代。

喷气式飞机的进步大大促进了火箭技术的发展。早在19世纪,俄国的"宇航之父"齐奥尔科夫斯基(1857—1935)就对人类实现宇宙航行充满信心,并潜心研究火箭。他提出过关于液体火箭的设想,并解决了一些宇宙航行中的理论和技术问题。但第一个把发射液体火箭的理论付诸实践的是美国人戈达德(1882—1945)。1926年3月16日,他成功地发射了世界上第一枚液体火箭。

从30年代起,特别是希特勒上台后,德国为了军事目的而加紧研制火箭。1937年3月,在波罗的海乌泽多姆岛上的庇纳门德建立了一个火箭研究中心。在火箭专家冯·布劳恩(1912—1977)主持下,于1942年10月3日成功地发射了第一枚液体军用V-2火箭。飞行190公里,横向偏差4公里,最大高度85公里。以后,火箭技术不断改进,各项技术指标都有所提高。从1944年9月至1945年3月,纳粹德国共向英国发射了4 300多枚V-2飞弹,但依然不能挽救其失败的命运。

二战后,美国俘获了包括冯·布劳恩在内的100多名德国一流火箭专家及全部V-2资料,加紧研制火箭。1946年4月,美国首次发射V-2火箭;1947年首次实现了用降落伞使火箭安全降落;1949年发射了以V-2为基础、加上第二级的经过改进的火箭,达到了393公里的高空。苏联也于1947年发射了第一颗V-2火箭。1947—1949年,苏联还研制出几种探空火箭。随着冷战的开始,美苏的火箭研究主要服务于军事目的。火箭是宇航事业的基础,二战中火箭的研制成功,成为战后宇航事业大发展的前提。

五、高分子化学的建立和三大合成材料的问世

19世纪末、20世纪初,在物理学革命的带动下,传统的化学理论发生了革命性的变化,使人们对自然界各种物质形态的认识、特别是对元素嬗变和原子结构的认识更加深入。随着量子力学的建立,量子化学也应运而生。1927年,德国理论物理学家海特勒(1904—)和美籍德国人伦敦(1900—1954)提出了化学键新概念。1932年,美、德科学家又提出了分子轨道法,进一步探讨了电子的运动规律。化学理论上这些突破性的进展,为开辟化学新天地、特别是为高分子合成新材料的研制做好了理论准备。

1932年,德国高分子化学家施陶丁格(1881—1965)发表了第一部高分子化学论著——《高分子有机化合物》,标志着高分子化学这一新学科的诞生。早在1922—1925年,施陶丁格就从研究天然橡胶的分子结构中,提出了"大分子"的概念,并证明橡胶大分子是简单的单体以正常的化学键相连而成的线性长链聚合物。1930年,他还证明了高分子化合物稀溶液之粘度与分子量之间的定量关系,从而使高分子分子量的测定进入定量阶段。30年代,德、美、英等国的化学家们已经阐明了"连锁反应"和"缩聚反应"的机理,简化了聚合方法,从而使各种高分子化合物、特别是合成纤维、合成橡胶和塑料这三大合成材料得以问世。

合成纤维是利用石油、煤、天然气等低分子有机物经过化学处理和机械加工制成的化学纤维。本世纪初,化学纤维的主要品种是粘胶纤维,以木浆、棉绒等天然纤维为原料,经化学改性制成。1900年,英国建成年产1 000吨的工厂,1920年的产量达1 500吨。

1935年,美国杜邦公司研究室主任卡罗瑟斯(1896—1937)耗资2 000万美元,历时10年,研制成功聚酰胺类纤维,即尼龙—66,1938年进行工业化生产。其纤维强度比棉花大2—3倍,耐磨程度为棉花的10倍。1940年生产的第一批尼龙丝袜,因其耐磨、弹性好而在纺织市场引起震动。二战中,尼龙还被用于制作降落伞,效果很好。

1939年,德国研制出同属聚酰胺纤维类的锦纶,其性能更接近天然纤维。1940年英国的温弗尔德和狄克逊合成出聚酯纤维,称"涤纶",是制造"的确良"的主要原料。当时,正值战争期间,故直到1946年才投入工业化生产。1948年,日本又研制成功一种新的合成纤维——维尼纶,并投入工业生产。其原料来自电石、醋酸等,成本低,纤维强度大。

上述各种合成纤维大大丰富和改善了人们的衣着,同时在农业和国防上也有广泛用途。至1945年,化纤在世界纺织品产量中的比重已接近10%。

在合成橡胶方面,早在1912年德国就成功地采用与橡胶单体异戊二烯结构相近的二甲基丁二烯为单体合成的甲基橡胶,并用于制作轮胎。但这种橡胶成本高、且耐压性能较差。1930年,苏联研制出使用酒精蒸气,通过催化剂再变成丁二烯体聚合而成的丁钠橡胶。然而,酒精成本太高,且性能远不如天然橡胶,为此而进行了大量的丁钠橡胶改性的试验。结果,1934年德国法本康采恩的化学家们又研制成功丁苯橡胶,1937年开始投入生产。1940年,美国杜邦公司又研制出氯丁橡胶,具有耐腐蚀、耐老化、不易燃、耐酸、耐油等优点,在军事上很有价值。

总之,二战前合成橡胶的研制和生产已经取得了相当突出的成绩,其性能越来越接近天然橡胶,在某些方面甚至优于天然橡胶。

在合成材料中,塑料的发展速度最快。早在19世纪中叶,就已出现了硝酸纤维制品。1872年美国的海厄特(1837—1920)将用硝酸纤维和樟脑制出的改良产品命名为"赛璐珞",用来制作照相底片、梳子等。20世纪初,比利时血统的美国化学家贝克兰(1855—1944)用苯酚和甲醛缩合,再添加木粉等填料制成酚醛塑料,又称电木。1928年已发明氯乙烯塑料,1935年美国、德国先后投入工业生产。1932年发明增塑剂后,英国卜内门公司于1937年使用磷酸酯增塑剂生产出聚氯乙烯,在工业中和日用生活中用途十分广泛。

1927年,德国和美国先后掌握了聚甲苯丙烯酸甲酯——即有机玻璃的制作方法,但由于成本高而不能完全取代玻璃。德国于1930年,美国于1934年分别发现聚苯乙烯。聚苯乙烯具有良好的绝缘性能,故多用于制作电视、雷达等所需的高频绝缘部件。1938 年又发现四氟乙烯能够聚合,制成有机氟塑料。由于它具有极强的耐腐蚀、耐高温、不易和其他化学药品发生作用等特性,故被称为"塑料王",被认为是一种具有广泛用途的高级材料。1935 年,英国卜内门公司还研制成功高压聚乙烯,于 1939 年正式投产,应用范围也日益扩大。

六、生物学与医学的新成就

19 世纪末 20 世纪初的物理学革命,也引起了生物学的革命性变化。物理、化学的先进研究成果向生物学渗透的结果,形成了生物化学、分子生物学等新学科,特别是遗传学的发展,敲开了生命科学的大门,给人类社会带来了极其深刻的影响。

19 世纪后半期胚胎学和细胞学的进步为 20 世纪遗传学的建立和发展奠定了基础。现代遗传学的奠基人是奥地利人孟德尔(1822—1884)。为了研究遗传规律,他从 1857 年起,连续 9 年进行豌豆杂交试验,得出两条重要的遗传定律,即分离定律和独立分配(自由组合)定律。这两条定律后被称为孟德尔定律。孟德尔定律表明,生物的每一性状是由一个遗传因子负责传递的,遗传下来的不是具体性状,而是遗传因子。遗憾的是,孟德尔的上述研究成果于 1866 年发表后,并没有引起学术界的重视,直到 1900 年才由德、荷、奥三国的三位科学家再次用自己的试验证实了孟德尔定律的正确性。1909 年,荷兰遗传学家约翰逊(1857—1927)创造了"基因"这个术语来表达孟德尔所说的"遗传因子"。此后,"基因"这一概念逐渐被生物学界所普遍接受和采用。

1910 年,美国遗传学家摩尔根(1866—1945)通过研究果蝇提出了遗传染色体学说。他发现一条染色体(即遗传因子的载体)上可以有好多个基因,这些基因有连锁遗传现象,从而揭示了遗传学上的又一基本定律——连锁遗传定律。摩尔根和他的学生还出版了《孟德尔遗传的原理》(1915)、《遗传的物质基础》(1919)、《基因论》(1926)等著作,提出了系统的基因理论,从而大大丰富、发展和完善了孟德尔的遗传学说。为此,1933 年摩尔根获得诺贝尔生理医学奖。

孟德尔、摩尔根的基因学说揭示了遗传物质基因和生物性状的具体联系,但对基因的本质和化学结构并不清楚。1944 年,美国细菌学家艾弗里(1877—1955)等终于证明了细胞中的脱氧核糖核酸(DNA)是染色体的重要成分,是重要的遗传物质。同一年,著名的量子力学奠基人之一、奥地利物理学家薛定谔(1887—1961)出版了《生命是什么》,副标题为"活细胞的物理观"的小册子,启发人们用物理学的思想和方法探讨生命物质的运动。

总之,到 40 年代,人们在探索和认识遗传规律方面已取得了相当的成就,并不断与别的学科相结合,为 50 年代分子生物学和遗传工程的兴起与发展奠定了坚实的基础。

进入 20 世纪后,由于医学与现代物理、化学、生物学相结合,并广泛地应用了上述学科的成果,使医学由经验医学进入实验医学的新阶段。

20 世纪免疫学的发展是本世纪医学史上的一大成就。免疫学是在 19 世纪细胞学和微生物学成就的基础上发展起来的。人们已经认识到许多传染病都是由微生物引起的。用人工方法使人体产生免疫能力来预防传染病虽然古已有之,但用科学的方法制造疫苗,则是始于 18 世纪末的欧洲。19 世纪 80 年代,法国科学家巴斯德(1822—1895)建立了自动免疫原理并制造了狂犬病疫苗。20世纪初,英国医生赖特(1861—1947)研制出伤寒疫苗,几乎与此同时,霍乱疫苗也开始投入使用。20 年代末,预防白喉和破伤风的疫苗研制成功。30 年代,由于欧美一些国家青年、婴幼儿普遍注射白喉疫苗,使严重危害人民生命的白喉病得到根除。二战中,由于破伤风疫苗的使用而挽救了众多伤员的生命。法国医生兼细菌学家卡尔麦特(1863—1933)和介兰(1872—1961)从 1906 年开始,经过 14 年的潜心研究,终于在 1921 年获得防治结核病的免疫疫苗——卡介苗,又称 B.C.G。"B"是"杆菌"的第一个字母,C 和 G 分别是卡尔麦特和介兰的第一个字母。40 年代,科学家们又开始研究预防脊髓灰质炎(小儿麻痹症)的疫苗以及预防流行性感冒的疫苗。

在免疫学取得重大成就的同时,化学治疗和抗生素治疗方法也取得了很大的成功。1909 年德国药物学家艾利希(1854—1915)研制成功一种有机砷制剂—"606"药物,能够有效地杀死梅毒螺旋体,从而使梅毒病得到有效的控制。20 年代末,德国又合成出治疗疟疾的特效药物——"扑疟喹咛"和"阿的平",后又合成了,能杀死链球菌、肺炎双球菌的各种磺胺类药物,有效地控制了疾病的蔓延。

抗生素的发现是医学方面的重大成就。1928 年,英国细菌学家弗莱明(1881—1955)研制成功能够有效地杀灭葡萄球菌、链球菌的青霉素,但直到 40年代,才在临床上应用,从而有效地控制了猩红热、白喉、脑膜炎、淋病、梅毒等传染病的蔓延。1944 年,美国微生物学家瓦克斯曼(1888—1974)又提取成功链霉素,使结核病得到有效的治疗。1947 年以后,又相继发现氯霉素、金霉素、土霉素和四环素。

20 世纪前半期医学上的另一伟大成就是器官移植的成功。1933 年,苏联医生费拉托夫移植异体角膜成功,这是器官移植成功的第一个案例。

上述医学成就,使人类控制和战胜疾病的能力大为增强。由于死亡率不断降低,世界人口的平均寿命大为延长。第一次世界大战中破伤风疫苗的使用、第二次世界大战中英美军队对疟疾药物的使用,保证了军队的战斗力。1918 年一次世界性的流行性感冒夺去了 1 500 万人的生命,这个数字是第一次世界大战死亡人数的两倍。由此可见,20 世纪免疫学的发展和各种抗生素的研制成功和应用,意义是多么的重大。

七、科学技术的社会影响

科学技术是认识自然和改造自然的强大武器,在历史上始终是一种起推动作用的进步的革命力量。20 世纪以来,科学、技术、经济、社会的关系日益密切,并且相互制约、相互影响。科学技术的迅猛发展已使社会生活的各个方面发生了深刻的变化,主要表现在:

1. 科学技术直接转化为生产力,从根本上决定了一个国家的经济实力,促使经济迅速发展。

20 世纪初,资本主义进入帝国主义阶段。以电力的使用为主要内容的第二次技术革命向纵深发展,推动了世界经济的迅速增长。20 世纪前半期,虽然经历了 1929—1933 年的经济大危机和两次世界大战,但总的来看,经济仍有较大增长。以煤、钢、石油、汽车为例,它们在 50 年内的世界总产量分别为:

产品	1900	1938	1950	50 年内增长倍数
钢(亿吨)	0.28	1.10	1.89	6.75
煤(亿吨)	6.3	14.3	18.2	2.84
石油(亿吨)	0.2	2.8(1937)	5.2	26
汽车(万辆)	0.9	401	1 045	1 161

1930—1950 年发达国家工业平均增长速度(%)为:

国别	1930—1940	1940—1950	国别	1930—1940	1940—1950
加拿大	5	4.1	联邦德国	4.3	−9.1
美国	3.9	4	意大利	0.06	−0.07
日本	7.8	−4	荷兰	1.7	2.9
比利时	−6.9	/	挪威	1.7	4.1
丹麦	0.08	6.1	英国	1.1	/
法国	−6.3	10	澳大利亚	/	/

上述发达国家主要物资产量占世界产量的比重(%)为:

年份 物资名称	1928	1940	1950
生铁	88	88	87
原钢	89.8	91.9	88.3
水泥	78	81.6	68
硫酸	66.6	84.8	92
货运汽车（产量）	93.9(1929)	80.8(1938)	86.1
客运汽车（产量）	99.8(1929)	98.6(1938)	98.4

通过以上数据可以看出技术先进的资本主义各国经济发展的一般情况。应该指出的是，这些国家的经济发展并不平衡。原来以传统工业称雄的英、法被后起的美、德迅速赶上，甚至超过。美国一直到19世纪中叶还主要是一个农业国。1820—1860年间，农产品的出口占其总出口量的75%以上，随着工业的发展，到1921年，这一数字降至48%。美国虽起步较晚，但它善于利用已有的科学技术（主要是英国的）和管理经验，工业发展较快（至20世纪初，已具有了自己的重工业基础），并迅速跻身于世界强国之列。就以科学技术促进美国20年代的经济繁荣为例，造成美国20年代经济繁荣的主要原因是由于采用了先进技术和科学的管理方法（泰勒制）而使劳动生产率大为提高。在20年代，美国人口增加12%，而工业生产几乎增加了1倍，每个工人的生产率也几乎增加了1倍。国民收入增加了200亿美元。这十年中，发展最快的是汽车制造、电气设备和建筑业。正如密契尔在研究"经济变化研究委员会"提出的报告中所写的那样："自从1921年以来，美国人民比以前更能有效地把智慧应用于逐日的工作上面……把科学使用于工业的整个过程比以前更为深入了。人们还作了不断的试验，把科学应用到管理、工会政策和政府的行政事务方面去，使效率更为增加。"

1914—1929年是美国汽车工业大发展的15年。福特汽车公司由于实行新的科学装配线和产品的标准化，以及使用新的高度碳化钢材制成的工作母机，从而使劳动生产率大为提高。该公司1903年成立时，年产汽车195辆，1908—1909年产量达10 666辆。1913年由于推行新的科学装配线，装配一辆汽车的时间由20分钟缩短到1914年的5分钟，汽车基价由1910年的950美元降到1924年的290美元。工人每天劳动时间由9小时减为8小时，日最低工资还增加3美元。1924年福特汽车公司的"T"型小汽车的销售量达125万辆，使汽车由少数富人的奢侈品变成普通平民百姓的生活必需品，迅速得到普及。汽车工业的发展又带动了钢铁、石油、橡胶、玻璃、油漆、制革以及公路建设的大发展，从而形成了20年代美国经济的繁荣。

与英、法相比，德国是一个后起的帝国主义国家。它的技术主要是从英国引进的。18世纪末，从英国引进第一台珍妮纺织机和蒸汽机；至1840年，在普鲁士铁路上运行的机车中，90%是从英国进口的，至1844年底，89%的铁轨是英国或比利时制造的。然而，德国有重视国民教育的历史传统，善于在借鉴别国先进技术经验的同时，大胆创新，故工业发展很快。到1853年，70%的机车是本国制造的，铁轨不仅全部自给，且有出超。德国只用了10—15年的时间就摆脱了对先进国家的依赖。20世纪初，它的科研水平已在全世界居领先地位。1901—1920年间，德国共有16人获诺贝尔物理学或化学奖，而同期，英国7人，法国7人，美国4人。在应用技术方面，内燃机、柴油机、汽车、发电机和电动机都是首先由德国人发明制造的，并形成了电气化的高潮。电力不仅被广泛应用于工业动力，且用于照明、通讯、广播等各个方面。1913年德国生产的电器产品占全世界的34%，美国占29%；1890—1913年电气工业总产量增长了28倍。德国的化学工业发展也十分迅速。从煤焦油中提取苯、氨，以及人造染料的发明、大量生产硫酸和苏打方法的掌握，这些都使德国的酸碱等基本化工产量跃居世界首位。1913年，全世界至少3/4的染料来自德国。治疗梅毒的特效药"606"为法本公司所垄断；从空气中提取制造炸药的主要原料硝酸盐，这项重大发明使德国在一战中英国对德国从智利进口硝石的封锁失去意义。化肥、机械工业的发展使农业增产。1878—1913年，小麦产量提高了90%，马铃薯的产量增加了1倍。由于采用了托马斯-吉尔克里斯特的碱性炼钢技术和电炉炼钢法，使德国的钢铁工业突飞猛进。1875—1913年，生铁和钢产量增长了7倍。1900年，德国的钢铁产量超过了英法的总和。1914年德国铁的产量已占世界总产量的1/4，仅次于美国居第二位。随着钢铁工业的发展，汽车、造船业也蓬勃兴起。1914年德国已拥有战舰242艘，海军力量雄踞世界第二位。在各项基础科学研究方面德国仍遥遥领先。20—30年代，德国获得各项诺贝尔奖金的人数为16人，同期，英国14人，美国12人。德国迅速跻身于世界强国之列。

2. 帝国主义政治、经济发展的不平衡，使新老帝国主义国家之间重新瓜分殖民地的斗争白热化，终于使两次世界大战成为不可避免。战争又加深了帝国主义所固有的各种矛盾，从而引起革命，使社会主义革命首先在帝国主义链条上最薄弱的俄国取得胜利。二战后，又在中国等一系列欧亚国家中取得胜利，从而使社会主义在世界1/3的土地上成为现实。

3. 科学技术的发展使资本主义国家的产业结构发生了重大的变化。随着新兴技术领域的开拓，导致一系列新兴工业部门的出现，如汽车、航空、化工、电器制造、石油工业等新兴工业部门迅速崛起，而传统工业部门如采掘业、纺织业等则相对衰落。以美国为例。1880—1914年间增长率在6倍以上的有20个行业，其中13个行业是新兴部门。在此期间，这些新兴部门的产值增长17.6倍，约相当于整个制造业增长率的 4 倍,其中与汽车有关的三个部门(机车车辆、橡胶制品和石油炼制部门)的产值甚至增长了 27.7 倍。此后,1914—1948 年,继续以高速度持续增长,上述各部门的产值又增长 9.6 倍,与汽车有关的三个部门又增长了 21.3 倍。

由于农业技术的进步,逐渐实现了机械化、化肥化、选育良种,而使产量大幅度提高,所需劳动力却大为减少。农业上节约的劳动力相当大一部分转移到第三产业,促使第三产业兴起。美国农业劳动力的人数由 19 世纪 60 年代占全部劳动力的一半下降到本世纪 20 年代末的 20% 左右,1945 年又进一步下降到 12% 左右。而从事第三产业的人员,1929 年已达就业人数的一半以上。

4. 科学技术的发展对人民的生活水平、生活方式、文化教育等方面的影响是极为深刻的。从日常的衣食住行中,处处可以感受到科学技术给人民生活带来的变化。各种合成纤维大大丰富了人们的衣着面料;农业的增产提供了丰富的食品,改善了人民的食品结构。仍以美国为例:

美国居民食品结构(%)

年份 食品种类	1909—1913	1947—1949
鱼肉类	15.8	17.3
油类	23.1	30.3
水果蔬菜	4.4	6.0
淀粉食品	42.5	27.0
糖类	11.7	15.7

至于汽车的发明和普及带给人们的不仅是交通的方便、快捷,更深刻的变化还在于它重构了美国的城市社会生活。四通八达的公路网给城市生活带来的一个显著变化,就是郊区的发展。人们厌烦了城市的拥挤和环境的恶化,追求居所的独处和浪漫的大自然,从而使城市人口纷纷向郊区迁移。汽车改变了城市的面貌,也改变了美国人的生活方式。随着汽车工业发展起来的不仅是钢铁、橡胶、公路建设等事业,还有种种为汽车及其拥有者服务的行业,如加油站、停车场、汽车旅馆、供人们坐在汽车里看电影的汽车影院、活动房屋、快餐店……使美国人的生活方式中带有鲜明的汽车特色。

此外,医学的进步提高了人民的健康水平,延长了平均寿命。教育的普及提高了人民的文化水平。电灯、电话、家用电器的普及大大方便了人民的生活……这样的例子不胜枚举。

总之,正如一百多年前恩格斯所说的:"科学是一种在历史上起推动作用的、革命的力量"、"是最高意义上的革命力量"。①

不可否认,科学技术也有其负面效应。20 年代以来,随着工业的发展,特别是石油、天然气、化学工业的增长,汽车的普及,造成了前所未有的环境污染问题。本世纪 60 年代以前著名的"八大公害"中,至少一半发生在 1950 年前。它们是:(1)"马斯河谷事件"。1930 年 12 月,比利时马斯河谷工业区由于空气中二氧化硫浓度过高,致使 60 多人死亡;(2)"多诺拉烟雾事件"。1948 年发生于美国宾夕法尼亚州多诺拉镇。因二氧化硫及其氧化作用与大气中的尘粒结合,形成致害毒素,致使 5 500 人染病,17 人死亡。(3)"洛杉矶光化学烟雾事件"。40 年代初发生于美国洛杉矶市。由于汽车排放的废气在日光作用下形成毒雾,刺激人的感官而造成危害。(4)"水俣病事件"。1935—1956 年发生于日本熊本县水俣市。由于含甲基汞废水污染水体,使鱼类中毒,人食了毒鱼引起中枢神经疾患而致残、致死。

造成上述环境问题的并非是科学技术本身的罪过。这是资产阶级为追求利润而不惜牺牲环境,或是政府对环境污染缺乏立法和疏于管理所致。环境的恶化唤醒了人们的环境意识,引起了公众的愤怒和抗议,从而成为战后发达国家环境运动兴起的直接原因。

1945 年美国在广岛、长崎投下的两颗原子弹,不仅造成 20 万和平居民的伤亡,而且强烈地震撼了世界人民的心灵。第二次世界大战的硝烟尚未散尽,全世界又面临着核战争的威胁。世界人民不得不行动起来,在战后初期开展了全球规模的保卫世界和平运动。

总之,科学技术的飞速发展一方面为创造人类的幸福提供了空前未有的能力,另一方面也使人类掌握了可以毁灭地球上一切生命的能力。如果人类能把科学技术进步的成果全部应用于和平与发展的事业,那么,未来世界的前景将是十分美好的。

第二节　哲学、社会科学与文学艺术

20 世纪上半期的哲学、社会科学和文学艺术较之上个世纪出现了革命性的变化,大胆创新、背离传统是其主要特征。进入 20 世纪以后,一方面,科学技术日新月异的发展,大大拓宽了人们认识世界的视野,改变了人们的思维方式,并迅速提高了工业生产的效率,推动了生产力的发展和社会财富的增长。另一方面,资本主义从自由竞争阶段发展到垄断阶段,资本主义社会的弊端进一步明显地暴露出来。垄断资本主义的激烈竞争,不仅导致了资本主义经济危机的频繁

---

① 《马克思恩格斯全集》第 19 卷,人民出版社 1963 年版,第 375、372 页。

出现,而且还引发了两次世界大战。所有这些都深刻地影响了 20 世纪的哲学、社会科学和文学艺术。

一、哲学

20 世纪以来,西方哲学发生了许多引人注目的变化,出现了两个影响最大的思潮——科学主义和人本主义思潮。

逻辑实证主义　科学哲学思潮是自然科学发展的抽象反映。随着现代科学技术的迅速发展,相对论和量子力学带来的科学理论上的新突破,促使哲学家们加深了对科学方法论和科学发展规律的研究,因而出现了各种以研究现代自然科学规律和方法为己任的科学哲学流派,如马赫主义、逻辑实证主义、批判理性主义、结构主义等等,其中逻辑实证主义是科学哲学中影响最大的一个流派。

逻辑实证主义是孔德创立的实证主义和 19 世纪末 20 世纪初的马赫主义的继续和发展。它形成于本世纪 20 年代,以法国哲学家施利克和卡尔纳普筹建的"维也纳小组"的成立为其产生的标志,实际的理论创始人是英国哲学家罗素(1872—1970)和奥地利哲学家维特根施坦(1889—1951)。逻辑实证主义认为,哲学不应过问经验以外的问题。追求绝对真理,探寻看不见的"本质",都是远离事实和生活而毫无意义的。它认为,只有能被经验证实或证伪的命题,才是有意义的科学命题;否则就是毫无意义的假命题。经验证实,是逻辑实证主义的一个根本原则。在逻辑实证主义者看来,经验科学都是用逻辑加工整理,从观察和实验中所获得的经验事实而形成的命题体系。因而哲学顺理成章的任务就是对科学中的陈述进行逻辑分析和语言分析,检验它们在整理经验时是否符合逻辑句法规则。真理实际上就是语言和经验事实相符合,因而真理是双重的,即经验真理和逻辑真理。逻辑实证主义在逻辑学上或者说科学方法论上是归纳主义,认为知识来源于经验的归纳,演绎推理不能给人以新知识。他们承认归纳推理不是必然推理,而是或然推理,它所获得的知识不是必然性知识,而只是或然性知识,但他们强调,世界上本来就没有永恒、必然的事实知识,一切事实知识都是或然的,企图寻找永恒的、必然的事实真理,这本身就是一种绝对主义或教条主义。逻辑实证主义强调经验分析,否定形而上学,在认识论上表现出明显的主观经验主义倾向。同时它否认客观实在和客观真理,是极端的相对主义。但是逻辑实证主义对现代科学摆脱传统观念,起到了一定的积极作用,其相对主义思考方式影响许多科学家不自觉地接近了辩证的自然观和科学方法论。而这正是逻辑实证主义在自然科学领域一直具有某种魅力并始终是西方最流行的科学哲学思潮的原因。

存在主义　如果说现代西方的科学哲学中流行的是实证主义思潮的各个流派,那么在它们的社会哲学中流行的则是人本主义思潮的各流派,如生命哲学、实用主义、现象学、存在主义等等。其中存在主义影响最大,也最有代表性,因为它最为突出地论述了现代西方社会中人的生活和遭遇、价值和地位、自由和命运等最易触动人们心弦的问题。

存在主义最早出现于第一次世界大战后的德国,创始人为海德格尔(1889—1976)和雅斯贝尔斯(1883—1969)。第二次世界大战前后,法国成了存在主义的另一中心,主要代表是萨特(1905—1980)、梅洛-庞蒂(1908—1961)、马塞尔(1889—1978)等人,其中以萨特的影响最大。

存在主义同其他现代西方哲学流派一样,反对西方的传统哲学,认为真正的哲学是研究"存在"的哲学。而"存在"并非人们平常所说的"存在",而是具有特定含义的"存在"即人的存在。除了人之外的一切事物或现象的存在,只是"自在"或"持存",惟独人有自我意识,不但知道自己存在,还知道个人之外的各种东西的存在,所以只有人才是真正的存在。人是存在主义的出发点,存在主义就是一种"具体的人学"。

存在主义认为哲学就是人的哲学,那么人的特点是什么呢?萨特将人的特点概括为一句话,即"存在先于本质"。在存在主义者看来,一个人刚生下来时,他还不是一个特定的什么人,世界上先有了他,然后他才成长为什么人,也就是说先有他的存在,然后才有他的本质。人成为什么人,是完全由个人自己造成的,不能用决定论的原则去说明人的特点。既然人必须自己规定自己,自己造就自己,那么人的存在就是人自己的表现。而人之自己选择、自我造就,意味着人是自由的,人的存在就是其自由,这是人的根本属性。同时,人既然是由自己决定的,人可以这样决定自己,也可以那样决定自己,可能性贯穿于人的始终,因此人又是一种可能性的存在。对于个人来说,能够保持住自己的个性并不容易,因为人总是存在于世界中,人的世界和自然的世界同个人是对立的。人的世界竭力要把个人同化为群众,自然界则竭力迫使人服从自然界的威力,因此人要自觉地对抗社会和自然界对人的同化作用,以保持人的个性、独立性、自我选择性。

存在主义者把人的存在看做是人自己的表现,是人的自由,那么在现实社会中人的存在状态又如何呢?存在主义认为,人存在的根本状态是"烦"。个人在生活中,不但总是为他人、他物而"烦",而且为个人的不断选择而"烦",但人生最大的"烦"莫过于死亡。因此,人生活的基本内容和实质就是"烦"。

存在主义自问世以来,很快就流传于西方社会的各个阶层中间,并渗透到社会生活的各个领域,不仅成为时髦的哲学和文学运动,而且变成了一种新的资产阶级社会风尚和生活方式,产生了极为广泛而深刻的社会和思想影响。它的兴起和传播同帝国主义战争、资本主义制度的固有弊病和社会、精神危机密切相关,因此,有人公正地称它为"资本主义危机时代的危机哲学",是"不安的哲学"。存在主义在一定程度上揭示了现代资本主义发展对人性的压抑,深化了哲学对人的认识,但是它抽去人的社会本质,撇开了资本主义社会现实研究人的问题,因而不可能回答"现代人的生活现实问题",不可能为西方文明的未来发展指明方向,反而对西方社会产生了消极的影响。

二、心理学

心理学摆脱哲学附庸地位,作为一门独立学科出现,开始于上个世纪 70 年代德国心理学家冯特创建的实验心理学。20 世纪最引人注目的变化是心理学一跃而成为人们注意的中心。这一时期出现了一些新流派,如美国心理学家华生(1878—1958)创立的以行为作为心理学研究对象的行为主义、德国的格式塔学派以及具有犹太血统的奥地利精神病学家弗洛伊德(1856—1939)创立的精神分析学说,后者的影响最大,不仅在心理学领域独辟蹊径,而且深刻地影响了西方的哲学、文学、教育等各个领域。

弗洛伊德的精神分析学包括三个系统学说:无意识学说、性学理论和人格理论。《梦的解释》与《文明和它的不满》是其众多著述中最有影响的两部。

无意识学说,是弗洛伊德精神分析理论的核心内容。他认为人的精神活动或心理活动有三个层次,即意识、潜意识和无意识。无意识是最原始、最活泼、最不安分、也是最大量的精神活动,它与意识的自觉性、目的性、社会性等特点不同,是一种不自觉的,本能的、不必借助语言符号来表达的精神活动。无意识虽然总受到压制,但它是人的精神活动和心理过程的基础和实质。

弗洛伊德的性学理论是他的理论体系中最受非议的部分。这一理论又叫"力比多(Libido)理论"。弗洛伊德认为,性的本能冲动(即力比多)是人的一切动机、愿望和行动的根源,是无意识活动的基础。人类的一切成就——文学、艺术、法律、宗教等都是"力比多"升华作用的产物。性欲的障碍和冲突是变态心理和精神疾病的主要原因。

弗洛伊德的无意识学说和性的学说是他精神分析理论中最具特色的内容,也是区别于其他心理学理论的重要标志。第一次世界大战后,弗洛伊德面对大规模战争的残酷冲击,力图用精神分析理论来解释人类历史和文化发展的基础和进程,逐渐形成了新的心理结构理论,即人格理论。他提出人格由本我、自我、超我组成。"本我"实际上就是无意识的别名;"自我"处于"本我"与"超我"之间,它根据现实原则调节着"本我"与外部世界的冲突。"超我"表现为人的良心和理想等人的心理中代表社会力量的精神因素。每个正常的人,本我、自我、超我都处在一种平衡共存的状态,一旦这种平衡被打破,就会产生精神病。弗洛伊德的人格理论,强调了社会因素对人的精神生活的影响,突出了理性对人生活的主导作用,改变了他早期学说仅从人的生物特性来考察人的精神活动所带来的弊病。但是,弗洛伊德对社会文化或文明的作用,归根结底抱着一种悲观的态度。他认为,人的自然本能总是同社会文明对立的,既然人的本能欲望永远存在,人与社会文明的冲突也就永远存在。

弗洛伊德去世前,精神分析学派内部已发生了分裂。他的两个学生阿德勒和容格分别创立了个体心理学派和心理分析学派,之后还出现了以霍尼、沙利文、弗洛姆为代表的新弗洛伊德主义。这些新兴学派虽各有自己的新观点,但在基本原则上都没有背离弗洛伊德的理论。

三、社会科学

进入 20 世纪以后,随着社会变迁的迅速,社会生活节奏的加快,社会科学领域也呈现出多流派、多分支、多角度、多特点的局面。社会科学各学科之间、社会科学与自然科学之间的相互渗透日趋加强,同时,从不同角度对人类社会、人类文明发展的整体研究也越来越受到重视。

经济学　直到 20 世纪 30 年代,在资产阶级经济学界影响最大的经济学家是阿弗里德·马歇尔(1842—1924)。马歇尔的学说是微观经济学的基础。他提出的价格均衡论,是通过对流通领域中供求关系的分析来说明价格的形成,以及怎样实现供求处于均衡时的价格,即所谓均衡价格。在此基础上马歇尔又建立了他的分配理论,他认为,分配是国民收入如何分割为各生产要素的份额的问题,实际上就是各个生产要素的价格如何决定的问题,而各个生产要素在国民收入中所占份额的大小,取决于它们各自的均衡价格。马歇尔的均衡价格论仍然属于传统的资产阶级自由主义经济思想。

1929 年资本主义世界经济大危机,使英国经济学家凯恩斯(1883—1946)脱颖而出,享誉世界。1936 年他的《就业、利息和货币通论》一书的出版,标志着凯恩斯理论体系的形成。凯恩斯抛开微观经济学的个量分析,研究整个资本主义社会的总需求或总收入与消费和投资总和的平衡关系,从而开创了现代宏观经济学。凯恩斯认为,社会总需求,即所谓的有效需求,是由总消费需求和总投资需求所组成。他还把心理因素引入经济研究之中,指出由于社会心理因素的影响,社会有效需求往往低于社会总供给水平(即生产水平),从而造成"非自愿失业"。为了弥补"有效需求"的不足,就需要增加社会投资以引起消费需求的增加,并借此扩大总就业量。"有效需求"不足,正是资本主义经济病症的根源,为了解决问题,国家就必须通过变更利率、通货膨胀、公共投资和公共工程等手段来干预调节经济生活。凯恩斯这一理论宣告了资产阶级经济思想史上自由放任主义的统治地位的结束。

凯恩斯的经济理论首先在美国"新政"中得到了印证,或者说它对罗斯福在大萧条时期迫不得已采取的非正统措施提供了理论上的认可。自此以后,凯恩斯主义被各主要资本主义国家奉为国策,推动了国家垄断资本主义的发展。凯恩斯主义一直在资本主义经济生活中占据统治地位,直到 70 年代以后,资本主义国家普遍爆发了滞胀危机,凯恩斯主义对此束手无策,各种新兴经济理论才应运而生。

历史学 进入 20 世纪以后,西方传统史学受到了前所未有的挑战。一方面科学的发展,使历史学的政治借鉴作用逐渐降低,人们由过去的重视经验、重视过去转向重视科学、重视现实和未来。大量新兴学科排挤了古老的历史学,促使一些历史学家开始探索史学变革的道路。但另一方面,两次世界大战给人类文明带来的灾难,又使流行于史学界的相信科学和理性将给人类带来幸福美好未来的进步观念发生了根本动摇。历史学家需要对人类的前途和文明的未来做出新的说明和解释,需要重新估价史学在 20 世纪的地位。正是在这种情况下,历史学出现了许多新的流派。

本世纪初由德国人斯宾格勒(1880—1936)创立的"文化形态史学",曾经风靡一时,但今天已经几乎没有什么影响了。斯宾格勒的代表作是《西方的没落》,这是一部以比较文化形态学为理论体系的历史哲学著作。斯宾格勒认为全人类的历史是不存在的,只有各个文化的历史。他把文化看作一个有机体,具有生命的周期,历经青春、生长、成熟、衰败等阶段。在这个意义上,各个文化是可以比较的,就是说不论它们各自具有如何不同的特点,但都要历经生长盛衰,最终走向死亡。他自称是反对"西欧中心论"的,说他的理论体系不承认一种文化比另一种文化优越,但他又说,世界上共存在过 8 个文化,其中 7 个已经死亡,只有西方文化是世界上唯一还有生命力的文化。

第一次世界大战震撼了整个资本主义世界,同盟国固然因战败而沮丧,协约国也被战后风起云涌的革命运动和国内经济的残破弄得焦头烂额。在这种情况下,西方资产阶级及其知识界弥漫着悲观的空气。斯宾格勒的著作虽然也讲西方的没落,但又断言西方文化尚未走到尽头,仍有生命,这就使那些感到前途莫测的西方资产阶级至少仍怀有希望。这就是这部晦涩难读的书为什么名噪一时的根本原因。

《西方的没落》一书也有一定的积极意义。斯宾格勒的思想实质尽管仍然是"西欧中心论",但他至少表面上承认西方文化已经没落,最终也要走向死亡;他也承认其他文化有过自己的鼎盛时期,它们的鼎盛时期与西方文化的鼎盛时期是不分轩轾的。因此,《西方的没落》扩大了历史学家的视野,使他们更宏观地观察历史。

继斯宾格勒之后,英国著名历史学家汤因比(1889—1975)先后出版了 12 卷本的巨著《历史研究》,进一步发挥了斯宾格勒的文化形态史观。他认为历史研究的最小单位是文明,6 000 年的世界历史中共存在过 26 个不同的文明,各个文明在哲学意义上是平行的,同时代的,这些观点与斯宾格勒基本一致。但汤因

293

比认为,历史是通过挑战和应战来发展的,文明的生长和衰落正是这一挑战和应战的过程决定的。西方未来的命运,取决于西方人能否面对威胁西方文明生存的各种新的挑战进行成功的应战。

以意大利哲学家克罗齐(1866—1952)和英国历史学家科林伍德(1889—1943)为代表的批判的分析的历史哲学,一改传统史学研究历史发展过程的作法,主要研究史学的性质、功用和意义。他们不像思辨的历史哲学那样重点研究人怎样创造历史,而是讨论人怎样研究历史。克罗齐认为,历史即哲学,历史事实离不开历史学家的思考;而且一切历史都是当代史,因为历史学家对历史的认识和思考要受到历史学家所处时代的影响和限制。科林伍德认为,任何历史现象背后都隐藏着思想,因此,"一切历史都是思想史",历史学家应在现实的基础上对过去的思想进行重新思考、复活和再现。尽管批判的分析的历史哲学在思想体系上属于唯心主义,但他们提出的历史学家的创造性和主体意识问题,是被传统史学长期忽视的,其中不乏合理的成分。

在西方史学界颇有影响的流派还有法国的年鉴学派。这一学派的史学家自1929年起创刊《经济社会史年鉴》(1946年改名为《经济、社会、文化年鉴》)杂志,至今已有三代人物,最为著名的是第一代的吕西安·费弗尔(1878—1956)、马克·布洛赫(1886—1944);第二代的费尔南·布罗代尔(1902—1985)等人。年鉴学派的创始人提出两大主张:一是提倡"全面的历史"(或称"整体的历史"),主张扩大史学研究范围,包括人类活动的全部现象,特别是经济、社会、心理现象;二是提倡打通史学与社会科学,批评各种历史专家"筑起高墙,精心培育各自的葡萄园",而不顾其他史学家与社会科学家的成果与见解。与极为重视狭隘的政治、外交和军事的历史的传统史学相比,年鉴学派扩大了历史的研究范围,采用了更为广泛多样的研究方法,这无疑是一大进步。自1947年以来,年鉴学派在国际上引起了越来越多的重视。但是,许多年鉴派史学家过于强调社会结构的重要性,而忽略了考察人类在创造历史中的作用,以致见物而不见人。

苏联历来重视史学研究。十月革命胜利后,著名马克思主义史学家波克罗夫斯基(1868—1932)担任苏联历史学家协会主席。在他的领导下,苏联史学界确立了马克思主义的指导思想和方法论,开拓了如革命运动史、阶级斗争史等新的研究领域,并对一系列历史问题作出新的评价。波克罗夫斯基最有影响的著作,是受到列宁称赞的《俄国历史概要》一书。与贵族资产阶级史学美化帝王将相、强调思想观念是历史发展动力这些唯心主义观点相反,他力图从社会经济基础出发去解释历史,强调人民群众创造历史,特别突出阶级斗争的作用,注意揭露沙皇政府的对外侵略扩张。但他的著作中也反映出经济唯物主义的影响,夸大商业资本的作用,对历史的叙述往往流于抽象化、公式化,或者说社会学化的倾向。

社会学　19 世纪末、20 世纪初到 20 世纪 40 年代,社会学在西方各国相继得到正式承认,许多大学开设了社会学讲座并设立了社会学专业。在社会学成为一门独立学问的建设过程中,法国的埃米尔·涂尔干(1858—1917)和德国的马克斯·韦伯(1864—1920)做出了突出的贡献。

涂尔干认为,社会学的研究对象是社会事实。所谓社会事实,就是发生在社会集体层次上的现象,即"个人每时每刻都遵守的、存在于个人之外的集体行为和思维方式之现实。"涂尔干坚决反对把社会现象还原为个人行为的主张。他认为,社会虽然是由无数个人集合而成的,但好比一本书不同于一张张写上字的纸一样,社会本身是一种实体,它具有不能用个人的行为来说明的独特性质。涂尔干坚持孔德提出的实证主义原则,把社会事实看作同物理、化学、生物、心理等事实一样的存在,因此主张对社会事实应当用研究其他自然现象的方法来研究,而不应当像研究哲学那样从某些抽象的假定进行推演。总之,涂尔干的社会学就是用实证的方法来研究社会事实。《自杀论》是他的代表作。

马克斯·韦伯是近代社会学的另一位奠基人,他的"理解社会学"开创了社会学中的反实证主义传统。与涂尔干的看法相反,韦伯认为,客观存在的只是每个具体的个人及其社会行动,社会作为实体并不存在。因此,对社会的研究只能从作为客体存在的个人及其社会行为出发,而不能从社会结构或社会本身出发。由于个人的行动与主观的意图、动机和目的紧密相关,也包含着情感、意志、兴趣等心理因素,所以要解释个人的行动,就首先必须"理解"(Vevstehen)它。韦伯说:"主观理解是社会学知识的独特特征。"在社会学的研究领域中,不能采用自然科学的方法。韦伯所强调的这种主观理解的方法,反映了他的方法论中德国唯心主义的理论传统。《新教伦理与资本主义精神》是韦伯的一部名著。

以涂尔干为代表的实证主义社会学和以韦伯为代表的"理解社会学",是现代社会学的两大流派,涂尔干和韦伯作为现代社会学理论的奠基人对后来的西方社会学家具有很大的影响。

四、文学艺术

考察现代文学艺术,展现在我们面前的是一些风格迥异的思想流派的名字:现实主义、自然主义、象征主义、意象主义、达达主义、超现实主义、表现主义、意识流小说、存在主义、立体派、野兽派、抽象派……多元共存的流派繁多是现代文学艺术的一个突出特征。另一个重要特征就是,文学艺术以外的各种社会文化思潮蜂拥进入文学艺术创作领域,对固有的文学艺术观念、创作方法及作家、艺术家的创作思想和艺术形式技巧形成了强有力的冲击。这些文学艺术以外的思潮不仅冲击了传统的文学艺术观念,而且还渗透并影响到文学艺术的本体,有的甚至成为其不可分割的有机部分。

现代文学 就文学创作来说,20 世纪的头十年是现实主义衰落、现代主义崛起的一个新旧交替的转折时期。但这种交替并非根本的取代,而是在主流位置上更替了一个角色。这一时期仍然有一大批著名的现实主义作家,取得了丰硕的成果。在主要采取传统的现实主义手法,较少结合现代各种新技巧的作家中,最为著名的有英国的剧作家肖伯纳(1856—1950)、法国的罗曼·罗兰(1866—1944)和美国的德莱塞(1871—1945)。《苹果车》、《约翰·克利斯朵夫》、《美国的悲剧》分别是他们三个最富盛誉的代表作。结合现代主义手法较多的现实主义作家,主要有英国的劳伦斯和康拉德、法国的纪德、德国的托马斯·曼、奥地利的茨威格、美国的福克纳和海明威。这些作家已不再满足对现实作传统式的描摹,而力求结合更多的现代主义表现手法。海明威(1899—1961)的《太阳照样升起》、《永别了,武器》、《老人与海》等作品,创造了一种独树一帜的海明威风格,使他成为一代文体风格的宗师。

现代主义作为一场文学运动,本世纪初已悄然崛起,到 30 年代达到全盛时期。现代主义以向传统的理性观念和现实主义文学挑战,在文学作品中以张扬个性和自我为己任,在艺术上致力于探索新奇别致的形式技巧和表现手法。它不屑于表面的客观真实的表现,而志在表现意识以下的深沉情感,以冷峻严肃的笔调达到心理深处的客观真实。它是一个由诸多流派组合而成的结合体,各个流派在思想倾向、美学主张上都有相当大的差异,其中最主要的有后期象征主义、表现主义、意识流文学、存在主义文学等。

后期象征主义主张以象征、暗示、自由联想等手法表达人的微妙的思想感情和哲理,反对直抒胸臆。这一流派主要表现在诗的创作上,主要代表人物是英国的诗人艾略特(1888—1965),他被公认为"现代诗派"的领袖,其代表作《荒原》是现代诗歌的奠基之作。表现主义最早产生于绘画艺术中,而后渗透到文学领域。它奉行"艺术是表现而不是再现"的宗旨,主张文学应表现人的主观感受和复杂的精神世界。这一派在小说领域的杰出代表是奥地利作家卡夫(1883—1924),他饮誉世界的短篇小说《变形记》,通过荒诞、形象变形的艺术手法,深刻地表现了资本主义世界人性异化的主题。意识流文学深受弗洛伊德主义和柏格森直觉主义的影响,强调文学主要表现人的意识流动,特别是潜意识的活动,在艺术表现手法上以内心独白为主线,采用象征手法并借用电影蒙太奇的技巧,使意识流小说表现出时空颠倒,意识跳跃,表面一片混乱,只有仔细研究才能看出其间精巧的联系。被公认为意识流小说鼻祖的是法国作家普鲁斯特,但在意识流文学中成就最大者是爱尔兰的乔伊斯(1882—1941)。他的长篇小说《尤利西斯》,被称为意识流小说的典范。存在主义文学主要是在存在主义哲学的基础上产生的,一些存在主义哲学家同时就是存在主义文学家。萨特是其中最重要的代表,他的《恶心》就是一部存在主义哲理小说。法国作家加缪(1913—1960)

的《局外人》也是这一派文学的著名代表作。

西方现代文学突出反映了人们对现代资本主义社会的危机感,表现了人与人、人与社会、人与自然关系的全面异化。而现代苏联文学则生机勃勃,反映了苏联无产阶级革命和社会主义建设的现实。20世纪初著名作家高尔基(1868—1936)的《海燕》、《母亲》等代表作品,奠定了苏联社会主义文学的基础。此后一大批优秀作家深入生活,敏锐地观察社会,创作了许多反映苏联社会巨大变革的优秀作品,如阿·托尔斯泰的《苦难的历程三部曲》、奥斯特洛夫斯基的《钢铁是怎样炼成的》、肖洛霍夫的《静静的顿河》等等,这些作品都享有世界声誉,向世界各国人民展示了全新的社会主义文学风采。

第一次世界大战后,亚非拉人民的民族民主运动空前高涨,亚非拉文学也随之崛起,出现了许多颇具影响的作家和作品。如中国现代文学的奠基人鲁迅(1881—1936),以其著名的作品《狂人日记》、《阿 Q 正传》等,成为举世闻名的现实主义文学大师之一。印度跨世纪的著名作家泰戈尔(1861—1941),以其在诗歌、小说、戏剧、哲学等领域的丰富创作,成为印度近现代文学的光辉代表。现代阿拉伯地区的文学、朝鲜文学、黑非洲书面文学也都有长足的发展,表现爱国主义精神和反殖民统治压迫的思想,是其文学的主流。

现代美术 现代美术和文学一样,也受到西方现代主义思潮的深刻影响,形成了许多令人耳目一新的画派。

野兽派是本世纪初出现最早的一个现代主义画派。1905年,在法国巴黎秋季沙龙中展出了马蒂斯(1869—1954)等一批青年艺术家的作品。因其技法一反常规,被评论家称为“野兽般的艺术”,野兽派由此而得名,马蒂斯成为野兽派的著名代表。野兽派各个画家风格不尽相同,但他们都强调在创作中用大色块和豪放不拘的线条,来表现个人的主观感受和自由意志,画面一般都缺乏透视感,具有装饰性很强的图案效果。

与野兽派几乎同时出现的表现主义画派,在第一次世界大战前出现在德国。表现主义画派深受挪威著名画家蒙克(1863—1944)的影响,他的作品往往以死亡、疾病、精神孤独和相互隔绝的人物为题材,表现出强烈的孤独感和惶恐心情。第一次世界大战的残酷现实使表现主义画家在艺术创作上接近蒙克,他们以扭曲、粗糙的线条和具有强烈刺激的色彩,发泄内心的愤慨和苦闷。

1907年在法国艺术界出现的立体派,是本世纪影响最大的一个画派。它主张把一切形象解体成最简单的几何形块,按画家的意愿组合起来。这一派的杰出代表就是出生在西班牙马拉加后定居巴黎的毕加索(1881—1973)。他从7岁开始学习绘画,1907年创作了独具风格的作品《亚威农的少女》,这幅画被称为第一幅立体派的作品。此后,他又创作了数以万计的作品,其中以《格尔尼卡》、《和平鸽》等最为有名,毕加索也因此而成为20世纪影响最大的画家之一。

在第一次世界大战期间诞生于瑞士苏黎世的"达达派",是由不同国籍的青年艺术家组成的一个绘画群体。"达达"意指儿童在摇木马,是这派画家从字典上随意找到的,同艺术上的主张没有什么联系。他们用怪诞、抽象、符号式的东西取代传统艺术,用纸片、抹布、电车票、火柴盒等在画面上组成他们的作品,甚至把瓷质的小便器作为"喷泉"展品搬上展览会。20年代以后,达达派发生分化,从中分化出了颇具影响的超现实主义画派。这一派深受弗洛伊德学说的影响,把表现人类潜意识的梦境、幻觉、性爱本能和生死矛盾,作为创作的主题。萨尔瓦多·达利是这一派的著名艺术家,其代表作《记忆的永恒》,勾画了一个产生错觉的痛苦世界。

现代美术流派众多,多姿多彩,但它们也表现出许多共同的特征。在技法上,它们大都反对传统的写实主义,追求新奇,空间结构错乱,色彩配置随意,点线紊乱,缺乏透视可谓它们共有的特点。在创作主旨上,它们都主张强调自我,表现个人情感和内心世界。可以说,现代美术艺术地再现了20世纪西方世界的精神状况。

后　　记

本卷编写分工如下（以章节先后为序）

前言 ………………………………………………………………………… 齐世荣
第一章
　　第一节 ………………………………………………………………… 齐世荣
　　第二节 …………………………………………………… 张宏毅　齐世荣
　　第三节 ………………………………………………………………… 徐天新
　　第四节 ………………………………………………………………… 彭树智
第二章 ……………………………………………………………………… 丁朝弼
第三章 ……………………………………………………………………… 徐天新
第四章 ……………………………………………………………………… 徐　蓝
第五章
　　第一节 ………………………………………………………………… 朱立群
　　第二节 ………………………………………………………………… 齐世荣
　　第三节 ………………………………………………………………… 朱立群
　　第四节 ………………………………………………………………… 张宏毅
　　第五节 ………………………………………………………………… 吕万和
　　第六节 ………………………………………………………………… 徐　蓝
第六章 ……………………………………………………………………… 徐天新
第七章 ……………………………………………………………………… 彭树智
第八章
　　第一节 ………………………………………………………………… 张宏毅
　　第二节 ………………………………………………………………… 齐世荣
　　第三节 ………………………………………………………………… 吕万和
　　第四节 ………………………………………………………………… 朱立群
　　第五节 ………………………………………………………………… 张宏毅
第九章 ……………………………………………………………………… 齐世荣
第十章 ……………………………………………………………………… 张大卫
第十一章
　　第一节 ………………………………………………………………… 黄若迟
　　第二节 ………………………………………………………………… 朱立群

郑 重 声 明

　　高等教育出版社依法对本书享有专有出版权。任何未经许可的复制、销售行为均违反《中华人民共和国著作权法》,其行为人将承担相应的民事责任和行政责任;构成犯罪的,将被依法追究刑事责任。为了维护市场秩序,保护读者的合法权益,避免读者误用盗版书造成不良后果,我社将配合行政执法部门和司法机关对违法犯罪的单位和个人进行严厉打击。社会各界人士如发现上述侵权行为,希望及时举报,我社将奖励举报有功人员。

反盗版举报电话　　(010)58581999　　58582371

反盗版举报邮箱　　dd@ hep.com.cn

通信地址　　北京市西城区德外大街 4 号
　　　　　　　　高等教育出版社法律事务部

邮政编码　　100120